누구나 쉽게
따라 할 수 있는

한 권으로 끝내는 부동산 경·공매

희처라기 전호열 지음

HERMONHOUSE

들어가기 전에

나는 평소 "지식과 경험이 전문가다"라는 소신을 갖고 있다. 사람은 누구나 배우고 경험한 그 이상일 수 없기 때문이다. 특히나 많은 자금이 투하되는 이쪽 동네에서는 '아는 만큼 보인다'는 말을 金科玉條로 여겨야 한다. 그러므로 "알고 하자" 뭐든!!! 특히, 1번의 실수가 치명적이라면 더욱 더 그렇게 하자. 공부하지 않고 투자하는 것은 눈을 감고 배트를 휘두르는 것과 같다. 눈을 뜨자! 그리고 기다리자! 내가 칠 수 있는 공이 올 때까지!

이 책을 집중해서 여러번 정독한다면 여러분은 분명히 눈이 크게 뜨질 것이고 조급해 하지 않고 끝까지 칠 수 있는 공을 기다린다면 원하는 이상의 타율을 기록할 수 있을 것이라고 확신한다.

이 책은 제가 1997년 외환위기(IMF)때부터 부동산 시장에 몸담아 오면서 경·공매에 관해 꾸준히 메모해 둔 자료들을 모아 핵심만 단계별로 정리하여 기술하였다.

먼저 PART 1 총론에서는 경·공매 관련법, 권리분석 등과 같이 PART 2 법원경매와 PART 3 공매에 공통적으로 적용되는 내용을 정리하여 놓았으며 PART 2와 PART 3에서는 각각 법원경매와 공매의 절차에 대하여 자세히 기술하여 놓았다.

PART 2 법원경매와 PART 3 공매는 절차적인 부분으로 별도로 공부할 필요없이 PART 1의 제2장 권리분석 AtoZ에 대한 이해를 충분히 한 다음 실제로 입찰하기 하루 전에 일람해도 상관없다. 입찰할 때 교재에 실어놓은 입찰신청서, 입찰봉투의 주의사항만 보고 입찰을 하여 낙찰을 받게 되면 절차는 자연스럽게 익혀지게 되므로 별도로 시간을 내어서 공부할 필요는 없다

부동산에 대한 기본지식이 있는 분은 PART 1의 제2장 권리분석 AtoZ만 봐도 되며 부족한 부분이 있을 때 PART 1에서 관련법을 찾아보면서 공부하면 된다.

물론 경·공매투자자라고 해서 관련내용에 대해 모두 알 수도, 알 필요도 없다. 기본적인 내용만 알고 있는 상태에서 필요한 정보를 관련사이트(법령정보사이트

등), 인터넷포탈(네이버, 구글 등), 소셜미디어(인스타그램, 페이스북 등), 영상플랫폼(유튜브), 생성형AI(OpenAI의 "Chat GPT",구글의 "Bard", 마이크로소프트의 "Copilot", 네이버의 "Cue" 및 "하이클로버X")등을 통해 빠르게 찾을 수 있으면 그것으로 충분하다. 찾아서 새롭게 알게된 정보는 이 책의 관련 파트에 지속적으로 추가 메모함으로써 경.공매책을 이 책으로 단권화하여 필요할 때마다 찾아서 확인하면 된다.

이것이 제가 궁극적으로 바라는 가장 발전된 형태의 학습방법이 아닌가 싶다.

경 · 공매에서는 특히 개념정의가 중요하다. 개념정의가 되어야 성립요건과 효력요건이 도출되기 때문이다. 그러므로 대부분의 법과 계약서에서는 제1조 목적 다음에 제2조 용어의 정의를 명시해 두고 이 정의를 해당 법과 계약서 전반에 적용시킨다. 그리하여 이해당사자가 책임을 물을 때 법적책임(불법행위 책임 등)과 계약책임(계약 불이행에 대한 책임) 2가지를 갖고 다투게 된다.

그러므로 독자가 경 · 공매에 대한 개념정의를 할 때 법조문으로 그 정의를 기억해 두면 그 내용에 대한 신뢰성의 향상으로 투자가 즐거워진다.

이러한 이유로 이 책은 법과 판례를 많이 삽입해 놓았다. 부동산은 생산활동의 3요소 중 하나이자 우리의 생활에서 필수불가결한 요소로서 공공재적 성격도 갖고 있어 어떤 투자자산보다도 법적 규제를 많이 받아 법을 떠나서는 1발짝도 앞으로 나아갈 수 없기 때문이다.

그러므로 부동산, 특히 경 · 공매를 할려는 분들은 추상적인 법과 이를 구체화해 놓은 판례와 친숙해져야 하며 많은 자금이 투하되는 자산이므로 조금이라도 의구심이 생긴다면 반드시 "국가법령정보센터"에서 관련법을 검색하거나 부족하면 판례를 검색해서 확인하고 해야한다.

특히나 이 책의 판례들은 중요한 판례로 제가 11이 찾아 실어 놓은 것이다. 경 · 공매에 처음 입문하는 분들은 이해가 잘 되지 않아 읽기 싫을 것이다. 판례를 읽지 않아도 권리분석에는 아무런 지장이 없으므로 읽지 않아도 된다. 그러나 몇 회독

이 되면 자연스럽게 읽게 될 것이고 재미도 느끼게 되며 논리적인 판결에 대법원 판사들을 존경하게 될 것이다.

더구나 기존의 경매관련 책들은 경매의 위험성은 간과한 채 실전 중심의 무용담만을 늘어놓아 자칫 불에 타죽는 불나방을 양산할 개연성이 있어 이 책에서는 더욱 더 경・공매관련 법과 판례를 함께 기술함으로써 처음부터 법적위험에서는 자유롭게 하고자 하였다.

또한, 독자들은 이 책으로 부동산 투자의 법률위험뿐만 아니라 부동산의 고정성에서 오는 위치적 위험도 어느정도 피할 수 있을 것이다.

즉, 입찰할려는 해당물건이 속해있는 인근지역이 수명주기(성장기 → 성숙기 → 쇠퇴기 → 천이기 → 악화기)중 어디에 위치해 있는지, 해당 물건의 용도에 따른 立地 및 물리적 하자로 인한 위험이 무엇인지를 파악할 수 있을 것이다.

대관소찰(大觀小察)은 크게 보고 작은 부분도 세심하게 살핀다는 뜻이다. 비슷한 말로 "멀리 보고 가까이도 보라"라는 말이 있다. 이는 공간적으로는 보다 넓은 지역요인도 분석하고 보다 작은 해당 물건도 살피란 뜻이지만 시간적으로는 부동산의 미래가치도 보고 현재의 편의성, 수익성도 살피라는 의미도 된다. 이를 사람과 비유하면 부동산 소유와 배우자는 먼 미래가치를 보고 선택하고 지금 당장 살아야 하거나 사귀는 전세(임대)와 연애 상대는 현재의 편의성을 보고 선택하란 의미일 것이다.

결국 부동산 투자를 위한 경・공매는 입찰할 때부터 소유 목적인지, 임대 목적인지, 출구전략을 미리 짜놓아야 성공확률이 높다할 것이다.

"해보자" Right Now! □□부터!

희처라기 전 호 열

차 례

PART 0 맛보기

PART 1 경 · 공매총론

차 례

차 례

PART 3 공매

차 례

PART 부록 관련법령

P A R T

0

맛보기

1. 상가 낙찰

(매각기일 : 2023.09.20. 매각결정기일 : 2023.09.27. 잔금납부기한 : 2023.11.03.)

2023년 10월 집사람이 부산시 동래구 소재의 주상복합상가를 낙찰받았다.

관리사무소에서는 미납관리비 ₩5,476,840(관리비₩4,605,440 + 연체료₩871,400)를 납부하지 않는다고 전기, 수도, 가스를 공급하지 않아 실질적으로 재산권 행사를 하지 못하고 있었다.

실제로 해당 물건의 부동산이 집합건물이라면 주거든 상가든 해당 목적물을 낙찰받으면 체납관리비 문제로 관리사무소와 다툼이 생기게 마련이다. 이때 루틴화된 일상으로 여기며 자신의 감정을 다치지 않고 즐기면서 해결하는 게 중요하다. 이렇게 하기 위해서는 기본적인 리걸 마인드를 갖고 권리분석을 철저히 해야 한다. 이를 위해서는 물어볼 멘토나 의논할 상대가 주위에 있으면 좋다.

나는 집사람이 나의 멘토고 컨설턴트이다. 멘티를 만나러 갈 때나 컨설팅을 나갈 때는 항상 조언을 구한 후 진행한다. 그러다 보니 집사람의 입맛대로 코드화해 놓은 아바타가 아닌가 하는 의구심이 가끔 들기도 한다. 그래도 나는 복종이 좋다.

왜냐하면, 과거 IMF(외환위기 1997) 때부터 거의 동시에 주식과 부동산을 시작했었다. 그때부터 거의 변동 없이 1일 7시간은 주식, 7시간은 부동산업을 병행하면서 살아왔다. 그러나 너무나도 당연했지만, 주식계좌는 계속 녹아내렸고 2023년 5월경 바닥을 드러내어 25년동안 계속되던 주식 · 선물 · 옵션이라는 합법적인 도박을 마감하였으나, 그 후폭풍이 장난이 아니었다. 어찌어찌하여 집사람 덕분에 위기에서 벗어나 생존할 수 있었다. 그래서 선물은 대수의 법칙에 따라 개미가 잃게 되어 있는 구조화된 도박장이라는 것을 온몸으로 체득하고 그동안 계속 몸담아왔던 부동산에 올인 하기로 마음먹게 되었다. 생존의 기로에 있던 나를 일으켜 준 집사람을 위해 앞으로는 경 · 공매의 1인자가 되기로 다짐했고 이 책은 그 첫 번째 결과물이다.

단언컨대 사랑하는 사람이 없는 사람은 경매를 하지 않는다. 지나친 비약일 수도 있지만, 경매는 곧 사랑이다. 왜냐하면, 가장 높은 가격으로 채무자의 부동산을 매수해주고도 이를 잘 운용하여 국가재정과 가정경제에 이바지하기 때문이다.

나는 주식 · 선물로 무너졌지만, 경매로 다시 우뚝 섰다. "원수가 있으면 주식을 가르쳐 줘라.”라는 말이 있듯이 나는 “친구가 있으면 경매를 가르쳐 줘라.”라는 말을 하고 싶다. 따라서 이 책을 읽고 있는 독자는 나의 친구일 것이라는 생각이 든다.

법적으로 전 소유자가 체납한 관리비(소멸시효 3년)는 공용관리비(공용부분의 수도, 전기, 청소비, 소독비, 승강기 유지비, 수선유지비 등)에 한하여 낙찰자가 인수하여야 한다.

그러나 관리비에 대해 관리단에서 부과한 연체이자는 포함되지 않으며 더구나 구분 소유자가 연체한 관리비 미납을 이유로 그 특별승계인의 소유권 행사를 방해하는 것은 불법으로 하고 있다. 그러므로 전 소유자가 체납한 관리비가 오랜 기간 너무 많다면 관리사무소에서도 관리 소홀에 대한 책임도 있다고 본다. 이 경우 관리사무소의 업무 태만 등의 책임을 물어 원만하게 합의하는 것이 가장 좋다.

2. 낙찰 물건

기본정보

2021타경5293 • 부산지방법원 본원 • 매각기일 : **2023.09.20(水) (10:00)** • 경매 10계(전화:051-590-1822)

소재지	부산광역시 동래구 온천동 153-8, 에스케이허브스카이 5층 비5-08호 도로명검색 D 지도 N 지도 G 지도 주소 복사
새주소	부산광역시 동래구 중앙대로 1523, 에스케이허브스카이 5층 비5-08호

물건종별	근린상가	감정가	62,000,000원
대지권	2.24㎡(0.68평)	최저가	(4%) 2,727,000원
건물면적	17.3㎡(5.23평)	보증금	(10%) 272,700원
매각물건	토지·건물 일괄매각	소유자	안○○
개시결정	2021-09-24	채무자	안○○
사건명	임의경매	채권자	신한은행

오늘조회: 1 2주누적: 10 2주평균: 1 조회동향

구분	매각기일	최저매각가격	결과
1차	2022-05-11	62,000,000원	유찰
2차	2022-06-15	49,600,000원	유찰
3차	2022-07-20	39,680,000원	유찰
4차	2022-08-24	31,744,000원	유찰
5차	2022-09-28	25,395,000원	유찰
6차	2022-11-02	20,316,000원	유찰
7차	2022-12-07	16,253,000원	유찰
8차	2023-01-11	13,002,000원	유찰
9차	2023-02-15	10,402,000원	유찰
10차	2023-03-22	8,322,000원	유찰
11차	2023-04-26	6,658,000원	유찰
12차	2023-05-31	5,326,000원	유찰
13차	2023-07-12	4,261,000원	유찰
14차	2023-08-16	3,409,000원	유찰
15차	**2023-09-20**	**2,727,000원**	
매각 : 3,011,112원 (4.86%)			
(입찰2명,매수인:부산시연제구 박은희 / 차순위금액 2,750,000원)			
매각결정기일 : 2023.09.27 - 매각허가결정			
대금지급기한 : 2023.11.03			

• **매각물건현황** (감정원 : 보은감정평가 / 가격시점 : 2021.10.06 / 보존등기일 : 2006.12.07)

목록	구분	사용승인	면적	이용상태	감정가격	기타
건물	49층중 5층	06.10.09	17.3㎡ (5.23평)	판매시설(상호:찜오랑)	40,300,000원	
토지	대지권	17255㎡ 중 2.24㎡			21,700,000원	
현황위치	* 평가대상 물건은 도시철도1호선 '온천장역' 북서측 인근에 위치하며, 부근은 각종 근린생활시설, 숙박시설, 업무시설, 아파트 단지 및 주거용 오피스텔 등으로 형성되어 있음. * 차량접근 용이하고, 인근에 시내 버스정류장 및 도시철도1호선 '온천장역'이 소재하여 대중교통 사정은 편리함. * 사다리형의 토지로서, 주상복합 건부지로 이용중임. * 평가대상 남동측으로 광대로, 북측으로 소로 및 북서측으로 중로에 각각 접함.					

등기부등본

등기사항전부증명서(말소사항 포함)
- 집합건물 -

고유번호 1801-2006-009079

[집합건물] 부산광역시 동래구 온천동 153-8 에스케이허브스카이 제5층 제비5-08호

【 표 제 부 】 (1동의 건물의 표시)				
표시번호	접 수	소재지번, 건물명칭 및 번호	건 물 내 역	등기원인 및 기타사항
~~1~~	~~2006년12월7일~~	~~부산광역시 동래구 온천동 153-8~~ ~~에스케이허브스카이~~	~~철근콘크리트구조~~ ~~평슬라브지붕 49층~~ ~~업무시설, 판매시설, 문화및 집회시설, 의료시설, 운동시설~~ ~~1층 7545.73㎡~~ 47층 1636.42㎡ 48층 1636.42㎡ 49층 1636.42㎡ 지1층 14713.45㎡ 지2층 15228.24㎡ 지3층 15292.70㎡ 지4층 15593.61㎡ 지5층 14577.23㎡	~~도면편철장제337책제18면~~

[집합건물] 부산광역시 동래구 온천동 153-8 에스케이허브스카이 제5층 제비5-08호

(대지권의 목적인 토지의 표시)				
표시번호	소 재 지 번	지 목	면 적	등기원인 및 기타사항
1	1. 부산광역시 동래구 온천동 153-8	대	17255㎡	2006년12월7일

【 표 제 부 】 (전유부분의 건물의 표시)				
표시번호	접 수	건 물 번 호	건 물 내 역	등기원인 및 기타사항
1	2006년12월7일	제5층 제비5-08호	철근콘크리트구조 17.30㎡	도면편철장제337책제18면

(대지권의 표시)			
표시번호	대지권종류	대지권비율	등기원인 및 기타사항
1	1 소유권대지권	17255분의 2.24	2006년10월9일 대지권 2006년12월7일

【 갑 구 】 (소유권에 관한 사항)				
순위번호	등 기 목 적	접 수	등 기 원 인	권리자 및 기타사항
1	소유권보존	2006년12월7일 제74276호		소유자 주식회사지아이디그룹 180111-0400050 부산 연제구 거제동 76-2 국제신문빌딩 17층
2	소유권이전	2006년12월7일 제74277호	2006년12월6일 신탁	수탁자 한국자산신탁주식회사 110111-2196304 서울 강남구 역삼동 737 스타타워 19층
	~~신탁~~			~~신탁원부 제5593호~~
3	소유권이전	2007년1월25일 제4770호	2003년3월6일 매매	공유자 지분 2분의 1 안○○ [redacted] 지분 2분의 1 김○○ [redacted]

【 을 구 】 (소유권 이외의 권리에 관한 사항)				
순위번호	등 기 목 적	접 수	등 기 원 인	권리자 및 기타사항
~~1~~	~~근저당권설정~~	~~2007년1월25일~~ ~~제4771호~~	~~2007년1월25일~~ ~~설정계약~~	~~채권최고액 금48,000,000원~~ ~~채무자 안○○~~ [redacted] ~~근저당권자 주식회사하나은행 110111-0015671~~ ~~서울 중구 을지로1가 101-1~~ ~~(은천장역지점)~~
2	1번근저당권설정등기말소	2007년8월1일 제44460호	2007년8월1일 해지	
3	근저당권설정	2007년8월1일 제44461호	2007년8월1일 설정계약	채권최고액 금78,000,000원 ~~채무자~~ 김○○

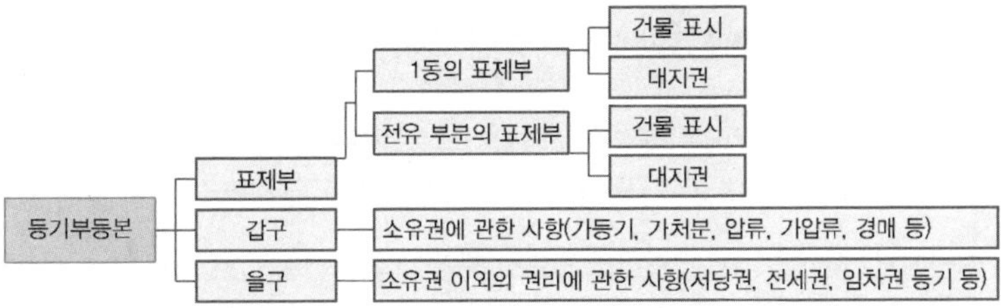

※ 등기부는 부동산을 표시하는 표제부, 소유권을 기재하는 갑구란, 소유권 이외의 권리를 표시한 을구란 등의 3면으로 이루어진다.

단독주택의 경우는 토지와 건물의 등기부등본을 별도로 발급받아야 하지만 집합건물의 경우 토지등기부를 폐쇄하여 일반적으로 토지등기부가 없다. 그러나 토지와 이해관계가 있는 권리자가 있는 경우에는 표제부의 대지권의 표시에 "토지별도등기" 있음이라고 기재하여 제삼자를 보호하고 있다.

등기부현황

• 등기부현황 (채권액합계 : 163,282,181원)

No	접수	권리종류	권리자	채권금액	비고
1(갑3)	2007.01.25	소유권이전(매매)	안○○,김○○		각 1/2
2(을3)	2007.08.01	근저당	신한은행 (온천동지점)	78,000,000원	말소기준등기
3(갑4)	2009.09.18	김상수지분전부이전	안○○		매매,1/2,거래가액 금30,000,000원
4(을6)	2009.12.16	전세권(전부)	박○○	40,000,000원	존속기간: 2009.09.30~2011.09.30
5(갑5)	2010.01.14	압류	부산광역시동래구		
6(갑6)	2012.12.13	가압류	부산신용보증재단	10,000,000원	2012카단12986
7(갑9)	2014.07.23	압류	국민건강보험공단		
8(갑10)	2016.12.20	가압류	(주)한빛자산관리대부	21,498,621원	2016카단53991
9(갑11)	2017.12.22	가압류	에스케이허브스카이(주)	13,783,560원	2017카단53035
10(갑12)	2021.09.27	임의경매	신한은행 (여신관리부)	청구금액: 78,000,000원	2021타경5293

※ 등기부 현황은 등기부 임의 경매개시결정 이전까지 등기된 모든 권리를 접수순으로 정리해 놓았다. 그러므로 여기서 말소기준권리를 찾고 아래 표의 임차인 현황에서 전/확/배 순서로 대항력과 우선변제권 여부를 찾으면 권리분석이 완성된다.

※ 이 사안에서는 채무자가 변제기에 78,000,000원을 갚지 않자 신한은행이 2007.08.01. 근저당설정계약으로 채권회수를 위해 경매를 신청했다. 만약 신한은행의 근저당이 깡통근저당일 경우에는 어떻게 될까?
채무자가 이미 채무액을 모두 변제하고 별도의 말소등기가 이루어지지 않아 외관상으로만 남아 있는 경우에 경매가 진행되어 제삼자가 낙찰받았다고 하더라도 경매는 무효가 되어 낙찰자는 해당 물건을 취득할 수 없게 된다.

※ 임의 경매의 경우에는 낙찰자가 낙찰받았다고 하더라도 잔금납부 전까지 채무자나 소유자가 채무를 변제하고 경매를 취소할 수 있다. 그러나 채권자가 취하하기 위해서는 낙찰자의 동의를 구하여야 한다.
그러나 강제경매의 경우에는 채무자도 낙찰자의 동의를 득하여야 잔금 전에 취소할 수 있다. 물론, 채무자가 낙찰자의 동의서를 첨부해서 제출하면 보증금은 낙찰자가 반환받게 된다.

위 사안에서 채권액이 163,282,181원으로 해당 경매 물건의 담보 가치 62,000,000원보다 많고 2009.12.에 설정된 전세권(40,000,000원)이 있어 채무자나 소유자의 채무변제로 취소될 가능성이 거의 없다. 그러므로 낙찰자는 굳이 서둘러서 잔금을 납부할 필요가 없는 것이다.
반대로 투자자가 반드시 낙찰받아야 할 물건의 채권액이 작다면 잔금 기일이 정하여지면 바로 납부하여야 한다.

• **임차인현황** (말소기준권리 : 2007.08.01 / 배당요구종기일 : 2021.12.08)

임차인	점유부분	전입/확정/배당	보증금/차임	대항력	배당예상금액	기타
강○○	점포 전부	사업등록: 미상 확정일자: 미상 배당요구: 2021.10.22	보3,500,000원		배당금 없음	점유:2012.11.15.
박○○	점포 건물 전부	사업등록: 미상 확정일자: 미상 배당요구: 없음	보40,000,000원		배당순위있음	전세권등기자, 점유:2009.09.30.
기타사항	임차인수: 2명 , 임차보증금합계: 43,500,000원 ☛상호는 쩡오랑으로 이○○에 의하면 보증금 3,500,000원에 임대차계약을 하고 점유 사용한다 하여 안내문을 전달하였음. ☛전입세대 열람 내역에 해당주소의 세대주가 존재하지 않음. ☛상가건물임대차 현황서에 해당사항 없음. ☛강○○:이○○과는 부부사이라고 알려옴. ☛박○○:전세권설정등기일은 2009. 12. 16.임. ☛이○○:권리신고가 없어 임대차관계는 알 수 없음.					

※ 임차인 현황은 경매개시 최고통지를 받은 임차인이 신고한 내용과 집행관이 현장에 가서 세대열람, 탐문 조사를 하여 작성한 현황조사보고서를 기초로 작성하게 된다.

임차인은 배당요구를 하지 않으면 우선변제권을 행사할 수 없다. 왜냐하면, 등기부상의 권리는 등기부로 공시됨으로 별도의 배당요구신청을 하지 않더라도 배당(배분)을 할 수 있지만, 임차인은 공시기능이 없으므로 반드시 배당신청을 해야 한다. 그러므로 임차인 현황을 볼 때는 전/확/배 일자를 반드시 확인해야 한다. 위의 임차인 현황에서 전입신고/확정일자/2021.12.15.이라면 배당을 받을 수 없으므로 인수 여부를 따져보아야 한다. 왜냐하면, 배당요구종기일 이후에 배당요구를 했다고 하더라도 우선 배당은 되지 않지만 선순위 임차인인 경우에는 낙찰자가 인수해야 하기 때문이다.

위 사건의 경우에는 전/확/배가 미상으로 2명의 임차인이 있어 인수 여부가 불분명하여 14차까지 유찰된 것으로 보인다.

현황조사서

2021타경5293 부동산임의경매

* 조사일시 :
2021년10월07일15시06분

부동산 임대차 정보

번호	소재지	임대차관계
1	부산광역시 동래구 중앙대로 1523, 5층비5-08호 (온천동,에스케이허브스카이)	1명

부동산의 현황 및 점유관계 조사서

1. 부동산의 점유관계

소재지	1. 부산광역시 동래구 중앙대로 1523, 5층비5-08호 (온천동,에스케이허브스카이)
점유관계	임차인(별지)점유
기타	① 상호는 찡오랑으로 이○○에 의하면 보증금 3,500,000원에 임대차계약을 하고 점유 사용한다 하여 안내문을 전달하였음. ② 전입세대 열람 내역에 해당주소의 세대주가 존재하지 않음. ③ 상가건물임대차 현황서에 해당사항 없음.

임대차관계조사서

1. 임차 목적물의 용도 및 임대차 계약등의 내용

[소재지] 1. 부산광역시 동래구 중앙대로 1523, 5층비5-08호 (온천동,에스케이허브스카이)				
1	점유인	이○○	당사자구분	임차인
	점유부분	전부	용도	점포
	점유기간			
	보증(전세)금	3,500,000원	차임	
	전입일자		확정일자	

※ 집행관이 현장에 가서 경매 부동산의 현재 상태, 점유 관계, 차임 및 보증금의 액수, 그 밖의 현황을 조사하여 문서화 한 것이 현황조사서다.

매각물건명세서

부 산 지 방 법 원

2021타경5293

매각물건명세서

사 건	2021타경5293 부동산임의경매	매각 물건번호	1	작성 일자	2023.08.17	담임법관 (사법보좌관)	정○○
부동산 및 감정평가액 최저매각가격의 표시	별지기재와 같음	최선순위 설정	2007.08.01.근저당권			배당요구종기	2021.12.08

부동산의 점유자와 점유의 권원, 점유할 수 있는 기간, 차임 또는 보증금에 관한 관계인의 진술 및 임차인이 있는 경우 배당요구 여부와 그 일자, 전입신고일자 또는 사업자등록신청일자와 확정일자의 유무와 그 일자

점유자 성 명	점유 부분	정보출처 구 분	점유의 권 원	임대차기간 (점유기간)	보 증 금	차 임	전입신고 일자·외국인 등록(체류지 변경신고)일자·사업자등록신청일자	확정일자	배당 요구여부 (배당요구일자)
강○○	전부	권리신고	점포 임차인	2012.11.15.-	3,500,000원				2021.10.22
박○○	건물 전부	등기사항 전부증명서	점포 전세권자	2009.09.30.-2011.09.30	40,000,000원				
이○○	전부	현황조사	점포 임차인		3,500,000원				

<비고>

강○○ : 이○○과는 부부사이라고 알려옴.
박○○ :전세권설정등기일은 2009. 12. 16.임.
이○○ :권리신고가 없어 임대차관계는 알 수 없음.

※ 최선순위 설정일자보다 대항요건을 먼저 갖춘 주택·상가건물 임차인의 임차보증금은 매수인에게 인수되는 경우가 발생 할 수 있고, 대항력과 우선변제권이 있는 주택·상가건물 임차인이 배당요구를 하였으나 보증금 전액에 관하여 배당을 받지 아니한 경우에는 배당받지 못한 잔액이 매수인에게 인수되게 됨을 주의하시기 바랍니다.

등기된 부동산에 관한 권리 또는 가처분으로 매각으로 그 효력이 소멸되지 아니하는 것

매각에 따라 설정된 것으로 보는 지상권의 개요

비고란

주1 : 매각목적물에서 제외되는 미등기건물 등이 있을 경우에는 그 취지를 명확히 기재한다.
2 : 매각으로 소멸되는 가등기담보권, 가압류, 전세권의 등기일자가 최선순위 저당권등기일자보다 빠른 경우에는 그 등기일자를 기재한다.

매각물건명세서는 등기부등본, 현황조사보고서, 임대차관계조사서, 이해관계인 또는 임차인들의 권리신고 및 배당요구신청서를 토대로 작성되는 가장 중요한 문서로서 경매기일의 7일 전까지 컴퓨터에 업로드 하여 일반인이 열람할 수 있다.

그러므로 모든 권리분석은 매각물건명세서를 기준으로 해야 하며 아래 사항 중에서 의심스럽거나 이해가 되지 않는 내용이 하나라도 있다면 완벽하게 해결하고 진행해야 한다.

① **사건** : 사건번호가 기재되어 있다.

② **매각물건번호** : 물건번호를 확인할 수 있다, 물건이 2개 이상 있는 사건에는 반드시 물건번호를 써야 유효한 입찰이 된다.

③ **최선순위설정** : 말소기준권리 설정 일자를 의미한다.

④ **배당요구종기** : 배당요구종기일이 언제까지였는지 표시되어 있다.

⑤ **점유자 및 임대 관계 내용** : 임차인이 있다고 한다면 임차인이 언제부터 거주했는지, 보증금이 얼마인지 등 임대 관계에 관한 내용이 표시되어 있다.

⑥ **등기된 부동산에 관한 권리 또는 가처분으로 매각으로 그 효력이 소멸되지 아니하는 것** : 낙찰자에게 인수되는 권리가 표시되어 있다.

⑦ **매각에 따라 설정된 것으로 보는 지상권의 개요** : 토지 위에 매각에서 제외되는 법정지상권, 분묘기지권 등이 표시되어 있다.

⑧ **비고란** : 유치권, 위반건축물, 대지권 미등기, 공유자 우선 매수신고, 농지취득자격증명 등이 표시되어 있다.

3. 내용증명(점유자)

내 용 증 명

수신인 : 부산시 동래구
성명 : 이 ○ ○
발신인 : 부산시 연제구
성명 : 박 ○ ○

제목 : 건물명도, 강제집행 신청 및 손해배상 청구 통보

귀 가정의 안녕을 진심으로 기원하며 다음 사항을 조속히 이행하여 불법 점유로 인한 강제집행 및 손해배상액이 누적되어 귀하의 무의미한 경제적 손실이 지속되지 않게 되길 바랍니다.

- 다음 -

1. 본인은 2023.9.20.부산광역시 동래구 온천동 153－8 에스케이허브스카이 5층 비5－08호(2021타경5293)를 부동산 임의 경매로 낙찰받아 2023.10.31.잔금을 완납한 소유자입니다. 법적으로 잔금을 납부한 날부터 위 상가의 소유자는 본인으로 변경되었습니다.

2. 귀하가 점유하고 있는 상가는 잔금납부일부터 본인의 소유이므로 이후로 귀하의 점유는 불법 점유에 해당되어 아래 명시일까지 명도하지 않으면 집달관을 통한 강제집행을 당할 수 있으며 본인이 잔금을 납부한 2023.10.31.부터 강제집행(명도)일까지 전세보증금(최초감정가)에 대한 연 12%(62,000천원×연 12%÷12개월＝월1%)에 해당하는 금액을 매달 월세조로 금 620천원을 점유에 대한 부당이득과 본인의 손해배상액조로 청구하오니 양지하여 주시기 바랍니다.

더구나 소송(지급명령) 시에는 소송촉진등에관한특례법 제3조 제1항 본문의 규정에 의한 법정이율 12%가 부과됨을 알려드립니다.

3. 상가 내의 시설물을 고의로 파손하거나 훼손할 경우 손해배상 및 재물손괴죄 등의 민 · 형사상의 책임을 물을 것입니다.

4. 명도 시에 귀하가 상가를 점유함으로써 발생한 각종 요금과 관리비를 명도일 기준으로 미납 없이 납부하여 주시기 바랍니다.

위의 내용대로 2023.11.16.까지 이행되지 않을 시에는 부득이하게 법적 조치를 취할 수밖에 없으며 점유권원 없는 불법 점유에 따른 손해배상, 지연임대료, 지연관리비, 강제집행비용 등의 모든 비용은 귀하가 부담하여야 할 것입니다.

재차 말씀드리면 2023.11.16.까지 위 사항이 불이행될 시에는 반드시 민 · 형사상의 책임을 물을 것이니 부디 서로 간에 불미스러운 일이 발생하지 않도록 귀하의 협조를 앙망합니다.

2023년 11월 5일

위 발신인(본인) 박 ○ ○

4. 소장

접 수 인

소　　장

원 고　(이름) 박 은 희
　　　(주소) 부산시 연제구　　　　(연락처)
피 고　(이름)
　　　(주소) 부산시 동래구　　　　(연락처)

소송목적의 값	원	인지	원
(인지첩부란)			

청 구 취 지

1. 피고는 원고에게 11월 영업손실금 3,000,000원을 지급하고 2023.12.01.부터 영업방해 해소 시까지 일 10만원의 영업손실금 및 이에 대하여 소장 부본 송달 다음날부터 다 갚는 날까지 연 12%의 비율로 계산한 돈을 지급하라.
2. 소송비용은 피고가 부담한다.
3. 제1항은 가집행할 수 있다.

라는 판결을 구합니다.

청 구 원 인

1. 원고는 지난 몇 년간 주식으로 전재산을 날리고 분식집이라도 해보고자 부산광역시 동래구 온천동 153－8 에스케이허브스카이 5층 비5－08호(2021타경5293)를 2023.9.20. 부동산 임의 경매로 낙찰받았습니다. 그 후 20일이 지난 10월 10일 피고사무실에 찾아가니 2020.09.부터 22.08. 3년분의 미납관리비 ₩5,476,840(관리비 ₩4,605,440＋연체료 ₩871,400)를 납부하지 않으면 전기 등을 연결시켜 주지 않는다고 합니다.(미납관리비 내역서 별첨1)

2. 해당 부동산은 임차인인 점유자가 방문일 현재까지 점유하고 있었고 동시에 10m 정도 떨어진 곳에서 부부가 함께 커피숍을 운영하고 있었습니다. 피고는 점유자가 해당 부동산에서 유치권을 행사하고 있다고 주장하는 것으로 보아 점유자의 점유 사실을 충분히 인지하고 있었습니다.
원고는 실제로 상가를 점유하여 이용하는 사람이 관리비를 부담해야 한다고 주장했지만 피고는 점유자가 납부하라고 해도 납부하지 않으므로 원고가 현 점유자에게 직접 납부를 종용해보라고만 하고 있습니다.
더구나 현재 점유자가 점유하고 있더라도 전유부분은 단전 상태이므로 원고가 당연히 공용부분에 대한 관리비를 부담해야 한다고 주장하면서 체납관리비를 납부하지 않으면 전기를 연결시켜주지 않겠다고 합니다.

3. 집행관이 조사한 현황조사서에도 조사일 현재(2021.10.07.) 임차인(이○○)이 점유하고 있다고 명시되어 있음에도 불구하고 2020.9.부터의 미납관리비와 연체료를 막무가내로 낙찰자에게 부담시키려 하고 있습니다.

4. 대법원 판례에서도 전 구분소유자의 공용부분 관리비에 한하여 유효하다고 판시하고 있으며, 설사 임차인이 아닌 전 구분소유자가 연체하였더라도 관리비에 대한 연체료는 특별승계인에게 승계되는 공용부분 관리비에 포함되지 않는다고 판시하였음에도 피고는 불법적으로 특별승계인에게 전가시키려 하고 있습니다.

채무부존재확인 및 손해배상 · 채무부존재확인 등
[대법원 2006. 6. 29., 선고, 2004다3598, 판결]

【판시사항】

[1] 집합건물의 소유 및 관리에 관한 법률 제18조의 입법 취지 및 전(前) 구분소유자의 특별승계인에게 전 구분소유자의 체납관리비를 승계하도록 한 관리규약의 효력(=공용부분 관리비에 한하여 유효)

[2] 집합건물의 전(前) 구분소유자의 특정승계인에게 승계되는 공용부분 관리비의 범위 및 공용부분 관리비에 대한 연체료가 특별승계인에게 승계되는 공용부분 관리비에 포함되는지 여부(소극)

[3] 상가건물의 관리규약상 관리비 중 일반관리비, 장부기장료, 위탁수수료, 화재보험료, 청소비, 수선유지비 등이 전(前) 구분소유자의 특별승계인에게 승계되는 공용부분 관리비에 포함된다고 한 사례

[4] 집합건물의 관리단이 전(前) 구분소유자의 특별승계인에게 특별승계인이 승계한 공용부분 관리비 등 전 구분소유자가 체납한 관리비의 징수를 위해 단전 · 단수 등의 조치를 취한 사안에서, 관리단의 위 사용방해행위가 불법행위를 구성한다고 한 사례

[5] 집합건물의 관리단 등 관리 주체의 불법적인 사용방해행위로 인하여 건물의 구분소유자가 그 건물을 사용 · 수익하지 못한 경우, 구분소유자가 그 기간 동안 발생한 관리비채무를 부담하는지 여부(소극)

5. 피고는 미납관리비 수납업무를 수행하여야 할 작위의무가 있음에도 불구하고 그 업무를 해태하여 작위의무를 수행하지 않음으로써 체납된 관리비가 현재에 이른 것입니다.

현 점유자가 부담하여야 할 관리비를 피고의 업무 태만으로 체납되었음에도 이를 편의상 불법적으로 낙찰자에게 납부를 강요하여 낙찰자가 재산권 행사를 하지 못함으로써 정신적 피해와 월 300만원 정도의 영업손실이 발생하고 있습니다.

위 판례에서 집합건물의 관리단이 전(前) 구분 소유자의 특별승계인에게 특별

승계인이 승계한 공용부분 관리비 등 전 구분소유자가 체납한 관리비의 징수를 위해 단전 · 단수 등의 조치를 취한 사안에서, 관리단의 위 사용방해행위가 불법행위를 구성한다고 판시하고 있습니다. 더군다나 관리비 납부의무가 없는데도 불구하고 불법적으로 미납관리비를 받아내기 위한 영업방해행위로 원고는 경매에 대한 환멸까지 느낄 지경입니다.

6. 그러므로 피고는 미납관리비는 당연히 점유자에게 청구하고 피고의 업무태만으로 인한 체납관리비 미수금을 낙찰자에게 불법으로 전가시키기 위한 영업방해로 원고가 입은 11월 영업손실금 및 손해배상금조로 원고에게 300만원을 지급하여야 한다고 봅니다. 또한, 11월 이후의 관리비는 피고의 불법행위로 인하여 원고가 사용할 수 없는 상태였으므로 당연히 납부의무가 발생하지 않고[대법원 2006. 6. 29., 선고, 2004다3598, 판결] 2023.12.01.까지도 불법적인 영업방해(단전, 단수 등)가 해소되지 않는다면 일 10만원의 영업손실금을 원고에게 지급해야 함이 당연하다고 할 것입니다.

입 증 방 법

1. 미납관리비 내역
2. 현황조사서

첨 부 서 류

1. 위 입증서류　　각 1통
1. 소장부본　　　　1부
1. 송달료납부서　　1부

2023. 11 .　 .

위 원고　박 ○ ○ (서명 또는 날인)

휴대전화를 통한 정보수신 신청

위 사건에 관한 재판기일의 지정·변경·취소 및 문건접수 사실을 예납의무자가 납부한 송달료 잔액 범위 내에서 아래 휴대전화를 통하여 알려주실 것을 신청합니다.

▣ 휴대전화 번호 :

2023 . 11. 15.

신청인 원고 박 ○ ○ (서명 또는 날인)

※ 종이기록사건에서 위에서 신청한 정보가 법원재판사무시스템에 입력되는 당일 문자메시지로 발송됩니다(전자기록사건은 전자소송홈페이지에서 전자소송 동의 후 알림서비스를 신청할 수 있음).

※ 문자메시지 서비스 이용금액은 메시지 1건당 17원씩 납부된 송달료에서 지급됩니다(송달료가 부족하면 문자메시지가 발송되지 않습니다.).

※ 추후 서비스 대상 정보, 이용금액 등이 변동될 수 있습니다.

※ 휴대전화를 통한 문자메시지는 원칙적으로 법적인 효력이 없으니 참고자료로만 활용하시기 바랍니다.

부산 지방법원 귀중

◇유의사항◇

1. 연락처란에는 언제든지 연락 가능한 전화번호나 휴대전화번호, 그 밖에 팩스번호·이메일 주소 등이 있으면 함께 기재하여 주시기 바랍니다. 피고의 연락처는 확인이 가능한 경우에 기재하면 됩니다.
2. 첨부할 인지가 많은 경우에는 뒷면을 활용하시기 바랍니다.

5. 부동산인도명령신청

부동산인도명령신청서

수입인지 1,000원

사건번호 : 2021타경5293　　부동산임의경매
신 청 인 : 박 ○ ○
　(주소)
피신청인 : 이 ○ ○
　(주소)

신 청 취 지

피신청인은 신청인에게 별지 목록 기재 부동산을 인도하라는 재판을 구합니다.

신 청 이 유

위 사건에 관하여 신청인(매수인)은 2023. 10. 31. 매각대금을 낸 후 피신청인(□채무자, □소유자, ☑부동산 점유자)에게 별지 기재 부동산의 인도를 청구하였으나 피신청인은 필요비 및 유익비 상환청구권에 기한 유치권을 주장하며 이에 불응하고 있으므로, 민사집행법 제136조 제1항의 규정에 따른 인도명령을 신청합니다. [대법원 1975. 4. 22., 선고, 73다2010, 판결]

가옥명도등

[대법원 1975. 4. 22., 선고, 73다2010, 판결]

【판시사항】

임대차종료시에 임차인이 건물을 원상으로 복구하여 임대인에게 명도키로 약정한 경우에 비용상환청구권이 있음을 전제로 하는 유치권 주장의 당부

【판결요지】

건물의 임차인이 임대차관계 종료시에는 건물을 원상으로 복구하여 임대인에게 명도하기로 약정한 것은 건물에 지출한 각종 유익비 또는 필요비의 상환청구권을 미리 포기하기로 한 취지의 특약이라고 볼 수 있어 임차인은 유치권을 주장을 할 수 없다.

2023. 11 . 15 .

신청인(매수인) 박 ○ ○ (서명 또는 날인)

(전화번호 :)

부산지방법원 귀중

※ **유의사항**

1. 매수인은 매각대금을 낸 뒤 6개월 이내에 채무자 · 소유자 또는 부동산 점유자에 대하여 부동산을 매수인에게 인도할 것을 법원에 신청할 수 있습니다.
2. 괄호안 네모(□)에는 피신청인이 해당하는 부분을 모두 표시(☑)하시기 바랍니다(예를 들어 피신청인이 채무자 겸 소유자인 경우에는 "☑채무자, ☑소유자, □부동산 점유자"로 표시하시기 바랍니다).
3. 당사자(신청인 + 피신청인) 수 × 3회분의 송달료를 납부하시고, 송달료 납부서(법원제출용)를 제출하시기 바랍니다.

별지

부동산의 표시

1. 부산광역시 동래구 중앙대로 1523, 에스케이허브스카이 5층 비5－08호

전유부분의 건물의 표시

건물의 번호 : 5층비5－08호

구조 : 철근콘크리트구조

면적 : 17.30㎡

대지권의 목적인 토지의 표시

토지의 표시 : 1. 부산광역시동래구온천동153－8

대 17255㎡

대지권의 종류 : 1. 소유권

대지권의 비율 : 1. 17255 분의 2.24 끝.

6. 관련판례

(1) 채무부존재확인및손해배상 · 채무부존재확인 등

[대법원 2006. 6. 29., 선고, 2004다3598, 판결]

【판시사항】

[1] 집합건물의 소유 및 관리에 관한 법률 제18조의 입법 취지 및 전(前) 구분소유자의 특별승계인에게 전 구분소유자의 체납관리비를 승계하도록 한 관리규약의 효력(=공용부분 관리비에 한하여 유효)

[2] 집합건물의 전(前) 구분소유자의 특정승계인에게 승계되는 공용부분 관리비의 범위 및 공용부분 관리비에 대한 연체료가 특별승계인에게 승계되는 공용부분 관리비에 포함되는지 여부(소극)

[3] 상가건물의 관리규약상 관리비 중 일반관리비, 장부기장료, 위탁수수료, 화재보험료, 청소비, 수선유지비 등이 전(前) 구분소유자의 특별승계인에게 승계되는 공용부분 관리비에 포함된다고 한 사례

[4] 집합건물의 관리단이 전(前) 구분소유자의 특별승계인에게 특별승계인이 승계한 공용부분 관리비 등 전 구분소유자가 체납한 관리비의 징수를 위해 단전 · 단수 등의 조치를 취한 사안에서, 관리단의 위 사용방해행위가 불법행위를 구성한다고 한 사례

[5] 집합건물의 관리단 등 관리 주체의 불법적인 사용방해행위로 인하여 건물의 구분소유자가 그 건물을 사용 · 수익하지 못한 경우, 구분소유자가 그 기간 동안 발생한 관리비채무를 부담하는지 여부(소극)

【판결요지】

[1] 집합건물의 소유 및 관리에 관한 법률 제18조에서는 공유자가 공용부분에 관하여 다른 공유자에 대하여 가지는 채권은 그 특별승계인에 대하여도 행사할 수 있다고 규정하고 있는데, 이는 집합건물의 공용부분은 전체 공유자의 이익에 공여하는 것이어서 공동으로 유지 · 관리되어야 하고 그에 대한 적정한 유지 · 관리를 도모하기 위하여는 소요되는 경비에 대한 공유자

간의 채권은 이를 특히 보장할 필요가 있어 공유자의 특별승계인에게 그 승계의사의 유무에 관계 없이 청구할 수 있도록 하기 위하여 특별규정을 둔 것이므로, 전(前) 구분소유자의 특별승계인에게 전 구분소유자의 체납 관리비를 승계하도록 한 관리규약 중 공용부분 관리비에 관한 부분은 위와 같은 규정에 터 잡은 것으로 유효하다.

[2] 집합건물의 전(前) 구분소유자의 특정 승계인에게 승계되는 공용부분 관리비에는 집합건물의 공용부분 그 자체의 직접적인 유지 · 관리를 위하여 지출되는 비용뿐만 아니라, 전유부분을 포함한 집합건물 전체의 유지 · 관리를 위해 지출되는 비용 가운데에서도 입주자 전체의 공동의 이익을 위하여 집합건물을 통일적으로 유지 · 관리해야 할 필요가 있어 이를 일률적으로 지출하지 않으면 안 되는 성격의 비용은 그것이 입주자 각자의 개별적인 이익을 위하여 현실적 · 구체적으로 귀속되는 부분에 사용되는 비용으로 명확히 구분될 수 있는 것이 아니라면, 모두 이에 포함되는 것으로 봄이 상당하다. 한편, 관리비 납부를 연체할 경우 부과되는 연체료는 위약벌의 일종이고, 전(前) 구분소유자의 특별승계인이 체납된 공용부분 관리비를 승계한다고 하여 전 구분소유자가 관리비 납부를 연체함으로 인해 이미 발생하게 된 법률효과까지 그대로 승계하는 것은 아니라 할 것이어서, 공용부분 관리비에 대한 연체료는 특별승계인에게 승계되는 공용부분 관리비에 포함되지 않는다.

[3] 상가건물의 관리규약상 관리비 중 일반관리비, 장부기장료, 위탁수수료, 화재보험료, 청소비, 수선유지비 등은, 모두 입주자 전체의 공동의 이익을 위하여 집합건물을 통일적으로 유지 · 관리해야 할 필요에 의해 일률적으로 지출되지 않으면 안 되는 성격의 비용에 해당하는 것으로 인정되고, 그것이 입주자 각자의 개별적인 이익을 위하여 현실적 · 구체적으로 귀속되는 부분에 사용되는 비용으로 명확히 구분될 수 있는 것이라고 볼 만한 사정을 찾아볼 수 없는 이상, 전(前) 구분소유자의 특별승계인에게 승계되는 공용부분 관리비로 보아야 한다고 한 사례.

[4] 집합건물의 관리단이 전(前) 구분소유자의 특별승계인에게 특별승계인이

승계한 공용부분 관리비 등 전 구분소유자가 체납한 관리비의 징수를 위해 단전 · 단수 등의 조치를 취한 사안에서, 관리단의 위 사용방해행위가 불법행위를 구성한다고 한 사례.

[5] 집합건물의 관리단 등 관리 주체의 위법한 단전 · 단수 및 엘리베이터 운행 정지 조치 등 불법적인 사용방해행위로 인하여 건물의 구분소유자가 그 건물을 사용 · 수익하지 못하였다면, 그 구분소유자로서는 관리단에 대해 그 기간 동안 발생한 관리비채무를 부담하지 않는다고 보아야 한다.

※ 1. 전(前) 구분소유자의 특별승계인에게 전 구분소유자의 체납관리비를 승계하도록 한 관리규약의 효력은 공용부분 관리비에 한하여 유효하다.
2. 전(前) 구분소유자의 공용부분 관리비에 대한 연체료는 특별승계인에게 승계되는 공용부분 관리비에 포함되지 않는다.
3. 상가건물의 관리규약상 관리비 중 일반관리비, 장부기장료, 위탁수수료, 화재보험료, 청소비, 수선유지비 등이 전(前) 구분소유자의 특별승계인에게 승계되는 공용부분 관리비에 포함된다.
4. 집합건물의 관리단이 전(前) 구분소유자의 특별승계인에게 특별승계인이 승계한 공용부분 관리비 등 전 구분소유자가 체납한 관리비의 징수를 위해 단전 · 단수 등의 조치를 취한 사안에서, 관리단의 위 사용방해행위가 불법행위를 구성한다.
5. 집합건물의 관리단 등 관리 주체의 불법적인 사용방해행위로 인하여 건물의 구분소유자가 그 건물을 사용 · 수익하지 못한 경우, 구분소유자가 그 기간동안 발생한 관리비채무를 부담하지 않는다.

(2) 채무부존재확인

[대법원 2001. 9. 20., 선고, 2001다8677, 전원합의체 판결]

【판시사항】

아파트의 전 입주자가 체납한 관리비가 아파트 관리규약의 정함에 따라 그 특별승계인에게 승계되는지 여부(=공용부분에 한하여 승계)

【판결요지】

[다수의견] 아파트의 관리규약에서 체납관리비 채권 전체에 대하여 입주자의 지위를 승계한 자에 대하여도 행사할 수 있도록 규정하고 있다 하더라도, '관리규약이 구분소유자 이외의 자의 권리를 해하지 못한다.'고 규정하고 있는 집합건물의 소유 및 관리에 관한 법률(이하 '집합건물법'이라 한다) 제28조 제3항에 비추어 볼 때, 관리규약으로 전 입주자의 체납관리비를 양수인에게 승계시키도록 하는 것은 입주자 이외의 자들과 사이의 권리 · 의무에 관련된 사항으로서 입주자들의 자치규범인 관리규약 제정의 한계를 벗어나는 것이고, 개인의 기본권을 침해하는 사항은 법률로 특별히 정하지 않는 한 사적 자치의 원칙에 반한다는 점 등을 고려하면, 특별승계인이 그 관리규약을 명시적, 묵시적으로 승인하지 않는 이상 그 효력이 없다고 할 것이며, 집합건물법 제42조 제1항 및 공동주택관리령 제9조 제4항의 각 규정은 공동주택의 입주자들이 공동주택의 관리 · 사용 등의 사항에 관하여 관리규약으로 정한 내용은 그것이 승계 이전에 제정된 것이라고 하더라도 승계인에 대하여 효력이 있다는 뜻으로서, 관리비와 관련하여서는 승계인도 입주자로서 관리규약에 따른 관리비를 납부하여야 한다는 의미일 뿐, 그 규정으로 인하여 승계인이 전 입주자의 체납관리비까지 승계하게 되는 것으로 해석할 수는 없다. 다만, 집합건물의 공용부분은 전체 공유자의 이익에 공여하는 것이어서 공동으로 유지 · 관리해야 하고 그에 대한 적정한 유지 · 관리를 도모하기 위하여는 소요되는 경비에 대한 공유자 간의 채권은 이를 특히 보장할 필요가 있어 공유자의 특별승계인에게 그 승계의사의 유무에 관계 없이 청구할 수 있도록 집합건물법 제18조에서 특별규정을 두고 있는바, 위 관리규약 중 공용부분 관리비에 관한 부분은 위 규정에 터 잡은 것으로서 유효하다고 할 것이므로, 아파트의 특별승계인은 전 입주자의 체납관리비 중 공용부분에 관하여는 이를 승계하여야 한다고 봄이 타당하다.

※ 전 입주자가 체납한 관리비는 아파트 관리규약의 정함에 따라 그 특별승계인에게 공용부분에 한하여 승계된다.

PART

1

경·공매총론

제1장 경 · 공매 기본 다지기

제1절 경 · 공매의 의의

1. 경 · 공매의 개념

(1) 경매

법원에서 민사집행법의 매각절차에 따라 입찰 기일을 정하고 다수의 매수 입찰자에게 서면으로 청약을 받아 그중에서 최고가격으로 응찰한 사람에게 법원은 승낙함으로써 이루어지는 공개경쟁 매매방식을 말한다. 특히 그 대상을 부동산으로 하는 것을 법원 부동산 경매라 말하며 이 절차는 민사집행법 강제집행절차에 의해 법적 절차에 따라 진행한다.

(2) 공매

한국자산관리공사 등에서 부동산을 경쟁 방법 등에 의해 공개적으로 매각하는 것을 말한다.

공매에 나오는 부동산으로는 세금체납으로 압류된 부동산, 국가, 공공기관 등의 비업무용 부동산, 캠코의 유입부동산 등이 온비드사이트를 통해 공매되고 있다.

2. 경 · 공매의 특징

(1) 권리분석만 잘하면 시세보다 싸게 살 수 있다.

(2) 최저매각가격의 10%만 있으면 응찰 가능하며 낙찰시 은행의 대출이나 임차인의 보증금으로 충당할 수 있다.

(3) 토지거래허가구역 내에 있는 부동산을 허가 없이 취득 가능하다.
공익사업에 따른 토지의 수용, 경매 및 공매로 취득시 토지거래허가를 적용하지 않는다.

(4) 재건축, 재개발사업 내 관리처분계획 인가 후에도 조합원 지위 승계가 가능하다.

부동산 거래신고 등에 관한 법률

제14조(국가 등의 토지거래계약에 관한 특례 등) ① 제11조 제1항을 적용할 때에 그 당사자의 한쪽 또는 양쪽이 국가, 지방자치단체, 「한국토지주택공사법」에 따른 한국토지주택공사(이하 "한국토지주택공사"라 한다), 그 밖에 대통령령으로 정하는 공공기관 또는 공공단체인 경우에는 그 기관의 장이 시장 · 군수 또는 구청장과 협의할 수 있고, 그 협의가 성립된 때에는 그 토지거래계약에 관한 허가를 받은 것으로 본다.
② 다음 각 호의 경우에는 제11조(허가구역 내 토지거래에 대한 허가)를 적용하지 아니한다.
1. 「공익사업을 위한 토지 등의 취득 및 보상에 관한 법률」에 따른 토지의 수용
2. 「민사집행법」에 따른 경매
3. 그 밖에 대통령령으로 정하는 경우

부동산 거래신고 등에 관한 법률 시행령

제11조(국가 등의 토지거래계약에 관한 특례) ① 법 제14조 제1항에서 "대통령령으로 정하는 공공기관 또는 공공단체"란 다음 각 호의 기관 또는 단체를 말한다.
2. 「국유재산법」 제9조에 따른 국유재산종합계획에 따라 국유재산을 일반경쟁입찰로 처분하는 경우
3. 「공유재산 및 물품 관리법」 제10조에 따른 공유재산의 관리계획에 따라 공유재산을 일반경쟁입찰로 처분하는 경우
4. 「도시 제 및 주거환경정비법」 제74조에 따른 관리처분계획 또는 「빈집 및 소규모주택 정비에 관한 특례법 29조에 따른 사업시행계획에 따라 분양하거나 보류지 등을 매각하는 경우
12. 국세 및 지방세의 체납처분 또는 강제집행을 하는 경우
16. 한국자산관리공사가 「한국자산관리공사 설립 등에 관한 법률」 제4조 또는 제5조에 따라 토지를 취득하거나 경쟁입찰을 거쳐서 매각하는 경우 또는 한국자산관리공사에 매각이 의뢰되어 3회 이상 공매하였으나 유찰된 토지를 매각하는 경우

도시 및 주거환경정비법

제39조(조합원의 자격 등) ② 「주택법」 제63조 제1항에 따른 투기과열지구로 지정된 지역에서 재건축사업을 시행하는 경우에는 조합설립인가 후, 재개발사업을 시행하는 경우에는 제74조에 따른 관리처분계획의 인가 후 해당 정비사업의 건축물 또는 토지를 양수(매매 · 증여, 그 밖의 권리 변동을 수반하는 모든 행위를 포함하되, 상속 · 이혼으로 인한 양도 · 양수의 경우는 제외한다. 이하 이 조에서 같다)한 자는 제1항에도 불구하고 조합원이 될 수 없다. 다만, 양도인이 다음 각 호의 어느 하나에 해당하는 경우 그 양도인으로부터 그 건축물 또는 토지를 양수한 자는 그러하지 아니하다.

7. 그 밖에 불가피한 사정으로 양도하는 경우로서 대통령령으로 정하는 경우

동법 시행령 제37조(조합원) ③ 법 제39조 제2항 제7호에서 "대통령령으로 정하는 경우"란 다음 각 호의 어느 하나에 해당하는 경우를 말한다.

5. 국가 · 지방자치단체 및 금융기관(「주택법 시행령」 제71조 제1호 각 목의 금융기관을 말한다)에 대한 채무를 이행하지 못하여 재개발사업 · 재건축사업의 토지 또는 건축물이 경매 또는 공매되는 경우

3. 입찰전 확인사항

(1) 공적 장부 확인

등기부상의 권리 관계, 건축물 대장상의 사실관계를 정확히 파악하고 입찰하여야 한다. 그러므로 등기부등본상의 권리 선후 관계, 대장상의 위반건축물 여부, 토지이용계획확인서상의 규제 사항 등을 면밀히 검토 후에 목적대로 이용 가능 여부를 확인해야 한다.

(2) 대항력 있는 임차인 확인

전입세대 열람을 통하여 주택의 경우 대항력 있는 임차인을 확인하여야 한다.

더구나 외국인의 수가 수백만 명에 이르는 상황에서 외국인도 자국민처럼 외국인등록이나 체류지변경등록으로 대항력을 갖게 되므로, 이에 대한 확인도 필수적으로 하여야 한다.

(3) 지역 및 물건 확인

부동산은 부동산의 부동성으로 인하여 인근 지역의 영향을 크게 받는 재화이므로 인근의 장례식장, 쓰레기 소각장, 가스충전소 등의 혐오시설 여부, 학교, 의료시설, 대형마트 등의 편의시설 존재 유무를 손품 및 발품을 이용하여 충분히 확인하여야 한다.

(4) 부동산 용도에 따른 확인

애인과 임대는 현재가치를 보고 배우자와 소유는 미래가치를 본다는 말이 있다.

심하게 어폐가 있는 비유일 수 있으나 우리는 직접 거주할 경우에는 주거의 쾌적성과 생활의 편의성을 보고 임대할 목적으로 투자할 경우에는 전철역세권, 학세권 등의 임대수요를 보고 투자해야 한다. 또한, 상가의 경우 유동인구, 동선 유무, 배후단지 규모 등의 상권형성 여부를 확인해야 하고 공장은 물류 관계, 동력의 사용가능 여부, 토지는 향후 개발 가능성 및 개발제한사항 등을 확인하여야 낙찰 후 낭패를 보지 않을 것이다. 그러면 주거용 부동산과 상업용 부동산의 임장활동 시 체크 포인트를 알아보자.

1) 주거용 부동산

가. 도보로 임장활동을 한다.

나. 주변 환경 확인

학교(초품아), 편의시설(마트, 의료시설), 교통 등을 도보로 임장하면서 소요시간도 체크한다.

다. 중개업소 및 관리사무소 방문 시 분위기 파악으로 경쟁률 예측

현장 방문 시 소장님의 반응이나 질문을 통하여 입찰 여부 및 경쟁률 예측이 필요하다.

라. 임대료 정보 확인

구체적인 매매가 및 임대료 정보를 확인한다.

마. 체납관리비 확인

점유자 및 관리사무소를 통하여 세부적인 체납관리비를 파악하고 인수

가능 여부도 확인한다.

2) 상업용 부동산

가. 배후세대 수 확인

나. 고객의 주요 동선 확인

전철, 버스, 대형마트 등으로부터 대상 고객의 이동 경로를 파악한다.

다. 주변 공실률 확인

라. 당해 물건 점유 여부 확인

마. 임대료 정보 확인

중개업소, 상권정보 분석 시스템을 통해 출구시 가능한 임대료 및 수익률 등을 확인해야 한다.

바. 상권에 맞는 업종인지 확인

사. 체납관리비 확인

3) 토지

주거용이나 상업용 부동산은 주로 현재의 보이는 상태를 기준으로 투자하지만, 토지는 다른 부동산에 비해 미래의 발전가능성과 개발 호재를 보고 투자한다. 특히, 경·공매로 토지를 낙찰받으면 토지거래허가를 받지 않아도 되고 명도의 부담도 없다.

토지를 낙찰받을 때는 용도지역, 토지의 모양, 경사도, 지반과 토질, 도로조건, 교통여건, 지상물의 유무 등을 확인한다.

4. 입찰전 대출 가능 여부 확인

(1) 대출 가능 금액 확인

담보인정비율(LTV), 임대사업이자비율(RTI), 총부채상환비율(DTI), 총부채원리금상환비율(DSR) 등으로 나뉜다. LTV와 DTI는 주택담보대출 한도를 정할 때 쓰이고, DSR은 대출 종류와 무관하게 모든 부채의 총량을 규제하는 장치다.

1) 물건에 따른 대출 제한

① LTV(loan to value ratio)

주택을 담보로 돈을 빌릴 때 인정되는 자산가치의 비율이다. 만약, 주택담보대출비율이 60%이고, 3억짜리 주택을 담보로 돈을 빌리고자 한다면 빌릴 수 있는 최대금액은 1억 8천만원(3억×0.6)이 된다.

② RTI(Rent To Interest)

부동산임대업 이자상환비율로서 담보가치 외에 임대수익으로 어느 정도까지 이자상환이 가능한지 산정하는 지표다. 산출 방식은 연간임대소득/(본건 대출의 연이자+기타 부채 연이자)로 현재 주거용은 1.25배, 비주거용은 1.5배 이상의 대출 기준을 적용하고 있다. 그러므로 주로 상업용 부동산대출에 적용되고 있다.

예 연간임대소득 : 5천만원, 대출금액 : 5억
대출금리 5% 적용시 연이자 금액 : 2,500만원, 기타 이자비용 : 1,000만원
RTI=5,000만원/(2,500만원+1,000만원)≒1.43배로 주거용은 충족, 비주거용 충족하지 못하고 있다

2) 차주에 따른 대출 제한

① DSR(Debt Service Ratio)

총부채원리금상환비율로 주택담보대출뿐만 아니라 개인이 소유한 모든 금융권 대출의 원리금이 연소득의 일정 비율을 넘지 못하도록 한 것으로 규제 강도가 가장 세다. 현재 DSR 40% 규제가 시행되고 있으며 특례 보금자리론이나 전세보증금 반환 목적 등 특수한 경우에만 적용이 배제된다. 산출식은 "DSR=(주택대출 연간원리금상환액+기타대출원리금상환액)/연간소득*100"이다.

DSR적용	DSR미적용
주택담보대출, 신용대출, 자동차 할부, 카드론, 학자금 대출, 전세보증금 담보대출	중도금대출, 이주비대출, 전세자금대출, 주택연금대출, 3백만원 이하 소액신용, 소액예적금, 유가증권담보대출, 정부 및 공공기관 등과 협약 취급한 대출, 상속 또는 채권보전 경매참가로 불가피한 대출채무인수

② DTI (Debt To Income)

총부채상환비율로 총 소득에서 1년 동안 갚아야 하는 원리금 상환액이 차지하는 비율로 산출식은 "DTI＝(주택대출 연간 원리금상환액＋기타 대출이자상환액)/연간소득*100"이다.

구분	DTI	DSR
담보대출금액	3억(30년 만기, 5%금리)	3억(30년 만기, 5%금리)
담보대출에 대한 연간 원리금상환액	1,900만원	1,900만원
기존 신용대출 (마통)	5,000만원(6%금리)	5,000만원(6%금리)
신용대출 연 원금상환액	1,000만원	1,000만원
신용대출 연 이자 상환액	300만원	300만원
계산 결과	$\frac{1,900만원+300만원}{5,000만원}\times 100$	$\frac{1,900만원+1,000만원+300만원}{5,000만원}\times 100$

위에서 연소득 5,000만원인 사람이 담보대출하고자 하는 금액이 3억일 때 5천만원 신용대출을 보유하고 있다면 DTI는 44%이고 DSR는 64%이다.

신용대출이자의 경우 사용하는 통장의 금리를 적용하면 된다.

DTI, DSR의 차이를 발생시키는 건 다른 신용대출의 원금 상환액 포함 여부에 있다.

현재 DSR은 은행권 40%, 비은행권 50%를 적용하고 있다.

DSR을 낮추기 위해서는 분모인 소득을 늘리거나 분자인 연 상환원리금을 낮추어야 한다.

그러므로 현재 정부가 주택가격의 연착륙을 유도하기 위하여 한시적으로 보증금 반환의 목적이라면 DTI나 DSR 비율을 60%까지 올려주거나 대출기간을 50년으로 한시적으로 풀어줌으로써 주택 매수를 유도하고 있다.

(2) 대출 감액 및 불가 물건

1) 대출 감액 물건

주거용 부동산의 최우선변제에 따른 방공제, 금액을 명시한 유치권 신고가 있는 물건, 맹지, 분묘가 있는 임야, 공익용 임야 등

2) 대출 불가 물건

① 지분 경매 물건

② 벽체가 없는 구분상가 물건

③ 금액이 명시되지 않은 유치권 신고가 있는 물건

④ 대항력이 있는 임차권자가 배당요구를 하지 않은 물건

⑥ 토지만 매각하거나 건물만 매각하는 물건

⑦ 위반건축물이 있는 물건

건축물 대장 우측 상단에 노란색으로 위반 건물이 명시된 부동산은 대출이 되지 않는다.

그러므로 낙찰시 잔금 계획이 마련되어 있어야 하며 위반건축물에 대하여 관할 시장 · 군수 · 구청장에게 충분히 문의해서 강제이행, 원상회복에 대한 비용도 충분히 고려해서 진행해야 한다.

5. 전세자금 대출기관 및 대출절차

(1) 전세자금 대출 보증기관

① 주택도시보증공사

② 한국주택금융공사 – 최대 2억2천2백

③ 서울보증보험

(2) 전세자금 대출 재원

① 기금재원대출(국민주택기금을 재원으로 하는 상품) – 버팀목전세대출, 디딤돌대출, 보금자리론

② 은행재원대출

(3) 전세대출 과정

① 사전 상담 – 등기부등본 갖고 은행 방문 상담

② 임대차 계약

③ 확정일자 받기

④ 대출 신청 – 잔금일을 기준으로 '최소' 2주 정도 남겨두고 신청

(4) 전세자금대출 시 필요서류

본인 신분증, 소득 및 재직확인 서류, 확정일자부 임대차계약서, 계약금 영수증, 주민등록등본 그 외 기타 추가될 수 있음(가족관계증명서, 임대인 통장사본 등)

(5) 잔금 처리(은행 → 임대인에게 보증금 송금)

※ 계약기간 내에는 어떠한 경우에도 주소를 이전하지 말아야 한다.

왜냐하면, 주택이 경매에 넘어갈 시 대항력을 상실하거나 우선변제순위에서 밀릴 수 있고 전세자금대출이 연장되지 않을 수 있다.

제2절 부동산 정보 구하기 및 경매관련 용어

1. 부동산 정보 구하기

	사이트명	사이트	비고
1	국토교통부 실거래가 공개시스템	rt.molit.go.kr/	• 매매 실거래 공개는 2006년 1월부터 부동산 거래신고 및 주택거래신고를 한 주택(아파트, 연립/다세대, 단독/다가구), 오피스텔, 토지, 상업 · 업무용, 공장 · 창고 등 부동산 및 2007년 6월 29일 이후 체결된 아파트 분양/입주권을 대상으로 하고 있습니다 • 전월세 실거래가 공개는 2021년 6월부터 임대차 계약 신고를 한 주택 (아파트, 연립/다세대, 단독/다가구, 오피스텔) 및 2011년 1월부터 주민센터 및 일부 공개 가능한 대법원 등기소의 주택 확정일자 자료를 대상으로 하고 있습니다.
2	대한민국법원 법원경매정보	www.courtauction.go.kr/	매각공고, 경매물건 열람, 경매절차, 경매서식 및 용어, 법률정보제공
3	온비드	www.onbid.co.kr/	압류, 국유, 공유재산, 부동산, 불용물품 인터넷 공매, 주차장, 학교매점 등 임대 안내.
4	토지이음	www.eum.go.kr/	이음지도, 용어사전, 질의회신사례, 규제법령집, 주민의견청취 공람, 도시계획통계 제공 [주요 기능 설명] 지도서비스 : 지도를 이동하여 선택 위치의 지역 지구의 지정 현황 및 영역을 확인할 수 있습니다. 또한, 민간지도(네이버, 다음)의 2D 및 위성지도와 비교해볼 수 있습니다. 토지이용계획 : 특정 지번의 토지이용계획 및 규제사항을 열람하고 확인도면을 볼 수 있습니다. 도시계획 : 도시계획시설 및 지구단위계획구역을 지도에서 확인할 수 있습니다. 관심지역 변경사항 열람 : 관심지역 등록 시 해당 행정구역의 최근 고시정보 확인 및 주민의견 청취에 참여할 수 있습니다.

	사이트명	사이트	비고
5	관세청 전자통관 시스템	unipass.customs.go.kr/csp/index.do	업무지원 → 체화공매 클릭시 관세공매물품 검색 가능
6	디스코	www.disco.re/	등기로 확인한 실거래가를 알아볼 수 있다. 등기일과 동/층/호 정보까지 무료로 확인하실 수 있다.
7	오토마트 자동차공매	cafe.naver.com/automartlove	공매자동차물건검색 및 입찰할 수 있다.
8	인터넷 자동차 공매 굿인포카	gov.goodinfocar.com/	공매자동차물건검색 및 입찰할 수 있다.
9	한국부동산원 청약홈	www.applyhome.co.kr/ap/aph/reqst/selectSubscrtReqstAptMainView.do	청약일정 및 청약 접수를 할 수 있다.
10	호갱노노	hogangnono.com/	아파트 실거래가 확인, 부동산 시세, 학군, 주변정보, 출퇴근 교통정보 제공
11	아실	asil.kr/asil/index.jsp	아파트 실거래가 확인, 부동산 매물, 분양정보, 부동산 빅데이터 서비스 제공
12	네이버부동산	land.naver.com/	부동산 매물, 분양 및 경매 정보, 부동산 빅데이터 서비스 제공
13	KB부동산	kbland.kr/	KB국민은행이 만든 부동산플랫폼. 매물, 시세, 실거래가, 분양, 세금, AI예측시세, 빌라시세 등 제공
14	KB부동산 데이터허브	data.kbland.kr/	부동산빅데이터통계 분석 플랫폼, 부동산지도, KB통계보드, 월간 선도아파트, 부동산시장심리, 주택가격동향조사, 소득대비주택가격(PIR)
15	밸류맵	www.valueupmap.com/	토지, 건물, 빌딩, 공장, 실거래가, 매물 AI건축설계 서비스 등 부동산 빅데이터 서비스
16	오픈업	www.openub.com/	오픈업은 펀다가 운영하고 있는 빅테이터 상권분석 플랫폼으로 신용카드 매출정보를 기반으로 업종별 추정 매출값 예비 창업 지역과 업종, 규모 등 선택하면 예상 임대료와 인테리어 비용 계산 해줌
17	임업정보 다드림	gis.kofpi.or.kr/gis/main.do	산주, 임업인, 일반국민 누구나 다양한 산림정보를 손쉽게 찾아볼 수 있도록 지원하는 맞춤형 임업정보 서비스이다.

	사이트명	사이트	비고
17	임업정보 다드림	gis.kofpi.or.kr/gis/main.do	임업정보 다드림은 한국임업진흥원이 산림청과 함께 축적해 온 175종의 산림 공간정보(산림 빅데이터)를 활용하여, 다양한 산림정보를 필지 단위로 통합 조회할 수 있을 뿐만 아니라, 특정 조건에 맞는 산림의 위치를 보다 손쉽게 찾아볼 수도 있으며, 소유한 산에서 "어떤 작물을 재배하는 게 적합한지?", "무슨 작물이 수익을 낼 수 있는지?" 등 다양한 산림경영 정보를 얻을 수 있음
18	산지정보 시스템	www.forest.go.kr/	산지이용, 행위제한, 산림조성비용, 보전산지 등 산림에 대한 정보를 구할 수 있다.
19	씨리얼LH한국 토지주택공사	seereal.lh.or.kr/main.do	국토교통부 운영 부동산 정보 포털사이트, 부동산 정책 및 통계 정보제공.
20	부동산플래닛	www.bdsplanet.com/main.ytp	자체적인 빅데이터 분석 시스템을 통해 아파트, 오피스텔, 단독/다가구, 원룸, 연립/빌라, 상가/점포, 상가/사무실, 상업용 빌딩, 공장/창고, 토지까지 전국 모든 부동산 유형별 실거래가 위치 정보제공은 물론 매물 등록과 검색, 학군 및 상권정보, 통계까지 다양한 정보를 제공하고 있는 '종합 부동산 플랫폼'

2. 경매관련 용어

(1) 경매(부동산)

국가(법원)의 강제력을 사용하여 채무자에게 빚을 갚도록 강제하는 절차다.

채권자로부터 경매신청이 들어오면 법원은 채무자 소유의 부동산을 처분하지 못하도록 부동산등기부에 개시 결정을 하고 채무자 소유의 재산을 매각한다. 낙찰된 매각대금으로 채권자의 금전 채권을 충당시키는 것을 목적으로 하는 절차다.

(2) 공매

국가기관이 국세징수법에 의하여 압류한 재산을 불특정 다수 매수 희망자들이 자유경쟁을 통해 공개적으로 매각하는 제도를 말한다. 입찰이 전자입찰 방식으로 진행되기 때문에 경매보다 편리하다.

(3) 권리분석

경매를 시작하기 전 해당 부동산이 법률적으로 하자가 있는지 없는지를 분석하는 것을 말한다.

(4) 차순위매수신고

최고가매수신고인이 잔금을 납부하지 못하면 재경매를 하지 않고 차순위매수신고인에게 그 지위가 넘어간다. 최고가매수 금액에서 보증금을 공제한 액수보다 높은 가격으로 응찰한 사람은 차순위매수신고를 할 수 있다.

(5) 최저 경매 가격(최저가)

입찰 가격을 산정할 때 기준이 되는 금액을 말한다. 이 가격 미만으로 입찰가를 쓰면 무효 처리되므로 반드시 최저가 이상을 적어 입찰해야 한다. 일반적으로 1회차 경매에서는 감정평가액이 최저 경매가격이 되는 경우가 대부분이다.

(6) 입찰보증금

경매물건을 입찰할 때는 최저 경매 가격의 10%를 보증 금액으로 입찰표와 함께 제출해야 한다. 입찰보증금은 현금, 수표 또는 보증보험증권으로 제출할 수 있다.

(7) 저당권

채무자(빌린 사람)가 채권자(빌려준 사람)에게 점유를 넘기지 않고, 그 채권의 담보로 제공된 목적물(부동산)에 대하여 우선적으로 변제를 받을 수 있는 약정 담보물권을 말한다.

(8) 근저당권

계속적인 거래로 발생하는 여러 채권을 장래의 결산기에 일정 한도액까지 담보하기 위해 부동산에 설정하는 저당권을 말한다. 근저당권은 채무가 없어도 성립이 가능하고, 등기 시 근저당의 뜻과 채권최고액에 관한 내용을 등기해야 한다. 실제 채권액이 채권최고액을 초과했을 때는 그 금액 이상의 우선변제권이 주어지지 않는다.

(9) 정지

채권자 또는 이해관계인이 법원에 대하여 경매 진행절차를 정지시키는 것을 말한다.

(10) 변경

경매법원이 경매를 적법하게 진행시킬 수 없다고 판단해 법원이 직권으로 경매기일을 바꾸는 것을 말한다. 경매기일이 바뀌어도 최저 입찰 가격은 변동되지 않는다.

(11) 연기

채무자, 소유자 또는 이해관계인의 신청 또는 법원의 판단으로 매각기일을 미루는 것을 말한다.

(12) 취소

채무자가 빚을 갚거나 경매 원인이 소멸되는 경우 또는 잉여금액이 없는 등의 이유로 법원이 사건을 취소시키는 것을 말한다.

(13) 취하

경매를 신청한 채권자의 요청에 의해 해당 경매 사건이 철회되는 것을 말한다.

최고가매수인이 결정된 이후에 취하할 경우에는 최고가매수인의 동의를 얻어야만 경매 취소가 가능하다.

(14) 유찰

경매에 나온 물건에 입찰하는 사람이 없어 다음 회차로 넘어가는 것을 말한다. 유찰되면 법원에 따라 20% 또는 30% 저감된 금액을 최저가로 하여 경매가 진행된다.

(15) 재경매

최고가매수신고인(차순위매수신고인 포함)이 잔금 납부기일까지 잔금을 치르지 않는 경우에 이전의 최저가로 다시 실시하는 경매를 말한다.

(16) 신경매

경매를 실시하였으나 경락인이 없어 다시 경매를 실시하는 것을 말한다.

(17) 물건번호

채무자는 같으나 여러 개의 부동산을 개별매각할 때 각각의 물건에 순서를 정하여 매각할 경우 물건번호를 부여한다. 이 경우 입찰자는 사건번호와 함께 물건번호를 기재하여야 한다.

(18) 일괄매각

일괄매각이란 동일 채무자의 경매물건 2개 이상을 묶어서 경매하는 것을 말한다. 일괄매각을 하는 이유는 묶어서 매각할 때 더 이익이 되기 때문이다. 예를 들어서 채무자의 경매물건으로 밭과 그 밭 위에 지어진 창고 2건이 있다고 했을 때 이것을 따로 매각하면 가치가 떨어지게 될 것이다. 그러나 일괄매각으로 이 둘을 묶어서 매각하면 가치가 올라가게 될 것이다.

(19) 개별매각

채무자 소유의 담보물건이 두 개 이상 있을 때 이를 따로따로 경매에 부치는 것이다. 따로 매각할 경우 현금화에 더 용이하므로 그렇게 하는 것이다.

(20) 무잉여

입찰가에서 남아 있는 채권과 경매 비용을 변제하면 남는 것이 없다고 인정될 때 이러한 사실을 압류 채권자에게 통지 후 경매 절차를 법원이 직권으로 취소하는 것을 말한다.

(21) 매각(불)허가

최고가매수신고인이 선정되고 나서 1주일 이내에 담당재판부가 경매의 과정이 적법하게 진행됐는지를 검토하여 낙찰에 대한 허가 또는 불허가를 결정하는 것을 말한다. 불허가 결정이 나는 경우에는 최고가매수신고인이 이에 대해서 이의를 제기할 수 있다.

(22) 특별매각 조건

매각할 부동산에 대하여 따로 지정한 조건을 말한다. 낙찰자가 대금 지급기일 이후에 대금을 납부할 경우 지연이자를 연 2할로 변경하거나 재매각 시 입찰보증금을 20~30%로 하는 경우 등이 있다.

(23) 토지별도 등기

토지등기 상에 설정된 근저당권이나 가압류가 해소되지 않은 상태에서 건물등기와 대지권이 설정되어 집합건물등기로 정리되는 경우 토지등기와 집합건물 등기가 중복되어 존재하는 것으로 집합 건물등기 상에 표기되는 사항이다.

(24) 대지권/대지사용권

대지사용권은 집합건물의 소유자가 건물의 전유부분을 소유하기 위하여 건물의 대지에 대하여 가지는 권리로 소유권, 지상권, 전세권, 임차권 등을 포함한다. 부동산 등기법은 대지사용권 중 전유부분과 분리해서 처분할 수 없는 것을 대지권이라 규정하고 등기신청서에 그 권리를 표시하도록 규정하고 있다.

또한, 집합건물의 소유 및 관리에 관한 법률에 의하여 구분소유자는 그가 가지는 전유부분과 분리하여 대지사용권을 처분할 수 없다. 즉, 구분소유자의 대지사용권은 그가 가지는 전유부분의 처분에 따른다.

(25) 대지권미등기

대지권 미등기는 대지권에 대한 등기가 이루어지지 않았다는 뜻으로 실제 대지권이 없어 미등기된 경우도 있지만, 실제 대지권은 있으나 절차상 등기가 이루어지지 않은 경우도 있다.

지적이 미정리되어 아직 등기를 못 한 경우 또는 건축시행과정에서 시공사에 시행사가 건축비를 모두 변제하지 못한 경우에 주로 발생한다.

지적이 미정리된 상태에서 건축 후 지번이 확정되면 대지권은 취득이 가능하나 사유지상 건축된 건물은 대지사용권 자체가 없으며 나대지 상태에서 근저당이 설정되고 건물이 건축되어 대지권의 소유권이 바뀐 경우에는 대지권을 취득할 수 없다.

그러므로 건축시행 후 분양대금 미납으로 인한 미등기, 토지가 신탁된 상황에서 건축이 이루어지고 토지가 신탁재산공매로 낙찰된 경우 대지사용권이 소멸하게 되므로 주의해야 한다.

특히 주의해야 할 점은 대지권이 감정평가가격에 포함되었는지는 대지권의 소유권 취득과는 아무런 관련이 없다.

그러므로 낙찰자는 대지권을 취득할 수 있는지를 정확하게 분석한 후에 입찰해야 한다.

(26) 문건송달내역

초보자들이 지나치기 쉽지만, 문건 처리 및 송달 내역을 자주 들여다보는 것이 좋다. 해당 경매 사건과 관련된 이해관계인의 서류 접수 내역, 담당 경매계에서 이해관계인에게 어떤 문서를 발송했는지 등을 알 수 있다. 문건 송달 내역의 예를 들면 임차인의 배당요구와 철회, 임금채권자의 배당요구, 해당 사건 열람, 유치권 접수나 채권자의 배당배제 신청 등이 있다.

(27) 배당(배분)요구 종기일

집행법원은 경매개시결정 이후 1주일 이내에 부동산 경매 절차에 소요되는 기간을 고려하여 첫 매각기일 이전까지 배당요구를 마치도록 한다. 등기사항전부증명서에 등재하지 않은 채권자(임차인)는 반드시 배당요구 종기일까지 배당요구를 해야 배당을 받을 수 있다.

(28) 병합사건

공동경매라고도 하며 여러 명의 채권자가 하나의 물건에 동시에 경매신청을 했다는 의미다. 이런 경우, 법원에서는 여러 경매신청을 병합하여 하나의 사건으로 진행하게 된다.

당연히 한 채권자가 경매 취소가 발생하더라도 나머지 채권자의 경매신청은 남아 있기에 취소되지 않고 진행되게 된다. 채권자들은 독립적으로 해당 경매에 대한 배당을 받게 된다.

(29) 중복사건

이중경매라고도 하며 이미 경매가 진행되고 있는 와중에 또 다른 채권자가 경매를 신청한 것이다. 간단히 말해 이중경매는 동일한 부동산에 대하여 순차적으로 경매를 신청한 상황이다. 이렇게 되면 앞서 진행되는 선행경매에서 현금화 절차를 실시하게 된다.

이중경매는 매각허가결정 선고 시점까지가 아닌 매각대금 납부 시점까지 신청이 가능하다. 이 경우 채권자가 경매를 또 신청하지 않아도 선행경매에서 배당금을 받게 될 텐데, 후행 경매를 신청하는 이유는 선행경매가 진행되지 못하고 배당 없이 경매가 종료되면 경매 절차를 처음부터 다시 진행해야 한다.

이때, 후행 경매가 있다면 번거로움을 피할 수 있어 시간과 비용면에서 이득이 되기 때문이다.

제3절 경매 관련법 개론

1. 민법의 물권과 채권

(1) 물권

1) 물권의 개념

특정한 물건을 직접적, 배타적으로 점유, 사용, 처분할 수 있는 권리로서 누구에게나 주장할 수 있는 권리다. 우리 민법에서는 아래 8가지만을 물권으로 인정하며 임의로 창설하지 못하게 하고 있다. (물권법정주의)

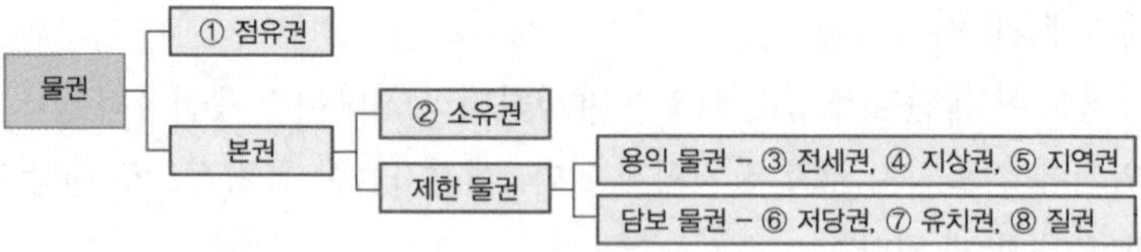

2) 물권의 종류

① 점유권

부동산을 법적으로 소유하고 있느냐에 상관없이 선의에 의하여 사실상 점유하고 있을 때 인정되는 물권이다.

> **민법 제192조(점유권의 취득과 소멸)** ① 물건을 사실상 지배하는 자는 점유권이 있다.
> ② 점유자가 물건에 대한 사실상의 지배를 상실한 때에는 점유권이 소멸한다. 그러나 제204조의 규정에 따라 점유를 회수한 때에는 그러하지 아니하다

② 소유권

부동산을 자유롭게 사용, 수익, 처분할 수 있는 대표적인 물권이다.

> **민법 제211조(소유권의 내용)** 소유자는 법률의 범위내에서 그 소유물을 사용, 수익, 처분할 권리가 있다.

③ 전세권

보증금을 지급하고 타인의 부동산을 그 용도에 맞게 사용, 수익할 수 있는 권리이다.

> **민법 제303조(전세권의 내용)** ① 전세권자는 전세금을 지급하고 타인의 부동산을 점유하여 그 부동산의 용도에 좇아 사용 · 수익하며, 그 부동산 전부에 대하여 후순위권리자 기타 채권자보다 전세금의 우선변제를 받을 권리가 있다.
> ② 농경지는 전세권의 목적으로 하지 못한다.

④ 지상권

타인의 토지 위에 건물이나 공작물을 지어 사용하거나 나무를 심어 기르기 위해 토지를 사용하는 권리이다.

> **민법 제279조(지상권의 내용)** 지상권자는 타인의 토지에 건물 기타 공작물이나 수목을 소유하기 위하여 그 토지를 사용하는 권리가 있다.

⑤ 지역권

타인의 토지를 통행이나 전망의 확보 등과 같이 자기토지의 편익에 이용하는 권리이다.

> 민법 제291조(지역권의 내용) 지역권자는 일정한 목적을 위하여 타인의 토지를 자기토지의 편익에 이용하는 권리가 있다.

⑥ 저당권

채무를 담보하기 위해 채무자 또는 제삼자의 부동산에 권리를 등기하였다가 빚을 갚지 않을 때 담보로 제공된 부동산을 강제로 매각처분하여 우선변제를 받는 권리이다. 저당권은 지상권 및 전세권에 대해서도 설정할 수 있다.

> 민법 제356조(저당권의 내용) 저당권자는 채무자 또는 제삼자가 점유를 이전하지 아니하고 채무의 담보로 제공한 부동산에 대하여 다른 채권자보다 자기채권의 우선변제를 받을 권리가 있다.
> 제357조(근저당) ① 저당권은 그 담보할 채무의 최고액만을 정하고 채무의 확정을 장래에 보류하여 이를 설정할 수 있다. 이 경우에는 그 확정될 때까지의 채무의 소멸 또는 이전은 저당권에 영향을 미치지 아니한다.
> ② 전항의 경우에는 채무의 이자는 최고액 중에 산입한 것으로 본다.

⑦ 유치권

타인의 물건이나 유가증권을 점유한 자가 그 물건이나 유가증권에 관하여 생긴 채권을 가지는 경우에 그 채권의 변제를 받을 때까지 목적물을 유치할 수 있는 권리이다.

> 민법 제320조(유치권의 내용) ① 타인의 물건 또는 유가증권을 점유한 자는 그 물건이나 유가증권에 관하여 생긴 채권이 변제기에 있는 경우에는 변제를 받을 때까지 그 물건 또는 유가증권을 유치할 권리가 있다.
> ② 전항의 규정은 그 점유가 불법행위로 인한 경우에 적용하지 아니한다.

⑧ 질권

타인의 물건이나 권리에 대해 질권을 설정한 뒤 돈을 갚지 않을 때 임의로 처분하여 우선 변제받을 수 있는 권리이다.

민법 제329조(동산질권의 내용) 동산질권자는 채권의 담보로 채무자 또는 제삼자가 제공한 동산을 점유하고 그 동산에 대하여 다른 채권자보다 자기채권의 우선변제를 받을 권리가 있다.
제345조(권리질권의 목적) 질권은 재산권을 그 목적으로 할 수 있다. 그러나 부동산의 사용, 수익을 목적으로 하는 권리는 그러하지 아니하다.

3) 관습법 및 특별법상의 물권

① 분묘기지권

타인의 토지 위에 묘지를 설치하는 때에 일정한 요건을 갖추면 지상권과 유사한 물권으로 인정하는 권리이다.

【판시사항】
나. 소위 분묘기지권이 미치는 범위

【판결요지】
나. 분묘수호자가 그 분묘에 대하여 가지는 관습에 의한 지상권 유사의 물권은 비단 그 분묘의 기지뿐만 아니라 그 분묘의 설치목적인 분묘의 수호 및 제사에 필요한 범위내에서 분묘기지 주위의 공지를 포함한 지역에까지 미치는 것이다[대법원 1986. 3. 25., 선고, 85다카2496, 판결].

② 법정지상권

소유자가 동일한 토지와 건물이 어떤 사정으로 인하여 각 소유자가 달라졌을 때 건물의 소유자를 위하여 법률상 당연히 지상권이 설정되는 것으로 보는 것이 법정지상권이다.

법정지상권은 민법상 인정되는 것. 특별법상 인정되는 것 및 판례상 인정되는 것이 있다.

ⅰ) 민법상 인정되는 것.

민법 제366조(법정지상권) 저당물의 경매로 인하여 토지와 그 지상 건물이 다른 소유자에 속한 경우에는 토지소유자는 건물소유자에 대하여 지상권을 설정한 것으로 본다. 그러나 지료는 당사자의 청구에 의하여 법원이 이를 정한다.

ii) 특별법상 인정되는 것

> **가등기담보 등에 관한 법률 제10조(법정지상권)** 토지와 그 위의 건물이 동일한 소유자에게 속하는 경우 그 토지나 건물에 대하여 제4조 제2항에 따른 소유권을 취득하거나 담보가등기에 따른 본등기가 행하여진 경우에는 그 건물의 소유를 목적으로 그 토지 위에 지상권(地上權)이 설정된 것으로 본다. 이 경우 그 존속기간과 지료(地料)는 당사자의 청구에 의하여 법원이 정한다.

> **입목에 관한 법률 제6조(법정지상권)** ① 입목의 경매나 그 밖의 사유로 토지와 그 입목이 각각 다른 소유자에게 속하게 되는 경우에는 토지소유자는 입목소유자에 대하여 지상권을 설정한 것으로 본다.
> ② 제1항의 경우에 지료(地料)에 관하여는 당사자의 약정에 따른다

iii) 판례상 인정되는 것

> **【판시사항】**
> [2] 미등기건물을 대지와 함께 매도하였으나 대지에 관해서만 매수인 앞으로 소유권이전등기가 경료된 경우, 관습상의 법정지상권이 성립하는지 여부(소극)
> [2] 관습상의 법정지상권은 동일인의 소유이던 토지와 그 지상건물이 매매 기타 원인으로 인하여 각각 소유자를 달리하게 되었으나 그 건물을 철거한다는 등의 특약이 없으면 건물소유자로 하여금 토지를 계속 사용하게 하려는 것이 당사자의 의사라고 보아 인정되는 것이므로 토지의 점유 · 사용에 관하여 당사자 사이에 약정이 있는 것으로 볼 수 있거나 토지소유자가 건물의 처분권까지 함께 취득한 경우에는 관습상의 법정지상권을 인정할 까닭이 없다 할 것이어서, 미등기건물을 그 대지와 함께 매도하였다면 비록 매수인에게 그 대지에 관해서만 소유권이전등기가 경료되고 건물에 관하여는 등기가 경료되지 아니하여 형식적으로 대지와 건물이 그 소유 명의자를 달리하게 되었다 하더라도 매도인에게 관습상의 법정지상권을 인정할 이유가 없다.[대법원 2002. 6. 20., 선고, 2002다9660, 전원합의체 판결]

③ 구분지상권

건물 기타공작물을 소유하기 위하여 타인소유 토지의 지하 또는 지상의 공간을 일정한 범위를 정하여 사용하는 물권이다.

구분지상권이 집합건물에 설정된 경우에는 집합건물의 등기부라 하더라도 "토지별도 등기"라고 기재가 되어 공시된다.

> **도시철도법 등에 의한 구분지상권 등기규칙**
>
> **제2조(수용 · 사용의 재결에 의한 구분지상권설정등기)** ① 「도시철도법」 제2조 제7호의 도시철도건설자(이하 "도시철도건설자"라 한다), 「도로법」 제2조 제5호의 도로관리청(이하 "도로관리청"이라 한다), 「전기사업법」 제2조 제2호의 전기사업자(이하 "전기사업자"라 한다), 「농어촌정비법」 제10조의 농업생산기반 정비사업 시행자(이하 "농업생산기반 정비사업 시행자"라 한다), 「철도의 건설 및 철도시설 유지관리에 관한 법률」 제8조의 철도건설사업의 시행자(이하 "철도건설사업 시행자"라 한다), 「지역 개발 및 지원에 관한 법률」 제19조의 지역개발사업을 시행할 사업시행자(이하 "지역개발사업 시행자"라 한다), 「수도법」 제3조 제21호의 수도사업자(이하 "수도사업자"라 한다), 「전원개발촉진법」 제3조의 전원개발사업자(이하 "전원개발사업자"라 한다) 및 「하수도법」 제10조의3의 공공하수도를 설치하려는 자(이하 "공공하수도를 설치하려는 자"라 한다)가 「공익사업을 위한 토지 등의 취득 및 보상에 관한 법률」에 따라 구분지상권의 설정을 내용으로 하는 수용 · 사용의 재결을 받은 경우 그 재결서와 보상 또는 공탁을 증명하는 정보를 첨부 정보로서 제공하여 단독으로 권리수용이나 토지사용을 원인으로 하는 구분지상권설정등기를 신청할 수 있다. 〈개정 2009. 9. 28., 2017. 2. 2., 2019. 1. 9., 2021. 10. 29.〉
>
> ② 제1항의 구분지상권설정등기를 하고자 하는 토지의 등기기록에 그 토지를 사용 · 수익하는 권리에 관한 등기 또는 그 권리를 목적으로 하는 권리에 관한 등기가 있는 경우에도 그 권리자들의 승낙을 받지 아니하고 구분지상권설정등기를 신청할 수 있다.
>
> [시행일 : 2022. 1. 6.] 「하수도법」 제10조의3에 관한 개정규정

(2) 채권

1) 채권의 개념

특정인이 다른 특정인(대인권)에 대하여 특정의 행위를 청구할 수 있는 권리를 말한다.

이에 대해 채무는 채무자가 채권자에게 일정한 행위(급부)를 하여야 할 의무를 말한다.

물권이 특정한 물건에 대하여 누구에게나 주장할 수 있는 대세권인 데 반해 채권은 채권자가 특정한 채무자에게 어떤 급부를 청구할 수 있는 대인권이다. 가장 대표적인 채권은 금전에 관한 채권이다.

> 민법 제373조(채권의 목적) 금전으로 가액을 산정할 수 없는 것이라도 채권의 목적으로 할 수 있다.
> 제376조(금전 채권) 채권의 목적이 어느 종류의 통화로 지급할 것인 경우에 그 통화가 변제기에 강제통용력을 잃은 때에는 채무자는 다른 통화로 변제하여야 한다.

2) 채권의 종류

① 임차권

부동산을 사용하는 대가로 임대료 등 차임을 줄 것을 약정하고 그 이행을 담보하기 위해 보증금을 지급함으로써 발생하는 권리이다.

임차권은 채권으로 임대인에게 등기절차에 협력해 줄 것을 청구할 수 있다. 그러나 현실적으로 임대인은 대출, 세금 문제 등으로 등기해 주지 않으려 하고 임차인도 등기비용, 등기절차 등의 번거로움으로 등기하지 않는 경우가 많다.

> 민법 제621조(임대차의 등기) ① 부동산임차인은 당사자 간에 반대약정이 없으면 임대인에 대하여 그 임대차등기절차에 협력할 것을 청구할 수 있다.
> ② 부동산 임대차를 등기한 때에는 그때부터 제삼자에 대하여 효력이 생긴다.
> 제622조(건물등기 있는 차지권의 대항력) ① 건물의 소유를 목적으로 한 토지 임대차는 이를 등기하지 아니한 경우에도 임차인이 그 지상 건물을 등기한 때에는 제삼자에 대하여 임대차의 효력이 생긴다.
> ② 건물이 임대차 기간만료 전에 멸실 또는 후폐한 때에는 전항의 효력을 잃는다.

▼ 전세권과 임차권의 비교

구분	전세권	임차권
권리의 성격	물권	채권
대가	보증금 지급	월세, 보증금 지급
공시	등기	미등기
전대 및 권리의 양도	주인 동의 없이 가능	주인 동의 없이 불가
보증금의 회수	방을 비워주지 않고도 경매 신청 가능	보증금반환청구의 소 확정판결 후 경매 신청 가능

② 환매권

매도인이 부동산을 매도하지만, 후에 다시 살 수 있는 권리이다.

> 민법 제590조(환매의 의의) ① 매도인이 매매계약과 동시에 환매할 권리를 보류한 때에는 그 영수한 대금 및 매수인이 부담한 매매비용을 반환하고 그 목적물을 환매할 수 있다.
> ② 전항의 환매대금에 관하여 특별한 약정이 있으면 그 약정에 의한다.
> ③ 전2항의 경우에 목적물의 과실과 대금의 이자는 특별한 약정이 없으면 이를 상계한 것으로 본다.
> 제592조(환매 등기) 매매의 목적물이 부동산인 경우에 매매등기와 동시에 환매권의 보류를 등기한 때에는 제삼자에 대하여 그 효력이 있다.

2. 세법

우리 인간은 피할 수 없는 것이 2가지가 있다. 그것은 바로 세금과 죽음이다. 죽음은 그것으로 모든 것이 끝나지만 세금은 우리가 살아가는 동안은 모든 재화와 서비스의 소비에 대해 부가세나 특별소비세를 부담하여야 하고 사업을 하고자 하면 어쩔수 없이 국가와 동업을 해야하고 그 소득에 대해 상당한 비율로 조세라는 명목으로 배분당해야 한다.

우리 주위 어디를 둘러보아도 보이는 것마다 세금이 부과되지 않는 물건이 없다. 오죽하면 공자가 "가정맹어호(苛政猛於虎)"란 말을 했겠는가! 예나 지금이나 苛政의 대표적인 수단이 조세가 아닌가 싶다.

그러므로 부동산 투자자로서의 우리는 조세에 대한 기본 지식을 투자 전에 미리 숙지해야 탈세가 아닌 절세를 통해 최소한 조세가 가혹하다라는 인식을 버릴 수 있지 않을까 싶다.

그러므로 현대를 살아가는 생활인으로서, 부동산을 다루는 투자자로서 절세를 위하여 부동산 관련 세금에 대해 알아야 함은 당연하다 할 것이다. 그러나 여기서는 전문적인 조세관련 분야를 다루는 곳이 아니기에 부동산 관련 세금에 대한 틀과 그 흐름에 대해 경.공매관련하여 필요한 부분만을 개략적으로 다루고자 한다.

(1) 조세 부과 체계도

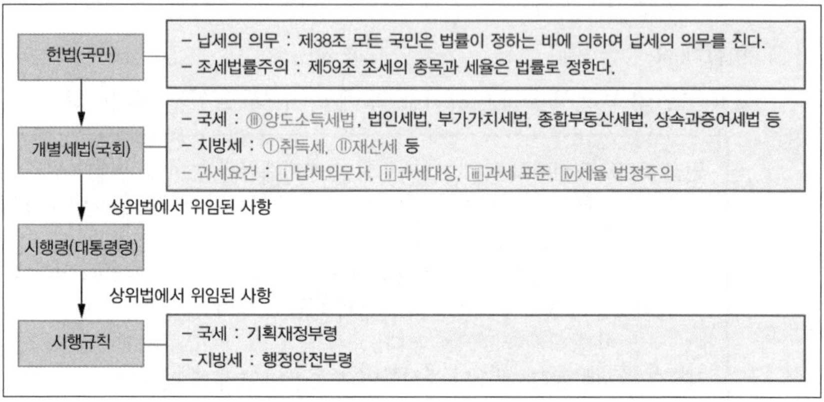

조세관련 사항은 국민들에게 미치는 범위와 깊이가 크고 또한 재정 조달을 목적으로 헌법에 납세를 의무로 규정하고 있으며 세목과 세율을 법률로 규정하도록 법정하고 있다.

개별 세법에서 과세요건을 정하고 보다 가벼운 내용은 대통령령과 시행규칙에 위임하고 있다.

그러므로 부동산과 관련한 세법의 구조는 국회에서 정하는 과세요건(ⅰ납세의무자, ⅱ과세대상, ⅲ과세표준, ⅳ세율) 4가지와 부동산 활동 단계별 취득(Ⅰ취득세), 보유(Ⅱ재산세) 및 양도(Ⅲ양도소득세)의 7가지만 알면 세금에 대한 전반적인 구조와 부동산 투자를 함으로써 절세를 할 수 있는 세테크는 가능할 것으로 본다.

그러므로 여기에서는 부동산 활동 단계(취득, 보유, 양도)에서 부담해야하는 3개의 주요 세목과 개별세법에 대한 납세의무가 성립하는 과세요건4가지에 대해 지면관계상 부동산 관련 세금에 대한 부분을 위주로 기술하고자 한다. 다만, 과세요건 중에서 세율은 주택수, 공시가격, 국민평형여부에 따라 중과세율이 다를 뿐만 아니라 주택수 산정 시에 주택의 범위, 세대의 기준, 1세대의 범위 등의 산정방법도 알아두어야 한다.

(2) 소득세의 일생

먼저 이해의 편의를 위해 종합소득세(법인은 법인세)를 국세징수법에 따라 성립 → 확정 → 소멸의 과정에 대한 절차도와 단계별로 필요한 내용에 대해 살펴보자.

아마도 아래 절차도와 국세징수법을 함께 두고 본다면 국세징수법의 구조와 국세기본법, 지방세법 등의 구조를 한 눈에 파악할 수 있을 것이다.

▼ 국세징수법에 따른 소득세의 일생(성립→확정→소멸)을 통한 조세의 기본틀 이해하기

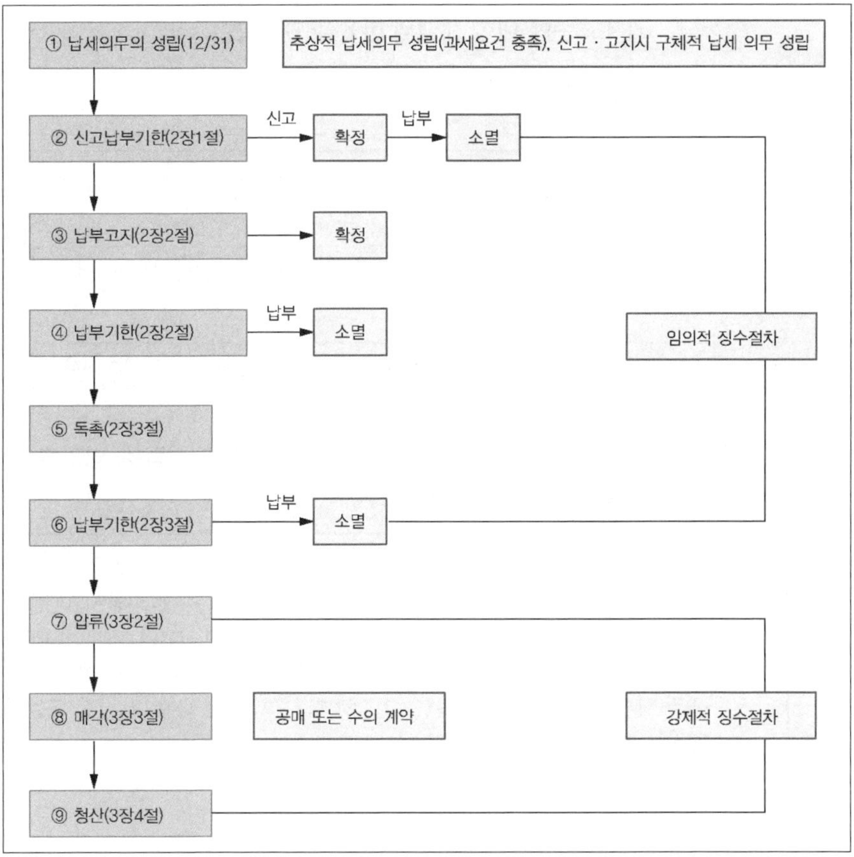

① 납세의무의 성립 – 과세요건 충족 시 성립

> 국세기본법 제21조(납세의무의 성립 시기) ① 국세를 납부할 의무는 이 법 및 세법에서 정하는 과세요건이 충족되면 성립한다.

ⅰ) 과세요건

ⅰ 납세의무자 : 세법에 따라 국세를 납부할 의무가 있는 자를 말한다

ⅱ 과세대상 : 조세법규가 과세 대상으로 정하고 있는 물건 · 행위 또는 사실을 말한다

ⅲ 과세표준 : 세액 산출의 기초가 되는 과세대상의 수량 또는 가액을 말한다.

ⅳ 세율 : 과세표준에 대한 세액의 비율을 말한다.

▼ **납세의무의 성립 · 확정 · 소멸**

성립	과세요건 충족시 추상적 납세의무 성립, 납세의무가 객관적으로 발생함.
↓ 확정	신고시 또는 납부고지시 구체적 납세의무 성립(납세의무의 존재와 내용을 사후적으로 확인함).
↓ 소멸	납부 · 충당되거나 부과의 취소, 제척기간 만료, 소멸시효 완성, 성립 · 확정된 납세의무가 없어짐.

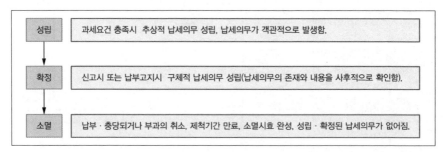

② 신고납부기한 – 신고 시 납세의무 확정(취득세, 등록면허세, 소득세, 법인세, 부가가치세, 지방소득세 등)

> 국세기본법 제22조(납세의무의 확정)
>
> ② 다음 각 호의 국세는 납세의무자가 과세표준과 세액을 정부에 신고했을 때에 확정된다. 다만, 납세의무자가 과세표준과 세액의 신고를 하지 아니하거나 신고한 과세표준과 세액이 세법에서 정하는 바와 맞지 아니한 경우에는 정부가 과세표준과 세액을 결정하거나 경정하는 때에 그 결정 또는 경정에 따라 확정된다.
>
> 1. 소득세
> 2. 법인세

3. 부가가치세
4. 개별소비세
5. 주세
6. 증권거래세
7. 교육세
8. 교통 · 에너지 · 환경세
9. 종합부동산세(납세의무자가 「종합부동산세법」 제16조 제3항에 따라 과세표준과 세액을 정부에 신고하는 경우에 한정한다)

③ 제2항 각호 외의 국세는 해당 국세의 과세표준과 세액을 정부가 결정하는 때에 확정된다.

④ 다음 각 호의 국세는 제1항부터 제3항까지의 규정에도 불구하고 납세의무가 성립하는 때에 특별한 절차 없이 그 세액이 확정된다.

1. 인지세
2. 원천징수하는 소득세 또는 법인세
3. 납세조합이 징수하는 소득세
4. 중간예납하는 법인세(세법에 따라 정부가 조사 · 결정하는 경우는 제외한다)
5. 제47조의4에 따른 납부지연가산세 및 제47조의5에 따른 원천징수 등 납부지연가산세(납부고지서에 따른 납부기한 후의 가산세로 한정한다)

③ 납부고지 – 납부고지(부과결정) 시 납세의무 확정(종합부동산세, 재산세 등)

※ 종합부동산세는 신고납부와 납부 고지 선택 가능

④ 납부기한

정부가 부과결정하는 조세와 신고 · 납부의무자가 과세표준과 세액의 신고를 하지 아니하거나 신고한 과세표준과 세액이 세법에서 정하는 바와 맞지 아니한 경우에는 정부가 과세표준과 세액을 납부기한을 정하여 납부고지(부과결정하거나 경정)한다.

⑤ 독촉(2장3절)

국세징수법 제10조(독촉) ① 관할 세무서장은 납세자가 국세를 지정납부기한까지 완납하지 아니한 경우 지정납부기한이 지난 후 10일 이내에 체납된 국세에 대한 독촉장을 발급하여야 한다.

⑥ 납부기한(2장3절)

국세징수법 제10조(독촉) ② 관할 세무서장은 제1항 본문에 따라 독촉장을 발급하는 경우 독촉을 하는 날부터 20일 이내의 범위에서 기한을 정하여 발급한다.

⑦ 압류(3장2절)

국세징수법 제31조(압류의 요건 등) ① 관할 세무서장은 다음 각 호의 어느 하나에 해당하는 경우 납세자의 재산을 압류한다.

1. 납세자가 제10조에 따른 독촉을 받고 독촉장에서 정한 기한까지 국세를 완납하지 아니한 경우
2. 납세자가 제9조 제2항에 따라 납부고지를 받고 단축된 기한까지 국세를 완납하지 아니한 경우

② 관할 세무서장은 납세자에게 제9조 제1항 각 호의 어느 하나에 해당하는 사유가 있어 국세가 확정된 후 그 국세를 징수할 수 없다고 인정할 때에는 국세로 확정되리라고 추정되는 금액의 한도에서 납세자의 재산을 압류할 수 있다.

③ 관할 세무서장은 제2항에 따라 재산을 압류하려는 경우 미리 지방국세청장의 승인을 받아야 하고, 압류 후에는 납세자에게 문서로 그 압류 사실을 통지하여야 한다.

④ 관할 세무서장은 제2항에 따라 재산을 압류한 경우 다음 각 호의 어느 하나에 해당하면 즉시 압류를 해제하여야 한다.

1. 납세자가 납세담보를 제공하고 압류 해제를 요구한 경우
2. 압류를 한 날부터 3개월(국세 확정을 위하여 실시한 세무조사가 「국세기본법」 제81조의8 제4항에 따라 중지된 경우에 그 중지 기간은 빼고 계산한다)이 지날 때까지 압류에 따라 징수하려는 국세를 확정하지 아니한 경우

⑤ 관할 세무서장은 제2항에 따라 압류를 한 후 압류에 따라 징수하려는 국세를 확정한 경우 압류한 재산이 다음 각 호의 어느 하나에 해당하고 납세자의 신청이 있으면 압류한 재산의 한도에서 확정된 국세를 징수한 것으로 볼 수 있다.

1. 금전
2. 납부기한 내 추심 가능한 예금 또는 유가증권

⑧ 매각(3장3절)

국세징수법 제65조(매각 방법) ① 압류재산은 공매 또는 수의계약으로 매각한다

⑨ 청산(3장4절)

> 국세징수법 제97조(국가 또는 지방자치단체의 재산에 관한 권리의 매각대금의 배분) ① 제56조 제1항에 따라 압류한 국가 또는 지방자치단체의 재산에 관한 체납자의 권리를 매각한 경우 다음 각 호의 순서에 따라 매각대금을 배분한다.
> 1. 국가 또는 지방자치단체가 체납자로부터 지급받지 못한 매각대금
> 2. 체납액
>
> ② 관할 세무서장은 제1항에 따라 배분하고 남은 금액은 체납자에게 지급한다.

※ 납세의무의 소멸

> 국세기본법 제26조(납부의무의 소멸) 국세 및 강제징수비를 납부할 의무는 다음 각 호의 어느 하나에 해당하는 때에 소멸한다.
> 1. 납부 · 충당되거나 부과가 취소된 때
> 2. 제26조의2에 따라 국세를 부과할 수 있는 기간에 국세가 부과되지 아니하고 그 기간이 끝난 때
> 3. 제27조에 따라 국세징수권의 소멸시효가 완성된 때

(3) 부동산활동 단계별 세금

우리가 개인사업자나 법인사업자를 운영하게되면 당해납세기간 동안 해당월의 익월 10일까지 갑근세에 대한 원천징수소득세를, 매분기가 끝나는 다음달 25일(법인, 일반과세사업자)까지 부가세를, 매년 5월 말일까지 모든 사업자가 소득세(개인은 소득세, 법인은 법인(소득)세)를 신고 · 납부하여야 한다. 물론 납부기한까지 신고 · 납부하지 않게 되면 지연가산금이 부과된다.

그러면 기간이 아닌 부동산의 취득, 보유, 처분에 따라 부담해야하는 세금에 대해 알아보자.

분류＼세목	국세(기획재정부)	지방세 등	
		지방세 (행정안전부)	부가세
취득 시	상속세, 증여세, 부가가치세, 농어촌특별세, 인지세	Ⓘ 취득세, 등록면허세	농어촌특별세, 지방교육세
보유 시	법인세, 종합소득세, 종합부동산세	Ⓘ 재산세	지역자원시설세, 지방소득세, 지방교육세
양도 시	법인세, Ⓘ 양도소득세, 부가가치세, 인지세	지방소득세	–

Ⓘ 취득세

ⓘ 납세의무자 – 등기 · 등록에 관계없이 사실상 취득한 자(양수자, 소유자)

> 지방세 제7조(납세의무자 등) ① 취득세는 부동산, 차량, 기계장비, 항공기, 선박, 입목, 광업권, 어업권, 양식업권, 골프회원권, 승마회원권, 콘도미니엄 회원권, 종합체육시설 이용회원권 또는 요트회원권(이하 이 장에서 "부동산등"이라 한다)을 취득한 자에게 부과한다.

※ 조합주택은 조합원분은 조합원, 일반분양분은 조합이 납세의무자이다.

> ※ 취득의 정의
> 지방세법 제6조(정의) 취득세에서 사용하는 용어의 뜻은 다음 각호와 같다.
> 1. "취득"이란 매매, 교환, 상속, 증여, 기부, 법인에 대한 현물출자, 건축, 개수(改修), 공유수면의 매립, 간척에 의한 토지의 조성 등과 그 밖에 이와 유사한 취득으로서 원시취득(수용재결로 취득한 경우 등 과세대상이 이미 존재하는 상태에서 취득하는 경우는 제외한다), 승계취득 또는 유상 · 무상의 모든 취득을 말한다.

ⓘⓘ 과세대상

1	부동산	토지	사실상의 모든 토지
		건축물	"건축법"상의 건축물
			시설 – 레저시설, 저장시설 등
			부수 시설 – 주물에 귀속하여 과세

2	준부동산	입목	지상의 과수, 죽목, 임목으로서 명인·등기된 것
3		차량, 기계장비, 선박, 항공기	
4	광업권, 어업권, 양식업권		
5	회원권	골프, 승마, 요트, 콘도, 종합체육시설, 이용회원권	

ⅲ 과세표준

① 원칙 : 취득 당시의 가액

② 예외 시가표준액

ⓐ 시가표준액 : 상속, 무신고, 시가인정액 산정이 어려운 경우, 시가표준액에 미달하는 경우

ⓑ 시가인정액 : 증여 등의 무상취득

ⅳ 세율

① 표준세율

취득 방법	매매 또는 교환							신축	상속	증여
	일반	주택거래(일반과세)								
		6억 이하		6억~9억 이하		9억 초과				
		~85㎡	85㎡~	~85㎡	85㎡~	~85㎡	85㎡~			
취득세	4%	1%	1%	1%~3%		3%	3%	2.8%	2.8%	3.5%
농특세	0.2%	–	0.2%		0.2%		0.2%	0.2%	0.2%	0.2%
교육세	0.4%	0.1%	0.1%	0.1%~0.3%		0.3%	0.3%	0.16%	0.16%	0.3%
합계	4.6%	1.1%	1.3%	1.1%~3.5%		3.3%	3.5%	3.16%	3.16%	4%

※ 6억~9억 이하 주택 취득세율 : 세율= (취득가액×2/3억원−3)/100 소수점 다섯째 자리에서 반올림

지방세법 제11조(부동산 취득의 세율) ① 부동산에 대한 취득세는 제10조의2부터 제10조의6까지의 규정에 따른 과세표준에 다음 각호에 해당하는 표준세율을 적용하여 계산한 금액을 그 세액으로 한다.

※ 취득세="ⅲ 과세표준(취득가액 등) × ⅳ 세율"

1. 상속으로 인한 취득

가. 농지 : 1천분의 23

나. 농지 외의 것 : 1천분의 28
2. 제1호 외의 무상취득 : 1천분의 35. 다만, 대통령령으로 정하는 비영리사업자의 취득은 1천분의 28로 한다.
3. 원시취득 : 1천분의 28.
4. 삭제
5. 공유물의 분할 또는 「부동산 실권리자명의 등기에 관한 법률」 제2조 제1호나목에서 규정하고 있는 부동산의 공유권 해소를 위한 지분이전으로 인한 취득(등기부등본상 본인 지분을 초과하는 부분의 경우에는 제외한다) : 1천분의 23
6. 합유물 및 총유물의 분할로 인한 취득 : 1천분의 23
7. 그 밖의 원인으로 인한 취득
가. 농지 : 1천분의 30
나. 농지 외의 것 : 1천분의 40
8. 제7호나목에도 불구하고 유상거래를 원인으로 주택[「주택법」 제2조 제1호의 주택으로서 「건축법」에 따른 건축물대장 · 사용승인서 · 임시사용승인서나 「부동산등기법」에 따른 등기부에 주택으로 기재(「건축법」(법률 제7696호로 개정되기 전의 것을 말한다)에 따라 건축허가 또는 건축신고 없이 건축이 가능하였던 주택(법률 제7696호 건축법 일부개정법률 부칙 제3조에 따라 건축허가를 받거나 건축신고가 있는 것으로 보는 경우를 포함한다)으로서 건축물대장에 기재되어 있지 아니한 주택의 경우에도 건축물대장에 주택으로 기재된 것으로 본다)된 주거용 건축물과 그 부속토지를 말한다. 이하 이 조에서 같다]을 취득하는 경우에는 다음 각 목의 구분에 따른 세율을 적용한다. 이 경우 지분으로 취득한 주택의 취득당시가액(제10조의3 및 제10조의5제3항에서 정하는 취득당시가액으로 한정한다. 이하 이 호에서 같다)은 다음 계산식에 따라 산출한 전체 주택의 취득당시가액으로 한다.

$$\text{전체 주택의 취득당시가액} = \text{취득 지분의 취득당시가액} \times \frac{\text{전체 주택의 시가표준액}}{\text{취득 지분의 시가표준액}}$$

가. 취득당시가액이 6억원 이하인 주택 : 1천분의 10
나. 취득당시가액이 6억원을 초과하고 9억원 이하인 주택 : 다음 계산식에 따라 산출한 세율. 이 경우 소수점 이하 다섯째 자리에서 반올림하여 소수점 넷째 자리까지 계산한다.

$$\left(\frac{\text{해당 주택의 취득당시가액}}{} \times \frac{2}{3\text{억원}} - 3\right) \times \frac{1}{100}$$

다. 취득당시가액이 9억원을 초과하는 주택 : 1천분의 30

② 제1항 제1호 · 제2호 · 제7호 및 제8호의 부동산이 공유물일 때에는 그 취득지분의 가액을 과세표준으로 하여 각각의 세율을 적용한다.

③ 제10조의4 및 제10조의6 제3항에 따라 건축(신축과 재축은 제외한다) 또는 개수로 인하여 건축물 면적이 증가할 때에는 그 증가된 부분에 대하여 원시취득으로 보아 제1항 제3호의 세율을 적용한다.

④ 주택을 신축 또는 증축한 이후 해당 주거용 건축물의 소유자(배우자 및 직계존비속을 포함한다)가 해당 주택의 부속토지를 취득하는 경우에는 제1항 제8호를 적용하지 아니한다. , 1. 삭제. 2. 삭제

⑤ 법인이 합병 또는 분할에 따라 부동산을 취득하는 경우에는 제1항 제7호의 세율을 적용한다.

② 주택의 중과세율

구분 \ 세대③당 주택수④		1주택	2주택	3주택	4주택 이상 & 법인
주택매매 (유상거래)	조정대상지역	1～3%	8%	12%	12%
	非조정대상지역	1～3%	1～3%	8%	12%
무상취득 (상속제외)	조정대상지역 (시가표준액이 3억원 이상)	※ 3.5%	12%	12%	12%
	그외	3.5%	3.5%	3.5%	3.5%

※ 1세대 1주택을 소유한 사람으로부터 해당 주택을 배우자 또는 직계존비속이 증여를 원인으로 취득한 경우와 이혼에 따른 재산분할로 인한 취득 등은 중과세하지 않는다.

※ 아래 조문의 제1항 2호.

2. 1세대 2주택(대통령령으로 정하는 일시적 2주택은 제외한다)에 해당하는 주택으로서 「주택법」 제63조의2 제1항 제1호에 따른 조정대상지역(이하 이 장에서 "조정대상지역"이라 한다)에 있는 주택을 취득하는 경우 또는 1세대 3주택에 해당하는 주택으로서 조정대상지역 외의 지역에 있는 주택을 취득하는 경우 : 제11조제1항제7호나목의 세율을 표준세율로 하여 해당 세율에 중과기준세율의 100분의 200을 합한 세율

※ 4%(제11조제1항제7호나목의세율) + 2%(중과기준세율) × 4 = 12%

지방세법 제13조의2(법인의 주택 취득 등 중과) ① 주택(제11조 제1항 제8호에 따른 주택을 말한다. 이 경우 주택의 공유지분이나 부속토지만을 소유하거나 취득하는 경우에도 주택을 소유하거나 취득한 것으로 본다. 이하 이 조 및 제13조의3에서 같다)을 유상거래를 원인으로 취득하는 경우로서 다음 각 호의 어느 하나에 해당하는 경우에는 제11조제1항제8호에도 불구하고 다음 각호에 따른 세율을 적용한다.

1. 법인(「국세기본법」 제13조에 따른 법인으로 보는 단체, 「부동산등기법」 제49조 제1항 제3호에 따른 법인 아닌 사단 · 재단 등 개인이 아닌 자를 포함한다. 이하 이 조 및 제151조에서 같다)이 주택을 취득하는 경우 : 제11조 제1항 제7호나목의 세율을 표준세율로 하여 해당 세율에 중과기준세율의 100분의 400을 합한 세율
2. 1세대 2주택(대통령령으로 정하는 일시적 2주택은 제외한다)에 해당하는 주택으로서 「주택법」 제63조의2제1항제1호에 따른 조정대상지역(이하 이 장에서 "조정대상지역"이라 한다)에 있는 주택을 취득하는 경우 또는 1세대 3주택에 해당하는 주택으로서 조정대상지역 외의 지역에 있는 주택을 취득하는 경우 : 제11조제1항제7호 나목의 세율을 표준세율로 하여 해당 세율에 중과기준세율의 100분의 200을 합한 세율

   ※ 4%(제11조제1항제7호 나목의 세율) + 2%(중과기준세율) × 4 = 12%
3. 1세대 3주택 이상에 해당하는 주택으로서 조정대상지역에 있는 주택을 취득하는 경우 또는 1세대 4주택 이상에 해당하는 주택으로서 조정대상지역 외의 지역에 있는 주택을 취득하는 경우 : 제11조 제1항 제7호 나목의 세율을 표준세율로 하여 해당 세율에 중과기준세율의 100분의 400을 합한 세율

② 조정대상지역에 있는 주택으로서 대통령령으로 정하는 일정가액 이상의 주택을 제11조 제1항 제2호에 따른 무상취득(이하 이 조에서 "무상취득"이라 한다)을 원인으로 취득하는 경우에는 제11조 제1항 제2호에도 불구하고 같은 항 제7호나목의 세율을 표준세율로 하여 해당 세율에 중과기준세율의 100분의 400을 합한 세율을 적용한다. 다만, 1세대 1주택자가 소유한 주택을 배우자 또는 직계존비속이 무상취득하는 등 대통령령으로 정하는 경우는 제외한다.

③ 제1항 또는 제2항과 제13조 제5항이 동시에 적용되는 과세물건에 대한 취득세율은 제16조 제5항에도 불구하고 제1항 각 호의 세율 및 제2항의 세율에 중과기준세율의 100분의 400을 합한 세율을 적용한다.

④ 제1항부터 제3항까지를 적용할 때 조정대상지역 지정고시일 이전에 주택에 대한 매매계약(공동주택 분양계약을 포함한다)을 체결한 경우(다만, 계약금을 지급한 사실 등이 증빙서류에 의하여 확인되는 경

우에 한정한다)에는 조정대상지역으로 지정되기 전에 주택을 취득한 것으로 본다.

⑤ 제1항부터 제4항까지 및 제13조의3을 적용할 때 주택의 범위 포함 여부, 세대의 기준, 주택 수의 산정방법 등 필요한 세부 사항은 대통령령으로 정한다.

③ 1세대의 범위

주민등록법에 따른 세대별 주민등록표에 함께 기재된 가족으로서 배우자와 미혼인 30세 미만의 자녀는 세대를 분리하여 거주하더라도 1세대로 간주함.

다만, 해당 자녀의 소득이 「국민기초생활보장법」 제2조 제11호에 따른 기준 중위소득의 40% 이상으로서 분가하는 경우 부모와 구분하여 별도의 세대로 판단하고 미성년자(만18세 이하)인 경우에는 소득요건이 충족하더라도 부모의 세대원에 포함

지방세법 시행령 제28조의3(세대의 기준) ① 법 제13조의2제1항부터 제4항까지의 규정을 적용할 때 1세대란 주택을 취득하는 사람과 「주민등록법」 제7조에 따른 세대별 주민등록표(이하 이 조에서 "세대별 주민등록표"라 한다) 또는 「출입국관리법」 제34조제1항에 따른 등록외국인기록표 및 외국인등록표(이하 이 조에서 "등록외국인기록표등"이라 한다)에 함께 기재되어 있는 가족(동거인은 제외한다)으로 구성된 세대를 말하며 주택을 취득하는 사람의 배우자(사실혼은 제외하며, 법률상 이혼을 했으나 생계를 같이 하는 등 사실상 이혼한 것으로 보기 어려운 관계에 있는 사람을 포함한다. 이하 제28조의6에서 같다), 취득일 현재 미혼인 30세 미만의 자녀 또는 부모(주택을 취득하는 사람이 미혼이고 30세 미만인 경우로 한정한다)는 주택을 취득하는 사람과 같은 세대별 주민등록표 또는 등록외국인기록표 등에 기재되어 있지 않더라도 1세대에 속한 것으로 본다.

② 제1항에도 불구하고 다음 각 호의 어느 하나에 해당하는 경우에는 각각 별도의 세대로 본다.

1. 부모와 같은 세대별 주민등록표에 기재되어 있지 않은 30세 미만의 자녀로서 주택 취득일이 속하는 달의 직전 12개월 동안 발생한 소득으로서 행정안전부장관이 정하는 소득이 「국민기초생활 보장법」에 따른 기준 중위소득을 12개월로 환산한 금액의 100분의 40 이상이고,

소유하고 있는 주택을 관리·유지하면서 독립된 생계를 유지할 수 있는 경우. 다만, 미성년자인 경우는 제외한다.
2. 취득일 현재 65세 이상의 직계존속(배우자의 직계존속을 포함하며, 직계존속 중 어느 한 사람이 65세 미만인 경우를 포함한다)을 동거봉양(同居奉養)하기 위하여 30세 이상의 직계비속, 혼인한 직계비속 또는 제1호에 따른 소득요건을 충족하는 성년인 직계비속이 합가(合家)한 경우
3. 취학 또는 근무상의 형편 등으로 세대 전원이 90일 이상 출국하는 경우로서 「주민등록법」 제10조의3 제1항 본문에 따라 해당 세대가 출국 후에 속할 거주지를 다른 가족의 주소로 신고한 경우
4. 별도의 세대를 구성할 수 있는 사람이 주택을 취득한 날부터 60일 이내에 세대를 분리하기 위하여 그 취득한 주택으로 주소지를 이전하는 경우

④ 주택수 산정방법

구분	내용
주택수의 판단	1. 신탁주택의 주택은 위탁자의 주택수에 가산한다. 2. 조합원입주권, 주택분양권, 주거용 오피스텔은 소유자의 주택수에 가산한다. 3. 1주택을 공동소유하거나 토지만을 소유한 경우에도 주택 수에 가산한다.
주택수의 산정 방법	1. 취득하는 주택을 포함하여 국내에 소유하는 입주권, 분양권, 오피스텔의 수 2. 세대원이 공동으로 소유하는 경우와 토지만 소유하는 경우에는 1개로 본다. 3. 공동상속인 경우에는 지분이 가장 많은 사람, 단, 같은 경우에는 거주하는 사람, 연장자순으로 한다.
주택수 제외	1. 시가표준액이 1억원 이하인 주택. 다만, 정비구역으로 지정·고시된 지역과 사업시행구역에 소재하는 주택은 제외한다. 2. 노인복지주택으로 운영하기 위하여 취득하는 주택 3. 공공지원민간임대주택으로 공급하기 위하여 취득하는 주택 4. 어린이집으로 운영하기 위하여 취득하는 주택 5. 농어촌 주택 6. 상속개시일로부터 5년이 지나지 않은 주택, 입주권, 분양권, 오피스텔

지방세 제13조의3(주택 수의 판단 범위) 제13조의2를 적용할 때 다음 각 호의 어느 하나에 해당하는 경우에는 다음 각호에서 정하는 바에 따라 세대별 소유 주택 수에 가산한다.

1. 「신탁법」에 따라 신탁된 주택은 위탁자의 주택 수에 가산한다.
2. 「도시 및 주거환경정비법」 제74조에 따른 관리처분계획의 인가 및 「빈집 및 소규모주택 정비에 관한 특례법」 제29조에 따른 사업시행계획인가로 인하여 취득한 입주자로 선정된 지위[「도시 및 주거환경정비법」에 따른 재건축사업 또는 재개발사업, 「빈집 및 소규모주택 정비에 관한 특례법」에 따른 소규모재건축사업을 시행하는 정비사업조합의 조합원으로서 취득한 것(그 조합원으로부터 취득한 것을 포함한다)으로 한정하며, 이에 딸린 토지를 포함한다. 이하 이 조에서 "조합원입주권"이라 한다]는 해당 주거용 건축물이 멸실된 경우라도 해당 조합원입주권 소유자의 주택 수에 가산한다.
3. 「부동산 거래신고 등에 관한 법률」 제3조제1항제2호에 따른 "부동산에 대한 공급계약"을 통하여 주택을 공급받는 자로 선정된 지위(해당 지위를 매매 또는 증여 등의 방법으로 취득한 것을 포함한다. 이하 이 조에서 "주택분양권"이라 한다)는 해당 주택분양권을 소유한 자의 주택 수에 가산한다.
4. 제105조에 따라 주택으로 과세하는 오피스텔은 해당 오피스텔을 소유한 자의 주택 수에 가산한다.

⑪ 재산세

ⅰ 납세의무자 – 과세기준일(6/1) 현재 사실상 소유자

지방세법 제107조(납세의무자) ① 재산세 과세기준일 현재 재산을 사실상 소유하고 있는 자는 재산세를 납부할 의무가 있다. 다만, 다음 각 호의 어느 하나에 해당하는 경우에는 해당 각 호의 자를 납세의무자로 본다.

1. 공유재산인 경우 : 그 지분에 해당하는 부분(지분의 표시가 없는 경우에는 지분이 균등한 것으로 본다)에 대해서는 그 지분권자
2. 주택의 건물과 부속토지의 소유자가 다를 경우 : 그 주택에 대한 산출세액을 제4조제1항 및 제2항에 따른 건축물과 그 부속토지의 시가표준액 비율로 안분계산(按分計算)한 부분에 대해서는 그 소유자
3. 삭제

② 제1항에도 불구하고 재산세 과세기준일 현재 다음 각 호의 어느 하나에 해당하는 자는 재산세를 납부할 의무가 있다.

1. 공부상의 소유자가 매매 등의 사유로 소유권이 변동되었는데도 신고하

지 아니하여 사실상의 소유자를 알 수 없을 때는 공부상 소유자
2. 상속이 개시된 재산으로서 상속등기가 이행되지 아니하고 사실상의 소유자를 신고하지 아니하였을 때는 행정안전부령으로 정하는 주된 상속자
3. 공부상에 개인 등의 명의로 등재되어 있는 사실상의 종중재산으로서 종중소유임을 신고하지 아니하였을 때는 공부상 소유자
4. 국가, 지방자치단체, 지방자치단체조합과 재산세 과세대상 재산을 연부(年賦)로 매매계약을 체결하고 그 재산의 사용권을 무상으로 받은 경우에는 그 매수계약자
5. 「신탁법」 제2조에 따른 수탁자(이하 이 장에서 "수탁자"라 한다)의 명의로 등기 또는 등록된 신탁재산의 경우에는 제1항에도 불구하고 같은 조에 따른 위탁자(「주택법」 제2조제11호가목에 따른 지역주택조합 및 같은 호 나목에 따른 직장주택조합이 조합원이 납부한 금전으로 매수하여 소유하고 있는 신탁재산의 경우에는 해당 지역주택조합 및 직장주택조합을 말하며, 이하 이 장에서 "위탁자"라 한다). 이 경우 위탁자가 신탁재산을 소유한 것으로 본다.
6. 「도시개발법」에 따라 시행하는 환지(換地) 방식에 의한 도시개발사업 및 「도시 및 주거환경정비법」에 따른 정비사업(재개발사업만 해당한다)의 시행에 따른 환지계획에서 일정한 토지를 환지로 정하지 아니하고 체비지 또는 보류지로 정한 경우에는 사업시행자
7. 외국인 소유의 항공기 또는 선박을 임차하여 수입하는 경우에는 수입하는 자
8. 「채무자 회생 및 파산에 관한 법률」에 따른 파산선고 이후 파산종결의 결정까지 파산재단에 속하는 재산의 경우 공부상 소유자

③ 재산세 과세기준일 현재 소유권의 귀속이 분명하지 아니하여 사실상의 소유자를 확인할 수 없는 경우에는 그 사용자가 재산세를 납부할 의무가 있다.

ⅱ 과세대상, ⅲ 과세표준 및 ⅳ 세율

과세대상	과세표준	세율	납기일
토지	시가표준액 × 공정시장가액비율(70%)	0.02%~0.05%	9/16~9/30
건축물		0.025% (상업용, 영업용, 공장 등)	7/16~7/31
주택	시가표준액 × 공정시장가액비율(60%)	0.1%~0.4%	7/16~7/31(50%) 9/16~9/30(50%)

지방세법 제105조(과세대상) 재산세는 토지, 건축물, 주택, 항공기 및 선박(이하 이 장에서 "재산"이라 한다)을 과세대상으로 한다.

지방세법 제110조(과세표준) ① 토지 · 건축물 · 주택에 대한 재산세의 과세표준은 제4조제1항 및 제2항에 따른 시가표준액에 부동산시장의 동향과 지방재정 여건 등을 고려하여 다음 각 호의 어느 하나에서 정한 범위에서 대통령령으로 정하는 공정시장가액비율을 곱하여 산정한 가액으로 한다. 〈개정 2023. 3. 14.〉

1. 토지 및 건축물 : 시가표준액의 100분의 50부터 100분의 90까지
2. 주택 : 시가표준액의 100분의 40부터 100분의 80까지. 다만, 제111조의2에 따른 1가구 1주택은 100분의 30부터 100분의 70까지

- 과세표준상한액 = 대통령령으로 정하는 직전 연도 해당 주택의 과세표준 상당액 + (과세기준일 당시 시가표준액으로 산정한 과세표준 × 과세표준상한율)
- 과세표준상한율 = 소비자물가지수, 주택가격변동률, 지방재정 여건 등을 고려하여 0에서 100분의 5 범위 이내로 대통령령으로 정하는 비율

지방세법 제111조(세율) ① 재산세는 제110조의 과세표준에 다음 각 호의 표준세율을 적용하여 계산한 금액을 그 세액으로 한다.

1. 토지

가. 종합합산과세대상

과세표준	세 율
5,000만원 이하	1,000분의 2
5,000만원 초과 1억원 이하	10만원 + 5,000만원 초과금액의 1,000분의 3
1억원 초과	25만원 + 1억원 초과금액의 1,000분의 5

나. 별도합산과세대상

과세표준	세 율
2억원 이하	1,000분의 2
2억원 초과 10억원 이하	40만원 + 2억원 초과금액의 1,000분의 3
10억원 초과	280만원 + 10억원 초과금액의 1,000분의 4

다. 분리과세대상

1) 제106조제1항제3호가목에 해당하는 전 · 답 · 과수원 · 목장용지 및 같은 호 나목에 해당하는 임야 : 과세표준의 1천분의 0.7

2) 제106조제1항제3호다목에 해당하는 골프장용 토지 및 고급오락장용 토지 : 과세표준의 1천분의 40
3) 그 밖의 토지 : 과세표준의 1천분의 2
2. 건축물
가. 제13조제5항에 따른 골프장, 고급오락장용 건축물 : 과세표준의 1천분의 40
나. 특별시 · 광역시(군 지역은 제외한다) · 특별자치시(읍 · 면 지역은 제외한다) · 특별자치도(읍 · 면 지역은 제외한다) 또는 시(읍 · 면 지역은 제외한다) 지역에서 「국토의 계획 및 이용에 관한 법률」과 그 밖의 관계 법령에 따라 지정된 주거지역 및 해당 지방자치단체의 조례로 정하는 지역의 대통령령으로 정하는 공장용 건축물 : 과세표준의 1천분의 5
다. 그 밖의 건축물 : 과세표준의 1천분의 2.5
3. 주택
가. 삭제 〈2023. 3. 14.〉
나. 그 밖의 주택

과세표준	세 율
6천만원 이하	1,000분의 1
6천만원 초과 1억5천만원 이하	60,000원+6천만원 초과금액의 1,000분의 1.5
1억5천만원 초과 3억원 이하	195,000+1억5천만원 초과금액의 1,000분의 2.5
3억원 초과	570,000+3억원 초과금액의 1,000분의 4

Ⅲ 양도소득세

ⓘ 납세의무자

① 납세의무자－과세대상 자산을 양도함으로써 발생하는 소득이 있는 개인

소득세법 제2조(납세의무) ① 다음 각 호의 어느 하나에 해당하는 개인은 이 법에 따라 각자의 소득에 대한 소득세를 납부할 의무를 진다.
1. 거주자
2. 비거주자로서 국내원천소득(國內源泉所得)이 있는 개인
② 다음 각 호의 어느 하나에 해당하는 자는 이 법에 따라 원천징수한 소득세를 납부할 의무를 진다.
1. 거주자
2. 비거주자
3. 내국법인

② 용어의 정의

i) 거주자 : 국내에 주소가 있거나(1과세기간 중) 183일 이상 거소를 둔 개인

ii) 비거주자 : 국내에 주소가 없거나 183일 이상 거소가 없는 개인

> 소득세법 제1조의2(정의) ① 이 법에서 사용하는 용어의 뜻은 다음과 같다.
> 1. "거주자"란 국내에 주소를 두거나 183일 이상의 거소(居所)를 둔 개인을 말한다.
> 2. "비거주자"란 거주자가 아닌 개인을 말한다.
> 3. "내국법인"이란 「법인세법」 제2조 제1호에 따른 내국법인을 말한다.

※ 비거주자의 경우 각종 양도소득세 비과세 및 감면적용이 배제됨

※ 재외국민 등 사전양도소득세 신고제도 도입 → 잔금지급일 전 양도소득세 신고

③ 양도시기 및 취득시기

i) 원칙 : 대금청산일로서 계약서상 기재된 잔금지급약정일에 관계없이 실지로 대금을 청산한 날을 양도 또는 취득시기로 봄

※ 취득세의 경우 취득시기는 계약서상 잔금지급일

ii) 예외

ⓐ 대금청산일이 불분명한 경우 – 등기 · 등록접수일 또는 명의개서일

ⓑ 대금청산 전에 소유권이전등기를 한 경우 – 등기접수일

ⓒ 장기할부조건의 경우 – 잔금지급일, 소유권이전등기일 또는 사용수익일 중 빠른 날

ⓓ 상속 또는 증여에 의하여 취득한 경우 – 그 상속이 개시된 날(피상속인의 사망일) 또는 증여를 받은 날(증여등기접수일)

ⓔ 자기가 건설한 건축물인 경우 – 사용승인서 교부일

iii 과세대상

다음 표의 자산에 대한 양도소득

부동산	토지	
	건물(무허가 건물 포함), 구축물	
부동산에 대한 권리	사용권	지상권(지역권은 제외)
		전세권
		등기된 부동산 임차권(미등기 부동산 임차권은 종합소득세에 과세)
	취득권	당첨권, 분양권, 주택조합원입주권 등
		토지상환채권, 주택상환채권
		계약금만 지급한 상태에서 양도한 권리 등

> 소득세법 제94조(양도소득의 범위) ① 양도소득은 해당 과세기간에 발생한 다음 각 호의 소득으로 한
>
> 1. 토지[「공간정보의 구축 및 관리 등에 관한 법률」에 따라 지적공부(地籍公簿)에 등록하여야 할 지목에 해당하는 것을 말한다] 또는 건물(건물에 부속된 시설물과 구축물을 포함한다)의 양도로 발생하는 소득
> 2. 다음 각 목의 어느 하나에 해당하는 부동산에 관한 권리의 양도로 발생하는 소득
>   가. 부동산을 취득할 수 있는 권리(건물이 완성되는 때에 그 건물과 이에 딸린 토지를 취득할 수 있는 권리를 포함한다)
>   나. 지상권
>   다. 전세권과 등기된 부동산임차권

Ⓐ양도로 보는 부동산 거래

양도로 보는 경우	양도로 보지 않는 경우
매매, 교환, 현물출자, 수용, 경·공매, 장기할부 등	명의신탁해지
대물변제(위자료 등)	원인 무효 소에 의한 소유권 환원
부담부증여 시 채무인수액	공유물 분할
물납	재산분할청구권에 따른 유상양도등
도시 및 주거환경정비법에 의한 청산금을 교부받은 경우	환지처분
	양도담보

소득세 제88조(정의) 이 장에서 사용하는 용어의 뜻은 다음과 같다.
1. "양도"란 자산에 대한 등기 또는 등록과 관계없이 매도, 교환, 법인에 대한 현물출자 등을 통하여 그 자산을 유상으로 사실상 이전하는 것을 말한다. 이 경우 대통령령으로 정하는 부담부증여 시 수증자가 부담하는 채무액에 해당하는 부분은 양도로 보며, 다음 각 목의 어느 하나에 해당하는 경우에는 양도로 보지 아니한다.
가. 「도시개발법」이나 그 밖의 법률에 따른 환지처분으로 지목 또는 지번이 변경되거나 보류지(保留地)로 충당되는 경우
나. 토지의 경계를 변경하기 위하여 「공간정보의 구축 및 관리 등에 관한 법률」 제79조에 따른 토지의 분할 등 대통령령으로 정하는 방법과 절차로 하는 토지 교환의 경우
다. 위탁자와 수탁자 간 신임관계에 기하여 위탁자의 자산에 신탁이 설정되고 그 신탁재산의 소유권이 수탁자에게 이전된 경우로서 위탁자가 신탁 설정을 해지하거나 신탁의 수익자를 변경할 수 있는 등 신탁재산을 실질적으로 지배하고 소유하는 것으로 볼 수 있는 경우

ⅲ 과세표준

① 양도소득세 계산

양도가액	실지양도가액 → 매매사례가액 · 감정가액	
(−) 필요경비	취득가액	실지취득가액 → 매매사례가액 · 감정가액 · 환산취득가액
	자본적지출액	소송비, 부담금, 용도변경비, 철거비 등
	양도비	계약서작성비, 공증비, 중개보수, 명도비 등
(=) 양도차익	수개의 부동산양도시 합산	
(−) 장기보유특별공제	ⓐ 등기&3년보유&국내토지, 건물, 입주권 ⓑ 양도차익 × 공제율(10∼30%, 1세대1주택 24%∼80%) ⓒ 공제배제(미등기, 3년 미만 보유, 국외부동산)	
(=) 양도소득금액		
(−) 양도소득기본공제	연250만원	
(=) 과세표준		
(×) 세율	일반세율 : 6∼45%, 일반세율 + 10%(20%, 30%), 40%, 50%, 60%, 70%	
(=) 산출세액	지방소득세10% 별도	

소득세법 제95조(양도소득금액) ① 양도소득금액은 제94조에 따른 양도소득의 총수입금액(이하 "양도가액"이라 한다)에서 제97조에 따른 필요경비를 공제하고, 그 금액(이하 "양도차익"이라 한다)에서 장기보유 특별공제액을 공제한 금액으로 한다.

소득세법 제97조(양도소득의 필요경비 계산) ① 거주자의 양도차익을 계산할 때 양도가액에서 공제할 필요경비는 다음 각호에서 규정하는 것으로 한다.

1. 취득가액(「지적재조사에 관한 특별법」 제18조에 따른 경계의 확정으로 지적공부상의 면적이 증가되어 같은 법 제20조에 따라 징수한 조정금은 제외한다). 다만, 가목의 실지거래가액을 확인할 수 없는 경우에 한정하여 나목의 금액을 적용한다.
   가. 제94조 제1항 각 호의 자산 취득에 든 실지거래가액
   나. 대통령령으로 정하는 매매사례가액, 감정가액 또는 환산취득가액을 순차적으로 적용한 금액
2. 자본적지출액 등으로서 대통령령으로 정하는 것
3. 양도비 등으로서 대통령령으로 정하는 것

② 장기보유특별공제

보유 기간	일반부동산	1가구 1주택	
		보유	거주
3년 이상~4년 미만	6%	12%	12%
4년 이상~5년 미만	8%	16%	16%
5년 이상~9년 미만(중략)	2%/년 추가	4%/년 추가(40% 한도)	좌동
9년 이상~10년 미만	18%	36%	36%
10년 이상~11년 미만	20%	40%	40%
11년 이상~12년 미만	22%	2년 이상 거주한 1가구 1주택으로서 거주기간에 따라 장기보유특별공제 차등적용	
12년 이상~13년 미만	24%		
13년 이상~14년 미만	26%		
14년 이상~15년 미만	28%		
15년 이상~	30%		

▼ 장기보유특별공제 계산

사례	거주 기간	보유 기간	장기보유특별공제			비고
			거주	보유	공제율	
1	0	10년			20%	2년 이상 비거주시 일반공제
2	2년	2년	0%	0%	0%	3년 미만 보유공제 없음
3	2년	3년	8%	12%	20%	2년 이상 3년 미만 거주 8% 공제
4	3년	10년	12%	40%	52%	거주기간 및 보유기간에 따라 각각 공제율 적용
5	5년	5년	20%	20%	40%	
6	10년	10년	40%	40%	80%	

Ⅳ 세율

① 일반세율(초과누진세율)

과세표준	세율	누진공제액
1,200만원 이하	6%	–
1,200만원 초과 4,600만원 이하	15%	1,080,000원
4,600만원 초과 8,800만원 이하	24%	5,220,000원
8,800만원 초과 1억5천만원 이하	35%	14,900,000원
1억5천만원 초과 3억원 이하	38%	19,400,000원
3억원 초과 5억원 이하	40%	25,400,000원
5억원 초과 10억원 이하	42%	35,400,000원
10억원 초과	45%	65,400,000원

※ 과세표준 5,000만원인 경우 → 산출세액 = 5,000만원 × 24% − 5,220,000원 = 678만원

② 비례세율 및 중과세율

구분	세율
1년 미만 보유	50%(주택은 70%)
2년 미만 보유	40%(주택은 60%)
미등기양도	70%
분양권양도(입주권 제외)	1년 이내 70%, 1년 초과 60%
비사업용 토지	일반세율 + 10%

1가구 2주택(조정대상지역 내)	일반세율＋20%
1가구 3주택(조정대상지역 내)	일반세율＋30%

☑ **1가구 1주택 비과세요건 – 1세대 & 1주택 & 2년 보유**

1가구 1주택 2년 보유 비과세요건의 판정은 원칙적으로 양도일 현재를 기준으로 아래 요건을 모두 갖춘 거주자에 한하여 비과세 적용 가능함

<table>
<tr><th>요건</th><th colspan="4">세부 내용</th></tr>
<tr><td rowspan="2">1세대</td><td>원칙</td><td colspan="3">배우자가 있는 거주자와 동거가족을 1세대로 본다.</td></tr>
<tr><td>예외</td><td colspan="3">① 30세 이상인 경우, 배우자가 사망하거나 이혼한 경우
② 기준 중위소득 40% 이상으로서 독립된 생계를 유지할 수 있는 성년</td></tr>
<tr><td rowspan="10">1주택</td><td>원칙</td><td colspan="3">① 국내 1주택과 부속토지(도시지역 내의 경우에는 건물이 정착된 면적의 5(3)배, 도시지역 밖의 경우에는 10배 이내 토지 포함)
② 다가구주택 – 1개 단위로 양도한 경우 단독주택으로 봄
③ 복합주택 – 주택의 면적이 큰 경우 모두 주택으로 봄, 이외는 각각의 용도로 봄</td></tr>
<tr><th colspan="2">원인</th><th>특례대상</th><th>양도 기간 등</th></tr>
<tr><td colspan="2">① 주택을 취득한 후 1년이 지난 후 신규주택을 취득하거나 신축하여 일시적 2주택이 된 경우</td><td rowspan="3">종전 주택을 양도</td><td>신규주택을 취득한 날로부터 3년 이내 양도. 종전 주택과 신규주택 모두 조정대상지역은 2년 이내 양도</td></tr>
<tr><td colspan="2">② 근무, 질병, 취학상 이유 등으로 수도권 밖에 주택을 취득한 경우</td><td>해소된 날로부터 3년 이내 양도</td></tr>
<tr><td colspan="2">③ 법인 또는 공공기관의 수도권 이외의 지역 이전으로 일시적 2주택이 된 경우</td><td>신규주택 취득 후 5년 이내 양도</td></tr>
<tr><td colspan="2">④ 혼인</td><td rowspan="3">먼저 양도한 주택</td><td>혼인한 날로부터 5년 이내 양도</td></tr>
<tr><td colspan="2">⑤ 60세 이상 등 존속 봉양 세대 합가</td><td>합가한 날로부터 10년 이내 양도</td></tr>
<tr><td colspan="2">⑥ 장기저당담보주택 존속 봉양 세대 합가(거주기간 예외)</td><td>–</td></tr>
<tr><td colspan="2">⑦ 상속주택</td><td rowspan="3">일반주택 양도</td><td>공동상속은 지분이 큰 자 → 거주자 → 연장자 순</td></tr>
<tr><td colspan="2">⑧ 등록문화재주택</td><td>–</td></tr>
<tr><td>1주택</td><td>⑨</td><td>상속, 이농주택</td><td>–</td></tr>
</table>

	농어촌 주택	귀농주택		귀농주택 취득일로부터 5년 이내 양도
	⑩ 법정임대사업용 주택, 어린이집			임대사업용 주택은 최초 양도한 1개의 주택에 한하여 적용
2년 보유	원칙	2년(비거주자가 거주자로 전환된 경우는 3년) 보유한 주택(조정대상지역은 2년 거주)		
	예외	건설임대주택, 공공매입임대주택을 취득하여 양도	임차일로부터 양도일까지 5년 이상 세대전원이 거주한 주택	
		1년 이상 거주한 주택	근무, 질병, 취학상 이유로 다른 시. 군으로 세대전원이 이사한 경우	
		보유 및 거주기간 모두 제한이 없는 경우	• 수용(사업인정고시일 이전에 취득한 주택에 한정함) • 국외 이주 및 장기 출국(세대전원이 출국 후 2년 이내 양도한 경우에 한정함)	

※ 보유기간 : 취득일~양도일, 거주기간 : 전입일~전출일

ⅵ 주택의 개념

① 개념 – 등기부상 등기 또는 건축물관리대장상 등재 여부에 불구하고 사실상의 용도에 따른 것임

② 주택에 해당하는 경우

주거용상의 가건물, 무허가주택, 농가주택, 소형주택(규모에 무관)

유형별 주택	판단 기준
공유주택	공유자별로 각각 1주택 소유로 판단(단, 공동상속주택은 제외)
입주권과 분양권	주택수에 포함(분양권은 21.1.1. 이후 취득분부터)
다가구주택	하나의 매매단위로 양도하는 경우 단독주택으로 간주
겸용주택 (상가주택)	주택 > 주택외 → 전체 주택으로 판단 주택 ≤ 주택 외 → 주택 부분만 주택으로 판단 • 고가주택판정은 전체의 매매가액을 기준으로 판정 • 고가겸용주택 : 12억 초과 주택 부분의 양도차익만 비과세
오피스텔 및 별장	사실상의 용도에 따라 판단

※ 미등기 및 고가주택은 비과세 배제됨

③ 다가구주택 비과세 판단 시 주의사항

ⅰ) 원칙 : 다가구주택을 가구별로 분양하지 아니하고 하나의 매매단위로 양도하는 경우 단독주택으로 간주하여 1가구 1주택 비과세 판정

ⅱ) 예외 : 건축법상 다가구주택에 해당하지 않는 경우 다세대주택으로 볼 수 있음

※ 건축법상 다가구주택 : 3개층 이하(지하층 제외) + 연면적 660㎡ 이하 + 19세대 이하

예시)

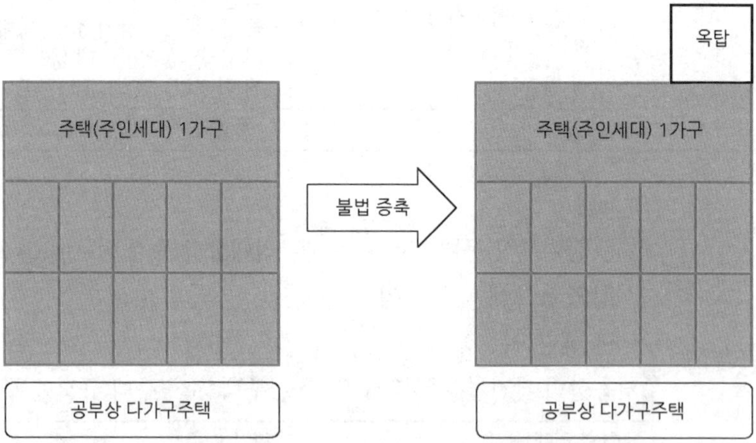

건축법상 다가구주택이므로 하나의 매매단위로 양도시 단독주택으로 보고 전체비과세

건축법상 다가구주택이 아니므로 세법상 다세대주택으로 보고 주인세대만 비과세

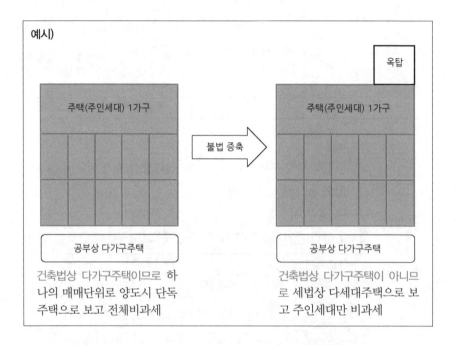

건축법시행령 상으로 "옥탑면적 > 건축면적의 1/8"인 경우 층수에 산입하므로 3층 & 200평 & 19세대 이하를 충족하지 못하게 된다. 그러므로 다세대로 보고 주인세대만 비과세하게 됨으로 입찰 시 건축물대장에서 이부분까지도 세심하게 살펴야 한다.

건축법 시행령 제119조(면적 등의 산정방법) 제1항 제9호 9. 층수: 승강기탑(옥상 출입용 승강장을 포함한다), 계단탑, 망루, 장식탑, 옥탑, 그 밖에 이와 비슷한 건축물의 옥상 부분으로서 그 수평투영면적의 합계가 해당 건축물 건축면적의 8분의 1(「주택법」 제15조 제1항에 따른 사업계획승인 대상인 공동주택 중 세대별 전용면적이 85제곱미터 이하인 경우에는 6분의 1) 이하인 것과 지하층은 건축물의 층수에 산입하지 아니하고, 층의 구분이 명확하지 아니한 건축물은 그 건축물의 높이 4미터마다 하나의 층으로 보고 그 층수를 산정하며, 건축물이 부분에 따라 그 층수가 다른 경우에는 그 중 가장 많은 층수를 그 건축물의 층수로 본다.

ⅶ 양도소득세 등 신고 및 납부

양도소득세	지방소득세
자산을 양도한 자는 반드시 양도일이 속하는 달의 말일로부터 2개월 이내에 예정신고를 하여야 하고, 양도차익이 없거나 양도차손이 발생한 경우에도 신고를 하여야 함 다만, 1세대 1주택 등 비과세되는 자산을 양도한 경우에는 신고할 필요가 없음(12억 초과 고가주택 제외) 만약 기한 내에 예정신고납부를 하지 않는 경우에는 무신고가산세(20%)를 부과하며, 관할 세무서에서는 예정신고과세표준과세액을 결정하여 고지하게 됨.	양도소득세가 과세되는 경우에는 지방세법에 따라 양도소득세의 10%에 해당하는 지방소득세를 양도일이 속하는 달의 말일로부터 4개월 이내 신고 · 납부하여야 함.

※ 매매시 개인, 매매사업자 및 법인에 따른 취득세 및 양도세율 비교

	개인	개인매매사업자	법인
취득세	• 85㎡ 이하 1% (+지방교육세 0.1%) • 85㎡ 초과 1% (+지방교육세 0.1%+농어촌 0.2%)	좌동	12%(1억 이하 1%) 85㎡ 이상 주택 부가세과세
종부세(6/1)	–	–	공제 없음

					2주택 이하 2.7% 3주택 이상 5%
양도세	1년 미만	주택 (입주권 포함)	70%	• 사업소득세(양도일이 속하는 달의 말일로부터 2개월 이내에 예정신고, 납부) • 종합소득세(5/31, 다른 사업소득이나 근로소득 등 종합소득과 합산과세) • 보유기간에 관계없이 6~45% 누진세율 적용 • 85m² 이상 주택 부가세과세(환급받으면 됨)	• 2억까지 9%(주택은 20% 추가) ※상가는 추가세 없으며 비사업용 토지는 추가세 10% • 개인소득과 분리과세 • 85m² 이상 주택 부가세과세(환급받으면 됨)
		주택 외	50%		
	2년 미만	주택 (입주권 포함)	60%		
		주택 외	40%		
	2년 이상	주택 (입주권 포함)	누진세율		
		주택 외			
필요경비			매입비, 취득세, 중개수수료, 법무사비용, 보일러, 확장, 샷시	개인필요경비 + 도배, 마루 교체, 장판, 조명, 접대비, 이자비용, 차량유지비 등	매매사업자 필요경비 + 인건비
대출			DSR 적용	• DSR 적용 안 함 • 낙찰가 × 80%(최우선변제금공제)	주택은 대출 불가
비고			소득세법 시행규칙 '별지 제84호서식' 사용하여 신고	소득세법 시행규칙 '별지 제16호서식' 사용하여 신고	

※ 6억 이하 1주택 기준이며 지방교육세, 농특세, 지방소비세 등의 부가세는 별도

※ 부동산매매사업은 단순경비율이나 기준경비율로 신고하면은 세금을 많이 낼 수 있다. 따라서 복식부기로 소득세 신고해야 한다.

3. 주택 임대차보호법

(1) 적용 범위

제2조(적용 범위) 이 법은 주거용 건물(이하 "주택"이라 한다)의 전부 또는 일부의 임대차에 관하여 적용한다. 그 임차주택(賃借住宅)의 일부가 주거 외의 목적으로 사용되는 경우에도 또한 같다.

제11조(일시사용을 위한 임대차) 이 법은 일시사용하기 위한 임대차임이 명백한 경우에는 적용하지 아니한다.

제12조(미등기 전세에의 준용) 주택의 등기를 하지 아니한 전세계약에 관하여는 이 법을 준용한다. 이 경우 "전세금"은 "임대차의 보증금"으로 본다.

※ 미등기 주택뿐만 아니라 점포가 딸린 주택, 용도가 주택이 아니라도 사실상 주거용으로 이용하고 있으면 이 법의 적용을 받는다.

※ 주택 임대차보호법은 민법에 대한 특별법으로 세부 규정이 민법과 충돌하면 본법이 우선하여 적용되고 동법에 대하여 임차인에게 불리하게 계약이 체결된 경우에는 무효가 되는 편면적 강행규정이다.

(2) 주요 내용

1) **대항력** : 제삼자에 대하여 임차권을 주장할 수 있는 권리로서 주택의 인도와 주민등록을 마치면 그다음 날 0시부터 대항력이 발생한다.

제3조(대항력 등) ① 임대차는 그 등기(登記)가 없는 경우에도 임차인(賃借人)이 주택의 인도(引渡)와 주민등록을 마친 때에는 그다음 날부터 제삼자에 대하여 효력이 생긴다. 이 경우 전입신고를 한때에 주민등록이 된 것으로 본다.

※ 대항요건 : 인도∧등록 → 익일 0시

② 주택도시기금을 재원으로 하여 저소득층 무주택자에게 주거생활 안정을 목적으로 전세임대주택을 지원하는 법인이 주택을 임차한 후 지방자치단체의 장 또는 그 법인이 선정한 입주자가 그 주택을 인도받고 주민등록을 마쳤을 때는 제1항을 준용한다. 이 경우 대항력이 인정되는 법인은 대통령령으로 정한다.

③ 「중소기업 기본법」 제2조에 따른 중소기업에 해당하는 법인이 소속 직원의 주거용으로 주택을 임차한 후 그 법인이 선정한 직원이 해당 주택을

인도받고 주민등록을 마쳤을 때는 제1항을 준용한다. 임대차가 끝나기 전에 그 직원이 변경된 경우에는 그 법인이 선정한 새로운 직원이 주택을 인도받고 주민등록을 마친 다음 날부터 제삼자에 대하여 효력이 생긴다.

④ 임차주택의 양수인(讓受人)(그 밖에 임대할 권리를 승계한 자를 포함한다)은 임대인(賃貸人)의 지위를 승계한 것으로 본다. ※ 대지낙찰자는 양수인이 아니다

⑤ 이 법에 따라 임대차의 목적이 된 주택이 매매나 경매의 목적물이 된 경우에는 「민법」 제575조 제1항·제3항 및 같은 법 제578조를 준용한다.

※ 매매의 목적물이 대항력 있는 주택임대차의 목적이 된 경우에 매수인이 이를 알지 못할 때에는, 매수인은 매도인에게 담보책임을 물을 수 있다.

⑥ 제5항의 경우에는 동시이행의 항변권(抗辯權)에 관한 「민법」 제536조를 준용한다.

※ 동시이행의 항변권이란 임대차 계약기간이 끝났다 하더라도 보증금을 반환받을 때까지 당해 주택에 계속 거주할 수 있는 권리를 말한다. 즉, 임대인이 보증금 반환 없이 계약만기를 이유로 목적물반환을 요구하면 임차인은 동시에 보증금을 반환해줄 것을 항변할 수 있다.

제3조의5(경매에 의한 임차권의 소멸) 임차권은 임차주택에 대하여 「민사집행법」에 따른 경매가 행하여진 경우에는 그 임차주택의 경락(競落)에 따라 소멸한다. 다만, 보증금이 모두 변제되지 아니한, 대항력이 있는 임차권은 그러하지 아니하다.

2) **우선변제권 : 후순위권리자보다 우선하여 변제받을 수 있는 권리다.**

제3조의2(보증금의 회수) ② 제3조 제1항·제2항 또는 제3항의 대항요건(對抗要件)과 임대차계약증서(제3조 제2항 및 제3항의 경우에는 법인과 임대인 사이의 임대차계약증서를 말한다) 상의 확정일자(確定日字)를 갖춘 임차인은 「민사집행법」에 따른 경매 또는 「국세징수법」에 따른 공매(公賣)를 할 때 임차주택(대지를 포함한다)의 환가대금(換價代金)에서 후순위권리자(後順位權利者)나 그 밖의 채권자보다 우선하여 보증금을 변제(辨濟)받을 권리가 있다.

※ 우선변제 요건 : 대항력∧확정일자

※ 낙찰 후 임차인이 법원으로부터 보증금을 배당받기 위해서는 낙찰자에게 집을 비워

주고 낙찰자의 인감증명서가 첨부된 "명도확인서"를 법원에 제출해야 배당을 받을 수 있다.

※ 경매 절차에서 임차인의 우선변제권을 행사하지 않는다면, 낙찰자가 낙찰 후 보증금을 지급해야 하기에, 낙찰자는 자신이 지급하여야 할 보증금을 고려하여 경매 절차에서 매수가격을 낮게 책정하게 된다. 임차인이 우선변제를 요구하면 낙찰자에게는 이익이 되지만 배당을 받게 될 다른 채권자, 채무자는 손해를 보게 된다.

반대로 임차인이 우선변제권을 행사했다면, 낙찰자는 매수가격을 높게 책정하게 된다. 그런데 만일 배당요구를 한 임차인이 배당요구를 철회하게 되면, 낙찰자는 높은 가격에 매수했음에도 임차보증금까지 반환해야 하기에) 낙찰자는 손해를 보고, 채무자, 채권자는 이익을 보게 된다.

대항력 있는 임차인은 보증금의 일부가 배당금으로 확보된 상태에서도 경매 낙찰자에게 주택의 인도를 거부하면서 보증금 잔액의 지급을 요구할 수 있다.

임차인이 우선변제권을 행사했으나 임차보증금을 완전히 변제받지 못한 경우, 1차 경매 낙찰자의 주택이 다시 2차로 경매된다면, 주택임차인은 2차 경매에서도 우선변제권을 행사할 수 있을까?

현재 판례는 신설된 주택 임대차보호법 제3조의5 단서는 대항력만을 부여하고 있는 것이라고 하여 우선변제권을 부정한다. 즉, 경매 절차의 간이화를 위해 임차인은 1차 경매의 낙찰자에게 대항하여 보증금의 잔액을 받을 수도 있기에, 2차 경매 절차의 안정을 해하면서까지 재차 우선변제권을 인정할 필요는 없다고 본다.

그러므로 2차 경매의 낙찰자는 임차인이 완전히 변제받지 못한 보증금을 인수하여야 한다.

3) 최우선변제권(소액임차인)

① 소액임차인의 요건

i) 소액임차인의 범위에 속할 것

ii) 주택에 대한 경매신청 등기 전까지 대항요건(인도&등록)을 갖출 것

iii) 임차주택이 경매 · 공매로 매각될 것

iv) 배당요구 종기일까지 배당요구 또는 우선권 행사의 신고가 있을 것

제8조(보증금 중 일정액의 보호) ① 임차인은 보증금 중 일정액을 다른 담보물권자(擔保物權者)보다 우선하여 변제받을 권리가 있다. 이 경우 임차인은 주택에 대한 경매신청의 등기 전에 제3조 제1항의 요건을 갖추어야 한다.

※ 최우선변제 요건 : 대항력∧경매신청의 동기 전

시행령 제11조(우선변제를 받을 임차인의 범위) 법 제8조에 따라 우선변제를 받을 임차인은 보증금이 다음 각 호의 구분에 의한 금액 이하인 임차인으로 한다.

1. 서울특별시 : 1억6천500만원
2. 「수도권정비계획법」에 따른 과밀억제권역(서울특별시는 제외한다), 세종특별자치시, 용인시, 화성시 및 김포시 : 1억4천500만원
3. 광역시(「수도권정비계획법」에 따른 과밀억제권역에 포함된 지역과 군지역은 제외한다), 안산시, 광주시, 파주시, 이천시 및 평택시 : 8천500만원
4. 그 밖의 지역 : 7천500만원

시행령 제10조(보증금 중 일정액의 범위 등) ① 법 제8조에 따라 우선변제를 받을 보증금 중 일정액의 범위는 다음 각 호의 구분에 의한 금액 이하로 한다.

1. 서울특별시 : 5천500만원
2. 「수도권정비계획법」에 따른 과밀억제권역(서울특별시는 제외한다), 세종특별자치시, 용인시, 화성시 및 김포시 : 4천800만원
3. 광역시(「수도권정비계획법」에 따른 과밀억제권역에 포함된 지역과 군지역은 제외한다), 안산시, 광주시, 파주시, 이천시 및 평택시 : 2천800만원
4. 그 밖의 지역 : 2천500만원

② 임차인의 보증금 중 일정액이 주택가액의 2분의 1을 초과하는 경우에는 주택가액의 2분의 1에 해당하는 금액까지만 우선변제권이 있다.

③ 하나의 주택에 임차인이 2명 이상이고, 그 각 보증금 중 일정액을 모두 합한 금액이 주택가액의 2분의 1을 초과하는 경우에는 그 각 보증금 중 일정액을 모두 합한 금액에 대한 각 임차인의 보증금 중 일정액의 비율로 그 주택가액의 2분의 1에 해당하는 금액을 분할한 금액을 각 임차인의 보증금 중 일정액으로 본다.

④ 하나의 주택에 임차인이 2명 이상이고 이들이 그 주택에서 가정 공동생활을 하는 경우에는 이들을 1명의 임차인으로 보아 이들의 각 보증금을 합산한다.

② 소액임차인의 범위

월세를 내는 임차인의 경우 주거용 부동산은 월세를 보증금으로 환산하지 않고 보증금만 갖고 소액 임차인 여부를 판단하고 상가 및 업무용 부동산의 경우에는 보증금에 월세를 보증금으로 환산하여 합한 환산보증금을 기준으로 판단한다.

i) 주택 임대차보호법

기준 시점	지역	임차인 보증금 범위	보증금 중 일정액의 범위
1990. 2. 19.~	서울특별시, 직할시	2,000만원 이하	700만원
	기타 지역	1,500만원 이하	500만원
1995. 10. 19.~	특별시 및 광역시(군지역 제외)	3,000만원 이하	1,200만원
	기타 지역	2,000만원 이하	800만원
2001. 9. 15.~	수도권정비계획법에 의한 수도권 중 과밀억제권역	4,000만원 이하	1,600만원
	광역시(군지역과 인천광역시지역 제외)	3,500만원 이하	1,400만원
	그 밖의 지역	3,000만원 이하	1,200만원
2008. 8. 21.~	수도권정비계획법에 따른 수도권 중 과밀억제권역	6,000만원 이하	2,000만원
	광역시(군지역과 인천광역시지역 제외)	5,000만원 이하	1,700만원
	그 밖의 지역	4,000만원 이하	1,400만원
2010. 7. 26.~	서울특별시	7,500만원 이하	2,500만원
	수도권정비계획법에 따른 과밀억제권역(서울특별시 제외)	6,500만원 이하	2,200만원
	광역시(수도권정비계획법에 따른 과밀억제권역에 포함된 지역과 군지역 제외), 안산시, 용인시, 김포시 및 광주시	5,500만원 이하	1,900만원
	그 밖의 지역	4,000만원 이하	1,400만원
2014. 1. 1.~	서울특별시	9,500만원 이하	3,200만원
	수도권정비계획법에 따른 과밀억제권역(서울특별시 제외)	8,000만원 이하	2,700만원
	광역시(수도권정비계획법에 따른 과밀억제권역에 포함된 지역과 군지역 제외), 안산시, 용인시, 김포시 및 광주시	6,000만원 이하	2,000만원
	그 밖의 지역	4,500만원 이하	1,500만원
2016. 3. 31.~	서울특별시	1억원 이하	3,400만원
	수도권정비계획법에 따른 과밀억제권역(서울	8,000만원 이하	2,700만원

	특별시 제외)		
	광역시(수도권정비계획법에 따른 과밀억제권역에 포함된 지역과 군지역 제외), 세종특별자치시, 안산시, 용인시, 김포시 및 광주시	6,000만원 이하	2,000만원
	그 밖의 지역	5,000만원 이하	1,700만원
2018. 9. 18.~	서울특별시	1억 1천만원 이하	3,700만원
	수도권정비계획법에 따른 과밀억제권역(서울특별시 제외), 용인시, 세종특별자치시, 화성시	1억원 이하	3,400만원
	광역시(수도권정비계획법에 따른 과밀억제권역에 포함된 지역과 군지역 제외), 안산시, 김포시, 광주시 및 파주시	6,000만원 이하	2,000만원
	그 밖의 지역	5,000만원 이하	1,700만원
2021. 5. 11.~	서울특별시	1억 5천만원 이하	5,000만원
	수도권정비계획법에 따른 과밀억제권역(서울특별시 제외), 세종특별자치시, 용인시, 화성시 및 김포시	1억 3천만원 이하	4,300만원
	광역시(수도권정비계획법에 따른 과밀억제권역에 포함된 지역과 군지역 제외), 안산시, 광주시, 파주시, 이천시 및 평택시	7,000만원 이하	2,300만원
	그 밖의 지역	6,000만원 이하	2,000만원
2023. 2. 21.~	서울특별시	1억 6천500만원 이하	5,500만원
	수도권정비계획법에 따른 과밀억제권역(서울특별시 제외), 세종특별자치시, 용인시, 화성시 및 김포시	1억 4천500만원 이하	4,800만원
	광역시(수도권정비계획법에 따른 과밀억제권역에 포함된 지역과 군지역 제외), 안산시, 광주시, 파주시, 이천시 및 평택시	8,500만원 이하	2,800만원
	그 밖의 지역	7,500만원 이하	2,500만원

※ 1. 기준시점은 담보물권(저당권, 근저당권, 가등기담보권 등) 설정 일자 기준임 (대법원 2001다84824 판결 참조)

2. 배당요구의 종기까지 배당요구를 하여야 함

3. 경매개시결정의 등기 전에 대항요건(주택 인도 및 주민등록)을 갖추어야 하고, 배당요구의 종기까지 대항력을 유지해야 함

4. 주택가액(대지의 가액 포함)의 1/2에 해당하는 금액까지만 우선변제 받음(주택 임대차보호법 제8조)

ii) 상가건물 임대차보호법

기준시점	지역	적용 범위	임차인 보증금 범위	보증금 중 일정액의 범위
2002. 11. 1.~	서울특별시	2억4천만원 이하	4,500만원 이하	1,350만원
	수도권정비계획법에 의한 수도권 중 과밀억제권역(서울특별시 제외)	1억9천만원 이하	3,900만원 이하	1,170만원
	광역시(군지역과 인천광역시 지역을 제외)	1억5천만원 이하	3,000만원 이하	900만원
	그 밖의 지역	1억4천만원 이하	2,500만원 이하	750만원
2008. 8. 21.~	서울특별시	2억6천만원 이하	4,500만원 이하	1,350만원
	수도권정비계획법에 따른 수도권 중 과밀억제권역(서울특별시 제외)	2억1천만원 이하	3,900만원 이하	1,170만원
	광역시(군지역과 인천광역시 지역을 제외)	1억6천만원 이하	3,000만원 이하	900만원
	그 밖의 지역	1억5천만원 이하	2,500만원 이하	750만원
2010. 7. 26.~	서울특별시	3억원 이하	5,000만원 이하	1,500만원
	수도권정비계획법에 따른 수도권 중 과밀억제권역(서울특별시 제외)	2억5천만원 이하	4,500만원 이하	1,350만원
	광역시(수도권정비계획법에 따른 과밀억제권역에 포함된 지역과 군지역은 제외), 안산시, 용인시, 김포시 및 광주시	1억8천만원 이하	3,000만원 이하	900만원
	그 밖의 지역	1억5천만원 이하	2,500만원 이하	750만원
2014. 1. 1.~	서울특별시	4억원 이하	6,500만원 이하	2,200만원
	수도권정비계획법에 따른 수도권 중 과밀억제권역(서울특별시 제외)	3억원 이하	5,500만원 이하	1,900만원
	광역시(수도권정비계획법에 따른 과밀억제권역에 포함된 지역과 군지역은 제외), 안산시, 용인시, 김포시 및 광주시	2억4천만원 이하	3,800만원 이하	1,300만원

	그 밖의 지역	1억8천만원 이하	3,000만원 이하	1,000만원
2018. 1. 26.~	서울특별시	6억1천만원 이하	6,500만원 이하	2,200만원
	수도권정비계획법에 따른 과밀억제권역(서울특별시 제외)	5억원 이하	5,500만원 이하	1,900만원
	부산광역시(기장군 제외)	5억원 이하	3,800만원 이하	1,300만원
	부산광역시(기장군)	5억원 이하	3,000만원 이하	1,000만원
	광역시(수도권정비계획법에 따른 과밀억제권역에 포함된 지역과 군지역, 부산광역시 제외), 안산시, 용인시, 김포시 및 광주시	3억9천만원 이하	3,800만원 이하	1,300만원
	세종특별자치시, 파주시, 화성시	3억9천만원 이하	3,000만원 이하	1,000만원
	그 밖의 지역	2억7천만원 이하	3,000만원 이하	1,000만원
2019. 4. 2.~	서울특별시	9억원 이하	6,500만원 이하	2,200만원
	수도권정비계획법에 따른 과밀억제권역(서울특별시 제외)	6억9천만원 이하	5,500만원 이하	1,900만원
	부산광역시(기장군 제외)	6억9천만원 이하	3,800만원 이하	1,300만원
	부산광역시(기장군)	6억9천만원 이하	3,000만원 이하	1,000만원
	광역시(수도권정비계획법에 따른 과밀억제권역에 포함된 지역과 군지역, 부산광역시 제외), 안산시, 용인시, 김포시 및 광주시	5억4천만원 이하	3,800만원 이하	1,300만원
	세종특별자치시, 파주시, 화성시	5억4천만원 이하	3,000만원 이하	1,000만원
	그 밖의 지역	3억7천만원 이하	3,000만원 이하	1,000만원

※ 1. 기준시점은 담보물권(저당권, 근저당권, 가등기담보권 등) 설정 일자 기준임 (대법원 2001다84824 판결 참조)
2. 배당요구의 종기까지 배당요구를 하여야 함
3. 경매개시결정의 등기 전에 대항요건(건물 인도 및 사업자등록)을 갖추어야 하고, 배당요구의 종기까지 대항력을 유지해야 함
4. 임대건물 가액(임대인 소유의 대지가액 포함)의 1/2에 해당하는 금액까지만 우선변제 받음(상가건물 임대차보호법 제14조)

iii) 과밀억제권역

■ 2001. 1. 29.~2009. 1. 15.

○ 서울특별시

○ 인천광역시[강화군, 옹진군, 중구 · 운남동 · 운북동 · 운서동 · 중산동 · 남북동 · 덕교동 · 을왕동 · 무의동, 서구 대곡동 · 불로동 · 마전동 · 금곡동 · 오류동 · 왕길동 · 당하동 · 원당동, 연수구 송도매립지(인천광역시장이 송도 신시가지 조성을 위하여 1990. 11. 12. 송도 앞 공유수면매립공사 면허를 받은 지역), 남동유치지역은 각 제외]

○ 경기도 중 의정부시, 구리시, 남양주시(호평동 · 평내동 · 금곡동 · 일패동 · 이패동 · 삼패동 · 가운동 · 수석동 · 지금동 및 도농동에 한한다), 하남시, 고양시, 수원시, 성남시, 안양시, 부천시, 광명시, 과천시, 의왕시, 군포시, 시흥시(반월특수지역 제외)

■ 2009. 1. 16. ~ 2011. 3. 8.

○ 서울특별시

○ 인천광역시(강화군, 옹진군, 서구 대곡동 · 불로동 · 마전동 · 금곡동 · 오류동 · 왕길동 · 당하동 · 원당동, 인천경제자유구역 및 남동 국가산업단지는 각 제외)

○ 경기도 중 의정부시, 구리시, 남양주시(호평동, 평내동, 금곡동, 일패동, 이패동, 삼패동, 가운동, 수석동, 지금동, 도농동만 해당), 하남시, 고양시, 수원시, 성남시, 안양시, 부천시, 광명시, 과천시, 의왕시, 군포시, 시흥시(반월특수지역 제외)

■ 2011. 3. 9. ~ 2017. 6. 19.

○ 서울특별시

○ 인천광역시(강화군, 옹진군, 서구 대곡동 · 불로동 · 마전동 · 금곡동 · 오류동 · 왕길동 · 당하동 · 원당동, 인천경제자유구역 및 남동 국가산업단지는 각 제외)

○ 경기도 중 의정부시, 구리시, 남양주시(호평동, 평내동, 금곡동, 일패동, 이패동, 삼패동, 가운동, 수석동, 지금동, 도농동만 해

당), 하남시, 고양시, 수원시, 성남시, 안양시, 부천시, 광명시, 과천시, 의왕시, 군포시, 시흥시[반월특수지역(반월특수지역에서 해제된 지역 포함) 제외]

■ 2017. 6. 20. ~

○ 서울특별시

○ 인천광역시(강화군, 옹진군, 서구 대곡동 · 불로동 · 마전동 · 금곡동 · 오류동 · 왕길동 · 당하동 · 원당동, 인천경제자유구역(경제자유구역에서 해제된 지역을 포함한다) 및 남동 국가산업단지는 각 제외)

○ 경기도 중 의정부시, 구리시, 남양주시(호평동, 평내동, 금곡동, 일패동, 이패동, 삼패동, 가운동, 수석동, 지금동, 도농동만 해당), 하남시, 고양시, 수원시, 성남시, 안양시, 부천시, 광명시, 과천시, 의왕시, 군포시, 시흥시[반월특수지역(반월특수지역에서 해제된 지역 포함) 제외]

4) 임차권등기명령

대항력을 갖춘 임차주택에 대한 임차권 등기는 임차보증금이 완전히 변제되지 않으면 낙찰에 따른 소유권이 변동되어 촉탁등기가 이루어지더라도 등기부 등본에서 말소되지 않고 살아있다.

제3조의3(임차권등기명령) ① 임대차가 끝난 후 보증금이 반환되지 아니한 경우 임차인은 임차주택의 소재지를 관할하는 지방법원 · 지방법원지원 또는 시 · 군 법원에 임차권등기명령을 신청할 수 있다.

⑤ 임차인은 임차권등기명령의 집행에 따른 임차권 등기를 마치면 제3조 제1항 · 제2항 또는 제3항에 따른 대항력과 제3조의2 제2항에 따른 우선변제권을 취득한다. 다만, 임차인이 임차권 등기 이전에 이미 대항력이나 우선변제권을 취득한 경우에는 그 대항력이나 우선변제권은 그대로 유지되며, 임차권 등기 이후에는 제3조 제1항 · 제2항 또는 제3항의 대항요건을 상실하더라도 이미 취득한 대항력이나 우선변제권을 상실하지 아니한다.

5) 임대인의 정보 제시의무

제3조의7(임대인의 정보제시 의무) 임대차 계약을 체결할 때 임대인은 다음 각 호의 사항을 임차인에게 제시하여야 한다.

1. 제3조의6 제3항에 따른 해당 주택의 확정일자 부여일, 차임 및 보증금 등 정보. 다만, 임대인이 임대차 계약을 체결하기 전에 제3조의6 제4항에 따라 동의함으로써 이를 갈음할 수 있다.
2. 「국세징수법」 제108조에 따른 납세증명서 및 「지방세징수법」 제5조 제2항에 따른 납세증명서. 다만, 임대인이 임대차 계약을 체결하기 전에 「국세징수법」 제109조 제1항에 따른 미납국세와 체납액의 열람 및 「지방세징수법」 제6조 제1항에 따른 미납지방세의 열람에 각각 동의함으로써 이를 갈음할 수 있다.

6) 임대차기간 및 계약의 갱신

제4조(임대차기간 등) ① 기간을 정하지 아니하거나 2년 미만으로 정한 임대차는 그 기간을 2년으로 본다. 다만, 임차인은 2년 미만으로 정한 기간이 유효함을 주장할 수 있다.

제6조(계약의 갱신) ① 임대인이 임대차기간이 끝나기 6개월 전부터 2개월 전까지의 기간에 임차인에게 갱신거절(更新拒絕)의 통지를 하지 아니하거나 계약조건을 변경하지 아니하면 갱신하지 아니한다는 뜻의 통지를 하지 아니한 경우에는 그 기간이 끝난 때에 전 임대차와 동일한 조건으로 다시 임대차한 것으로 본다. 임차인이 임대차기간이 끝나기 2개월 전까지 통지하지 아니한 경우에도 또한 같다.

② 제1항의 경우 임대차의 존속기간은 2년으로 본다.

③ 2기(期)의 차임액(借賃額)에 달하도록 연체하거나 그 밖에 임차인의 의무를 현저히 위반한 임차인에 대하여는 제1항을 적용하지 아니한다.

제6조의2(묵시적 갱신의 경우 계약의 해지) ① 제6조 제1항에 따라 계약이 갱신된 경우 같은 조 제2항에도 불구하고 임차인은 언제든지 임대인에게 계약해지(契約解止)를 통지할 수 있다.

② 제1항에 따른 해지는 임대인이 그 통지를 받은 날부터 3개월이 지나면 그

효력이 발생한다.

7) 계약의 갱신 요구권

제6조의3(계약갱신 요구 등) ① 제6조에도 불구하고 임대인은 임차인이 제6조 제1항 전단의 기간 이내에 계약갱신을 요구할 경우 정당한 사유 없이 거절하지 못한다. 다만, 다음 각 호의 어느 하나에 해당하는 경우에는 그러하지 아니하다.

1. 임차인이 2기의 차임액에 해당하는 금액에 이르도록 차임을 연체한 사실이 있는 경우
2. 임차인이 거짓이나 그 밖의 부정한 방법으로 임차한 경우
3. 서로 합의하여 임대인이 임차인에게 상당한 보상을 제공한 경우
4. 임차인이 임대인의 동의 없이 목적 주택의 전부 또는 일부를 전대(轉貸)한 경우
5. 임차인이 임차한 주택의 전부 또는 일부를 고의나 중대한 과실로 파손한 경우
6. 임차한 주택의 전부 또는 일부가 멸실되어 임대차의 목적을 달성하지 못할 경우
7. 임대인이 다음 각 목의 어느 하나에 해당하는 사유로 목적 주택의 전부 또는 대부분을 철거하거나 재건축하기 위하여 목적 주택의 점유를 회복할 필요가 있는 경우
   가. 임대차 계약 체결 당시 공사시기 및 소요기간 등을 포함한 철거 또는 재건축 계획을 임차인에게 구체적으로 고지하고 그 계획에 따르는 경우
   나. 건물이 노후 · 훼손 또는 일부 멸실되는 등 안전사고의 우려가 있는 경우
   다. 다른 법령에 따라 철거 또는 재건축이 이루어지는 경우
8. 임대인(임대인의 직계존속 · 직계비속을 포함한다)이 목적 주택에 실제 거주하려는 경우
9. 그 밖에 임차인이 임차인의 의무를 현저히 위반하거나 임대차를 계속하

기 어려운 중대한 사유가 있는 경우

② 임차인은 제1항에 따른 계약갱신요구권을 1회에 한하여 행사할 수 있다. 이 경우 갱신되는 임대차의 존속기간은 2년으로 본다.

③ 갱신되는 임대차는 전 임대차와 동일한 조건으로 다시 계약된 것으로 본다. 다만, 차임과 보증금은 제7조의 범위에서 증감할 수 있다.

④ 제1항에 따라 갱신되는 임대차의 해지에 관하여는 제6조의2를 준용한다.

⑤ 임대인이 제1항 제8호의 사유로 갱신을 거절하였음에도 불구하고 갱신요구가 거절되지 아니하였더라면 갱신되었을 기간이 만료되기 전에 정당한 사유 없이 제삼자에게 목적 주택을 임대한 경우 임대인은 갱신거절로 인하여 임차인이 입은 손해를 배상하여야 한다.

⑥ 제5항에 따른 손해배상액은 거절 당시 당사자 간에 손해배상액의 예정에 관한 합의가 이루어지지 않는 한 다음 각 호의 금액 중 큰 금액으로 한다.

1. 갱신거절 당시 월차임(차임 외에 보증금이 있는 경우에는 그 보증금을 제7조의2 각호 중 낮은 비율에 따라 월 단위의 차임으로 전환한 금액을 포함한다. 이하 "환산 월 차임"이라 한다)의 3개월분에 해당하는 금액
2. 임대인이 제삼자에게 임대하여 얻은 환산 월 차임과 갱신거절 당시 환산 월 차임 간 차액의 2년분에 해당하는 금액
3. 제1항제8호의 사유로 인한 갱신거절로 인하여 임차인이 입은 손해액

8) 차임 및 보증금 증액의 제한

제7조(차임 등의 증감청구권) ① 당사자는 약정한 차임이나 보증금이 임차주택에 관한 조세, 공과금, 그 밖의 부담의 증감이나 경제사정의 변동으로 인하여 적절하지 아니하게 된 때에는 장래에 대하여 그 증감을 청구할 수 있다. 이 경우 증액청구는 임대차계약 또는 약정한 차임이나 보증금의 증액이 있은 후 1년 이내에는 하지 못한다.

※ 일종의 형성권으로 계약기간 중 증액요구를 말한다.

② 제1항에 따른 증액청구는 약정한 차임이나 보증금의 20분의 1의 금액을 초과하지 못한다. 다만, 특별시 · 광역시 · 특별자치시 · 도 및 특별자치도는 관할 구역 내의 지역별 임대차 시장 여건 등을 고려하여 본문의 범

위에서 증액청구의 상한을 조례로 달리 정할 수 있다.

제7조의2(월 차임 전환 시 산정률의 제한) 보증금의 전부 또는 일부를 월 단위의 차임으로 전환하는 경우에는 그 전환되는 금액에 다음 각호 중 낮은 비율을 곱한 월차임(月借賃)의 범위를 초과할 수 없다.

1. 「은행법」에 따른 은행에서 적용하는 대출금리와 해당 지역의 경제 여건 등을 고려하여 대통령령으로 정하는 비율
2. 한국은행에서 공시한 기준금리에 대통령령으로 정하는 이율을 더한 비율

> **시행령 제9조(월 차임 전환 시 산정률)** ① 법 제7조의2 제1호에서 "대통령령으로 정하는 비율"이란 연 1할을 말한다.
> ② 법 제7조의2 제2호에서 "대통령령으로 정하는 이율"이란 연 2%를 말한다.

제10조의2(초과 차임 등의 반환청구) 임차인이 제7조에 따른 증액비율을 초과하여 차임 또는 보증금을 지급하거나 제7조의2에 따른 월 차임 산정률을 초과하여 차임을 지급한 경우에는 초과 지급된 차임 또는 보증금 상당 금액의 반환을 청구할 수 있다.

9) 주택임차권의 승계

제9조(주택임차권의 승계) ① 임차인이 상속인 없이 사망한 경우에는 그 주택에서 가정 공동생활을 하던 사실상의 혼인 관계에 있는 자가 임차인의 권리와 의무를 승계한다.

② 임차인이 사망한 때에 사망 당시 상속인이 그 주택에서 가정 공동생활을 하고 있지 아니한 경우에는 그 주택에서 가정 공동생활을 하던 사실상의 혼인 관계에 있는 자와 2촌 이내의 친족이 공동으로 임차인의 권리와 의무를 승계한다.

③ 제1항과 제2항의 경우에 임차인이 사망한 후 1개월 이내에 임대인에게 제1항과 제2항에 따른 승계 대상자가 반대 의사를 표시한 경우에는 그러하지 아니하다.

④ 제1항과 제2항의 경우에 임대차 관계에서 생긴 채권 · 채무는 임차인의 권리 의무를 승계한 자에게 귀속된다.

4. 상가건물 임대차보호법

(1) 적용 범위

제2조(적용 범위) ① 이 법은 상가건물(제3조 제1항에 따른 사업자등록의 대상이 되는 건물을 말한다)의 임대차(임대차 목적물의 주된 부분을 영업용으로 사용하는 경우를 포함한다)에 대하여 적용한다. 다만, 제14조의2에 따른 상가건물 임대차위원회의 심의를 거쳐 대통령령으로 정하는 보증 금액을 초과하는 임대차에 대하여는 그러하지 아니하다.

② 제1항 단서에 따른 보증 금액을 정할 때는 해당 지역의 경제 여건 및 임대차 목적물의 규모 등을 고려하여 지역별로 구분하여 규정하되, 보증금 외에 차임이 있는 경우에는 그 차임액에 「은행법」에 따른 은행의 대출금리 등을 고려하여 대통령령으로 정하는 비율을 곱하여 환산한 금액을 포함하여야 한다.

※ 환산보증금 = 보증금 + 월 차임*100

시행령 제2조(적용 범위) ① 「상가건물 임대차보호법」(이하 "법"이라 한다) 제2조 제1항 단서에서 "대통령령으로 정하는 보증 금액"이란 다음 각 호의 구분에 의한 금액을 말한다.

1. 서울특별시 : 9억원
2. 「수도권정비계획법」에 따른 과밀억제권역(서울특별시는 제외한다) 및 부산광역시 : 6억9천만원
3. 광역시(「수도권정비계획법」에 따른 과밀억제권역에 포함된 지역과 군지역, 부산광역시는 제외한다), 세종특별자치시, 파주시, 화성시, 안산시, 용인시, 김포시 및 광주시 : 5억4천만원
4. 그 밖의 지역 : 3억7천만원

② 법 제2조 제2항의 규정에 의하여 보증금 외에 차임이 있는 경우의 차임액은 월 단위의 차임액으로 한다.

③ 법 제2조 제2항에서 "대통령령으로 정하는 비율"이란 1분의 100을 말한다.

③ 제1항 단서에도 불구하고 제3조, 제10조 제1항, 제2항, 제3항 본문, 제10조의2부터 제10조의9까지의 규정, 제11조의2 및 제19조는 제1항 단서에 따른 보증 금액을 초과하는 임대차에 대하여도 적용한다.

※ 제3조(대항력 등), 제10조(계약갱신 요구 등), 제10조의2(계약갱신의 특례), 제10조의3 내지 7(권리금의 회수 등), 제10조의8(차임연체와 해지), 제10조의9(계약 갱신 요구 등에 관한 임시 특례)

※ 초과보험금에 해당될 경우 상임법 적용여부 표

	권리	환산보증금 초과	환산보증금 이하
①	대항력§ 3	○	○
②	우선변제권§ 5②	X	○
③	임차권등기명령§ 6	X	○
④	최소임대차기간(1년)§ 9	X	○
⑤	묵시적갱신§ 9	X(민법 적용)	○
⑥	갱신요구권(10년)§ 10	○	○
⑦	권리금회수기회 보호§ 10의4	○	○
⑧	3기 차임연체 시 계약해지§ 10의8	○	○
⑨	증액청구 상한§ 11	제한 없음	○

초과환산보증금에 해당될 경우에 "대항력, 갱신요구권, 권리금 회수 기회 보호, 차임연체 시 계약해지"에 관하여도 상임법이 적용되나 우선변제권, 임차권등기명령 등에 대하여는 상임법이 적용되지 않는다.

② 초과환산보증금은 우선변제권이 적용되지 않으므로 경매에서 낙찰 시 배당 순위를 확보하고자 한다면 전세권설정등기를 해야 한다.

⑥ 초과환산보증금에 해당하면 임차인은 갱신요구권(6월~1월)을 반드시 행사해야 합니다. 기한 초과로 묵시적 갱신이 되면 상임법이 아닌 민법의 규정을 적용받게 된다. 이 경우 임차인도 임대인도 일방적으로 계약해지통보를 할 수 있으며 통보일로부터 6개월 뒤에 해지의 효력이 발생되며 임차인은 갱신요구권을 행사할 수 없다.

제16조(일시사용을 위한 임대차) 이 법은 일시사용을 위한 임대차임이 명백한 경우에는 적용하지 아니한다.

제17조(미등기 전세에의 준용) 목적건물을 등기하지 아니한 전세계약에 관하여 이 법을 준용한다. 이 경우 "전세금"은 "임대차의 보증금"으로 본다.

(2) 주요 내용

1) 대항력 : 제삼자에 대하여 임차권을 주장할 수 있는 권리이다

제3조(대항력 등) ① 임대차는 그 등기가 없는 경우에도 임차인이 건물의 인도와 「부가가치세법」 제8조, 「소득세법」 제168조 또는 「법인세법」 제111조에 따른 사업자등록을 신청하면 그다음 날부터 제삼자에 대하여 효력이 생긴다.

② 임차건물의 양수인(그 밖에 임대할 권리를 승계한 자를 포함한다)은 임대인의 지위를 승계한 것으로 본다.

③ 이 법에 따라 임대차의 목적이 된 건물이 매매 또는 경매의 목적물이 된 경우에는 「민법」 제575조 제1항 · 제3항 및 제578조를 준용한다. ※ 매매의 목적물이 대항력 있는 주택임대차의 목적이 된 경우에 매수인이 이를 알지 못할 때에는, 매수인은 매도인에게 담보책임을 물을 수 있다.

④ 제3항의 경우에는 「민법」 제536조(동시이행의 항변권)를 준용한다.

제8조(경매에 의한 임차권의 소멸) 임차권은 임차건물에 대하여 「민사집행법」에 따른 경매가 실시된 경우에는 그 임차건물이 매각되면 소멸한다. 다만, 보증금이 전액 변제되지 아니한 대항력이 있는 임차권은 그러하지 아니하다.

2) 우선변제권 : 후순위권리자보다 우선하여 변제받을 수 있는 권리다.

제5조(보증금의 회수) ② 제3조 제1항의 대항요건을 갖추고 관할 세무서장으로부터 임대차계약서상의 확정일자를 받은 임차인은 「민사집행법」에 따른 경매 또는 「국세징수법」에 따른 공매 시 임차건물(임대인 소유의 대지를 포함한다)의 환가대금에서 후순위권리자나 그 밖의 채권자보다 우선하여 보증금을 변제받을 권리가 있다.

※ 우선변제 요건 : 대항력∧확정일자

3) 최우선변제권(소액임차인)

제14조(보증금 중 일정액의 보호) ① 임차인은 보증금 중 일정액을 다른 담보물권자보다 우선하여 변제받을 권리가 있다. 이 경우 임차인은 건물에 대한 경매신청의 등기 전에 제3조 제1항의 요건을 갖추어야 한다.

※ 최우선변제 요건 : 대항력∧경매신청의 등기 전

시행령 제6조(우선변제를 받을 임차인의 범위) 법 제14조의 규정에 의하여 우선변제를 받을 임차인은 보증금과 차임이 있는 경우 법 제2조 제2항의 규정에 따라 환산한 금액의 합계가 다음 각 호의 구분에 의한 금액 이하인 임차인으로 한다.

1. 서울특별시 : 6천500만원
2. 「수도권정비계획법」에 따른 과밀억제권역(서울특별시는 제외한다) : 5천500만원
3. 광역시(「수도권정비계획법」에 따른 과밀억제권역에 포함된 지역과 군지역은 제외한다), 안산시, 용인시, 김포시 및 광주시 : 3천8백만원
4. 그 밖의 지역 : 3천만원

제7조(우선변제를 받을 보증금의 범위 등) ①법 제14조의 규정에 따라 우선변제를 받을 보증금 중 일정액의 범위는 다음 각 호의 구분에 의한 금액 이하로 한다.

1. 서울특별시 : 2천200만원
2. 「수도권정비계획법」에 따른 과밀억제권역(서울특별시는 제외한다) : 1천900만원
3. 광역시(「수도권정비계획법」에 따른 과밀억제권역에 포함된 지역과 군지역은 제외한다), 안산시, 용인시, 김포시 및 광주시 : 1천300만원
4. 그 밖의 지역 : 1천만원

② 임차인의 보증금 중 일정액이 상가건물의 가액의 2분의 1을 초과하는 경우에는 상가건물의 가액의 2분의 1에 해당하는 금액에 한하여 우선변제권이 있다.

③ 하나의 상가건물에 임차인이 2인 이상이고, 그 각 보증금 중 일정액의 합산액이 상가건물의 가액의 2분의 1을 초과하는 경우에는 그 각 보증금 중 일정액의 합산액에 대한 각 임차인의 보증금 중 일정액의 비율로 그 상가건물의 가액의 2분의 1에 해당하는 금액을 분할한 금액을 각 임차인의 보증금 중 일정액으로 본다.

4) 임차권등기명령

제6조(임차권등기명령) ① 임대차가 종료된 후 보증금이 반환되지 아니한 경우 임차인은 임차건물의 소재지를 관할하는 지방법원, 지방법원지원 또는 시·군 법원에 임차권등기명령을 신청할 수 있다.

② 임차권등기명령을 신청할 때에는 다음 각 호의 사항을 기재하여야 하며, 신청 이유 및 임차권 등기의 원인이 된 사실을 소명하여야 한다.

1. 신청 취지 및 이유

2. 임대차의 목적인 건물(임대차의 목적이 건물 일부분인 경우에는 그 부분의 도면을 첨부한다)
3. 임차권 등기의 원인이 된 사실(임차인이 제3조 제1항에 따른 대항력을 취득하였거나 제5조 제2항에 따른 우선변제권을 취득한 경우에는 그 사실)
4. 그 밖에 대법원규칙으로 정하는 사항

③ 임차권등기명령의 신청에 대한 재판, 임차권등기명령의 결정에 대한 임대인의 이의신청 및 그에 대한 재판, 임차권등기명령의 취소신청 및 그에 대한 재판 또는 임차권등기명령의 집행 등에 관하여는 「민사집행법」 제280조 제1항, 제281조, 제283조, 제285조, 제286조, 제288조 제1항 · 제2항 본문, 제289조, 제290조 제2항 중 제288조 제1항에 대한 부분, 제291조, 제293조를 준용한다. 이 경우 "가압류"는 "임차권 등기"로, "채권자"는 "임차인"으로, "채무자"는 "임대인"으로 본다.

④ 임차권등기명령신청을 기각하는 결정에 대하여 임차인은 항고할 수 있다.

⑤ 임차권등기명령의 집행에 따른 임차권 등기를 마치면 임차인은 제3조제1항에 따른 대항력과 제5조 제2항에 따른 우선변제권을 취득한다. 다만, 임차인이 임차권 등기 이전에 이미 대항력 또는 우선변제권을 취득한 경우에는 그 대항력 또는 우선변제권이 그대로 유지되며, 임차권 등기 이후에는 제3조 제1항의 대항요건을 상실하더라도 이미 취득한 대항력 또는 우선변제권을 상실하지 아니한다.

※ 대항력이 없는 상가건물 임대차였다고 하더라도, 임차권 등기명령의 집행에 따른 임차권 등기를 마치면 대항력을 취득한다.

⑥ 임차권 등기명령의 집행에 따른 임차권 등기를 마친 건물(임대차의 목적이 건물의 일부분인 경우에는 그 부분으로 한정한다)을 그 이후에 임차한 임차인은 제14조에 따른 우선변제를 받을 권리가 없다.

⑦ 임차권 등기의 촉탁, 등기관의 임차권 등기 기입 등 임차권 등기명령의 시행에 관하여 필요한 사항은 대법원규칙으로 정한다.

⑧ 임차인은 제1항에 따른 임차권 등기명령의 신청 및 그에 따른 임차권 등기와 관련하여 든 비용을 임대인에게 청구할 수 있다.

⑨ 금융기관 등은 임차인을 대위하여 제1항의 임차권 등기명령을 신청할

수 있다. 이 경우 제3항 · 제4항 및 제8항의 "임차인"은 "금융기관 등"으로 본다.

5) 임대차기간 및 계약의 갱신

제9조(임대차기간 등) ① 기간을 정하지 아니하거나 기간을 1년 미만으로 정한 임대차는 그 기간을 1년으로 본다. 다만, 임차인은 1년 미만으로 정한 기간이 유효함을 주장할 수 있다.

제10조(계약갱신 요구 등) ① 임대인은 임차인이 임대차기간이 만료되기 6개월 전부터 1개월 전까지 사이에 계약갱신을 요구할 경우 정당한 사유 없이 거절하지 못한다. 다만, 다음 각 호의 어느 하나의 경우에는 그러하지 아니하다.

1. 임차인이 3기의 차임액에 해당하는 금액에 이르도록 차임을 연체한 사실이 있는 경우

> **민법 제640조(차임연체와 해지)** 건물 기타 공작물의 임대차에는 임차인의 차임연체액이 2기의 차임액에 달하는 때에는 임대인은 계약을 해지할 수 있다

※ 일반적으로 2기이나 상가의 경우에는 더 여유롭게 주고 있다.

2. 임차인이 거짓이나 그 밖의 부정한 방법으로 임차한 경우
3. 서로 합의하여 임대인이 임차인에게 상당한 보상을 제공한 경우
4. 임차인이 임대인의 동의 없이 목적 건물의 전부 또는 일부를 전대(轉貸)한 경우
5. 임차인이 임차한 건물의 전부 또는 일부를 고의나 중대한 과실로 파손한 경우
6. 임차한 건물의 전부 또는 일부가 멸실되어 임대차의 목적을 달성하지 못할 경우
7. 임대인이 다음 각 목의 어느 하나에 해당하는 사유로 목적 건물의 전부 또는 대부분을 철거하거나 재건축하기 위하여 목적 건물의 점유를 회복할 필요가 있는 경우
   가. 임대차계약 체결 당시 공사시기 및 소요기간 등을 포함한 철거 또는 재건축 계획을 임차인에게 구체적으로 고지하고 그 계획에 따르는

경우

나. 건물이 노후 · 훼손 또는 일부 멸실되는 등 안전사고의 우려가 있는 경우

다. 다른 법령에 따라 철거 또는 재건축이 이루어지는 경우

8. 그 밖에 임차인이 임차인으로서의 의무를 현저히 위반하거나 임대차를 계속하기 어려운 중대한 사유가 있는 경우

② 임차인의 계약갱신요구권은 최초의 임대차기간을 포함한 전체 임대차기간이 10년을 초과하지 아니하는 범위에서만 행사할 수 있다.

③ 갱신되는 임대차는 전 임대차와 동일한 조건으로 다시 계약된 것으로 본다(제10조 제1항, 제2항, 제3항 본문, 제10조의2부터 제10조의9까지의 규정, 제11조의2 및 제19조는 제1항 단서에 따른 보증금액을 초과하는 임대차에 대하여도 적용). 다만, 차임과 보증금은 제11조에 따른 범위에서 증감할 수 있다.

※ 초과보험금은 제11조(차임 등의 증감청구권) 적용 안 됨

④ 임대인이 제1항의 기간 이내에 임차인에게 갱신거절의 통지 또는 조건 변경의 통지를 하지 아니한 경우에는 그 기간이 만료된 때에 전 임대차와 동일한 조건으로 다시 임대차한 것으로 본다. 이 경우에 임대차의 존속기간은 1년으로 본다.

※ 초과보험금은 묵시적 갱신 시 임대인이 주장할 수 있는 임대차기간은 이전 계약과 동일기간이 적용됨.

⑤ 제4항의 경우 임차인은 언제든지 임대인에게 계약해지의 통고를 할 수 있고, 임대인이 통고를 받은 날부터 3개월이 지나면 효력이 발생한다.

※ 초과보험금은 묵시적 갱신 시 임대인은 3개월 적용 안 됨

그러므로 임대인은 민법 제635조를 주장할 수 있을 뿐이다.

> 민법 제635조(기간의 약정 없는 임대차의 해지 통고) ① 임대차기간의 약정이 없는 때에는 당사자는 언제든지 계약해지의 통고를 할 수 있다.
> ② 상대방이 전항의 통고를 받은 날로부터 다음 각 호의 기간이 경과하면 해지의 효력이 생긴다.

> 1. 토지, 건물 기타 공작물에 대하여는 임대인이 해지를 통고한 경우에는 6월, 임차인이 해지를 통고한 경우에는 1월
> 2. 동산에 대하여는 5일
>
> **제639조(묵시의 갱신)** ① 임대차기간이 만료한 후 임차인이 임차물의 사용, 수익을 계속하는 경우에 임대인이 상당한 기간 내에 이의를 하지 아니할 때는 전 임대차와 동일한 조건으로 다시 임대차한 것으로 본다. 그러나 당사자는 제635조의 규정에 의하여 해지의 통고를 할 수 있다.
>
> ② 전항의 경우에 전 임대차에 대하여 제삼자가 제공한 담보는 기간의 만료로 인하여 소멸한다.

제10조의2(계약갱신의 특례) 제2조 제1항 단서에 따른 보증금액을 초과하는 임대차의 계약갱신의 경우에는 당사자는 상가건물에 관한 조세, 공과금, 주변 상가건물의 차임 및 보증금, 그 밖의 부담이나 경제사정의 변동 등을 고려하여 차임과 보증금의 증감을 청구할 수 있다.

6) 권리금 회수기회 보호

※ 초과보증금도 적용됨

제10조의4(권리금 회수기회 보호 등) ① 임대인은 임대차기간이 끝나기 6개월 전부터 임대차 종료 시까지 다음 각 호의 어느 하나에 해당하는 행위를 함으로써 권리금 계약에 따라 임차인이 주선한 신규임차인이 되려는 자로부터 권리금을 지급받는 것을 방해하여서는 아니 된다. 다만, 제10조 제1항 각 호의 어느 하나에 해당하는 사유가 있는 경우에는 그러하지 아니하다.

1. 임차인이 주선한 신규임차인이 되려는 자에게 권리금을 요구하거나 임차인이 주선한 신규임차인이 되려는 자로부터 권리금을 수수하는 행위
2. 임차인이 주선한 신규임차인이 되려는 자로 하여금 임차인에게 권리금을 지급하지 못하게 하는 행위
3. 임차인이 주선한 신규임차인이 되려는 자에게 상가건물에 관한 조세, 공과금, 주변 상가건물의 차임 및 보증금, 그 밖의 부담에 따른 금액에 비추어 현저히 고액의 차임과 보증금을 요구하는 행위
4. 그 밖에 정당한 사유 없이 임대인이 임차인이 주선한 신규임차인이 되려는 자와 임대차 계약의 체결을 거절하는 행위

② 다음 각 호의 어느 하나에 해당하는 경우에는 제1항 제4호의 정당한 사유가 있는 것으로 본다.

1. 임차인이 주선한 신규임차인이 되려는 자가 보증금 또는 차임을 지급할 자력이 없는 경우
2. 임차인이 주선한 신규임차인이 되려는 자가 임차인으로서의 의무를 위반할 우려가 있거나 그 밖에 임대차를 유지하기 어려운 상당한 사유가 있는 경우
3. 임대차 목적물인 상가건물을 1년 6개월 이상 영리목적으로 사용하지 아니한 경우
4. 임대인이 선택한 신규임차인이 임차인과 권리금 계약을 체결하고 그 권리금을 지급한 경우

③ 임대인이 제1항을 위반하여 임차인에게 손해를 발생하게 한 때에는 그 손해를 배상할 책임이 있다. 이 경우 그 손해배상액은 신규임차인이 임차인에게 지급하기로 한 권리금과 임대차 종료 당시의 권리금 중 낮은 금액을 넘지 못한다.

④ 제3항에 따라 임대인에게 손해배상을 청구할 권리는 임대차가 종료한 날부터 3년 이내에 행사하지 아니하면 시효의 완성으로 소멸한다.

⑤ 임차인은 임대인에게 임차인이 주선한 신규임차인이 되려는 자의 보증금 및 차임을 지급할 자력 또는 그 밖에 임차인으로서의 의무를 이행할 의사 및 능력에 관하여 자신이 알고 있는 정보를 제공하여야 한다.

제10조의5(권리금 적용 제외) 제10조의4는 다음 각 호의 어느 하나에 해당하는 상가건물 임대차의 경우에는 적용하지 아니한다.

1. 임대차 목적물인 상가건물이 「유통산업발전법」 제2조에 따른 대규모점포 또는 준대규모점포의 일부인 경우(다만, 「전통시장 및 상점가 육성을 위한 특별법」 제2조 제1호에 따른 전통시장은 제외한다)
2. 임대차 목적물인 상가건물이 「국유재산법」에 따른 국유재산 또는 「공유재산 및 물품 관리법」에 따른 공유재산인 경우

7) 차임 및 보증금 증액의 제한

※ 초과보증금은 적용 안 됨

제11조(차임 등의 증감청구권) ① 차임 또는 보증금이 임차건물에 관한 조세, 공과금, 그 밖의 부담의 증감이나 「감염병의 예방 및 관리에 관한 법률」 제2조 제2호에 따른 제1급 감염병 등에 의한 경제사정의 변동으로 인하여 상당하지 아니하게 된 경우에는 당사자는 장래의 차임 또는 보증금에 대하여 증감을 청구할 수 있다. 그러나 증액의 경우에는 대통령령으로 정하는 기준에 따른 비율을 초과하지 못한다.

> **시행령 제4조(차임 등 증액청구의 기준)** 법 제11조 제1항의 규정에 의한 차임 또는 보증금의 증액청구는 청구 당시의 차임 또는 보증금의 100분의 5의 금액을 초과하지 못한다.

② 제1항에 따른 증액 청구는 임대차계약 또는 약정한 차임 등의 증액이 있은 후 1년 이내에는 하지 못한다.

③ 「감염병의 예방 및 관리에 관한 법률」 제2조 제2호에 따른 제1급 감염병에 의한 경제사정의 변동으로 차임 등이 감액된 후 임대인이 제1항에 따라 증액을 청구하는 경우에는 증액된 차임 등이 감액 전 차임 등의 금액에 달할 때까지는 같은 항 단서를 적용하지 아니한다.

제12조(월 차임 전환 시 산정률의 제한) 보증금의 전부 또는 일부를 월 단위의 차임으로 전환하는 경우에는 그 전환되는 금액에 다음 각호 중 낮은 비율을 곱한 월 차임의 범위를 초과할 수 없다.

1. 「은행법」에 따른 은행의 대출금리 및 해당 지역의 경제 여건 등을 고려하여 대통령령으로 정하는 비율
2. 한국은행에서 공시한 기준금리에 대통령령으로 정하는 배수를 곱한 비율

> **시행령 제5조(월 차임 전환 시 산정률)** ① 법 제12조 제1호에서 "대통령령으로 정하는 비율"이란 연 1할 2푼을 말한다.
>
> ※ 연 12%
>
> ② 법 제12조 제2호에서 "대통령령으로 정하는 배수"란 4.5배를 말한다.
>
> ※ 한국은행 기준금리*4.5

8) 임대인의 해지권

제10조의8(차임연체와 해지) 임차인의 차임연체액이 3기의 차임액에 달하는 때에는 임대인은 계약을 해지할 수 있다.

※ 초과보증금도 적용됨

9) 감염병으로 인한 임차인의 해지권

제11조의2(폐업으로 인한 임차인의 해지권) ① 임차인은 「감염병의 예방 및 관리에 관한 법률」 제49조 제1항 제2호에 따른 집합 제한 또는 금지 조치(같은 항 제2호의2에 따라 운영시간을 제한한 조치를 포함한다)를 총 3개월 이상 받음으로써 발생한 경제사정의 중대한 변동으로 폐업한 경우에는 임대차 계약을 해지할 수 있다.

② 제1항에 따른 해지는 임대인이 계약해지의 통고를 받은 날부터 3개월이 지나면 효력이 발생한다.

▼ 주택 및 상가건물 임대차보호법 비교

구분	주택 임대차보호법	상가건물 임대차보호법
적용 범위	주거용 건물	사업자등록을 한 상가건물
적용보증금	월세를 제외한 보증금	환산보증금(보증금+월 차임*100)
예외	일시사용을 위한 임대차	• 대통령이 정하는 보증금액 초과 • 일시사용을 위한 임대차
대항력 성립요건	주택인도∧주민등록	건물인도∧사업자등록
대항력 발생시점	대항력을 갖춘 익일 0시부터	좌동
우선변제 성립요건	대항요건∧확정일자	좌동
최우선변제성립요건	대항요건∧소액보증금 이내	좌동
최우선변제 내용	경매기입등기 전에 대항력 갖춰야 하고 보증금 중 일정액의 범위와 기준은 주택가액(대지의 가액을 포함한다)의 1/2 범위 내에서 담보물	경매기입등기 전에 대항력 갖춰야 하고 보증금 중 일정액의 범위와 기준은 건물가액(대지의 가액을 포함한다)의 1/2 범위 내에서 담보물

	권자보다 우선해서 배당받음	권자보다 우선해서 배당받음
임대차기간	2년	1년
계약갱신	• 임대차기간이 끝나기 6개월 전부터 2개월 전까지의 기간에 통보해야 함. • 임차인은 계약갱신요구권을 1회에 한하여 행사할 수 있다, 또한 임차인은 언제든지 임대인에게 계약해지(契約解止)를 통지할 수 있으며 임대인이 그 통지를 받은 날부터 3개월이 지나면 그 효력이 발생함.	임차인은 임대차기간이 끝나기 6개월 전부터 1개월 전까지의 기간에 계약갱신 요구가 10년간 가능함
묵시적 갱신	임대차기간이 끝나기 6개월 전부터 2개월 전까지의 기간에 계약갱신의 통지를 하지 않은 경우(묵시적 갱신), 임차인은 언제든지 임대인에게 계약해지(契約解止)를 통지할 수 있으며 임대인이 그 통지를 받은 날부터 3개월이 지나면 그 효력이 발생함.	임대차기간이 끝나기 6개월 전부터 1개월 전까지의 기간에 계약갱신의 통지를 하지 않은 경우(묵시적 갱신), 임차인은 언제든지 임대인에게 계약해지(契約解止)를 통지할 수 있으며 임대인이 그 통지를 받은 날부터 3개월이 지나면 그 효력이 발생함.
차임증액	• 약정 차임의 5% 초과 제한 • 월 차임 전환률 : min(연 10%, 한국은행 기준금리+2%) • 증액 후 1년 이내에 증액 제한	• 약정 차임의 5% 초과 제한 • 월 차임 전환률 : min(연 12%, 한국은행 기준금리*4.5) • 증액 후 1년 이내에 증액 제한
임차권 등기	임대차가 끝난 후 임차인이 신청	좌동
임대인의 정보제시 의무	해당 주택의 확정일자 부여일, 차임 및 보증금 등 정보, 납세증명서	해당 없음
계약 해지	2기 이상의 차임연체 시	3기 이상의 차임연체 시
경매신청	확정판결 후 건물명도 하지 않고 경매신청	좌동

5. 기타 경·공매 관련법 발췌

(1) 국토의 계획 및 이용에 관한 법률

1) 건폐율(= 건축면적 / 대지면적 x 100)

건폐율은 대지면적에 대한 건축 바닥면적(대지에 둘 이상의 건축물이 있는 경우에는 이들 건축면적의 합계)의 비율을 의미한다. 즉 수평적 건축 밀도를 말한다. 건폐율을 규정하는 목적은 용도지역별로 그 밀도를 달리 정하여 쾌적한 도시환경을 유지하기 위한 것이다.

건축물의 밀집 방지, 일조, 채광, 통풍, 방화, 피난 등에 필요한 공지를 확보하기 위하여 적용하는 것으로 대지면적에 대한 건축면적의 비율을 말한다. 건폐율은 건물 1층의 바닥면적을 대지면적으로 나누어 %로 표시하며, 건물의 1층 바닥면적을 건평이라고 한다.

① 정의 – 대지면적에 대한 건축면적의 비율

② 건폐율의 최대한도 – 국토계획법 제36조에 따라 지정된 용도지역에서 관할 구역의 면적, 인구규모, 해당지역의 특성 등을 고려하여 특별시, 광역시, 특별자치시, 특별자치도, 시, 군의 조례도 정한다.

2) 용적률(= 건물 전체 연면적 / 대지면적 x 100)

용적률은 대지면적에 대한 건축물의 연면적(1개의 대지에 둘 이상의 건축물이 있는 경우에는 이들 연면적의 합계)의 비율을 말한다.

즉, 도시의 수직적 밀도관리를 위한 것으로 건축물의 형태를 평면적인 것에서 입체적인 것까지 고려하여 대지 내에 많은 공지 공간을 확보토록 하되, 용도지역에 따라 일정한 비율로 제한하여 토지를 효율적으로 이용하고 쾌적한 도시환경으로 정비하여 균형 있는 도시발전을 기하기 위한 규정이다.

① 정의 – 대지면적에 대한 연면적의 비율

② 용적률의 최대한도 – 국토계획법 제36조에 따라 지정된 용도지역에서 관할 구역의 면적, 인구규모, 해당지역의 특성 등을 고려하여 특별시, 광역시, 특별자치시, 특별자치도, 시, 군의 조례도 정한다.

※ 연면적은 지상, 지하주차장도 포함한 면적이다.

3) 용도지역 · 용도지구 · 용도구역 지정

우리나라의 모든 땅은 국가에서 지정한 용도지역 · 용도지구 · 용도구역에 따라 용도가 정해져 있다.

용도지역에 따라 건축이나 개발행위가 가능한 지역이 있고 아예 불가능 지역으로 정해져 있다. 건축이나 개발행위를 할 수 있다고 해도 어떤 용도지역인가에 따라 건폐율과 용적률이 정해져 있다.

부동산시장에서는 토지의 용도를 땅의 계급이라고도 말한다. 용도에 따라 건물의 건축 여부, 건물의 고도 여부가 결정되기 때문에 지대 차이가 엄청나기 때문이다.

용도지역과 용도지구, 용도구역은 각기 할 수 있는 개발행위와 제한행위가 정해져 있다.

정부는 5년마다 국토종합개발계획에 따라 용도지역을 조정한다. 그러나 용도지역이 정해지면 몇십 년 동안 거의 변동이 없기 때문에 투자자는 반드시 내가 투자할 지역이 어떤 용도지역에 있는지 확인해야 한다.

우리나라 전 국토를 대상으로 정한 용도지역은 21종류가 있다.

시세 차익을 위한 투자자가 가장 선호하는 지역은 비도시지역의 계획관리지역이다.

계획관리지역은 도시지역으로 편입이 예상되는 지역이나 자연환경을 고려하여 제한적인 이용, 개발하려는 지역으로 계획적, 체계적인 관리가 필요한 지역으로 정의되어 있어 앞으로 도시가 될 가능성이 크기 때문이다.

계획관리지역의 토지를 사서 개발계획에 따른 시세 차익을 기대하는 것은 토지투자의 기본이라 할 수 있다.

반대로 농림지역이나 자연환경 보전지역은 피해야 한다. 이 지역은 개발행위를 엄격히 규제하고 있고 향후 몇십 년간은 용도가 바뀔 가능성이 없기 때문이다.

① 용어의 정의

> 국토계획법 제2조(정의) 이 법에서 사용하는 용어의 뜻은 다음과 같다.
>
> 15. "용도지역"이란 토지의 이용 및 건축물의 용도, 건폐율(「건축법」 제55조의 건폐율을 말한다. 이하 같다), 용적률(「건축법」 제56조의 용적률을 말한다. 이하 같다), 높이 등을 제한함으로써 토지를 경제적 · 효율적으로 이용하고 공공복리의 증진을 도모하기 위하여 서로 중복되지 아니하게 도시 · 군 관리계획으로 결정하는 지역을 말한다.
> 16. "용도지구"란 토지의 이용 및 건축물의 용도 · 건폐율 · 용적률 · 높이 등에 대한 용도지역의 제한을 강화하거나 완화하여 적용함으로써 용도지역의 기능을 증진시키고 경관 · 안전 등을 도모하기 위하여 도시 · 군 관리계획으로 결정하는 지역을 말한다.
> 17. "용도구역"이란 토지의 이용 및 건축물의 용도 · 건폐율 · 용적률 · 높이 등에 대한 용도지역 및 용도지구의 제한을 강화하거나 완화하여 따로 정함으로써 시가지의 무질서한 확산방지, 계획적이고 단계적인 토지이용의 도모, 토지이용의 종합적 조정 · 관리 등을 위하여 도시 · 군 관리계획으로 결정하는 지역을 말한다.

② 용도지역의 구분

'용도지역'이란 전 국토를 대상으로 토지의 이용 및 건축물의 용도 · 건폐율 · 용적률 등을 제한함으로써 토지의 경제적 · 효율적 이용을 위해 도시 · 군 관리계획으로 결정하는 지역을 말하는데, 동일한 토지에 대해 중복으로 지정될 수는 없다. 용도지역은 크게 도시지역과 비도시지역으로, 도시지역은 주거지역, 상업지역, 공업지역, 녹지지역(보전녹지, 생산녹지, 자연녹지)으로 구분되며, 비도시지역은 관리지역(보전관리, 생산관리, 계획관리), 농림지역, 자연환경보전지역으로 나누어진다. 이와 같이 크게 몇 가지 유형으로 나누어진 용도지역은 세분하여 나누어지는데, 가령 주거지역의 경우 전용주거지역, 일반주거지역으로, 상업지역은 중심상업지역, 일반상업지역, 근린상업지역, 유통상업지역 등으로 나누어진다.

구분				지정목적
㉮ 도시지역	주거지역	전용	제1종	단독주택 중심의 양호한 주거환경의 보호
			제2종	공동주택 중심의 양호한 주거환경의 보호
		일반	제1종	저층주택을 중심으로 편리한 주거환경의 조성
			제2종	중층주택을 중심으로 편리한 주거환경의 조성
			제3종	중고층주택을 중심으로 편리한 주거환경의 조성
		준주거지역		주거기능을 위주로 이를 지원하는 일부 상업 · 업무기능의 보완
	상업지역	중심		도심 · 부도심의 업무 및 상업기능의 확충
		일반		일반적인 상업 및 업무기능 담당
		근린		근린지역에서의 일용품 및 서비스의 공급
		유통		도시 내 및 지역 간 유통기능의 증진
	공업지역	전용		주로 중화학공업 · 공해성공업 등의 수용
		일반		환경을 저해하지 아니하는 공업의 배치
		준		경공업 그 밖의 공업을 수용하되 주거 · 상업 · 업무기능의 보완
	녹지지역	보전녹지지역		도시의 자연환경 · 경관 · 산림 및 녹지공간의 보전
		생산녹지지역		주로 농업적 생산을 위한 개발의 유보
		자연녹지지역		녹지공간의 보전을 해하지 아니하는 범위 안에서 불가피한 경우의 제한적인 개발
㉯ 관리지역	보전관리지역			자연환경보호, 산림보호, 수질오염방지, 녹지공간 확보 및 생태계 보전 등을 위하여 보전이 필요하나, 주변의 용도지역과의 관계 등을 고려할 때 자연환경보전지역으로 지정하여 관리하기가 곤란한 지역
	생산관리지역			농업 · 임업 · 어업생산 등을 위하여 관리가 필요하거나 주변의 용도지역과의 관계 등을 고려할 때 농림지역으로 지정하여 관리하기가 곤란한 지역
	계획관리지역			도지지역으로의 편입이 예상되는 지역 또는 자연환경을 고려하여 제한적인 이용. 개발하려는 지역으로서 계획적 · 체계적인 관리가 필요한 지역
농림지역				도시지역에 속하지 아니하는 농지법에 의한 농업진흥지역 또는 산지관리법에 의한 보전산지 등으로서 농림업의 진흥과 산림의 보전을 위하여 필요한 지역
자연환경보전지역				자연환경 · 수자원 · 해안 · 생태계 · 상수원 및 문화재의 보전과 수산자원의 보호 · 육성 등을 위하여 필요한 지역

㉮ 도시지역 – 인구와 산업이 밀집되어 있거나 밀집이 예상되어 그 지역에 대하여 체계적인 개발 · 정비 · 관리 · 보전 등이 필요한 지역

㉯ 관리지역 – 도지지역의 인구와 산업을 수용하기 위하여 도시지역에 준하여 체계적으로 관리하거나 농림업의 진흥, 자연환경 또는 산림의 보전을 위하여 농림지역 또는 자연환경보전지역에 준하여 관리가 필요한 지역

③ 용도지구의 구분

용도지구는 용도지역의 제한을 강화하거나 완화하여 적용함으로써 용도지역의 기능을 증진시키고 경관 · 안전 등을 도모하기 위하여 도시 · 군 관리계획으로 결정하는 지역을 말하는데, 경관지구, 고도지구, 취락지구, 특정용도 제한지구, 보호지구 등이 있다. 용도지구는 국지적 · 추가적으로 지정하게 되는데 중복하여 지정할 수도 있다.

구분		지정목적
경관지구	자연경관지구	산지 · 구릉지 등 자연경관을 보호하거나 유지하기 위하여 필요한 지구
	시가지경관지구	지역 내 주거지, 중심지 등 시가지의 경관을 보호 또는 유지하거나 형성하기 위하여 필요한 지구
	특화경관지구	지역 내 주요 수계의 수변 또는 문화적 보존가치가 큰 건축물 주변의 경관 등 특별한 경관을 보호 또는 유지하거나 형성하기 위하여 필요한 지구
방재지구	시가지방재지구	건축물 · 인구가 밀집되어 있는 지역으로서 시설 개선 등을 통하여 재해 예방이 필요한 지구
	자연방재지구	토지의 이용도가 낮은 해안변, 하천변, 급경사지 주변 등의 지역으로서 건축 제한 등을 통하여 재해 예방이 필요한 지구
보호지구	역사문화환경보호지구	문화재 · 전통사찰 등 역사 · 문화적으로 보존가치가 큰 시설 및 지역의 보호와 보존을 위하여 필요한 지구
	중요시설물보호지구	중요시설물의 보호와 기능의 유지 및 증진 등을 위하여 필요한 지구
	생태계보호지구	야생동식물서식처 등 생태적으로 보존가치가 큰 지역의 보호와 보존을 위하여 필요한 지구

취락 지구	자연취락지구	녹지지역 · 관리지역 · 농림지역 또는 자연환경보전지역 안의 취락을 정비하기 위하여 필요한 지구
	집단취락지구	개발제한구역 안의 취락을 정비하기 위하여 필요한 지구
개발진흥 지구	주거개발진흥지구	주거기능을 중심으로 개발 · 정비할 필요가 있는 지구
	산업 · 유통개발 진흥지구	공업기능 및 유통 · 물류기능을 중심으로 개발 · 정비할 필요가 있는 지구
	특정개발진흥지구	주거기능, 공업기능, 유통 · 물류기능 및 관광 · 휴양기능 외의 기능을 중심으로 특정한 목적을 위하여 개발 · 정비할 필요가 있는 지구
	관광 · 휴양개발 진흥지구	관광 · 휴양기능을 중심으로 개발 · 정비할 필요가 있는 지구
	복합개발진흥지구	주거기능, 공업기능, 유통 · 물류기능 및 관광 · 휴양기능 중 2 이상의 기능을 중심으로 개발 · 정비할 필요가 있는 지구

④ 용도구역의 구분

용도구역은 시가지의 무질서한 확산방지, 계획적이고 단계적이면서 종합적인 토지이용을 위해 결정하는 지역을 말하는데, 개발제한구역, 도시자연공원구역, 수산자원보호구역, 시가화조정주역, 입제규제최소구역으로 나누어진다.

구분	지정요건 등
개발제한구역	국토교통부 장관은 도시의 무질서한 확산을 방지하고 도시 주변의 자연환경을 보전하여 도시민의 건전한 생활환경을 확보하기 위하여 도시의 개발을 제한할 필요가 있거나 국방부 장관의 요청이 있어 보안상 도시의 개발을 제한할 필요가 있다고 인정되면 개발제한구역의 지정 또는 변경을 도시 · 군 관리계획으로 결정할 수 있다.

도시자연공원구역	시 · 도지사 또는 대도시 시장은 도시의 자연환경 및 경관을 보호하고 도시민에게 건전한 여가 · 휴식공간을 제공하기 위하여 도시지역 안에서 식생(植生)이 양호한 산지(山地)의 개발을 제한할 필요가 있다고 인정하면 도시자연공원구역의 지정 또는 변경을 도시 · 군 관리계획으로 결정할 수 있다
시가화조정구역	시 · 도지사는 직접 또는 관계 행정기관의 장의 요청을 받아 도시지역과 그 주변 지역의 무질서한 시가지화를 방지하고 계획적 · 단계적인 개발을 도모하기 위하여 시가지화를 유보할 필요가 있다고 인정되면 시가화조정구역의 지정 또는 변경을 도시 · 군 관리계획으로 결정할 수 있다.
수산자원보호구역	해양수산부 장관은 직접 또는 관계 행정기관의 장의 요청을 받아 수산자원을 보호 · 육성하기 위하여 필요한 공유수면이나 그에 인접한 토지에 대한 수산자원보호구역의 지정 또는 변경을 도시 · 군 관리계획으로 결정할 수 있다

4) 용도지역 · 용도지구 및 용도구역에서의 행위 제한

구분			기준 건폐율	기준 용적률
도시지역	주거지역	제1종전용주거지역	50% 이하	50% 이상 100% 이하
		제2종전용주거지역	50% 이하	50% 이상 150% 이하
		제1종일반주거지역	60% 이하	100% 이상 200% 이하
		제2종일반주거지역	60% 이하	100% 이상 250% 이하
		제3종일반주거지역	50% 이하	100% 이상 300% 이하
		준주거지역	70% 이하	200% 이상 500% 이하
	상업지역	중심상업지역	90% 이하	200% 이상 1,500% 이하
		일반상업지역	80% 이하	200% 이상 1,300% 이하
		근린상업지역	70% 이하	200% 이상 900% 이하
		유통상업지역	80% 이하	200% 이상 1,100% 이하
	공업지역	전용공업지역	70% 이하	150% 이상 300% 이하
		일반공업지역	70% 이하	150% 이상 350% 이하
		준공업지역	70% 이하	150% 이상 400% 이하

도시지역	녹지지역	보전녹지지역	20% 이하	50% 이상 80% 이하
		생산녹지지역	20% 이하	50% 이상 100% 이하
		자연녹지지역	20% 이하	50% 이상 100% 이하
관리지역	보전관리지역		20% 이하	50% 이상 80% 이하
	생산관리지역		20% 이하	50% 이상 80% 이하
	계획관리지역		40% 이하	50% 이상 100% 이하
농림지역			20% 이하	50% 이상 80% 이하
자연환경보전지역			20% 이하	50% 이상 80% 이하

※ 국토계획법시행령 제84조(용도지역 안에서의 건폐율), 제85조(용도지역 안에서의 용적률)

5) 용도지역 · 용도지구 및 용도구역 비교

구분	용도지역	용도지구	용도구역
요약	토지의 이용 및 건축물의 용도, 건폐율, 용적률, 높이 등을 결정해 놓은 지역	토지의 이용 및 건축물의 용도, 건폐율, 용적률, 높이 등에 대한 용도지역의 제한을 강화 또는 완화하여 적용해 놓은 지역	토지의 이용 및 건축물의 용도, 건폐율, 용적률, 높이 등에 대한 용도지역 및 용도지구의 제한을 강화 또는 완화하여 적용해 놓은 지역
지정범위	전국의 토지	일부 토지	일부 토지
중복지정 여부	중복 지정 안 됨	중복지정 가능	–
지정효과	건축물의 용도, 건폐율, 용적률을 제한하여 1차적, 수평적 토지이용제한	용도지역의 제한을 강화 또는 완화함으로써 2차적, 수직적, 입체적 건축제한	용도지역, 용지지구의 제한을 강화 또는 완화하여 따로 정함

(3) 농지법

1) 농지의 소유상한

농지법의 개정으로 주민등록 전입 없이 농지를 구입할 수 있다. 그러나 영농계획서를 제출해 농지취득자격증명을 받아야 하고 토지거래허가지역에서는 현지에 전 가족이 거주해야 거래허가를 받을 수 있다. 그러나 경 · 공매로 취득 시에는 토지거래허가가 면제된다.

경매에서 농취증은 농지가 1,000㎡ 이상이 되어야 발급된다, 따라서 도시인이 전원주택을 지으려면 농지를 1,000㎡ 이상을 선택해 영농계획서를 작성해 농취증을 발급받아 소유권 이전을 한 후에 농지전용허가를 신청해야 한다.

농지법 제7조(농지 소유 상한) ① 상속으로 농지를 취득한 사람으로서 농업경영을 하지 아니하는 사람은 그 상속 농지 중에서 총 1만 제곱미터까지만 소유할 수 있다.

② 대통령령으로 정하는 기간(8년) 이상 농업경영을 한 후 이농한 사람은 이농 당시 소유 농지 중에서 총 1만 제곱미터까지만 소유할 수 있다.

③ 주말 · 체험영농을 하려는 사람은 총 1천 제곱미터 미만의 농지를 소유할 수 있다. 이 경우 면적 계산은 그 세대원 전부가 소유하는 총면적으로 한다.

농지법 제8조(농지취득자격증명의 발급) ① 농지를 취득하려는 자는 농지 소재지를 관할하는 시장(구를 두지 아니한 시의 시장을 말하며, 도농 복합 형태의 시는 농지 소재지가 동지역인 경우만을 말한다), 구청장(도농 복합 형태의 시의 구에서는 농지 소재지가 동지역인 경우만을 말한다), 읍장 또는 면장(이하 "시 · 구 · 읍 · 면의 장"이라 한다)에게서 농지취득자격증명을 발급받아야 한다.

② 제1항에 따른 농지취득자격증명을 발급받으려는 자는 다음 각 호의 사항이 모두 포함된 농업경영계획서 또는 주말 · 체험영농계획서를 작성하고 농림축산식품부령으로 정하는 서류를 첨부하여 농지 소재지를 관할하는 시 · 구 · 읍 · 면의 장에게 발급신청을 하여야 한다. 다만, 제6조 제2항 제2호 · 제7호 · 제9호 · 제9호의2 또는 제10호 바목에 따라 농지를 취득하는 자는 농업경영계획서 또는 주말 · 체험영농계획서를 작성하지 아니하고 농림축산식품부령으로 정하는 서류를 첨부하지 아니하여도 발급신청을 할 수 있다.

준농림지의 시세는 인근 대지의 1/2 정도인데 지목이 대로 변경되면 인근 대지 시세수준으로 오른다.

그러나 농지나 임야를 대지로 변경하려면 공시지가의 20%에 해당하는 농지(산림)전용부담금 등 각종 전용부담금을 부담해야 하며 진입로 개설비,

각종 공과금 등 대략 농지값의 30% 정도 조성비가 발생된다.

농지전용시 유의할 점은 농지에 붙은 도로가 2m 미만이거나 인근 농업진흥지역 농지를 훼손할 우려가 있으면 전용허가를 받기가 어렵다. 또한, 시, 군별로 짓는 건축면적에 따라 농지전용 및 산림훼손허용면적이 조금씩 다른 경우가 많으므로 사전에 이에 대한 조사가 선행되어야 한다.

2) 농지 임차인의 대항력

농지는 원칙적으로 농지를 임대하거나 무상사용하게 할 수 없다.

다만, 예외적으로 임대 또는 사용대 할 수 있는 경우에는 서면계약을 원칙으로 한다.

임대차 계약은 등기가 없는 경우에도 관할 시 · 구 · 읍 · 면의 장의 확인과 해당 농지를 인도받은 경우에는 그 다음날부터 제삼자에 대한 대항력이 발생한다.

> 농지법 제24조(임대차 · 사용대차 계약 방법과 확인) ① 임대차계약(농업경영을 하려는 자에게 임대하는 경우만 해당한다. 이하 이 절에서 같다)과 사용대차계약(농업경영을 하려는 자에게 무상사용하게 하는 경우만 해당한다)은 서면계약을 원칙으로 한다.
>
> ② 제1항에 따른 임대차계약은 그 등기가 없는 경우에도 임차인이 농지소재지를 관할하는 시 · 구 · 읍 · 면의 장의 확인을 받고, 해당 농지를 인도(引渡)받은 경우에는 그 다음 날부터 제삼자에 대하여 효력이 생긴다.
>
> ③ 시 · 구 · 읍 · 면의 장은 농지임대차계약 확인대장을 갖추어 두고, 임대차계약증서를 소지한 임대인 또는 임차인의 확인 신청이 있는 때에는 농림축산식품부령으로 정하는 바에 따라 임대차 계약을 확인한 후 대장에 그 내용을 기록하여야 한다

※ 외국인의 대항력 확인

ⅰ) 외국인등록과 체류지 변경신고는 주민등록과 전입신고를 갈음하므로 등록 및 변경일 다음 날부터 대항력 발생한다.

ⅱ) 출입국관리사무소나 주민센터에서 발급 가능하다.

ⅲ) 발급신청시 외국인 체류확인서 열람신청서, 신분증, 경 · 공매인쇄물을 제출해야 한다.

출입국관리법

제88조의2(외국인등록증 등과 주민등록증 등의 관계) ① 법령에 규정된 각종 절차와 거래관계 등에서 주민등록증이나 주민등록등본 또는 초본이 필요하면 외국인등록증(모바일외국인등록증을 포함한다)이나 외국인등록 사실증명으로 이를 갈음한다. 〈개정 2023. 6. 13.〉

② 이 법에 따른 외국인등록과 체류지 변경신고는 주민등록과 전입신고를 갈음한다.

③ 이 법 또는 다른 법률에서 실물 외국인등록증이나 외국인등록증에 기재된 성명, 사진, 외국인등록번호 등의 확인이 필요한 경우 모바일외국인등록증의 확인으로 이를 갈음할 수 있다. [시행일 : 2023. 12. 14.] 제88조의2

제88조의3(외국인 체류확인서 열람 · 교부) ① 특정 건물 또는 시설의 소재지를 체류지로 신고한 외국인의 성명과 체류지 변경 일자를 확인할 수 있는 서류(이하 "외국인 체류확인서"라 한다)를 열람하거나 받으려는 자는 지방출입국 · 외국인 관서의 장이나 읍 · 면 · 동의 장 또는 출장소장에게 신청할 수 있다.

② 제1항에 따른 외국인 체류확인서 열람이나 교부를 신청할 수 있는 자는 다음 각 호의 어느 하나에 해당하는 자로 한다.

1. 특정 건물이나 시설의 소유자 본인이나 그 세대원, 임차인 본인이나 그 세대원, 매매계약자 또는 임대차계약자본인
2. 특정 건물 또는 시설의 소유자, 임차인, 매매계약자 또는 임대차 계약자 본인의 위임을 받은 자
3. 다음 각 목의 어느 하나에 해당하는 사유로 열람 또는 교부를 신청하려는 자
   가. 관계 법령에 따라 경매참가자가 경매에 참여하려는 경우
   나. 「신용정보의 이용 및 보호에 관한 법률」 제2조 제5호 라목에 따른 신용조사회사 또는 「감정평가 및 감정평가사에 관한 법률」 제2조 제4호에 따른 감정평가법인 등이 임차인의 실태 등을 확인하려는 경우
   다. 대통령령으로 정하는 금융회사 등이 담보주택의 근저당 설정을 하려는 경우
   라. 법원의 현황조사명령서에 따라 집행관이 현황조사를 하려는 경우

(3) 가등기담보 등에 관한 법률

가등기담보 등에 관한 법률은 가등기담보권의 권리관계를 규율하기 위하여 제정된 법이다.

양도담보권과 가등기담보권에서 발생하는 폐해를 막기 위해 등장하였다.

예컨대, 1억원을 대여하는데 5억원짜리의 부동산에 양도담보권(대물변제의 예약, 가등기담보권)을 설정하는 경우, 채권자는 적은 돈으로도 채무자의 재산을 갈취할 수 있기 때문이다.

이럴 경우 채무자는 4억원의 손해를 볼 것이다. 그리고 실제로도 이 법 제정 이전에는 이러한 법률적 허점을 이용하여 많은 채권자들이 경제적으로 어려운 채무자들의 재산을 갈취해갔다. 그렇기 때문에 민법 제607조와 제608조에서는 예약 당시의 가액이 차용액과 이자를 초과하지 못하도록 하여 채무자를 보호하도록 한다. 이것이 민법 제607조의 규정이고, 제608조는 이를 강행규정으로 하여 특약으로 배제되지 못하도록 하는 것이다.

그러나 이러한 민법 조항만으로는 채무자를 온전히 보호하기 어려웠다. 결국, 제607조 및 제608조에 의해서 초과가치에 대한 담보 특약을 무효로 하려면 소송을 통해서 특약의 유무효를 판단해야 한 뒤, 부당이득으로 이를 환수해야 하는데, 결론적으로 소송을 통해서 권리를 되찾을 수밖에 없었기 때문이다.

이런 폐해가 지속되자 1984년 가담법을 제정하여 담보물의 가치가 채무액을 초과하여 무효가 되는 경우에, 나머지 부분에 대해서 채권자에게 청산의무를 부과하여 채무자를 보호하기 위한 취지다.

위의 예시에서 채권자가 시세 5억원어치의 부동산을 가져가게 된다면, 채무액 1억원을 제외한 나머지 4억원을 채무자에게 분배할 의무를 부과한 것이다. 그리고 해당 의무를 지키지 않았을 경우에는 온전한 소유권을 취득하지 못하도록 하거나, 가등기에 기한 본등기를 청구할 수 없게 하는 등의 불이익을 부여하여 소송을 통하지 않더라도 채권자에게 청산금 분배를 강제할 수 있도록 하는 것이다. 물론 소송에서도 청산의무만 주장하면 되므로 입증책임도 훨씬 완화된다.

> **가담법 제1조(목적)** 이 법은 차용물(借用物)의 반환에 관하여 차주(借主)가 차용물을 갈음하여 다른 재산권을 이전할 것을 예약할 때 그 재산의 예약 당시 가액(價額)이 차용액(借用額)과 이에 붙인 이자를 합산한 액수를 초과하는 경우에 이에 따른 담보계약(擔保契約)과 그 담보의 목적으로 마친 가등기(假登記) 또는 소유권이전등기(所有權移轉登記)의 효력을 정함을 목적으로 한다.

가담법 제10조(법정지상권) 토지와 그 위의 건물이 동일한 소유자에게 속하는 경우 그 토지나 건물에 대하여 제4조 제2항에 따른 소유권을 취득하거나 담보가등기에 따른 본등기가 행하여진 경우에는 그 건물의 소유를 목적으로 그 토지 위에 지상권(地上權)이 설정된 것으로 본다. 이 경우 그 존속기간과 지료(地料)는 당사자의 청구에 의하여 법원이 정한다.

가담법 제12조(경매의 청구) ① 담보가등기권리자는 그 선택에 따라 제3조에 따른 담보권을 실행하거나 담보목적부동산의 경매를 청구할 수 있다. 이 경우 경매에 관하여는 담보가등기권리를 저당권으로 본다.

② 후순위권리자는 청산기간에 한정하여 그 피담보채권의 변제기 도래 전이라도 담보목적부동산의 경매를 청구할 수 있다.

제13조(우선변제청구권) 담보가등기를 마친 부동산에 대하여 강제경매 등이 개시된 경우에 담보가등기권리자는 다른 채권자보다 자기채권을 우선변제 받을 권리가 있다. 이 경우 그 순위에 관하여는 그 담보가등기권리를 저당권으로 보고, 그 담보가등기를 마친 때에 그 저당권의 설정등기(設定登記)가 행하여진 것으로 본다.

※ 대물변제의 예약

본래 급부에 갈음하여 다른 급부를 할 것을 이행기 이전에 미리 정하는 것을 의미한다. 예를 들어, 甲이 건물을 공사하는 건축업자(시공사)이고, 乙이 건물공사를 주문한 시행사라고 해보자. 甲이 건물을 짓고, 乙이 공사대금을 지급해야 한다. 그런데 乙이 공사대금을 제때 납부하지 못하는 경우를 대비하여, 甲이 공사대금을 약속한 날짜까지 갚지 못하면 건물은 甲이 갖는다와 같은 약정을 사전에 만들 수 있을 것이다. 이렇게 하면 甲이 공사대금을 받지 못하더라도 건물을 가질 수 있다. 이렇듯 담보적 성격을 갖는 일종의 특약을 대물변제의 예약이라고 하며, 현실에서는 대물변제보다는 대물변제의 예약이 더 많이 활용되고 있다.

※ 양도담보

양도담보란 물건의 소유권을 채권자에게 이전하는 방법에 의하여 채권을 담보하는 경우를 말한다. 예를 들어, 채권자 甲이 채무자 乙에게 돈을 5억원 빌려준다고 가정해 보자. 그런데 乙의 경제적 상황이 여의치 않아 甲이 乙에게 담보를 요구하고자 한다. 乙에게는 자기 소유의 건물(시세 5억원)이 있다. 이때 甲은 5억원을 빌려줄 테니 그 건물을 내 소유로 해달라. 그리고 5억원을 다 갚으면 건물을 다시 돌려주겠다.라고 요구하고, 乙도 이에 동의했다. 이처럼 소유권을 이전(양도)하는 방식으로 담보를 설정하는 계약을 양도담보라고 하며, 돈을 갚지 못했을 때 소유권을 이전할 권리를 가진 甲을 양도담보권자라고 부른다. 저당권이나 질권과 달리 채권자에게 소유권이 이전된다는 점이 가장 큰 차이점이다. 저당권은 처분 권한만 이전되고, 질권은 처분 권한 및 점유 권한이 이전되는 것에 비해 양도담보권은 소유권 자체가 이전되는 것이기 때문이다.

※ 가등기담보

담보가등기란 대물변제의 예약 또는 매매의 예약상의 예약완결권을 행사하여 장래 발생할 소유권이전등기청구권을 보전하기 위한 가등기다. 담보가등기와 일반의 가등기는 형식상 구별되지 않으나, 등기실무에서는 대물반환의 예약을 원인으로 가등기를 신청한 경우 등기부에 담보가등기라고 기재하여 구별하고 있다. 일반의 가등기에는 순위보전의 효력이 인정되지만, 담보가등기에는 우선변제 효력이 인정된다.

(4) 부동산등기법

부동산등기법은 부동산에 관한 권리관계를 공시하여 부동산 거래의 안전을 보호하기 위해 부동산등기에 관한 사항을 규정하고 있다. 부동산등기란 토지 · 건물에 대한 등기를 말하며, 등기는 구분건물의 표시와 소유권, 지상권, 지역권, 전세권, 저당권, 권리질권, 임차권의 보존, 설정, 이전, 처분, 변경의 제한 또한 소멸에 대하여 등기를 실행한다.

1) 등기절차

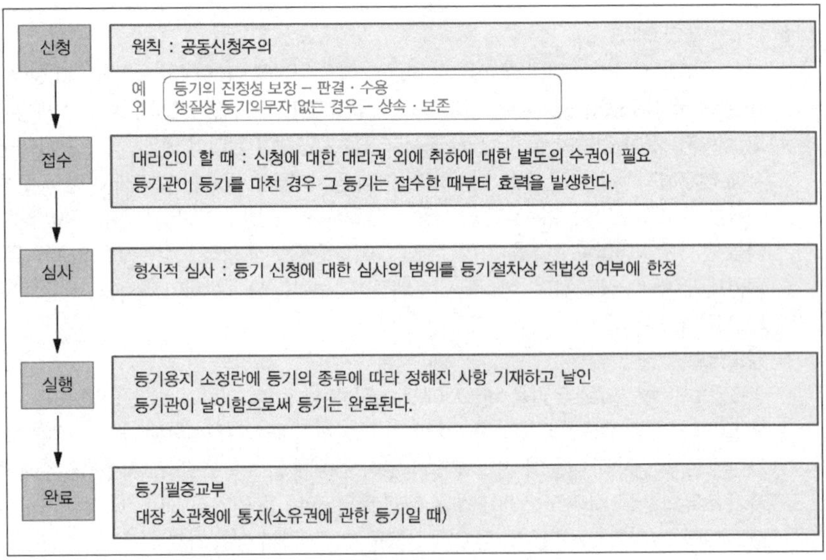

2) 우리나라 등기제도의 특질

물적편성주의, 공동신청주의, 형식적심사주의, 성립요건주의, 공신력 불인정, 국가배상책임주의(등기관의 과실로 인한 경우 국가가 배상)

3) 등기의 대상

① 의의

i) 실체법상(민법 186조 법률행위) : 등기를 필요로 하는 사항

ii) 절차법상(민법 186, 187조 법률규정) : 등기할 수 있는 사항, 판결, 상속, 공용징수, 경매, 혼동에 의한 제한 물권소멸, 피담보채권변제에 의한 저당권 소멸

② 등기되어야 할 물건 : 토지, 건물, 기타 특별법상(입목에 관한 법률) 제외) 사권의 목적이 아닌 공유수면, 하천

③ 등기대상인 권리

i) 물권

※ 등기하지 않는 것 – 점유권(등기 없이도 물권변동의 효력 발생), 유치권, 동산 질권, 특수지역권, 분묘기지권

ii) 기타 – 부동산임차권, 환매권, 권리질권

iii) 등기되어야 할 권리변동

※ 하지 않아도 되는 것 – 상속, 공용징수, 판결(형성판결), 경매 기타 법률의 규정

4) 등기 효력의 순위

① 등기한 권리의 순위 – 다른 법률에 특별한 규정이 없는 한 등기의 전후에 의한다.

② 등기의 전후 결정

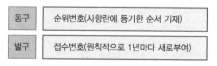

동구	순위번호(사항란에 등기한 순서 기재)
별구	접수번호(원칙적으로 1년마다 새로부여)

③ 부기등기의 순위 – 주등기의 순위에 의함, 부기등기 상호 간은 그 순위에 의함

5) 등기부

① 물적편성주의 – 부동산 1등기용지의 원칙(구분건물은 특수한 형태)

> 등기법 제15조(물적 편성주의) ① 등기부를 편성할 때에는 1필의 토지 또는 1개의 건물에 대하여 1개의 등기기록을 둔다. 다만, 1동의 건물을 구분한 건물에 있어서는 1동의 건물에 속하는 전부에 대하여 1개의 등기기록을 사용한다.
> ② 등기기록에는 부동산의 표시에 관한 사항을 기록하는 표제부와 소유권에 관한 사항을 기록하는 갑구(甲區) 및 소유권 외의 권리에 관한 사항을 기록하는 을구(乙區)를 둔다.
> 제14조(등기부의 종류 등) ① 등기부는 토지등기부(土地登記簿)와 건물등기부(建物登記簿)로 구분한다.

② 등기용지의 구성 – 등기번호란, 표제부, 갑구, 을구

등기번호 – 각 토지 · 건물의 지번기재 → 이에 의해 해당 부동산 등기용지가 특정되어 찾기 쉽게 하기 위한 것으로 전산 시에는 없음

등기번호	각 토지 · 건물의 지번 기재, 전산시에는 없음
표제부	표시와 그 변경
갑구	소유권에 관한 사항
을구	소유권 이외의 권리에 관한 사항

③ 전산등기부등본의 구성(표제부, 갑구, 을구)

등기부등본은 등기부의 내용을 그대로 옮기는 것이기 때문에 실제 등기부와 같다. 부동산등기의 경우, 부동산 등기부는 토지등기부와 건물등기부로 구분된다. 부동산등기부의 등기용지는 부동산을 표시하는 표제부, 소유권을 기재하는 갑구란, 그리고 소유권 이외의 권리를 표시한 을구란 등의 3면으로 이루어진다.

ⅰ) 표제부

토지등기기록의 표제부에는 표시번호란, 접수란, 소재지번란, 지목란, 면적란, 등기원인 및 기타사항란이 있고, 건물등기기록의 표제부에는 표시번호란, 접수란, 소재지번 및 건물번호란, 건물내역란, 등기원인 및 기타사항란이 있다(〈부동산등기규칙〉 제13조 제1항).

소재지번은 소재한 곳의 번지, 지목은 토지의 사용 목적, 토지의 넓이, 등기 원인은 등기를 할 원인이 되는 사실을 말한다.

ii) 갑구

갑구에는 순위번호란, 등기목적란, 접수란, 등기원인란, 권리자 및 기타사항란이 있다(〈부동산등기규칙〉 제13조 제2항). 갑구에 기록하는 등기원인에는 소유권의 변동과 가등기, 압류등기, 가압류등기, 경매 개시 결정 등기, 소유자의 처분을 금지하는 가처분등기 등이 기재된다.

iii) 을구

을구에는 순위번호란, 등기목적란, 접수란, 등기원인란, 권리자 및 기타사항란이 있다(〈부동산등기규칙〉 제13조제2항). 권리자에는 소유권 이외의 권리인 저당권, 전세권 등이 기재되며, 저당권, 전세권 등의 설정 및 변경, 이전, 말소등기도 기재된다.

6) 가등기

장래에 행해질 본등기에 대비해 미리 그 순위 보전을 위해 하는 예비적 등기를 말함. 이 가등기가 행해진 후 본등기가 이뤄지면 본등기의 순위는 가등기의 순위로 소급된다.

> **부동산 등기법 제91조(가등기에 의한 본등기의 순위)** 가등기에 의한 본등기(本登記)를 한 경우 본등기의 순위는 가등기의 순위에 따른다.

① 소유권이전청구권 가등기

채권 담보의 목적을 위해 가등기의 형식을 이용한 것으로 일반가등기가 본등기의 순위확보적 효력만 가져 가등기 자체만으로는 물권 변동의 효력이 생기지 않는 반면, 이 담보 가등기는 담보권에 준하는 실체법적 효력을 가진다.

② 담보가등기

채권 담보의 목적을 위해 가등기의 형식을 이용한 것으로 일반가등기가 본등기의 순위확보적 효력만 가져 가등기 자체만으로는 물권 변동의 효력이 생기지 않는 반면, 이 담보 가등기는 담보권에 준하는 실체법적 효력을 가진다.

③ 가등기의 효력은 등기부상에 기재된 형식이 아닌 설정 목적에 의해 결정된다. 예를 들어 순위보전 가등기의 형식으로 등기부에 기재되어 있다 할지라도 그 실질 내용이 담보 목적의 가등기면 담보 가등기로 인정되는 것이다.

7) 가처분

가처분은 분쟁이 생긴 부동산을 보전하기 위해 임시로 내려지는 처분을 말합니다. 부동산 거래에 문제가 발생하였을 때 거래 중인 부동산에 대한 처분이 진행되지 않도록 가처분 신청을 할 경우 소송 진행 중 거래 중인 부동산에 대한 처분을 할 수 없게 만드는 장치다.

즉, 내가 받아야 하는 것이 금전이 아닌 경우, 어떤 권리를 주장하는 것을 말한다. 예를 들면 부동산을 거래했을 때 매수인이 계약금, 중도금, 잔금까지 지급하였으나 어떤 사유로 인해 매도인이 등기 이전을 미루고 있을 때 매수인이 소유권 이전 청구소송을 진행하여 거래된 부동산 매매를 받을 수 있는데 이 소송이 진행되는 동안 매도인이 부동산 처분하는 것을 막기 위해서는 가처분 신청이 필요하다.

> **부동산 등기법 제94조(가처분등기 이후의 등기 등의 말소)** ① 「민사집행법」 제305조 제3항에 따라 권리의 이전, 말소 또는 설정등기청구권을 보전하기 위한 처분금지가처분등기가 된 후 가처분채권자가 가처분채무자를 등기의무자로 하여 권리의 이전, 말소 또는 설정의 등기를 신청하는 경우에는, 대법원 규칙으로 정하는 바에 따라 그 가처분등기 이후에 된 등기로서 가처분채권자의 권리를 침해하는 등기의 말소를 단독으로 신청할 수 있다.
> ② 등기관이 제1항의 신청에 따라 가처분등기 이후의 등기를 말소할 때에는 직권으로 그 가처분등기도 말소하여야 한다. 가처분등기 이후의 등기가 없는 경우로서 가처분채무자를 등기의무자로 하는 권리의 이전, 말소 또는 설정의 등기만을 할 때도 또한 같다.

① 점유이전금지 가처분

낙찰받고 인도명령 신청을 하면 가처분결정문을 점유자에게 송달해야 하는데 1～2주 정도가 소요된다.

甲에게 인도명령 신청하였으나 乙이 점유하고 있으면 乙을 상대로 다시 인도명령을 신청해야 하고 또 乙에서 丙으로 바뀌면 이러한 과정을 되풀이해야 한다. 이처럼 점유자가 계속 바뀌는 걸 사전에 막기 위해 "점유이전금지 가처분"을 신청할 수 있고 이 경우 중간에 소유자가 바뀌더라도 인도명령 효력이 발생한다.

② 처분금지 가처분

다툼이 있는 부동산을 처분하지 못하도록 처분금지 가처분을 신청하면 채무자는 매매, 양도, 증여, 근저당, 전세권, 임차권 설정을 할 수 없다.

예를 들면 甲과 乙이 이혼 예정이라면. 甲에게 명의가 있을 때 乙은 재산분할 청구소송을 하기 전 처분금지 가처분을 신청해 놓아야 甲이 재산을 임의로 처분하지 못한다.

만약 甲이 丙에게 소유권을 이전하게 되면 선의의 제삼자로 보아 乙이 승소하더라도 선의의 제삼자에 대해서는 그 효력을 주장할 수 없다.

그런데 처분금지 가처분이 등기되어 있으면 甲이 처분하였을 때 그 매수자는 악의로 보아 乙은 애초의 목적대로 재산을 분할할 수 있게 된다.

③ 사해행위 취소로 인한 처분금지 가처분

甲과 乙이 부동산계약을 체결하였고 甲이 乙에게 잔금까지 모두 지불하였지만 부동산에 대한 소유권을 이전받지 못하는 경우도 발생할 수 있다.

이때 甲은 乙에 대해 소유권 이전 청구소송을 하기 전에 처분금지 가처분을 먼저 신청해야 한다. 왜냐하면, 乙이 소송 중에 선의의 3자한테 매도해버리면 소유권을 가져올 수 없기 때문이다.

우리나라는 선의 추정 원칙을 따르고 있기 때문에 부동산을 매수한 丙은 선의의 제삼자로 추정한다.

丙이 이것을 알았을 것이라는 입증책임은 甲에게 있고 입증을 하지 못하게 되면 패소한다.

예외적으로 사해행위 취소로 인한 처분금지 가처분은 제삼자를 악의로 추정한다.

이때에는 丙이 선의임을 입증해야 한다.

가처분의 소멸 시효는 3년이며 3년 안에 본안소송을 진행하지 않으면 효력이 없다.

8) 가압류

가압류는 임시적인 압류 절차입니다. 채무자의 재산을 임시로 확보하는 것으로 빚이 있어 갚아야 하는 채무자가 부동산 등의 재산을 은닉하거나 제삼자에게 처분할 위험이 있을 때 받아야 하는 채권자가 재산에 대해 임시 압류를 하는 채권보전조치다.

가압류와 가처분의 공통점은 두 절차 모두 채무자의 자의적인 자산 처리를 막기 위한 조치이며, 차이점은 금전채권을 보전하는 것은 가압류, 금전채권 이외의 특정 채권을 보전하는 것은 가처분이다.

부동산 거래 시 가등기, 가압류, 가처분된 등기는 신중하고 꼼꼼하게 체크하고 결정해야 한다.

9) 촉탁등기

① 관공서의 일반적인 신청에 의해 행해지는 등기로서 특별한 규정이 있는 경우를 제외하고는 원칙적으로 신청에 관한 등기절차가 준용된다.

소관청이 직권으로 토지이동 정리 시 지번 변경, 행정구역 개편 소관청이 축적변경으로 표시 변경 시 소관청이 직권으로 등록사항 오류 정정, 신청에 의한 분할

② 관공서가 공권력의 주체로서 등기촉탁

체납 처분에 관한 등기 경매 신청에 관한 등기 가처분 · 가압류에 관한 등기 촉탁 등

부동산 등기법 제98조(관공서의 촉탁에 따른 등기) ① 국가 또는 지방자치단체가 등기권리자인 경우에는 국가 또는 지방자치단체는 등기의무자의 승낙을 받아 해당 등기를 지체 없이 등기소에 촉탁하여야 한다.
② 국가 또는 지방자치단체가 등기의무자인 경우에는 국가 또는 지방자치단체는 등기권리자의 청구에 따라 지체 없이 해당 등기를 등기소에 촉탁하여야 한다.

고유번호 1844-2023-003790

[집합건물] 부산광역시 북구 만덕동 963 백양산베스티움에코포레 제112동 제7층 [redacted]

【 표 제 부 】 (1동의 건물의 표시)

표시번호	접 수	소재지번,건물명칭 및 번호	건 물 내 역	등기원인 및 기타사항
1	2023년5월19일	부산광역시 북구 만덕동 963 백양산베스티움에코포레 제112동 [도로명주소] 부산광역시 북구 상리로 86	철근콘크리트구조 (철근)콘크리트지붕 11층 공동주택(아파트) 1층 44.1697㎡ 2층 103.1441㎡ 3층 168.3448㎡ 4층 168.3448㎡ 5층 168.3448㎡ 6층 168.3448㎡ 7층 168.3448㎡ 8층 168.3448㎡ 9층 168.3448㎡ 10층 168.3448㎡ 11층 168.3448㎡	도시및주거환경정비사업시행으로 인하여 등기

(대지권의 목적인 토지의 표시)

표시번호	소 재 지 번	지 목	면 적	등기원인 및 기타사항
1	1. 부산광역시 북구 만덕동 963	대	28908㎡	2023년5월19일 등기

【 표 제 부 】 (전유부분의 건물의 표시)

표시번호	접 수	건 물 번 호	건 물 내 역	등기원인 및 기타사항
1	2023년5월19일	제7층 [redacted]	철근콘크리트구조 59.995㎡	

[집합건물] 부산광역시 북구 만덕동 963 백양산베스티움에코포레 [redacted]

(대지권의 표시)

표시번호	대지권종류	대지권비율	등기원인 및 기타사항
1	1 소유권대지권	23908분의 42.4068	2023년4월20일 대지권 2023년5월 19일 등기

【 갑 구 】 (소유권에 관한 사항)

순위번호	등 기 목 적	접 수	등 기 원 인	권리자 및 기타사항
1	소유권보존	2023년5월19일 제16650호		소유자 [redacted] 부산광역시 연제구 [redacted] (거제동, 유전변)

【 을 구 】 (소유권 이외의 권리에 관한 사항)

기록사항 없음

(5) 건축법

1) 위반건축물의 이행강제금

① 1년에 2회 이내의 범위에서 반복하여 부과 · 징수할 수 있다.

※ 개정 전에는 5회 이내로 제한했다. 그러므로 건축물대장 상에 2019.4.23. 이전에 위반건축물로 등재된 건축물은 이행강제금이라고 노란딱지는 붙어 있으나 더 이상 이행강제금을 부과받지 않는 건축물도 있다.

② 공동주택(60㎡ 이하)은 50% 경감(제80조 제1항)

③ 영리목적 및 상습위반시 100% 가중부과(제80조 제2항)

2) 위반건축물의 형태

① 일조사선확장

② 근생주택개조/다중주택 취사시설

③ 쪼개기 및 옥탑 확장

④ 공지나 필로티 내에 창고설치

3) 이행강제금의 계산(건축법 제80조 제1항 제1호)

건축물의 ㎡당 시가표준액의 50% × 위반면적 × 대통령령으로 정하는 비율 (시행령 115조의3)

> 건축법 제79조(위반 건축물 등에 대한 조치등) ① 허가권자는 이 법 또는 이 법에 따른 명령이나 처분에 위반되는 대지나 건축물에 대하여 이 법에 따른 허가 또는 승인을 취소하거나 그 건축물의 건축주 · 공사시공자 · 현장관리인 · 소유자 · 관리자 또는 점유자(이하 "건축주 등"이라 한다)에게 공사의 중지를 명하거나 상당한 기간을 정하여 그 건축물의 해체 · 개축 · 증축 · 수선 · 용도변경 · 사용금지 · 사용제한, 그 밖에 필요한 조치를 명할 수 있다. 〈개정 2019. 4. 23.〉
>
> ② 허가권자는 제1항에 따라 허가나 승인이 취소된 건축물 또는 제1항에 따른 시정명령을 받고 이행하지 아니한 건축물에 대하여는 다른 법령에 따른 영업이나 그 밖의 행위를 허가 · 면허 · 인가 · 등록 · 지정 등을 하지 아니하도록 요청할 수 있다. 다만, 허가권자가 기간을 정하여 그 사용 또는 영업, 그 밖의 행위를 허용한 주택과 대통령령으로 정하는 경우에는 그러하지 아니하다.
>
> ③ 제2항에 따른 요청을 받은 자는 특별한 이유가 없으면 요청에 따라야 한다.

④ 허가권자는 제1항에 따른 시정명령을 하는 경우 국토교통부령으로 정하는 바에 따라 건축물대장에 위반내용을 적어야 한다.

⑤ 허가권자는 이 법 또는 이 법에 따른 명령이나 처분에 위반되는 대지나 건축물에 대한 실태를 파악하기 위하여 조사를 할 수 있다.〈신설 2019. 4. 23.〉

⑥ 제5항에 따른 실태조사의 방법 및 절차에 관한 사항은 대통령령으로 정한다.〈신설 2019. 4. 23.〉

제80조(이행강제금) ① 허가권자는 제79조 제1항에 따라 시정명령을 받은 후 시정기간 내에 시정명령을 이행하지 아니한 건축주등에 대하여는 그 시정명령의 이행에 필요한 상당한 이행기한을 정하여 그 기한까지 시정명령을 이행하지 아니하면 다음 각 호의 이행강제금을 부과한다. 다만, 연면적(공동주택의 경우에는 세대 면적을 기준으로 한다)이 60제곱미터 이하인 주거용 건축물과 제2호 중 주거용 건축물로서 대통령령으로 정하는 경우에는 다음 각 호의 어느 하나에 해당하는 금액의 2분의 1의 범위에서 해당 지방자치단체의 조례로 정하는 금액을 부과한다.〈2019. 4. 23.〉

1. 건축물이 제55조와 제56조에 따른 건폐율이나 용적률을 초과하여 건축된 경우 또는 허가를 받지 아니하거나 신고를 하지 아니하고 건축된 경우에는 「지방세법」에 따라 해당 건축물에 적용되는 1제곱미터의 시가표준액의 100분의 50에 해당하는 금액에 위반면적을 곱한 금액 이하의 범위에서 위반 내용에 따라 대통령령으로 정하는 비율을 곱한 금액
2. 건축물이 제1호 외의 위반 건축물에 해당하는 경우에는 「지방세법」에 따라 그 건축물에 적용되는 시가표준액에 해당하는 금액의 100분의 10의 범위에서 위반내용에 따라 대통령령으로 정하는 금액

② 허가권자는 영리목적을 위한 위반이나 상습적 위반 등 대통령령으로 정하는 경우에 제1항에 따른 금액을 100분의 100의 범위에서 해당 지방자치단체의 조례로 정하는 바에 따라 가중하여야 한다.

③ 허가권자는 제1항 및 제2항에 따른 이행강제금을 부과하기 전에 제1항 및 제2항에 따른 이행강제금을 부과 · 징수한다는 뜻을 미리 문서로써 계고(戒告)하여야 한다.

④ 허가권자는 제1항 및 제2항에 따른 이행강제금을 부과하는 경우 금액, 부과 사유, 납부기한, 수납기관, 이의제기 방법 및 이의제기 기관 등을 구체적으로 밝힌 문서로 하여야 한다.

⑤ 허가권자는 최초의 시정명령이 있었던 날을 기준으로 하여 1년에 2회 이내의 범위에서 해당 지방자치단체의 조례로 정하는 횟수만큼 그 시정명령이 이행될 때까지 반복하여 제1항 및 제2항에 따른 이행강제금을 부과 · 징수할 수 있다.〈2019. 4. 23.〉

⑥ 허가권자는 제79조 제1항에 따라 시정명령을 받은 자가 이를 이행하면

새로운 이행강제금의 부과를 즉시 중지하되, 이미 부과된 이행강제금은 징수하여야 한다.

⑦ 허가권자는 제4항에 따라 이행강제금 부과처분을 받은 자가 이행강제금을 납부기한까지 내지 아니하면 「지방행정제재 · 부과금의 징수 등에 관한 법률」에 따라 징수한다.

제80조의2(이행강제금 부과에 관한 특례) ① 허가권자는 제80조에 따른 이행강제금을 다음 각호에서 정하는 바에 따라 감경할 수 있다. 다만, 지방자치단체의 조례로 정하는 기간까지 위반내용을 시정하지 아니한 경우는 제외한다.

1. 축사 등 농업용 · 어업용 시설로서 500제곱미터(「수도권정비계획법」 제2조 제1호에 따른 수도권 외의 지역에서는 1천제곱미터) 이하인 경우는 5분의 1을 감경
2. 그 밖에 위반 동기, 위반 범위 및 위반 시기 등을 고려하여 대통령령으로 정하는 경우(제80조 제2항에 해당하는 경우는 제외한다)에는 2분의 1의 범위에서 대통령령으로 정하는 비율을 감경

② 허가권자는 법률 제4381호 건축법개정법률의 시행일(1992년 6월 1일을 말한다) 이전에 이 법 또는 이 법에 따른 명령이나 처분을 위반한 주거용 건축물에 관하여는 대통령령으로 정하는 바에 따라 제80조에 따른 이행강제금을 감경할 수 있다.

건축법 시행령 제115조의2(이행강제금의 부과 및 징수) ① 법 제80조 제1항 각호 외의 부분 단서에서 "대통령령으로 정하는 경우"란 다음 각 호의 경우를 말한다.

1. 법 제22조에 따른 사용승인을 받지 아니하고 건축물을 사용한 경우
2. 법 제42조에 따른 대지의 조경에 관한 사항을 위반한 경우
3. 법 제60조에 따른 건축물의 높이 제한을 위반한 경우
4. 법 제61조에 따른 일조 등의 확보를 위한 건축물의 높이 제한을 위반한 경우
5. 그 밖에 법 또는 법에 따른 명령이나 처분을 위반한 경우(별표 15 위반 건축물란의 제1호의2, 제4호부터 제9호까지의 규정에 해당하는 경우는 제외한다)로서 건축조례로 정하는 경우

② 법 제80조 제1항 제2호에 따른 이행강제금의 산정기준은 별표 15와 같다.

③ 이행강제금의 부과 및 징수 절차는 국토교통부령으로 정한다.

제115조의3(이행강제금의 탄력적 운영) ① 법 제80조 제1항 제1호에서 "대통령령으로 정하는 비율"이란 다음 각 호의 구분에 따른 비율을 말한다. 다만, 건축조례로 다음 각 호의 비율을 낮추어 정할 수 있되, 낮추는 경우에도 그 비

율은 100분의 60 이상이어야 한다.

1. 건폐율을 초과하여 건축한 경우 : 100분의 80
2. 용적률을 초과하여 건축한 경우 : 100분의 90
3. 허가를 받지 아니하고 건축한 경우 : 100분의 100
4. 신고를 하지 아니하고 건축한 경우 : 100분의 70

② 법 제80조 제2항에서 "영리목적을 위한 위반이나 상습적 위반 등 대통령령으로 정하는 경우"란 다음 각 호의 어느 하나에 해당하는 경우를 말한다. 다만, 위반행위 후 소유권이 변경된 경우는 제외한다.

1. 임대 등 영리를 목적으로 법 제19조를 위반하여 용도변경을 한 경우(위반면적이 50제곱미터를 초과하는 경우로 한정한다)
2. 임대 등 영리를 목적으로 허가나 신고 없이 신축 또는 증축한 경우(위반면적이 50제곱미터를 초과하는 경우로 한정한다)
3. 임대 등 영리를 목적으로 허가나 신고 없이 다세대주택의 세대수 또는 다가구주택의 가구수를 증가시킨 경우(5세대 또는 5가구 이상 증가시킨 경우로 한정한다)
4. 동일인이 최근 3년 내에 2회 이상 법 또는 법에 따른 명령이나 처분을 위반한 경우
5. 제1호부터 제4호까지의 규정과 비슷한 경우로서 건축조례로 정하는 경우

제115조의4(이행강제금의 감경) ①법 제80조의2 제1항 제2호에서 "대통령령으로 정하는 경우"란 다음 각 호의 어느 하나에 해당하는 경우를 말한다. 다만, 법 제80조 제1항 각호 외의 부분 단서에 해당하는 경우는 제외한다.

1. 위반행위 후 소유권이 변경된 경우
2. 임차인이 있어 현실적으로 임대기간 중에 위반내용을 시정하기 어려운 경우(법 제79조 제1항에 따른 최초의 시정명령 전에 이미 임대차 계약을 체결한 경우로서 해당 계약이 종료되거나 갱신되는 경우는 제외한다) 등 상황의 특수성이 인정되는 경우
3. 위반면적이 30제곱미터 이하인 경우(별표 1 제1호부터 제4호까지의 규정에 따른 건축물로 한정하며, 「집합건물의 소유 및 관리에 관한 법률」의 적용을 받는 집합건축물은 제외한다)
4. 「집합건물의 소유 및 관리에 관한 법률」의 적용을 받는 집합건축물의 구분소유자가 위반한 면적이 5제곱미터 이하인 경우(별표 1 제2호부터 제4호까지의 규정에 따른 건축물로 한정한다)
5. 법 제22조에 따른 사용승인 당시 존재하던 위반사항으로서 사용승인 이후 확인된 경우
6. 법률 제12516호 가축분뇨의 관리 및 이용에 관한 법률 일부개정법률 부칙 제9조에 따라 같은 조 제1항 각호에 따른 기간(같은 조 제3항에 따른 환경부령으로 정하는 규모 미만의 시설의 경우 같은 항에 따른 환경부령

으로 정하는 기한을 말한다) 내에 「가축분뇨의 관리 및 이용에 관한 법률」 제11조에 따른 허가 또는 변경허가를 받거나 신고 또는 변경신고를 하려는 배출시설(처리시설을 포함한다)의 경우

6의2. 법률 제12516호 가축분뇨의 관리 및 이용에 관한 법률 일부개정법률 부칙 제10조의 2에 따라 같은 조 제1항에 따른 기한까지 환경부 장관이 정하는 바에 따라 허가신청을 하였거나 신고한 배출시설(개 사육시설은 제외하되, 처리시설은 포함한다)의 경우

7. 그 밖에 위반행위의 정도와 위반 동기 및 공중에 미치는 영향 등을 고려하여 감경이 필요한 경우로서 건축조례로 정하는 경우

② 법 제80조의2 제1항 제2호에서 "대통령령으로 정하는 비율"이란 다음 각 호의 구분에 따른 비율을 말한다.

1. 제1항 제1호부터 제6호까지 및 제6호의2의 경우 : 100분의 50
2. 제1항 제7호의 경우 : 건축조례로 정하는 비율

③ 법 제80조의2 제2항에 따른 이행강제금의 감경 비율은 다음 각호와 같다.

1. 연면적 85제곱미터 이하 주거용 건축물의 경우 : 100분의 80
2. 연면적 85제곱미터 초과 주거용 건축물의 경우 : 100분의 60

4) 건축물현황도면 열람 – 세움터에서

세움터(건축행정시스템) → 민원서비스 → 발급서비스 → 건축물현황도발급 → 평면도발급 → 본인 건축물이 아닌 건축물 → 주소입력(한번에 5개까지 가능) → 발급 또는 열람 → 신청인자격 → 경 · 공매 중이거나 → 등기사항증명서첨부 → 신청하기 → 1~3일 정도 소요

(6) 산지연금과 농지연금

1) 산지연금

산림청에서는 2022년부터 매년 예산의 범위내에서 산지를 매수하고 있다. 매수방법은 산림경영임지 및 공익임지의 국가 매수와 산지연금형 사유림 매수가 있다.

① 매수 대상

i) 국유림 확대계획지 내 산림

ii) 국유림에 접해 이어져 있거나 둘러싸여 있는 산림

iii) 임도 · 사방댐 부지 등 국유림 경영 · 관리에 필요하다고 인정되는

토지

iv) 국유림 집단화 권역에 있는 산림으로서 다음의 기준에 적합한 경우

- 기존 국유림으로부터 1km 이내의 경우 1ha 이상만 매수
- 기존 국유림으로부터 1.5km 이내의 경우 2ha 이상만 매수
- 기존 국유림으로부터 2km 이내의 경우 3ha 이상만 매수
- 기존 국유림으로부터 2km 이상의 경우 5ha 이상만 매수

② 매수 대상지 조건

- 매수 후 경영계획을 수립하여 5년 이내에 산림경영이 필요한 임지
- 임도계획 등으로 기계장비 및 인력의 접근성이 용이한 임지
- 평균 경사도가 30° 이하인 임야
- 암석지 또는 석력지가 5% 이하인 임야

③ 산림공익임지

- 산림관련 법률에 의한 행위 제한 산림으로서 「산림보호법」, 「백두대간 보호에 관한 법률」, 「산지관리법」 등에 따라 매수 청구한 산림
- 다른 법률에 따라 구역 · 지역 등으로 지정된 산림은 국가가 보존할 필요가 있다고 인정되는 경우에 한하여 제한적으로 매수

④ 산지연금형 사유림 매수임지

- 「도시숲 등의 조성 및 관리에 관한 법률」에 따른 도시숲 · 생활숲으로 필요한 경우
- 「산지관리법」에 따른 산지전용 · 일시사용제한지역으로 지정되었거나 지정하기 위하여 필요한 경우
- 「백두대간 보호에 관한 법률」에 따른 백두대간의 보호를 위하여 필요한 경우
- 「수목원 · 정원의 조성 및 진흥에 관한 법률」에 따른 수목원 · 정원, 「산림문화 · 휴양에 관한 법률」에 따른 자연휴양림 · 산림욕장 · 치유의 숲, 「산림교육의 활성화에 관한 법률」에 따른 유아숲체험원 · 산림교육센터, 「산림보호법」에 따른 산림보호구역 · 생태숲(산림생태원을 포함한다) 또는 「사방사업법」에 따른 사방지로 필요한 경우
- 다른 법률에 따라 구역 · 지역 등으로 지정된 산림으로서 국가가 보존

할 필요가 있다고 인정되는 경우

⑤ 매수하지 않는 산림

i) 저당권 및 지상권 등 사권이 설정되어 있는 산림, 단 말소 시 예외

ii) 「입목에 관한 법률」에 따른 입목등록 또는 입목등기가 되어 있는 산림

iii) 지적공부와 등기부 상의 면적이 서로 다르거나 지적공부에 표시된 위치와 실제 위치가 서로 다른 산림

iv) 두 사람 이상 공유의 토지 또는 산림으로서 공유자 모두의 매도승낙이 없는 산림(산지연금형은 5인 이상의 공유 토지 또는 산림은 매수하지 않음. 단, 30㏊ 이상인 경우 예산 상황, 매수 타당성 등을 고려하여 매수할 수 있음)

v) 소유권 및 저당권 등을 대상으로 소송 절차가 진행 중인 산림

vi) 다른 법률에 따라 개발 절차가 진행 중이거나 진행될 것으로 예상되는 산림

vii) 최근 1년 이내에 소유권 이전 등 변동이 있는 산림(단, 상속이나 증여에 따라 소유권이 변경된 경우 예외)

viii) 국유림 확대 및 집단화를 할 수 없는 산림

ix) 산림관계 법률 외 법률에 따라 국립공원 등 산림사업의 행위가 제한되는 산림(다만, 허가 · 협의 · 신고 · 승인 등의 절차를 통해 산림사업을 추진할 수 있는 곳은 매수할 수 있음. 「자연공원법」에 따를 '공원구역'은 해당 부처의 매수정책과 중복되어 매수 지양)

x) 관할 국유림관리소별 기준단가를 초과하는 산림(단, 산림경영 등을 위하여 반드시 필요하다고 판단되어 국유림경영관리자문위원회 자문결과 매수하기로 결정하는 경우 예외)

⑥ 매수절차와 가격 결정

관할 국유림 사업소에 방문상담을 한 후 매도승낙서를 접수하면 매수기관에서 서류를 검토하고 현지확인을 통해 매수 여부 결정을 하고 매도자에게 통보한다.

매수 결정이 나면 2개의 감정평가사가 평가를 하여 매수가격을 결정하

고 매매계약을 체결하게 된다.

소유권 이전과 동시에 매매대금이 지급된다.

⑦ 분할 지급금의 결정과 지급방법

i) 지급방식

10년(120개월)간 1개월 단위로 지정된 날짜에 월 1회 매도인 명의의 계좌로 이체하여 지급

ii) 총 지급액

2인(토지거래허가구역은 3인)의 감정평가사가 평가한 금액을 산술평균한 금액(매매대금)에 따른 매매대금, 지급회차별 총 이자액, 지급회차별 총 지가상승보상액으로 구성된다.

가) 매매대금 – 감정평가액

나) 이자액 및 지가상승보상액 : 이자율 2.0%, 지가상승률 2.85% 적용 산출

월별 지급액은 매매대금 균등 지급액 + 이자액 + 지가상승보상액으로 구성된다.

iii) 월별 매매대금 균등 지급액

"매매대금"의 100분의 40 이내에 해당하는 금액을 1회차 분할지급시 우선 지급하고, 잔여대금에 해당하는 금액은 10년간 월 1회 균등 분할 지급

iv) 월별 이자액

월별 매매대금의 균등 분할지급액 외에 남은 매매대금 잔액에 이자율을 적용 산출한 총이자액을 분할지급 기간으로 나눈 금액(균등)

v) 월별 지가상승보상액

현회차 지가평가액[전회차 지가평가액에 지가상승률 반영액]에서 전회차 지가평가액을 차감한 금액에 원금잔존비율을 적용 산출한 금액

vi) 기타

가) 다른 산지연금형 사유림매수의 "총지급액" 및 "월지급액"의 산출은 산림청에서 구축한 "산지연금형 사유림매수 금액산정프로

그램"에 의한다.

나) 그 밖의 매매대금 등의 분할 지급에 관한 사항은 "매수기관"과 "매도인"이 별도로 체결하는 "매매계약서" 및 "약정서에 의한다.

2) 농지연금

농지연금은 만60세 이상의 농업인을 위한 제도로, 소유한 농지를 담보로 매월 연금처럼 지급하는 것이다.

① 농지연금 가입 조건

i) 연령

가입자가 만 60세 이상이어야 한다. 다만, 배우자가 만 60세 미만일 경우 비승계 가입도 가능하다.

ii) 영농경력

5년 이상의 영농경력이 필요하다.

iii) 신청 농지 조건

- 농지는 실제 영농에 사용되는 전, 답, 과수원이어야 한다.
- 농지에 농업용이 아닌 시설이나 불법건축물이 없어야 한다.
- 경매신청, 압류, 가압류, 가처분, 가등기 등이 없어야 한다.
- 근저당권, 지상권, 지역권, 임차권 등기 등이 없어야 한다.
- 신청일 현재 신청인이 2년 이상 소유 중이어야 한다
- 신청인의 주소지가 담보농지가 소재한 지역 내여야 하며, 거리 제한도 있다.
- 지가는 선택한 공시지가나 감정평가방법에 따라 결정된다.

② 농지연금 신청방법

i) 농지연금 포털 또는 농지은행 웹사이트 접속

농지연금 관련 포털 또는 농지은행 웹사이트에 접속한다.

ii) 신청서 작성

해당 웹사이트에서 제공하는 농지연금 신청서를 작성한다.

개인 정보, 농지 관련 정보, 신청 유형 등을 기입한다.

iii) 필요서류 준비

본인 확인을 위한 신분증 사본과 농지에 대한 정보를 준비한다. 소유자와 배우자의 정보도 필요할 수 있다.

iv) 신청서 제출

작성한 신청서와 필요서류를 온라인으로 제출한다. 제출 시에는 정확한 정보와 서류가 제공되어야 한다.

v) 연락 및 안내

신청서 제출 후, 농지연금 포털 또는 농지은행에서 담당자가 연락하여 추가 절차와 필요한 서류에 대한 안내를 받게 된다.

vi) 본인인증 및 확인

본인인증을 위한 추가 정보가 요구될 수 있다.

정확한 정보와 서류를 제출하여 본인인증을 완료한다

vii) 신청 완료

모든 절차를 완료하면 농지연금 신청이 완료된다.

신청한 내용과 서류는 검토를 거쳐 승인 여부가 결정된다.

viii) 연락 및 안내 (계약서 및 지급)

신청이 승인되면 계약서와 관련 안내가 이루어진다.

연금의 경우 지급 일정과 방법 등에 대해 안내를 받게 된다.

③ 농지연금 수령액 계산

농지연금수령액 계산방법은 다양한 연금유형에 따라 다를 수 있다. 종신형, 기간형 등의 유형에 따라 연금액이 달라지며, 농지의 가치와 소유자 및 배우자의 나이도 영향을 미친다.

농지연금 포털이나 농지은행의 계산기를 활용하면 조건에 맞는 예상 수령액을 더 정확하게 계산할 수 있다.

3) 산지연금과 농지연금 비교

	산지연금	농지연금
자격	나이 제한 없음, 경력 제한 없음, 임업인 아니어도 됨	만 60세 이상, 영농경력 5년 이상, 농업인이어야 함
거리	제한 없음	주소지 연접시 · 군 · 구 30㎞ 이내
지급한도	지급한도 제한 없음 예 1억이면 10년간 매월 84만원, 5억이면 매월 420만원	종신형, 기간형(5년, 10년 15년, 20년) 최대 300만원까지
대상	국유림 인근(2㎞ 이내), 공익기능이 높은 산지, 분묘는 없어야 함, 경사도 30도 이하	경작 중인농지(휴경지는 안 됨) – 전, 답, 과수원
취득 조건	취득 1년 후	2년 이상 보유
가격조건	감정가 100%(40% 선지급)&매년 이자, 지가상승분추가지급	감정가 90% 또는 공시지가 100%
공유 토지	공유자 4명까지 허용, 저당권, 지상권 등이 사권설정시 안됨	배우자 이외의 공유자 있을 경우 제외 배우자 승계 가능, 저당권채권 최고액 30% 이내
소유권 이전 여부	산림청과 계약 동시에 소유권 이전됨 ∴양도세를 부담	소유권 이전이 공사에 안되고 계속 관리해야 함 즉, 주택연금과 유사
문의	산림청	농어촌공사

제2장 권리분석 AtoZ

제1절 권리분석 기본 다지기

1. 권리분석의 개념

권리분석이란 부동산을 매입, 임대하기 전에 법률적 · 물리적 하자를 미리 파악하는 것이다.

실전 경매에서는 먼저 부동산 등기부분석을 통하여 소멸되지 않는 권리가 있는지 파악한 다음 부동산상의 권리분석을 통하여 유치권, 선순위임차권 등의 인수해야 할 권리가 있는지 파악하는 것이다.

또한, 경매에 임하기 위해서는 법률적 흠결뿐만 아니라 경제적 하자 및 물리적 하자까지 찾아내 이를 보완하는 데 투입되는 비용 등을 감안하여 입찰에 임해야 한다.

더구나 공매의 경우에는 주로 체납세금에 의해 진행되는 물건이 많으므로 법원경매보다도 세금의 법정기일, 임금채권 등에 대한 분석을 더욱더 철저히 해야 한다.

2. 권리 간의 순위

각종 권리 간의 순위는 특별법우선의 원칙과 물권우선주의 원칙에 의해 결정되나 예외적인 경우도 있다.

(1) 특별법 우선의 원칙

일반법과 특별법이 충돌하면 특별법을 우선해서 적용한다는 원칙이다. 예를 들면 주택 임대차보호법과 상가건물 임대차보호법은 우리 민법에 대하여 특별법의 지위에 있으므로 민법과 그 내용이 충돌하면 우선하여 적용한다. 여기에서 "매매(소유권변동=물권=민법)는 주택 및 상가건물 임대차(채권=주택·상가건물 임대차보호법)를 깨뜨리지 못한다".는 말이 만들어졌다.

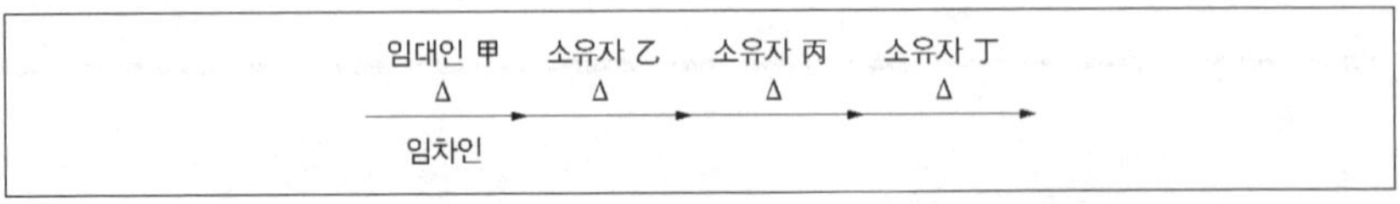

위의 경우 임차인은 임대인甲과 최초임대차계약을 체결한 후 매매(소유권변동=물권변동=민법)가 여러 번 이루어져 이후의 소유자와 별도의 계약서를 작성하지 않아도 주택 및 상가건물 임대차보호법에 의해 최종소유자에게 보증금반환청구권을 갖는다.

그러나 주임법과 상임법이 제정되기 이전에는 임차인은 임대인甲에게만 채권인 보증금반환청구권을 주장할 수 있을 뿐이었고 이후의 소유자에게는 청구권을 행사할 수 없어 물건을 명도해 줘야 했다.

(2) 물권우선주의 원칙

동일한 물건 위에 물권과 채권이 성립된 경우에 물권이 채권에 우선한다는 원칙이다.

즉, "매매(소유권변동=물권변동)는 임대차(채권)를 깨뜨린다"는 것으로 물권과 채권이 동일한 물건에서 다투면 물권이 이긴다는 원칙이다. 이는 물권이 특정물건을 직접적이고 배타적으로 지배할 수 있는 권리이고 채권은 특정인에 대한 청구권일 뿐이기 때문이다.

(3) 물권 및 물권화된 권리(확정일자부임차권) 간의 순위

1) 물권 간의 순위

물권 간의 순위는 등기접수일을 기준으로 한다. 등기소에 접수한 날을 등기접수일이라고 하는데 이때부터 권리의 공시력이 발생하기 때문이다.

2) 대항력 있는 임차인의 대항력 발생 시기

주택(상가건물)임차인은 주택(상가건물)의 인도와 주민등록(사업자등록)

을 마친 익일 오전 0시부터 제삼자에게 대항력이 발생한다.

▼ 대항력 확인 서류

1. 전입세대열람
① 발급 : 주민센터 방문(지역 상관없음)
② 발급근거 : 제삼자는 발급할 수 없으나 경 · 공매 물건 입증 시 발급
③ 발급신청 시 제출서류 : 대법원경매사이트, 온비드 공매 사이트, 기타 사이트 및 경매지 출력, 인쇄하여 신분증과 함께 제출하면 된다.
④ 확인사항 : 세대주명과 전입일자, 동거인, 세대합가 여부를 통하여 대항력 효력 발생 시기 판단

2. 외국인 체류확인서
① 발급 : 출입국관리사무소, 주민센터 방문(지역 상관없음)
② 발급근거 : 제삼자는 발급할 수 없으나 경 · 공매 물건 입증 시 발급
③ 발급신청 시 제출서류 : 대법원경매사이트, 온비드 공매 사이트, 기타 사이트 및 경매지 출력, 인쇄하여 신분증과 함께 제출하면 된다.
④ 확인사항 : 외국인명과 전입일자 확인을 통하여 대항력 효력 발생 시기 판단

3) 물권화된 권리(확정일자부임차권)의 우선변제권 발생시기

확정일자에 의한 우선변제권은 대항요건을 전제조건으로 하여 확정일자를 받은 날을 기준으로 한다. 즉, 대항요건을 갖추지 않은 상태에서 확정일자를 먼저 받아 놓아도 우선변제권은 발생하지 않는다. 따라서 주택(상가건물)임차인은 반드시 대항요건(인도∧등록)을 갖춘 다음 확정일자를 받아야지만 물권화된 효력을 갖게 된다는 것을 명심해야 한다.

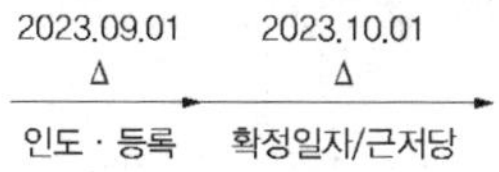

위에서 대항력의 효력은 주택(상가건물)의 인도와 전입신고(사업자등록)일 다음 날인 2023년 9월 2일 0시에 발생하고 확정일자에 의한 우선변제권은 2023년 10월 1일에 근저당권과 동순위로 발생한다. 그러므로 확정일자에 의하여 물권화된 권리는 근저당권과 같은 순위로 채권액에 대비하여 비례배당을 받고 배당절차에서 충분히 배당받지 못한 보증금은 낙찰자가 인수한다. 이 경우 임차인이 확정일자에 의한 우선변제권을 행사하게 되면 우

선변제권은 소멸하게 되고 대항력만 남게 된다.

(4) 채권 간의 순위

채권 간의 순위는 채권자 평등주의에 의해 청구의 선후에 관계없이 채권액 비율에 따라 안분하여 배당한다.

부동산 등기부등본상에 나타나는 채권은 압류, 가압류, 강제경매신청 등이 있다.

이러한 채권은 채권자 평등주의에 의해 채권액 비율에 따라 안분배당이 원칙이지만 국세, 지방세, 채권압류, 전부명령의 경우에는 우선변제권이 예외적으로 인정되고 있다.

(5) 등기부의 순위

등기부등본상에 같은 날짜에 여러 권리가 설정되었을 경우에 순위는 同區(갑구와 갑구, 을구와 을구)일 경우에는 순위번호에 의하고 別區(갑구와 을구)일 경우에는 접수번호에 의하여 결정된다.

【 갑 구 】 (소유권에 관한 사항)				
순위번호	등기기목적	접수	등기원인	권리자 및 기타사항
1	가압류	2023년10월2일 제50900호	2023년10월1일 부산지방법원 가압류결정 (23카단12345호)	청구금액 금1억원 채권자 ○ ○ ○ (채권자 주소)
【 을 구 】 (소유권 이외의 권리에 관한 사항)				
순위번호	등기기목적	접수	등기원인	권리자 및 기타사항
1	근저당권설정	2023년10월2일 제50901호	2023년10월2일 설정계약	채권최고액 금2억원 채무자 ○ ○ ○ (채무자 주소) 근저당권자 ○ ○ ○ (근저당권자 주소)
2	근저당권설정	2023년10월2일 제50902호	2023년10월2일 설정계약	채권최고액 금1억원 채무자 ○ ○ ○ 근저당권자 ○ ○ ○ (근저당권자 주소)

위에서 동구에 같은 날짜에 설정된 두 개의 근저당권은 순위번호가 빠른 1번 근저당권이 선순위가 되고 별구에 같은 날짜에 등기된 갑구의 가압류와 을구의 근저당권은 접수번호가 빠른 가압류가 선순위 권리에 해당되어 을구에 설정된 근저당권은 선순위인 가압류에 대하여 우선변제권을 주장할 수 없다. 그러나 가압류는 채권이기 때문에 물권인 근저당권에 대하여 우선변제권이 없어 가압류와 1번 근저당권 및 2번 근저당권은 동순위로 채권액에 따라 안분배당을 받은 뒤에 1번 근저당권은 2번 근저당권에 대해 우선변제권이 있으므로 2번 근저당권이 안분배당을 받은 채권액을 모두 흡수한 다음 잔여 금액만을 2번 근저당권에 배당하게 된다.

또한, 가압류권자의 배당액은 공탁을 하게 되며 가압류권자는 채무자를 상대로 본안소송을 제기하여 승소한 판결문을 제시해야 배당액을 수령할 수 있다.

3. 말소기준 권리 ⇝ Ⓜ저·압·가·전(선.배.집)·경

(1) 말소기준 권리의 개념

물건에 설정된 권리들 중 인수와 소멸의 기준이 되는 권리로 "돈 받을 권리" 즉, 금전채권 확보를 위한 권리 중 선순위가 말소기준권리가 된다.

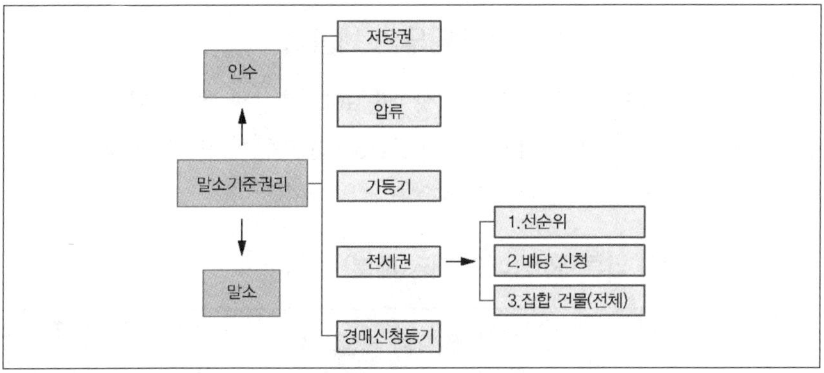

(2) 말소기준이 될 수 있는 권리 – "돈"받을 권리

돈 받을 권리인 (근)저당권, (가)압류, 가등기(담보), 전세권(선 · 배 · 집), 경매신청등기 중에서 가장 빠른 등기가 말소기준권리가 된다. 다만, 전세권은 선순위이고 집합건물(건물 전체)에 전세권이 설정되어 배당신청을 한 경우에만 말소기준권리가 된다. 이때 배당신청을 한 전세권은 배당받고 소멸한다. 그러나 선순위 전세권이 배당신청을 하지 않으면 말소기준권리가 되지 않으며 낙찰자는 전세권을 인수해야 한다. 따라서, 말소기준권리 앞에 있는 권리나 대항력을 갖춘 임차인은 낙찰자가 인수하고 말소기준권리 이후의 권리는 낙찰자가 입찰금액을 완납하면 소멸한다.

(3) 인수되는 권리와 말소되는 권리

인수	1. 기준 권리보다 선순위 권리 : 지상권, 보전가등기, 임차권 등 2. 기준 권리에 관계 없이 인수되는 권리 : 유치권, 예고등기, 분묘기지권, 법정지상권, 가처분(건물 철거 및 토지 인도 청구권 보전을 위한 가처분)
소멸	1. 기준 권리보다 후순위 권리 : 가등기, 전세권, 지상권, 지역권, 환매권, 등기된 임차권 가처분(소유권 이외의 저당권 등에 관한 가처분 – 을구에 기재) 2. 전소유자의 가압류(할아버지 가압류) : 실무상 낙찰자가 인수하지 않고 배당후 소멸

※ 원인 무효로 인한 소유권이전등기말소청구권은 매각물건명세서에서 인수 여부를 확인해야 한다. 즉 인수될 때도 있고 소멸될 때도 있다.

※ 말소기준권리 뒤의 확정일자부임차권은 반드시 전입신고, 확정일자, 배당신고의 요건을 갖추어야 배당(배분)된다.

4. 배당(배분)순위 ⇝ Ⓜ집필최 당우임 세공채

권리분석 및 배당분석을 통하여 예상 배당표를 작성해 봄으로써 낙찰금액에서 누가 얼마를 배당받는지를 파악해보면 물건의 인도 등에 상당한 도움이 된다. 그러므로 경매의 배당순위에 대해서 정확하게 알아야 한다.

(1) 법원경매와 압류재산공매의 배당(배분) 순위

순위		법원경매 배당내용	압류재산공매 배분내용
0		집행비용	집행비용
특별우선 변제	1	필요비, 유익비[저당물건의 제3취득자가 지출한 비용상환청구권]	좌동

	2	최우선변제[소액보증금, 최우선임금] ※ 동순위일 경우 안분배당한다.	좌동
	3	당해세[국세 : 상속세, 증여세, 종합부동산세, 재평가세. 지방세 : 재산세, 종합토지세, 도시계획세, 자동차세등] ※ 당해세는 법정기일과 상관없이 3순위다.	좌동
설정순 우선변제	4	우선변제(저당권, 담보가등기, ©(전세권, 대항력과 확정일자 갖춘 임차권), 등기된 임차권, 조세채권-법정기일 기준) ※ 조세채권의 법정기일과 저당권 등의 등기일이 같은 경우에는 동순위가 아니라 조세채권이 우선한다.	좌동
우선변제	5	일반임금채권	좌동
	6	기타 조세채권(담보물권보다 후순위 조세채권)-조세채권은 공과금채권과 일반채권에 항상 우선한다.	좌동
	7	공과금(4대보험료 등)	좌동
8		일반채권(가압류, 가처분 등)	좌동

© 당해세(상속세, 증여세, 종합부동산세 등)의 법정기일이 대항력 갖춘 확정일자부임차권 및 전세권설정일보다 늦을 경우 그 금액 한도 내에서 임차권 등이 우선 변제된다.

※ 0순위인 집행비용은 경매진행과정에서 발생하는 모든 비용을 말하며 일반적으로 압류재산공매가 법원경매보다 그 비용이 2.5배 정도 많다.

※ 1순위인 필요비 등은 제3취득자가 해당 물건의 사용 · 수익에 필요해서 지출한 비용을 말한다.

※ 2순위의 임금채권 등은 근로복지공단의 압류등기가 있거나 법인 등이 채무자인 경우에 후순위로 등기가 되어있더라도 3개월치 임금 및 3년치 퇴직금 등을 소액임차인의 최우선변제금과 안분배분을 한다. 특히 소액임차인의 최우선변제금의 총합은 배당액의 1/2을 넘지 못한다.

※ 3순위의 당해세는 당해 물건 자체에서 발생되어 부과된 세금과 가산금을 말한다.
국세기본법에서 당해세는 저당권, 질권등보다 우선 징수하도록 규정하고 있다.
그러나 문제는 각 세무서나 지자체의 압류가 당해세인지 일반 조세인지 알 수가 없다. 그러므로 당해 물건의 소재지에 있는 세무서나 지방자치단체에서 압류한 채권은 당해세일 가능성이 높으므로 보수적으로 배당(배분)표를 작성할 필요가 있다.

▶ 23.4.1.국세기본법 개정법률

2023.4.1. 이후 매각허가결정(경매) 또는 매매결정(공매)분부터 국세당해세(상속세, 증여세, 종합부동산세 등) 중 임대차보증금반환채권 등의 확정일자(설정일)보다 법정기일이 늦은 당해세분에 한정하여 임대차보증금반환채권 등(전세권, 대항력과 확정일

자 갖춘 임차권)이 우선 변제받을 수 있다. 이 경우 임대차보증금반환채권 등보다 우선변제되는 저당권 등의 변제액과 국기법 제35조 제3항에 따른 당해세를 우선 징수하는 경우에 배분받을 수 있었던 임대차보증금반환채권 등의 변제액에는 영향을 미치지 아니한다.

※ 4순위의 조세채권에서의 배분기준일은 압류등기일자가 아니라 법정기일이다. 조세채권에서의 법정기일은 조세의 신고일(신고납부일 경우) 또는 납세고지서 발송일(납부고지일 경우)이므로 조세채권의 압류일자가 확정일자부 임차인보다 후순위라 할지라도 실제 배분에 있어서 조세채권이 우선 배분되는 경우가 많으므로 법정기일을 확인한 다음 입찰하여야 한다.(국세징수법§46)
또한, 등기된 임차권에는 임차권 등기(주임법 제3조의3, 상임법 제6조)와 임대차등기(민법 제621조)가 있으며 전자는 계약기간 종료 후에, 후자는 계약기간 중에 신청할 수 있다.

※ 5, 6, 7순위에 있는 우선변제권이 있는 무담보채권인 "임금, 조세, 공과금"은 우선변제권이 없는 무담보채권인 "가압류, 강제경매, 집행권원이 있는 배당요구"보다 우선하여 배당된다.

※ 8순위 일반채권은 우선변제권이 없는 무담보채권인 가압류, 강제경매, 집행권원이 있는 배당요구 등으로 가장 나중에 배당(배분)되며 잔여금이 있으면 소유자에게 돌아간다.

(2) 조세채권, 공과금, 임금채권의 의의 및 상호간의 순위

1) 조세체권

조세는 국가의 존립과 유지, 활동에 관계되는 공익성 있는 공공채권으로 조세채권자와 조세채무자 상호 간에는 수평관계가 아닌 수직관계인 공법상 법률관계라는 특성이 있어 자력집행권과 조세우선의 원칙이 적용된다.

조세채권 상호 간에는 동순위가 원칙이지만, 강제징수비 우선의 원칙, 당해세 우선의 원칙, 납세담보 우선의 원칙, 압류선착주의가 적용되어 강제집행비용(0순위), 당해세(1순위), 납세담보(2순위), 압류(3순위), 참가압류와 교부청구(4순위) 순으로 배분한다.

※ 압류선착주의란 압류와 교부청구 사이에는 압류가 우선한다는 원칙을 말한다.
예를 들면 "1.압류, 2.압류, 3.압류, 4.교부 청구"가 있는 경우에 1번 압류의 효력이 소멸되지 않는 한 2, 3번 압류는 참가압류로서 교부청구의 효력만 있으므로 1번 압류는 우선권이 있으나 2, 3, 4번은 모두 교부청구로서 법정기일의 우선순위에 상관없이 항상 동순위로 안분배분한다.
또한, 압류재산 공매의 배분 순위표에서 당해세는 법정기일에 상관없이 3순위이고 그 다음이 납세담보채권, 압류선착주의에 의한 압류권자, 나머지는 동순위로 안분배분된다. 즉 조세채권 상호 간에는 납세담보채권 이외에는 법정기일의 우선순위가 아무런 의미가 없다.

그러므로 조세채권과 근저당권 등이 혼재되어 있는 경우, 당해세 → 조세채권(저당권 등의 등기일보다 법정기일이 늦지 않은 채권) → 저당권 등 → 조세채권(저당권 등의 등기일보다 법정기일이 늦은 채권) → 압류 → 압류 → 교부청구 순으로 배분한 다음, 당해세와 저당권 등에 배분한 금액을 제외한 조세채권에 배분한 총액에서 1순위로 납세담보채권에 흡수배분(납세담보채권이 압류채권보다 우선하여 변제받으므로)한 다음 압류선착주의에 따라 최초압류권자에 흡수되고 남은 배분금으로 참가압류권자와 교부청구권자가 동순위로 안분배분한다.

※ 체납자의 재산을 압류하려는 관할 세무서장은 압류하려는 재산이 이미 다른 기관에 압류되어 있는 경우 참가압류 통지서를 그 재산을 이미 압류한 기관에 송달함으로써 교부청구에 갈음하고 그 압류에 참가할 수 있다.(국징법 제61조)

※ 조세의 법정기일

1. 신고에 의하여 발생하는 세금의 그 신고일 – 취득세, 양도소득세 등
2. 정부가 부과한 세금은 그 납세고지서의 발송일 – 재산세, 종합부동산세 등
3. 납세자의 재산을 압류한 경우에 그 압류와 관련하여 확정된 세액에 대하여는 그 압류 등기일 또는 등록일이다.

※ 압류는 절대적 처분금지효가 아닌 상대적 처분금지효가 있다. 즉 체납자는 압류된 재산을 제삼자에게 양도할 수 있으나 압류채권자에게는 양도의 효력을 주장할 수 없다.

2) 공과금

공과금은 국가, 지자체, 기타 공단 등이 국민에게 부과하는 금전적 부담금을 말한다. 국세징수에서 규정하고 있는 대표적인 공과금으로는 국민건강보험료, 국민연금보험료, 고용보험료 등이 있다. 공과금도 공익적 성격이 있어 조세와 마찬가지로 자력집행권이 인정된다.

그리고 공과금 상호 간에는 납부기한과 상관없이 동순위로 안분배분하는 것이 원칙이나 저당권 등과 혼재되어 있는 경우에는 공과금의 납부기한과 저당권 등의 등기일 순으로 배분한다.

예를 들면, 국민건강보험(납부기한 : 2023. 03. 01.) → 저당권(등기일 : 2023. 04. 01.) → 고용산재보험(납부기한 : 2023. 05. 01.) → 국민연금(납부기한 : 2023. 06. 01.)인 경우의 배분 순위는 국민건강보험(1순위), 저당권(2순위), 고용산재보험과 국민연금은 동순위로 안분배분된다.

주의할 점은 공과금채권은 일반임금채권과 조세채권보다 후순위가 되는 것이 원칙이지만 위의 예처럼 공과금채권이 저당권 등보다 선순위인 경우

에는 임금채권보다 우선할 수도 있다

3) 임금채권

임금채권은 당사자의 약정이 없어도 근로기준법과 근로자퇴직급여보장법 등의 법률 규정에 의하여 성립하는 법정담보물권이다. 근로자의 임금채권은 최우선임금채권과 일반임금채권으로 나눌 수 있다. 최우선임금채권은 최종 3개월분 임금, 최종 3년간 퇴직금, 재해보상금 등을 말하며 사용자의 책임재산에 대하여 다른 채권에 최우선변제 받을 수 있다. 그러나 사용자가 취득하기 전에 설정된 저당권 등에 대하여는 적용되지 아니한다. 일반임금채권 간에는 동순위가 적용되지만, 저당권 등보다는 항상 후순위이다. 또한 일반임금채권은 조세채권과 공과금채권에 우선하는 것이 원칙이지만 이는 임금 자체에 대해서만 인정되고 임금 자체의 지연손해에 대해서는 일반채권과 동순위로 안분배분된다.

4) 조세채권, 공과금 및 임금채권 상호 간의 순위

조세채권은 원칙적으로 임금채권에 후순위가 되나 예외적으로 조세채권이 근저당권, 담보가등기, 전세권, 확정일자부 우선변제권, 등기된 임차권(이하, 저당권 등)에 우선하는 경우에만 임금채권보다 우선하여 배분된다. 또한, 일반임금채권은 저당권 등보다 항상 후순위가 되므로 결과적으로 조세채권(저당권 등의 등기일보다 법정기일이 늦지 않은 채권) → 저당권 등 → 일반임금채권 → 조세채권(저당권 등의 등기일보다 법정기일이 늦은 채권) 순으로 배분되게 된다.

5. 배당(배분)순위분석 및 배당사례

(1) 선순위 전세권의 소멸 및 주임법상 임차권의 소멸 여부

▼ 매각물건의 기본정보

새 주 소	부산광역시 사하구		
물건종별	오피스텔	감 정 가	147,000,000원
대 지 권	3.782㎡(1.14평)	최 저 가	(17%) 24,662,000원
건물면적	25.23㎡(7.63평)	보 증 금	(20%) 4,932,400원
매각물건	토지 · 건물 일괄 매각	소 유 자	㈜아람빌리지
개시결정	2021－09－03	채 무 자	㈜아람빌리지
사 건 명	임의경매	채 권 자	박○○

구분	매각기일	최저매각가격	결과
1차	2022－06－22	147,000,000원	유찰
2차	2022－07－27	117,600,000원	유찰
3차	2022－08－31	94,080,000원	유찰
4차	2022－10－05	75,264,000원	유찰
5차	2022－11－09	60,211,000원	유찰
6차	2022－12－14	48,169,000원	유찰
7차	2023－01－18	38,535,000원	유찰
8차	2023－02－22	30,828,000원	매각
매각 32,700,900원(22.25%) / 1명 /미납			
9차	2023－05－03	30,828,000원	유찰
10차	2023－06－07	24,662,000원	
매각 : 25,000,000원(17.01%)			
(입찰 1명, 매수인 : 경기 성남시 김○○)			
매각결정기일 : 2023.06.14－매각허가결정			
대금지급기한 : 2023.07.13			
대금납부 2023.06.28 / 배당기일 2023.08.23			
배당종결 2023.08.23			

▼ 매각물건현황(가격시점 : 2021.09.14/ 보존등기일 : 2016.04.15)

목록	구분	사용승인	면적	이용상태	감정가격	기타
건물	15층중 10층	16.04.07	25.23㎡ (7.63평)	주거용 오피스텔	102,900,000원	
토지	대지권	376.3㎡ 중 3.782㎡			44,100,000원	
현황 위치	• ○○초등학교 동측 인근에 위치함. • 본건까지 차량접근 가능하며, 인근에 버스정류장 및 지하철 하단역이 소재하는바, 제반교통 상황은 양호함. • 인접지와 대체로 등고평탄한 정방형토지로서 업무시설(주거용 오피스텔) 및 근린생활시설 건부지로 이용 중임. • 본건 남동 측으로 노폭 약 8－10m 내외의 도로와 접함.					

▼ 임차인현황(말소기준권리 : 2018.11.14/ 배당요구종기일 : 2021.11.29)

임차인	점유부분	전입/확정/배당	보증금/차임	대항력	배당예상금액	기타
박○○	주거용 전부	전입일자 : 2018.10.26 확정일자 : 미상 배당요구 : 없음	보90,000,000원	있음	배당순위 있음 미배당보증금 매수인 인수	선순위전세권등기자, 경매신청인
임차인 분석	• 폐문으로 거주자 등을 만날 수 없었음. • 본건 부동산 전입세대 열람한 바, 소유자와의 관계를 알 수 없는 박○○(채권자) 세대가 전입되어 있으나, 점유 및 임대차 관계 등은 알 수 없었음. • 위 임대차 관계조사서는 주민센터의 전입세대 열람 및 주민등록등본을 참고하여 작성되었음. • 박○○ : 전세권설정등기일은 2018.11.14.임. • 박○○ : 신청채권자 겸 최우선전세권자임. ▶ 매수인에게 대항할 수 있는 임차인 있으며, 보증금이 전액 변제되지 아니하면 잔액을 매수인이 인수함					

▼ 등기부현황(채권액합계 : 131,699,420원)

No	접수	권리종류	권리자	채권금액	비고	소멸 여부
1(갑1)	2016.04.15	소유권보존	(주)아람빌리지			
2(을1)	2018.11.14	전세권(전부)	박○○	90,000,000원	말소기준등기 존속기간 : 2018.09.29~ 2020.09.28	소멸
3(갑2)	2020.01.21	압류	국(서부산세무서장)			소멸
4(갑3)	2020.11.03	가압류	송남새마을금고	41,699,420원	2020카단1227	소멸
5(갑4)	2021.09.03	임의경매	박○○	청구금액 : 90,000,000원	2021타경106037	소멸

1) 권리분석

① 전세권이 "선순위&배당신청(임의경매신청)&집합건물전체" 요건을 갖추고 있으므로 말소기준권리가 된다.

② 전세권은 배당신청을 하게 되면 배당받고 소멸하게 된다.
그러나 여기에서는 선순위전세권자 겸 대항력 있는 임차인으로서, 자신의 지위를 강화하기 위하여 설정한 전세권으로 인하여 주택 임대차보호법상 대항력이 소멸된다는 것은 부당하므로[대법원 2010마900 판결], 전세권이 매각으로 소멸되더라도 미배당금에 대해 대항력을 주장할 수 있다. 즉, 선순위전세권이 말소기준권리가 되더라도 자신의 권리를 강화하기 위하여 후순위로 주택 임대차보호법상의 대항력을 갖춘다면 전세권에 의한 임의경매가 실행되더라도 미배당금이 발생하면 낙찰자가 인수해야 한다.

③ 전세권은 주임법상의 확정일자가 미상이라 하더라도 전세권에 의한 우선변제권이 인정되나 2023.4.1. 이전에 매각허가결정이 난 상태라면 당해세인 국세가 전세권자보다 우선하여 배당을 받게 된다. 그런데 국세는 정확하게 그 금액을 알 수 없으므로 배분을 먼저 받게 되면 전세권자의 미배당금은 그만큼 증가하게 되어 낙찰자가 이

를 인수해야 한다.

④ 이러한 이유로 인하여 8차에서의 낙찰자는 잔금을 납부하지 않은 것으로 파악된다.

⑤ 10차 낙찰자는 2023.4.1. 이후에 매각허가결정이 났으므로 국세보다 우선하여 임차인이 배당을 받게 되므로 임차인은 매각대금＋전경매보증금 －경매비용 금액을 우선하여 배당받게 되고 그 나머지를 낙찰자가 인수하게 된다.

그러므로 낙찰자의 최종인수금액은 9천만원이 넘게 되어 시세 수준에서 매수한 셈이 된다.

2) 배당순위 및 배당금액

① 집행비용－약 200만원

② 전세권－약 2천6백만원

③ 임차인(매수자 인수)－약 6천4백만원

3) 시세분석

최근에 동일건물의 동일평형대 물건이 9천만원 아래에서 거래된 사실이 있다.

4) 종결

물건의 명도에는 어려움이 없는 물건이므로 낙찰자의 최종인수금액은 9천만원이 넘게 되어 시세보다 높은 수준에서 매수한 셈이 된다.

> 국세기본법 제35조(국세의 우선) ① 국세 및 강제징수비는 다른 공과금이나 그 밖의 채권에 우선하여 징수한다. 다만, 다음 각 호의 어느 하나에 해당하는 공과금이나 그 밖의 채권에 대해서는 그러하지 아니하다. 〈개정 2020. 12. 22., 2022. 12. 31.〉
>
> 1. 지방세나 공과금의 체납처분 또는 강제징수를 할 때 그 체납처분 또는 강제징수 금액 중에서 국세 및 강제징수비를 징수하는 경우의 그 지방세나 공과금의 체납처분비 또는 강제징수비
> 2. 강제집행 · 경매 또는 파산 절차에 따라 재산을 매각할 때 그 매각금액 중에서

국세 및 강제징수비를 징수하는 경우의 그 강제집행, 경매 또는 파산 절차에 든 비용

3. 제2항에 따른 법정기일 전에 다음 각 목의 어느 하나에 해당하는 권리가 설정된 재산이 국세의 강제징수 또는 경매 절차를 통하여 매각(제3호의2에 해당하는 재산의 매각은 제외한다)되어 그 매각금액에서 국세를 징수하는 경우 그 권리에 의하여 담보된 채권 또는 임대차보증금반환채권. 이 경우 다음 각 목에 해당하는 권리가 설정된 사실은 대통령령으로 정하는 방법으로 증명한다.
   가. 전세권, 질권 또는 저당권
   나. 「주택 임대차보호법」 제3조의2 제2항 또는 「상가건물 임대차보호법」 제5조제2항에 따라 대항요건과 확정일자를 갖춘 임차권
   다. 납세의무자를 등기의무자로 하고 채무 불이행을 정지조건으로 하는 대물변제(代物辨濟)의 예약에 따라 채권 담보의 목적으로 가등기(가등록을 포함한다. 이하 같다)를 마친 가등기담보권

3의 2. 제3호 각 목의 어느 하나에 해당하는 권리(이하 이 호에서 "전세권등"이라 한다)가 설정된 재산이 양도, 상속 또는 증여된 후 해당 재산이 국세의 강제징수 또는 경매 절차를 통하여 매각되어 그 매각금액에서 국세를 징수하는 경우 해당 재산에 설정된 전세권등에 의하여 담보된 채권 또는 임대차보증금반환채권. 다만, 해당 재산의 직전 보유자가 전세권등의 설정 당시 체납하고 있었던 국세 등을 고려하여 대통령령으로 정하는 방법에 따라 계산한 금액의 범위에서는 국세를 우선하여 징수한다.

4. 「주택 임대차보호법」 제8조 또는 「상가건물 임대차보호법」 제14조가 적용되는 임대차관계에 있는 주택 또는 건물을 매각할 때 그 매각금액 중에서 국세를 징수하는 경우 임대차에 관한 보증금 중 일정 금액으로서 「주택 임대차보호법」 제8조 또는 「상가건물 임대차보호법」 제14조에 따라 임차인이 우선하여 변제받을 수 있는 금액에 관한 채권

5. 사용자의 재산을 매각하거나 추심(推尋)할 때 그 매각금액 또는 추심금액 중에서 국세를 징수하는 경우에 「근로기준법」 제38조 또는 「근로자퇴직급여 보장법」 제12조에 따라 국세에 우선하여 변제되는 임금, 퇴직금, 재해보상금, 그 밖에 근로관계로 인한 채권

② 이 조에서 "법정기일"이란 다음 각 호의 어느 하나에 해당하는 기일을 말한다. 〈개정 2020. 12. 22., 2020. 12. 29.〉

1. 과세표준과 세액의 신고에 따라 납세의무가 확정되는 국세[중간예납하는 법인세와 예정신고납부하는 부가가치세 및 소득세(「소득세법」 제105조에 따라 신고하는 경우로 한정한다)를 포함한다]의 경우 신고한 해당 세액 : 그 신고일
2. 과세표준과 세액을 정부가 결정·경정 또는 수시부과 결정을 하는 경우 고지

한 해당 세액(제47조의4에 따른 납부지연가산세 중 납부고지서에 따른 납부기한 후의 납부지연가산세와 제47조의5에 따른 원천징수 등 납부지연가산세 중 납부고지서에 따른 납부기한 후의 원천징수 등 납부지연가산세를 포함한다) : 그 납부고지서의 발송일

3. 인지세와 원천징수의무자나 납세조합으로부터 징수하는 소득세 · 법인세 및 농어촌특별세 : 그 납세의무의 확정일
4. 제2차 납세의무자(보증인을 포함한다)의 재산에서 징수하는 국세 : 「국세징수법」 제7조에 따른 납부고지서의 발송일
5. 제42조에 따른 양도담보재산에서 징수하는 국세 : 「국세징수법」 제7조에 따른 납부고지서의 발송일
6. 「국세징수법」 제31조 제2항에 따라 납세자의 재산을 압류한 경우에 그 압류와 관련하여 확정된 국세 : 그 압류 등기일 또는 등록일
7. 「부가가치세법」 제3조의2에 따라 신탁재산에서 징수하는 부가가치세 등 : 같은 법 제52조의2 제1항에 따른 납부고지서의 발송일
8. 「종합부동산세법」 제7조의2 및 제12조의2에 따라 신탁재산에서 징수하는 종합부동산세 등 : 같은 법 제16조의2 제1항에 따른 납부고지서의 발송일

③ 제1항 제3호에도 불구하고 해당 재산에 대하여 부과된 상속세, 증여세 및 종합부동산세는 같은 호에 따른 채권 또는 임대차보증금반환채권보다 우선하며, 제1항 제3호의 2에도 불구하고 해당 재산에 대하여 부과된 종합부동산세는 같은 호에 따른 채권 또는 임대차보증금반환채권보다 우선한다. 〈개정 2022. 12. 31.〉

④ 법정기일 후에 제1항 제3호 다목의 가등기를 마친 사실이 대통령령으로 정하는 바에 따라 증명되는 재산을 매각하여 그 매각금액에서 국세를 징수하는 경우 그 재산을 압류한 날 이후에 그 가등기에 따른 본등기가 이루어지더라도 그 국세는 그 가등기에 의해 담보된 채권보다 우선한다.

⑤ 세무서장은 제1항 제3호 다목의 가등기가 설정된 재산을 압류하거나 공매(公賣)할 때에는 그 사실을 가등기권리자에게 지체 없이 통지하여야 한다.

⑥ 세무서장은 납세자가 제삼자와 짜고 거짓으로 재산에 다음 각 호의 어느 하나에 해당하는 계약을 하고 그 등기 또는 등록을 하거나 「주택 임대차보호법」 제3조의2 제2항 또는 「상가건물 임대차보호법」 제5조제2항에 따른 대항요건과 확정일자를 갖춘 임대차 계약을 체결함으로써 그 재산의 매각금액으로 국세를 징수하기가 곤란하다고 인정할 때에는 그 행위의 취소를 법원에 청구할 수 있다. 이 경우 납세자가 국세의 법정기일 전 1년 내에 특수관계인 중 대통령령으로 정하는 자와 전세권 · 질권 또는 저당권 설정계약, 임대차 계약, 가등기 설정계약 또는 양도담보 설정계약을 한 경우에는 짜고 한 거짓 계약으로 추정한다. 〈개정 2020. 12. 22.〉

1. 제1항 제3호 가목에 따른 전세권 · 질권 또는 저당권의 설정계약

2. 제1항 제3호 나목에 따른 임대차 계약
3. 제1항 제3호 다목에 따른 가등기 설정계약
4. 제42조 제3항에 따른 양도담보 설정계약

⑦ 제3항에도 불구하고 「주택 임대차보호법」 제3조의2 제2항에 따라 대항요건과 확정일자를 갖춘 임차권에 의하여 담보된 임대차보증금반환채권 또는 같은 법 제2조에 따른 주거용 건물에 설정된 전세권에 의하여 담보된 채권(이하 이 항에서 "임대차보증금반환채권 등"이라 한다)은 해당 임차권 또는 전세권이 설정된 재산이 국세의 강제징수 또는 경매 절차를 통하여 매각되어 그 매각금액에서 국세를 징수하는 경우 그 확정일자 또는 설정일보다 법정기일이 늦은 해당 재산에 대하여 부과된 상속세, 증여세 및 종합부동산세의 우선 징수 순서에 대신하여 변제될 수 있다. 이 경우 대신 변제되는 금액은 우선 징수할 수 있었던 해당 재산에 대하여 부과된 상속세, 증여세 및 종합부동산세의 징수액에 한정하며, 임대차보증금반환채권등보다 우선 변제되는 저당권 등의 변제액과 제3항에 따라 해당 재산에 대하여 부과된 상속세, 증여세 및 종합부동산세를 우선 징수하는 경우에 배분받을 수 있었던 임대차보증금반환채권등의 변제액에는 영향을 미치지 아니한다. 〈신설 2022. 12. 31.〉

※ 2023.4.1.시행 개정법률

경매와 공매의 배당에서 국세와 저당권 등의 권리설정일 중 빠른 것부터 우선변제하는 것이 원칙이다. 다만, 당해세는 특별우선변제되었다.

2023.4.1. 이후 매각허가결정(경매) 또는 매매결정(공매)분부터 당해세 중 임대차보증금반환채권 등의 확정일자(설정일)보다 늦은 당해세분에 한정하여 임대차보증금반환채권 등이 우선 변제받을 수 있다. 이 경우 임대차보증금 반환채권 등보다 우선 변제되는 저당권 등의 변제액과 국기법 제35조 제3항에 따른 당해세를 우선 징수하는 경우에 배분받을 수 있었던 임대차보증금 반환채권 등의 변제액에는 영향을 미치지 아니한다.

예

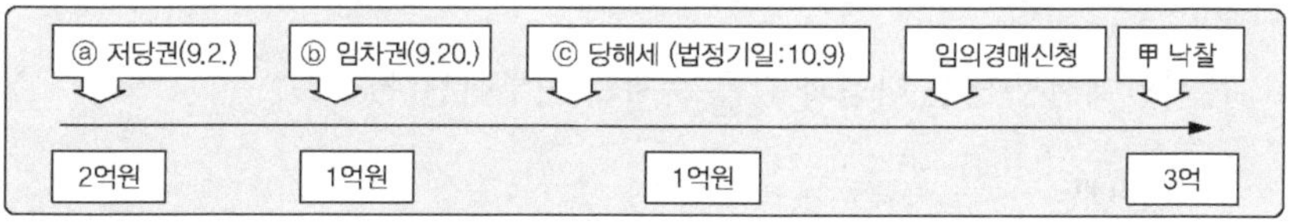

▶ 배당(배분)

23.4.1. 이전 : 저당권 2억, 당해세 : 1억, 임차권 : 0원

23.4.1. 이후 : 저당권 2억, 임차권 : 1억, 당해세 : 0원

제2절 권리분석 실력다지기

1. 근저당권 분석

(1) 서설

근저당권은 경매시 채권액의 전액 회수 여부와 상관없이 소멸하는 것이 원칙이다.(민사집행법 제91조 제2항). 즉, 근저당권의 채권최고액이 3억원이었으나 1억원만 배당받았더라도 근저당권은 해당 부동산에서 소멸하며 잔여 채권액 2억원은 채무자에 대한 일반채권으로 남아 배당 시에 법원에 부기문 교부신청을 하여 채무자에게 일반채권으로서 후일을 도모하여야 한다.

(2) 근저당권과 가압류의 배당순위

가압류 등기 후에 근저당권이 설정된 경우 가압류보다 늦게 설정된 근정당권은 가압류와 동순위의 지위를 갖게 된다. 이것은 채권에 대한 물권의 우선변제권은 소급효가 없으므로 선순위 채권에게도 우선변제권을 주장할 수 없기 때문이다. 또한, 채권인 가압류는 채권자 평등주의 원칙에 의해 물권인 저당권에 대한 우선변제권이 없다. 그러므로 선순위 가압류와 후순위 근저당권은 서로에 대하여 우선변제권을 주장할 수 없으므로 동순위의 지위를 갖게 된다.

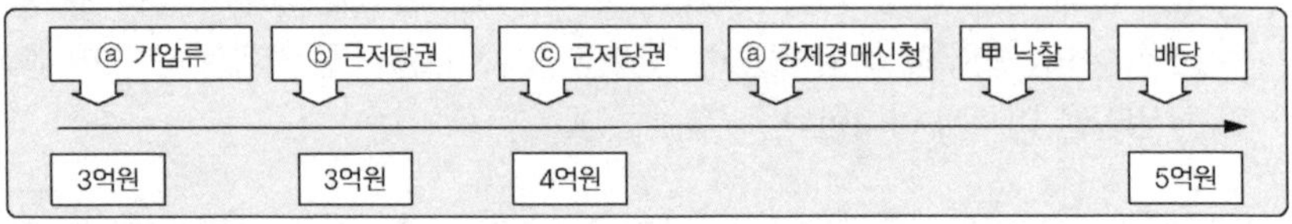

위 사안에서 배당은 다음과 같은 순서로 이루어진다.

1) **안분배당**

ⓐ 가압류와 ⓑ 근저당권, ⓒ 근저당권은 동순위의 지위를 가지므로 채권액 비율로 안분배당한다.

ⓐ 가압류 : $5억원 \times \frac{3억원}{10억원} = 1억5천만원$

ⓑ 근저당 : $5억원 \times \frac{3억원}{10억원} = 1억5천만원$

ⓒ 근저당권 : $5억원 \times \frac{4억원}{10억원} = 2억원$

2) 흡수배당

안분배당 후에 우선변제권을 갖는 권리 간에는 선순위 권리가 후순위 권리의 안분배당액을 흡수한다.

그러므로 ⓑ 근저당권은 ⓒ 근저당권에 대하여 우선변제를 받을 권리가 있어 자신의 채권이 충족될 때까지 ⓒ 근저당권이 안분배당 받은 2억원 중에서 1억5천만원을 흡수하여 3억원을 배당받고 ⓒ 근저당권은 최종적으로 5천만원을 배당받게 된다.

최종적으로 ⓐ 가압류 : 1억5천만원, ⓑ 근저당권 : 3억원, ⓒ 근저당권 : 5천만원을 배당받게 된다.

관련판례

【판시사항】

가. 가압류 등기 후에 경료된 근저당권설정등기의 효력

나. '가'항의 경우 가압류채권자와 근저당권자 및 근저당권설정등기 후 강제경매신청을 한 압류채권자 사이의 배당순위

【판결요지】

가. 부동산에 대하여 가압류 등기가 먼저 되고 나서 근저당권설정등기가 마친 경우에 그 근저당권등기는 가압류에 의한 처분금지의 효력 때문에 그 집행보전의 목적을 달성하는 데 필요한 범위 안에서 가압류채권자에 대한 관계에서만 상대적으로 무효이다.

나. '가'항의 경우 가압류채권자와 근저당권자 및 근저당권설정등기 후 강제경매신청을 한 압류채권자 사이의 배당 관계에 있어서, 근저당권자는 선순위 가압류채권자에 대하여는 우선변제권을 주장할 수 없으므로 1차로 채권액

에 따른 안분비례에 의하여 평등배당을 받은 다음, 후순위 경매신청압류채권자에 대하여는 우선변제권이 인정되므로 경매신청압류채권자가 받을 배당액으로부터 자기의 채권액을 만족시킬 때까지 이를 흡수하여 배당받을 수 있다[대법원 1994. 11. 29., 자, 94마417, 결정].

(3) 근저당권설정 후 증액된 보증금액의 배당순위

근저당권설정 이전에 전입신고한 임차인이 근저당권 설정등기 이후에 보증금을 증액한 경우 낙찰자는 근저당권설정 이전의 보증금만 책임지면 된다.

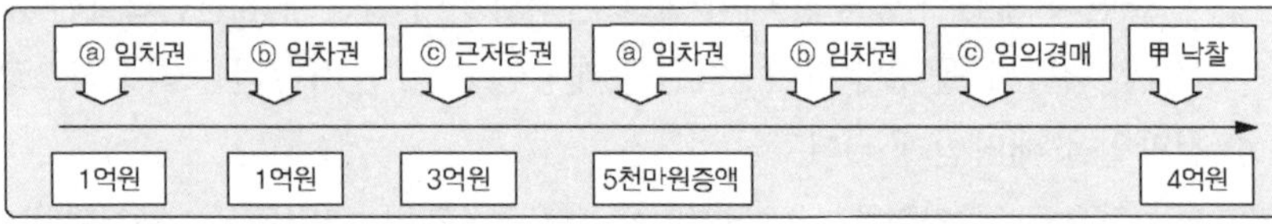

위에서 ⓐ 임차권과 ⓑ 임차권은 말소기준권리인 ⓒ 근저당권보다 먼저 대항력을 갖춘 보증금 1억원은 甲에게 대항할 수 있다. 그러나 근저당권설정등기 이후에 증액한 보증금은 확정일자부임차권을 갖추었더라도 甲에게 대항할 수 없다. 따라서 ⓐ 임차권과 ⓑ 임차권이 배당신고를 했다면 ⓐ 임차권과 ⓑ 임차권 각 1억원, ⓒ 근저당권은 2억원을 배당받게 된다.

관련판례

【판시사항】

대항력을 갖춘 임차인이 저당권설정등기 이후에 임차인과의 합의에 의하여 보증금을 증액한 경우 보증금 중 증액부분에 관하여도 저당권에 기하여 건물을 경락받은 소유자에게 대항할 수 있는지 여부(소극)

【판결요지】

대항력을 갖춘 임차인이 저당권설정등기 이후에 임대인과 보증금을 증액하기로 합의하고 초과 부분을 지급한 경우 임차인이 저당권설정등기 이전에 취득하고 있던 임차권으로 선순위로서 저당권자에게 대항할 수 있음은 물론이나 저당권설정등기 후에 건물주와의 사이에 임차보증금을 증액하기로 한 합의는 건물주가 저당권자를 해치는 법률행위를 할 수 없게 된 결과 그 합의 당사자 사이에서만 효력이 있는 것이고 저당권자에게는 대항할 수 없다고 할 수밖에 없으므로 임차인은 위 저당권에 기하여 건물을 경락받은 소유자의 건물명도 청구에 대하여 증액전 임차보증금을 상환받을 때까지 그 건물을 명도할 수 없다고 주장할 수 있을 뿐이고 저당권설정등기 이후에 증액한 임차보증금으로써는 소유자에게 대항할 수 없는 것이다[대법원 1990. 8. 14., 선고, 90다카11377, 판결]

관련판례

① 근저당권말소(물상보증인이 피담보채무 잔액을 공탁하였음을 이유로 근저당권의 말소를 구한 사건)

【판시사항】

[1] 채권자와 채무자 모두가 기한의 이익을 갖는 이자부 금전소비대차계약 등에 있어서, 채무자가 기한의 이익을 포기하고 변제기 전에 변제하는 경우, 변제기까지의 약정이자 등 채권자의 손해를 배상하여야 하는지 여부(적극) 및 이러한 약정이자 등 손해액을 함께 제공하지 않으면 채권자가 수령을 거절할 수 있는지 여부(적극)/ 이는 제삼자가 변제하는 경우에도 마찬가지인지 여부(적극)

[2] 은행여신거래에 있어서 당사자는 계약 내용에 편입된 약관에서 정한 바에 따라 기한의 이익과 포기에 관한 민법 제153조 제2항, 변제기 전의 변제에 관한 민법 제468조의 규정들과 다른 약정을 할 수 있는지 여부(적극)

【판결요지】

[1] 기한의 이익은 포기할 수 있으나, 상대방의 이익을 해하지 못한다(민법 제153조 제2항). 변제기 전이라도 채무자는 변제할 수 있으나, 상대방의 손해는 배상하여야 한다(민법 제468조). 채무의 변제는 제삼자도 할 수 있으나(민법 제469조 제1항 본문), 그 경우에도 급부행위는 채무내용에 좇은 것이

어야 한다(민법 제460조).

채권자와 채무자 모두가 기한의 이익을 갖는 이자부 금전소비대차계약 등에 있어서, 채무자가 변제기로 인한 기한의 이익을 포기하고 변제기 전에 변제하는 경우 변제기까지의 약정이자 등 채권자의 손해를 배상하여야 하고, 이러한 약정이자 등 손해액을 함께 제공하지 않으면 채무의 내용에 따른 변제제공이라고 볼 수 없으므로, 채권자는 수령을 거절할 수 있다. 이는 제삼자가 변제하는 경우에도 마찬가지이다.

[2] 기한의 이익과 그 포기에 관한 민법 제153조 제2항, 변제기 전의 변제에 관한 민법 제468조의 규정들은 임의규정으로서 당사자가 그와 다른 약정을 할 수 있다. 은행여신거래에 있어서 당사자는 계약 내용에 편입된 약관에서 정한 바에 따라 위 민법 규정들과 다른 약정을 할 수도 있다[대법원 2023. 4. 13., 선고, 2021다305338, 판결].

② 이미 소멸한 근저당권에 기하여 임의경매가 개시되고 매각이 이루어진 경우, 무효. 그러나 경매개시결정 이후에 담보권이 소멸된 경우는 유효

【판시사항】

이미 소멸한 근저당권에 기하여 임의경매가 개시되고 매각이 이루어진 경우, 그 경매의 효력(무효) 및 민사집행법 제267조는 경매개시결정이 있은 뒤에 담보권이 소멸하였음에도 경매가 계속 진행되어 매각된 경우에만 적용되는지 여부(적극)

【판결요지】

[다수의견] 종래 대법원은 민사집행법 제267조가 신설되기 전에도 실체상 존재하는 담보권에 기하여 경매개시결정이 이루어졌으나 그 후 경매 과정에서 담보권이 소멸한 경우에는 예외적으로 공신력을 인정하여, 경매개시결정에 대한 이의 등으로 경매 절차가 취소되지 않고 매각이 이루어졌다면 경매는 유효하고 매수인이 소유권을 취득한다고 해석해 왔다.

대법원은 민사집행법 제267조가 신설된 후에도 같은 입장을 유지하였다. 즉,

민사집행법 제267조는 경매개시결정이 있은 뒤에 담보권이 소멸하였음에도 경매가 계속 진행되어 매각된 경우에만 적용된다고 보는 것이 대법원의 일관된 입장이다. 위와 같은 현재의 판례는 타당하므로 그대로 유지되어야 한다.

(1) 임의경매의 정당성은 실체적으로 유효한 담보권의 존재에 근거하므로, 담보권에 실체적 하자가 있다면 그에 기초한 경매는 원칙적으로 무효이다. 특히 채권자가 경매를 신청할 당시 실행하고자 하는 담보권이 이미 소멸하였다면, 그 경매개시결정은 아무런 처분 권한이 없는 자가 국가에 처분권을 부여한 데에 따라 이루어진 것으로서 위법하다. 반면 일단 유효한 담보권에 기하여 경매개시결정이 개시되었다면, 이는 담보권에 내재하는 실체적 환가권능에 기초하여 그 처분권이 적법하게 국가에 주어진 것이다. 이러한 점에서 담보권의 소멸은 그 소멸 시기가 경매개시결정 전인지 또는 후인지에 따라 그 법률적 의미가 본질적으로 다르다고 할 수 있다.

(2) 민사집행법 제267조가 담보권의 소멸 시기를 언급하지 않고 있더라도 그것이 경매개시결정 전에 담보권이 소멸한 경우까지도 포함하여 경매의 공신력을 인정하려는 취지인지는 그 문언만으로는 분명하지 않고, 여전히 법률해석의 여지가 남아 있게 되었다.

(3) 원칙적으로는 경매가 무효라 하더라도 상대적으로 진정한 권리자에 대한 보호 가치가 줄어든 경우에 한하여 실권효(失權效)에 기초하여 예외적으로 경매의 공신력을 부여할지를 논할 수 있는 것이고, 이러한 논의에 애초부터 담보권이 소멸하여 위법하게 경매절차가 개시된 경우를 포함하는 것은 타당하다고 할 수 없다.

(4) 경매개시결정이 있기 전에 담보권이 소멸한 경우에도 그 담보권에 기한 경매의 공신력을 인정한다면, 이는 소멸한 담보권 등기에 공신력을 인정하는 것과 같은 결과를 가져오므로 현재의 등기제도와도 조화된다고 볼 수 없다.

(5) 결국 대법원이 현재에 이르기까지 민사집행법 제267조가 경매개시결정이 있은 뒤에 담보권이 소멸한 경우에만 적용되는 것으로 해석해 온 것은 민사집행법 제267조의 입법 경위, 임의경매의 본질과 성격 및 부동산등기제도 등 법체계 전체와의 조화를 고려하여 다양한 해석이 가능한 법문언의 의미를 분명히 밝힌 것으로 보아야 한다[대법원 2022. 8. 25., 선고, 2018다

205209, 전원합의체 판결].

③ 가등기말소회복등기

【판시사항】

소유권이전등기청구권 보전의 가등기보다 후순위로 마친 근저당권의 실행을 위한 경매절차에서 매각대금이 완납된 경우, 선순위인 가등기가 존속하는지 여부(원칙적 적극)및 위 가등기보다 선순위로 기입된 가압류등기가 경매절차에서 매각으로 소멸하는 경우, 그보다 후순위인 위 가등기 역시 말소촉탁의 대상이 되는지 여부(적극)

【판결요지】

소유권이전등기청구권 보전의 가등기보다 후순위로 마친 근저당권의 실행을 위한 경매절차에서 매각허가결정에 따라 매각대금이 완납된 경우에도, 선순위인 가등기는 소멸하지 않고 존속하는 것이 원칙이다. 다만 그 가등기보다 선순위로 기재된 가압류등기는 근저당권의 실행을 위한 경매절차에서 매각으로 인하여 소멸하고, 이러한 경우에는 가압류등기보다 후순위인 가등기 역시 민사집행법 제144조 제1항 제2호에 따라 매수인이 인수하지 아니한 부동산의 부담에 관한 기입에 해당하여 말소촉탁의 대상이 된다[대법원 2022. 5. 12., 선고, 2019다265376, 판결].

④ 건물철거등

【판시사항】

[1] 부동산처분금지가처분등기보다 먼저 마쳐진 가등기에 의하여 본등기가 마쳐진 경우, 본등기가 가처분등기 후에 마쳐졌더라도 채무자가 채권자에게 대항할 수 있는지 여부(적극) / 가처분등기보다 먼저 설정등기가 끝난 근저당권이 소멸되는 경매절차에서의 매각으로 채무자가 건물 소유권을 상실한 경우, 채권자가 가처분의 효력을 내세워 채무자가 여전히 건물을 처분할 수

있는 지위에 있다고 주장할 수 있는지 여부(소극) / 압류나 근저당권설정등기 이후에 마쳐진 가처분등기가 경매절차 매각대금 지급 후에도 말소되지 않은 채 남아 있다고 해서 채무자가 여전히 건물을 처분할 수 있는 지위에 있는지 여부(소극)

[2] 구분소유가 성립하기 전의 집합건물의 대지에 관하여 대지사용권의 분리처분을 금지하는 집합건물의 소유 및 관리에 관한 법률 제20조가 적용되는지 여부(소극)/ 1동의 건물에 대하여 구분소유가 성립하기 위한 요건 / 구분소유가 성립하기 전에 대지에 관하여만 근저당권이 설정되었다가 구분소유가 성립하여 대지사용권이 성립되었더라도 이미 설정된 근저당권실행으로 대지가 매각됨으로써 전유부분으로부터 분리처분된 경우, 전유부분을 위한 대지사용권이 소멸하는지 여부(적극)

【판결요지】

[1] 부동산처분금지가처분은 부동산에 대한 채무자의 소유권 이전, 저당권, 전세권, 임차권의 설정 그 밖의 일체의 처분행위를 금지하는 가처분으로써, 자기 소유 토지 위에 채무자 소유 건물에 대한 철거청구권, 즉 방해배제청구권의 보전을 위해서도 할 수 있다. 채무자 소유 건물에 대한 철거청구권을 피보전권리로 한 가처분에도 불구하고 채무자가 건물을 처분하였을 때에는 이를 채권자에게 대항할 수 없으므로 채권자에 대한 관계에 있어서 채무자가 여전히 그 건물을 처분할 수 있는 지위에 있다고 볼 수 있다.

처분행위가 가처분에 저촉되는지 여부는 그 처분행위에 따른 등기와 가처분등기의 선후에 따라 정해진다.

그런데 가등기는 본등기 순위보전의 효력이 있기 때문에, 가처분등기보다 먼저 마쳐진 가등기에 의하여 본등기가 마쳐진 경우에는 그 본등기가 설사 가처분등기 후에 마쳐졌더라도 채권자에게 대항할 수 있다.

또한 근저당권이 소멸되는 경매절차에서 부동산이 매각된 경우에는 근저당권설정등기와 가처분등기의 선후에 따라 채무자가 채권자에게 대항할 수 있는지 여부가 정해진다. 따라서 가처분등기보다 먼저 설정등기가 마쳐진 근저당권이 소멸되는 경매절차에서의 매각으로 채무자가 건물 소유권을 상실한 경우에는 채권자로서도 가처분 효력을 내세워 채무자가 여전히 그 건물을 처분할 수 있는 지위에 있다고 주장할 수 없다.

한편 경매절차에서 매각대금이 지급되면 법원사무관 등은 매수인 앞으로 소유권을 이전하는 등기와 함께 매수인이 인수하지 아니한 부동산의 부담에 관한 기입을 말소하는 등기 등도 촉탁하여야 하는데(민사집행법 제144조 제1항), 이때 토지소유자가 그 소유 토지 위에 채무자 소유 건물 철거청구권을 보전하기 위하여 건물에 대한 처분금지 가처분으로 마쳐진 가처분등기는, 건물에 관한 압류 또는 근저당권설정등기 이후에 마쳐졌더라도 말소되지 않은 채 남아 있지만, 이는 위 가처분이 건물 자체에 대한 어떠한 권리를 보전하기 위한 것이 아니기 때문이다. 위와 같이 압류나 근저당권설정등기 이후에 마쳐진 위 가처분등기가 경매절차 매각대금 지급 후에도 말소되지 않은 채 남아 있다고 해서 채무자가 여전히 그 건물을 처분할 수 있는 지위에 있다고 볼 수는 없다.

[2] 집합건물의 소유 및 관리에 관한 법률 제20조에 따라 분리처분이 금지되는 대지사용권이란 구분소유자가 전유부분을 소유하기 위하여 건물의 대지에 대하여 가지는 권리로서, 구분소유의 성립을 전제로 한다. 따라서 구분소유가 성립하기 전에는 집합건물의 대지에 관하여 분리처분금지 규정이 적용되지 않는다. 1동의 건물에 대하여 구분소유가 성립하기 위해서는 객관적 · 물리적인 측면에서 1동의 건물이 존재하고 구분된 건물 부분이 구조상 · 이용상 독립성을 갖추어야 할 뿐 아니라 1동의 건물 중 물리적으로 구획된 건물 부분을 각각 구분소유권의 객체로 하려는 구분행위가 있어야 한다. 여기서 구분행위는 건물의 물리적 형질을 변경하지 않고 그 건물의 특정 부분을 구분하여 별개의 소유권의 객체로 하려는 법률행위로서, 그 시기나 방식에 특별한 제한이 있는 것은 아니고 처분권자의 구분 의사가 객관적으로 외부에 표시되면 충분하다. 구분건물이 물리적으로 완성되기 전에도 건축허가 신청이나 분양계약 등을 통하여 장래 신축되는 건물을 구분건물로 하겠다는 구분 의사가 객관적으로 표시되면 구분행위의 존재를 인정할 수 있다. 그러나 그 구조와 형태 등이 1동의 건물로서 완성되고 구분행위에 상응하는 구분건물이 객관적 · 물리적으로 완성되어야 그 시점에 구분소유가 성립한다.

구분소유가 성립하기 전에 대지에 관해서만 근저당권이 설정되었다가 구분소유가 성립하여 대지사용권이 성립되었더라도 이미 설정된 그 근저당권실행으로 대지가 매각됨으로써 전유부분으로부터 분리처분된 경우에는 그 전유부분을 위한 대지사용권이 소멸하게 된다[대법원 2022. 3. 31., 선고, 2017다9121, 9138, 판결].

⑤ 배당이의

【판시사항】

근저당권을 설정한 후에 근저당설정자와 근저당권자의 합의로 채무의 범위 또는 채무자를 추가하거나 교체하는 등으로 피담보채무를 변경할 수 있는지(적극) 및 이 경우 이해관계인의 승낙이 필요한지 여부(소극)

【판결요지】

근저당권은 피담보채무의 최고액만을 정하고 채무의 확정을 장래에 보류하여 설정하는 저당권이다(민법 제357조 제1항본문 참조). 근저당권을 설정한 후에 근저당설정자와 근저당권자의 합의로 채무의 범위 또는 채무자를 추가하거나 교체하는 등으로 피담보채무를 변경할 수 있다. 이러한 경우 위와 같이 변경된 채무가 근저당권에 의하여 담보된다. 후순위저당권자 등 이해관계인은 근저당권의 채권최고액에 해당하는 담보가치가 근저당권에 의하여 이미 파악되어 있는 것을 알고 이해관계를 맺었기 때문에 이러한 변경으로 예측하지 못한 손해를 입었다고 볼 수 없으므로, 피담보채무의 범위 또는 채무자를 변경할 때 이해관계인의 승낙을 받을 필요가 없다. 또한, 등기사항의 변경이 있다면 변경등기를 해야 하지만, 등기사항에 속하지 않는 사항은 당사자의 합의만으로 변경의 효력이 발생한다[대법원 2021. 12. 16., 선고, 2021다255648, 판결].

2. 지상권 분석

민법은 타인의 토지를 이용할 수 있는 권리로 지상권과 임차권을 규정하고 있다. 전자는 토지를 직접적 · 배타적으로 지배할 수 있는 물권인 반면, 후자는 임대인에 대하여 토지를 사용 · 수익하게 할 것을 청구할 수 있는 채권에 지나지 않으므로 경제적 강자인 소유자는 지상권보다는 임차권을 선호하게 됨으로써 현재 지상권 이용은 저조한 형편이다.

지상권의 존속기간은 설정행위로 자유롭게 정할 수 있지만, 지상물의 종류에 따라 석조.석회조.연와조 또는견고한 건물이나 수목일 경우 30년, 그 밖의 건물일 경우 15년, 공작물일 경우 5년 이하로는 불가하고 계약으로 정하지 않은 경우에는 지상물의 종류에 따라 최단기간으로 한다. 만료의 경우 당사자 간의 합의로 갱신할 수 있다.

【을 구】	(소유권 이외의 권리에 관한 사항)			
순위번호	등기기목적	접수	등기원인	권리자 및 기타사항
1	근저당권설정	2023년10월2일 제50901호	2023년10월2일 설정계약	채권최고액 금3억원 채무자 ○○○ (채무자 주소) 근저당권자 코아은행 (근저당권자 주소)
2	지상권설정	2023년10월2일 제50902호	2023년10월2일 설정계약	지상권자 코아은행 (지상권자 주소)

위의 경우처럼 일반적으로 空地를 담보로 금전을 차용해 줄 때는 근저당권 설정과 동시에 지상권을 설정하여 차후에 법정지상권이 성립될 여지를 차단한다. 이 경우 토지가 경매에 의해 매각되면 지상권은 후순위 권리로 소멸한다.

만약 위의 표에서 토지와 건물의 소유자가 동일인인 상태에서 지상권(철근콘크리트조 건물 소유 : 30년)이 먼저 설정되고 후순위로 근저당권이 설정되어 차후에 후순위인 근저당권이 설정된 토지가 경매로 나왔을 경우 선순위지상권은 소멸되지 않기 때문에 입찰시 이를 감안해야 한다.

3. 법정지상권 분석

(1) 법정지상권의 성립요건

1) 토지와 건물의 소유자가 동일해야 한다.

토지에 근저당권이 설정될 당시에 토지와 건물의 소유자가 동일인이어야 한다.

만약 3명이 공유하고 있던 토지에 1명이 자신의 이름으로 된 건물을 신축한 경우에는 동일인이 아니므로 법정지상권이 성립되지 않는다.

2) 토지에 근저당권이 설정될 당시에 건물이 존재해야 한다.

건축 중인 건물이든 미등기건물이든 상관없이 설정 당시에 건물이 존재하면 된다.

3) 토지와 건물 중 적어도 어느 한쪽에는 근저당권이 설정되어야 한다.

임의 경매에 의해 소유자가 달라진다면 법정지상권이 인정되며 어느 쪽에도 근저당권이 설정되어 있지 않았으나 매매 등의 원인으로 소유자가 달라졌다면 관습법상의 법정지상권이 성립한다.

4) 경매(임의경매)결과 토지와 건물소유자가 달라져야 한다.

낙찰자가 낙찰대금을 완납한 때 법률의 규정(민법 제366조)에 의한 물권취득으로 등기를 요하지 않는다.

(2) 법정지상권이 성립하지 않는 경우

1) 토지에 근저당권이 설정되고 그 후에 건물이 신축된 경우 – 대지와 건물이 동일인 소유고 저당권 설정 당시 건물이 존재(이 당시에는 법지권 성립)하였으나 후에 건물을 철거하고 신축한 경우에도 법지권 성립하지 않음
토지 위에 근저당권 설정 당시 지상에 건물이 건축 중에 있어도 법정지상권은 성립한다.
2) 토지소유자와 건물소유자 간에 철거 특약이 있는 경우
3) 지분토지 위에 1인이 건물을 소유하고 있는 경우

4) 법정지상권자가 토지소유자에게 2년분 이상의 지료를 지급하지 아니한 경우 토지지소유자가 지상권자의 지료 연체를 이유로 토지소유자가 민법 제287조 규정에 의해 지상권소멸청구의 의사표시를 지상권자에게 하면 지상권은 소멸하며, 이 경우 지상권자의 지상물매수청구권은 인정되지 않는다.
5) 건물이 벽, 기둥, 지붕 등의 외관을 제대로 갖추지 않은 경우(가건물)

관련판례

① 지상권의 존속기간 만료 후 지체 없이 행사하지 않은 지상권갱신청구권은 소멸한다. 그러므로 지상물매수청권도 발생하지 않는다.

【판결요지】

민법 제283조 제2항에서 정한 지상물매수청구권은 지상권이 존속기간의 만료로 인하여 소멸하는 때에 지상권자에게 갱신청구권이 있어 갱신청구를 하였으나 지상권설정자가 계약갱신을 원하지 아니할 때 비로소 행사할 수 있는 권리이다. 한편 지상권갱신청구권의 행사는 지상권의 존속기간 만료 후 지체 없이 하여야 한다. 따라서 지상권의 존속기간 만료 후 지체 없이 행사하지 아니하여 지상권갱신청구권이 소멸한 경우에는, 지상권자의 적법한 갱신청구권의 행사와 지상권설정자의 갱신 거절을 요건으로 하는 지상물매수청구권은 발생하지 않는다[대법원 2023. 4. 27., 선고, 2022다306642, 판결].

② 집합건물 건축자의 대지소유권에 관하여 부동산등기법에 따른 구분건물의 대지권 등기가 마쳐지지 않은 상태에서 전유부분에 관한 경매절차가 진행되는 경우, 그 경매절차에서 전유부분을 매수한 매수인이 대지사용권도 함께 취득한다.

【판결요지】

집합건물에서 구분소유자의 대지사용권은 규약으로써 달리 정하는 등 특별한 사정이 없는 한 전유부분과 종속적 일체 불가분성이 인정되어 전유부분에 대한 가압류 결정의 효력은 종물 또는 종된 권리인 대지사용권에도 미치는 것이므로(집합건물의 소유 및 관리에 관한 법률 제20조 제1항, 제2항), 건축자의 대지소유권에 관하여 부동산등기법에 따른 구분건물의 대지권 등기가 마쳐지지 않았다 하더라도 전유부분에 관한 경매절차가 진행되어 그 경매절차에서 전유부분을 매수한 매수인은 전유부분과 함께 대지사용권을 취득한다[대법원 2021.11.11., 선고, 2020다278170, 판결].

③ 가설건축물에 관하여 민법 제366조의 법정지상권이 성립하지 않는다.

【판결요지】

민법 제366조의 법정지상권은 저당권 설정 당시 동일인의 소유에 속하던 토지와 건물이 경매로 인하여 양자의 소유자가 다르게 된 때에 건물의 소유자를 위하여 발생하는 것으로서, 법정지상권이 성립하려면 경매절차에서 매수인이 매각대금을 다 낸 때까지 해당 건물이 독립된 부동산으로서 건물의 요건을 갖추고 있어야 한다.

독립된 부동산으로서 건물은 토지에 정착되어 있어야 하는데(민법 제99조 제1항), 가설건축물은 일시 사용을 위해 건축되는 구조물로서 설치 당시부터 일정한 존치 기간이 지난 후 철거가 예정되어 있어 일반적으로 토지에 정착되어 있다고 볼 수 없다. 민법상 건물에 대한 법정지상권의 최단 존속기간은 견고한 건물이 30년, 그 밖의 건물이 15년인 데 비하여, 건축법령상 가설건축물의 존치 기간은 통상 3년 이내로 정해져 있다. 따라서 가설건축물은 특별한 사정이 없는 한 독립된 부동산으로서 건물의 요건을 갖추지 못하여 법정지상권이 성립하지 않는다[대법원 2021. 10. 28., 선고, 2020다224821, 판결].

④ 집합건물 대지의 소유자가 대지사용권을 갖지 아니한 구분소유자에 대하여 전유부분의 철거를 구하는 것은 권리남용에 해당하지 않는다.

【판결요지】

집합건물 대지의 소유자는 대지사용권을 갖지 아니한 구분소유자에 대하여 전유부분의 철거를 구할 수 있고, 일부 전유부분만의 철거가 사실상 불가능하다고 하더라도 이는 집행개시의 장애요건에 불과할 뿐이어서 대지 소유자의 건물 철거 청구가 권리남용에 해당한다고 볼 수 없다[대법원 2021. 7. 8., 선고, 2017다204247, 판결].

⑤ 법정지상권에 기한 지료청구의 소

i) 법정지상권이 발생한 경우, 토지소유자가 지료를 확정하는 재판이 있기 전에 법원의 지료결정을 전제로 법정지상권자에게 지료의 급부를 구하는 소를 제기할 수 있다.

ii) 전항의 판결에서 정한 지료에 관한 결정이 토지소유자와 법정지상권자 사이에 지료결정으로서 효력이 있다.

iii) 특정 기간에 대한 지료가 법원에 의하여 결정된 경우, 그 후의 기간에 대한 지료도 종전 기간에 대한 지료와 같은 액수로 결정된 것이라고 볼 수 있다.

iv) 법정지상권자가 위와 같이 법원에 의하여 결정된 지료를 지급하지 않는 경우, 토지소유자가 이미 지료 이행판결을 받은 기간과 중복되지 않는 기간에 대하여 위 지료의 지급을 구할 수 있다.[대법원 2020. 1. 9., 선고, 2019다266324, 판결]

4. 특수지상권 분석

특수지상권에는 관습법상 인정되는 관습법상 법정지상권, 분묘기지권, 명인방법 및 입목에 관한 법률에 의한 입목의 법정지상권과 지상권의 객체가 지하 또는 공중의 구분 중인 구분지상권이 있다.

(1) 관습법상 법정지상권

1) 관습법상 법정지상권의 성립요건

① 토지와 건물의 소유자가 동일해야 한다.

② 토지와 건물 중의 하나가 매매 등의 원인으로 처분되어 토지소유자와 건물소유자가 달라져야 한다.
임의 경매에 의해 소유자가 달라진다면 법정지상권이 인정되며 어느 쪽에도 근저당권이 설정되어 있지 않았으나 매매, 증여, 국세징수법에 의한 공매, 강제경매 등의 원인으로 처분되어 토지소유자와 건물소유자가 달라졌다면 관습법상의 법정지상권이 성립한다.
③ 당사자 사이에 건물을 철거한다는 특약이 없어야 한다.

2) **관습법상 법정지상권의 특징**
① 등기를 요하지 않는다.
② 지료는 당사자 간의 협의에 의해 정해진다.
③ 존속기간은 관습법상 법정지상권이 성립한 때부터 기간을 약정하지 않은 지상권으로 본다.
즉 민법 제280조 제1항의 규정에 의한 목적물별 최단기간(30, 15, 5년)으로 본다.

관련판례

① 동일인 소유이던 토지와 지상 건물이 매매 등으로 각각 소유자를 달리하게 되었을 때 건물 철거 특약이 없는 한 건물 소유자가 법정지상권을 취득한다는 관습법이 현재에도 여전히 법적 규범으로서 효력을 유지하고 있다.

【판결요지】
동일인 소유이던 토지와 그 지상 건물이 매매 등으로 인하여 각각 소유자를 달리하게 되었을 때 그 건물 철거 특약이 없는 한 건물 소유자가 법정지상권을 취득한다는 관습법은 현재에도 그 법적 규범으로서의 효력을 여전히 유지하고 있다고 보아야 한다[대법원 2022. 7. 21., 선고, 2017다236749, 전원합의체 판결]

② 토지와 지상 건물이 함께 양도되었다가 채권자취소권의 행사에 따라 그중 건물에 관하여만 양도가 취소되고 수익자와 전득자 명의의 소유권이전등기가 말소된 경우, 관습법상 법정지상권의 성립요건인 '동일인의 소유에 속하고 있던 토지와 지상 건물이 매매 등으로 인하여 소유자가 다르게 된 경우'에 해당하지 않는다.

【판결요지】

동일인의 소유에 속하고 있던 토지와 지상 건물이 매매 등으로 인하여 소유자가 다르게 된 경우에 건물을 철거한다는 특약이 없는 한 건물소유자는 건물의 소유를 위한 관습상 법정지상권을 취득한다. 그런데 민법 제406조의 채권자취소권의 행사로 인한 사해행위의 취소와 일탈 재산의 원상회복은 채권자와 수익자 또는 전득자에 대한 관계에 있어서만 효력이 발생할 뿐이고 채무자가 직접 권리를 취득하는 것이 아니므로, 토지와 지상 건물이 함께 양도되었다가 채권자취소권의 행사에 따라 그중 건물에 관해서만 양도가 취소되고 수익자와 전득자 명의의 소유권이전등기가 말소되었다고 하더라도, 이는 관습상 법정지상권의 성립요건인 '동일인의 소유에 속하고 있던 토지와 지상 건물이 매매 등으로 인하여 소유자가 다르게 된 경우'에 해당한다고 할 수 없다[대법원 2014. 12. 24., 선고, 2012다73158, 판결].

③ 법정지상권을 취득한 사람으로부터 경매에 의하여 건물 소유권을 이전받은 매수인은 그 지상권을 당연 취득하는지 여부(원칙적 적극) 및 이는 사해행위의 수익자 또는 전득자가 건물의 소유자로서 법정지상권을 취득한 후 채권자취소권 행사에 따라 수익자와 전득자 명의의 소유권이전등기가 말소된 다음 경매절차에서 건물이 매각되는 경우에도 마찬가지로 적용된다.

【판결요지】

저당권 설정 당시 동일인의 소유에 속하고 있던 토지와 지상 건물이 경매로 인하여 소유자가 다르게 된 경우에 건물소유자는 건물의 소유를 위한 민법 제366조의 법정지상권을 취득한다. 그리고 건물 소유를 위하여 법정지상권을 취득한 사람으로부터 경매에 의하여 건물의 소유권을 이전받은 매수인은 매수 후 건물을 철거한다는 등의 매각조건하에서 경매되는 경우 등 특별한 사정이 없는 한 건물의 매수취득과 함께 위 지상권도 당연히 취득하는데, 이러한 법리는 사해행위의 수익자 또는 전득자가 건물의 소유자로서 법정지상권을 취득한 후 채무자와 수익자 사이에 행하여진 건물의 양도에 대한 채권자취소권의 행사에 따라 수익자와 전득자 명의의 소유권이전등기가 말소된 다음 경매절차에서 건물이 매각되는 경우에도 마찬가지로 적용된다[대법원 2014. 12. 24., 선고, 2012다73158, 판결].

④ 관습법상의 법정지상권 지료 청구의 소

i) 관습법상의 법정지상권도 2년분 이상의 지료를 연체할 경우 민법 제287조에 따른 지상권소멸청구의 의사표시에 의하여 소멸한다.

ii) 토지소유자가 지상권자의 지료연체를 이유로 지상권소멸청구를 하여 지상권이 소멸된 경우 지상물매수청구권의 인정되지 않는다.

【판결요지】

i) 관습법상의 법정지상권에 대하여는 다른 특별한 사정이 없는 한 민법의 지상권에 관한 규정을 준용하여야 할 것이므로 지상권자가 2년분 이상의 지료를 지급하지 아니하였다면 관습상의 법정지상권도 민법 제287조에 따른 지상권소멸청구의 의사표시에 의하여 소멸한다.

ii) 민법 제283조 제2항 소정의 지상물매수청구권은 지상권이 존속기간의 만료로 인하여 소멸하는 때에 지상권자에게 갱신청구권이 있어 그 갱신청구를 하였으나 지상권설정자가 계약갱신을 원하지 아니할 경우 행사할 수 있는 권리이므로, 지상권자의 지료연체를 이유로 토지소유자가 그 지상권소멸청구를 하여 이에 터 잡아 지상권이 소멸된 경우에는 매수청구권이 인정되지 않는다[대법원 1993. 6. 29., 선고, 93다10781, 판결].

(2) 분묘기지권

1) 분묘기지권의 성립요건

① 분묘의 존재를 인식할 수 있는 형태를 갖추고 있어야 한다.

평장, 암장 등 객관적인 외형을 갖추지 않았거나 장래를 위한 가묘는 분묘기지권이 인정되지 않는다.

② 다음 각목 중의 1에 해당되어야 한다.

i) 토지소유자의 승낙을 얻어 분묘를 설치한 경우

ii) 토지소유자의 승낙 없이 분묘를 설치하고 20년 동안 평온 · 공연하게 점유하여 시효로 취득한 경우

iii) 자기 소유의 토지에 분묘를 설치하고 별도의 특약 없이 토지만을 처분한 경우

관련판례

① 구 장사 등에 관한 법률의 시행일인 2001. 1. 13. 이전에 타인의 토지에 분묘를 설치하여 20년간 평온 · 공연하게 분묘의 기지를 점유함으로써 분묘기지권을 시효로 취득한 경우, 분묘기지권자는 토지소유자가 지료를 청구하면 그 청구한 날부터의 지료를 지급할 의무가 있다.

【판결요지】

2000. 1. 12. 법률 제6158호로 전부 개정된 구 장사 등에 관한 법률(이하 '장사법'이라 한다)의 시행일인 2001. 1. 13. 이전에 타인의 토지에 분묘를 설치한 다음 20년간 평온 · 공연하게 분묘의 기지(基地)를 점유함으로써 분묘기지권을 시효로 취득하였더라도, 분묘기지권자는 토지소유자가 분묘기지에 관한 지료를 청구하면 그 청구한 날부터의 지료를 지급할 의무가 있다고 보아야 한다.

관습법으로 인정된 권리의 내용을 확정함에 있어서는 그 권리의 법적 성질과 인정 취지, 당사자 사이의 이익형량 및 전체 법질서와의 조화를 고려하여 합리적으로 판단하여야 한다. 취득시효형 분묘기지권은 당사자의 합의에 의하지 않고 성립하는 지상권 유사의 권리이고, 그로 인하여 토지 소유권이 사실상 영구적으로 제한될 수 있다. 따라서 시효로 분묘기지권을 취득한 사람은 일정한 범위에서 토지소유자에게 토지 사용의 대가를 지급할 의무를 부담한다고 보는 것이 형평에 부합한다.

취득시효형 분묘기지권이 관습법으로 인정되어 온 역사적 · 사회적 배경, 분묘를 둘러싸고 형성된 기존의 사실관계에 대한 당사자의 신뢰와 법적 안정성, 관습법상 권리로서의 분묘기지권의 특수성, 조리와 신의성실의 원칙 및 부동산의 계속적 용익관계에 관하여 이러한 가치를 구체화한 민법상 지료증감청구권 규정의 취지 등을 종합하여 볼 때, 시효로 분묘기지권을 취득한 사람은 토지소유자가 분묘기지에 관한 지료를 청구하면 그 청구한 날부터의 지료를 지급하여야 한다고 봄이 타당하다.

[대법관 이기택, 대법관 김재형, 대법관 이흥구의 별개 의견] 분묘기지권을 시효취득한 경우 분묘기지권자는 토지소유자에게 분묘를 설치하여 토지를 점유하는 기간 동안 지료를 지급할 의무가 있다고 보아야 하고, 토지소유자의 지료 청구가 있어야만 그때부터 지료 지급의무가 발생한다고 볼 수 없다.

헌법상 재산권 보장의 원칙, 민법상 소유권의 내용과 효력, 통상적인 거래 관념에 비추어 보면, 점유자가 스스로를 위하여 타인의 토지를 사용하는 경우 당사자 사이에 무상이라는 합의가 존재하는 등의 특별한 사정이 없는 한, 토지 사용의 대가를 지급해야 하는 유상의 사용 관계라고 보아야 한다.

취득시효형 분묘기지권의 지료에 관하여 관습법으로 정해진 내용이 없다면 유사한 사안에 관한 법규범을 유추 적용하여야 한다. 분묘기지권은 다른 사람의 토지를 이용할 수 있는 지상권과 유사한 물권으로서 당사자의 합의에 의하지 않고 관습법에 따라 성립한다. 이러한 토지 이용관계와 가장 유사한 모습은 법정지상권이다. 민법 제366조 등에 따라 법정지상권이 성립하면 지상권자는 '지상권 성립시부터' 토지소유자에게 지료를 지급하여야 한다. 분묘기지권을 시효 취득하여 성립하는 토지 이용관계에 관해서도 법정지상권의 경우와 마찬가지로 분묘기지권이 성립한 때부터 지료를 지급하여야 한다.

[대법관 안철상, 대법관 이동원의 반대의견] 장사법 시행일인 2001. 1. 13. 이전에 분묘를 설치하여 20년간 평온 · 공연하게 그 분묘의 기지를 점유하여 분묘기지권을 시효로 취득하였다면, 특별한 사정이 없는 한 분묘기지권자는 토지소유자에게 지료를 지급할 의무가 없다고 보아야 한다.

분묘기지권은 관습법상 물권이므로, 관습에 대한 조사나 확인을 통하여 관습법의 내용을 선언하여야 하고 법원이 해석을 통해 그 내용을 정하는 것은 타당하지 않다.

지금까지 분묘기지권에 관하여 유상성을 내용으로 하는 관습이 확인된 적이 없었다는 사실은 분묘기지권이 관습상 무상이었음을 반증한다.

지상권에 관한 일반 법리나 분묘기지권과 법정지상권의 차이점, 분묘기지권의 시효취득을 관습법으로 인정하여 온 취지에 비추어 보더라도 분묘기지권자에게 지료 지급의무가 있다고 볼 수 없다[대법원 2021. 4. 29., 선고, 2017다228007, 전원합의체 판결].

(3) 구분지상권

1) 구분지상권의 의의

지하 또는 지상의 공간은 상하의 범위를 정하여 건물 기타공작물을 소유하기 위한 지상권의 목적으로 할 수 있다는 것이다(민§289의2). 즉 공중권 · 지중권 · 지하권을 통틀어서 구분지상권이라 부른다.

구분지상권을 설정하려면 당사자 사이의 합의와 등기를 하여야 함은 보통의 지상권과 같다.

관련판례

토지의 상공에 고압전선이 통과함으로써 토지 상공의 사용 · 수익을 제한받는 경우, 토지소유자가 고압전선의 소유자를 상대로 사용 · 수익이 제한되는 상공 부분에 대한 차임 상당의 부당이득반환을 구할 수 있다. 또한 관계 법령에서 고압전선과 건조물 사이에 일정한 거리를 유지하도록 규정하고 있는 경우, 그 거리 내의 부분도 사용 · 수익이 제한되는 상공의 범위에 포함되며 고압전선의 소유자가 해당 토지 상공에 관하여 일정한 사용권원을 취득하였으나 그 양적 범위가 사용 · 수익이 제한되는 상공의 범위에 미치지 못한 경우, 사용 · 수익이 제한되는 상공 중 사용권원을 취득하지 못한 부분에 대해서 여전히 부당이득반환의무를 부담한다.

【판결요지】

토지의 상공에 고압전선이 통과하게 됨으로써 토지소유자가 토지 상공의 사용 · 수익을 제한받게 되는 경우, 특별한 사정이 없는 한 고압전선의 소유자는 토지소유자의 사용 · 수익이 제한되는 상공 부분에 대한 차임 상당의 부당이득을 얻고 있으므로, 토지소유자는 이에 대한 반환을 구할 수 있다. 이때 토지소유자의 사용 · 수익이 제한되는 상공의 범위에는 고압전선이 통과하는 부분뿐만 아니라 관계 법령에서 고압전선과 건조물 사이에 일정한 거리를 유지하도록 규정하고 있는 경우 그 거리 내의 부분도 포함된다. 한편 고압전선의 소유자가 해당 토지 상공에 관하여 일정한 사용권원을 취득한 경우, 그 양적 범위가 토지소유자의 사용 · 수익이 제한되는 상공의 범위에 미치지 못한다면, 사용 · 수익이 제한되는 상공 중 사용권원을 취득하지 못한 부분에 대해서 고압전선의 소유자는 특별한 사정이 없는 한 차임 상당의 부당이득을 토지소유자에게 반환할 의무를 부담한다[대법원 2022. 11. 30., 선고, 2017다257043, 판결].

(4) 입목의 법정지상권

1) 입목의 법정지상권 성립요건

① 근저당권이 설정될 당시에 토지와 입목의 소유자가 동일해야 한다.

② 근저당권이 설정될 당시에 토지 위에 입목이 존립해야 한다.

③ 경매 등의 사유로 토지와 입목의 소유자가 달라져야 한다.

2) 최근 판례 경향은 수목이나 종물이 매각제외 되었더라도 제삼자가 식재한 경우 등 특별한 사정이 없으면 낙찰자의 소유로 보는 경우가 많다.

관련판례

① 경매 대상 토지 위에 수목이 생립하고 있는 경우, 당해 토지의 평가 및 최저경매가격의 결정시 입목에 관한 법률에 따라 등기된 입목이나 명인방법을 갖춘 수목 등 특별한 사정이 없는 한 토지와 함께 경매되는 것이므로 그 수목의 가액을 포함하여 경매 대상 토지를 평가하여 최저경매가격을 결정하여야 한다.

【판결요지】

경매의 대상이 된 토지 위에 생립하고 있는 채무자 소유의 미등기 수목은 토지의 구성 부분으로서 토지의 일부로 간주되어 특별한 사정이 없는 한 토지와 함께 경매되는 것이므로 그 수목의 가액을 포함하여 경매 대상 토지를 평가하여 이를 최저경매가격으로 공고하여야 하고, 다만 입목에 관한 법률에 따라 등기된 입목이나 명인방법을 갖춘 수목의 경우에는 독립하여 거래의 객체가 되므로 토지 평가에 포함되지 아니한다.

② 경매 대상 토지가 도시계획상 자연녹지지역 내 공원으로서 그 사용 · 수익에 공법상 제한이 있는 경우, 그 수목의 가액을 제외시킨 채 토지가격만을 평가하여 최저입찰가격을 결정한 것이 그 가격 결정에 중대한 하자가 있는 경우에 해당하여 낙찰 불허 사유가 된다.

【판결요지】

경매 대상 토지인 임야가 도시계획상 자연녹지지역 내에 설치된 공원으로서 그 사용 · 수익에 있어서 공법상의 제한이 있다고 하여도 그 지상에 식재된 수목이 경제적 가치를 가지지 않는 것은 아니므로, 경매법원으로서는 마땅히 위 수목의 가액을 포함하여 경매 대상이 된 임야의 가액을 평가하여야 함에도 불구하고 위 수목의 가액을 제외시킨 채 오직 토지가격만을 평가하여 이를 그대로 최저입찰가격으로 결정한 것은 그 가격결정에 중대한 하자가 있는 경우에 해당하여 민사소송법 제663조 제2항, 제635조 제2항 및 제633조 제6호의 규정에 따라 낙찰을 불허하여야 한다[대법원 1998. 10. 28., 자, 98마1817, 결정]

(5) 법정지상권 불성립 사례

▼ 매각물건 기본정보

소 재 지	부산광역시 해운대구 중동 1009-12외 8필지			
물건종별	잡종지	감 정 가	6,077,059,840원	매각 : 1,600,000,000원(26.33%)
토지면적	2343.2㎡ (708.82평)	최 저 가	(24%) 1,476,216,000원	(입찰 2명, 매수인 : 신○○) 배당기일 : 2006.07.14
건물면적	건물은 매각제외	보 증 금	(10%) 147,621,600원	배당종결 2006.07.14
매각물건	토지만 매각	소 유 자	(주)천심공영	
개시결정	2005-01-13	채 무 자	(주)천심공영	
사 건 명	임의경매	채 권 자	김○○	

▼ 토지등기부(채권액합계 : 3,790,760,273원)

접수	권리종류	권리자	채권금액	비고	소멸여부
2002.01.02	소유권이전(매각)	(주)천심공영			
2002.05.03	근저당	홍○○	600,000,000원	말소기준등기	소멸
2002.05.03	근저당	송○○	825,000,000원		소멸
2002.05.03	근저당	김○○	675,000,000원		소멸
2002.07.20	가압류	(주)극동산업 외10	1,419,600,000원	㈜동남엘리베이터, (주)제일설비, 홍○○, 거부건설(주), 안○○, 이○○, 박○○, 김○○, 김○○, 우○○	소멸
2002.08.24	가압류	플러스상호저축은행	21,160,273원		소멸
2003.09.26	임의경매	김○○		2003타경18451	소멸
2004.07.30	가압류	정○○	250,000,000원		소멸
2005.01.13	임의경매	김○○	청구금액 : 675,000,000원	2005타경393	소멸

▼ 매각토지 · 건물현황

목록		지번	용도/구조/면적/토지이용계획		m²당 단가	감정가	비고
토지	1	중동 1009－12	• 일반상업지역 • 방화지구 • 계획도로에속함	대69.5m² (21.02평)	630,000원	43,785,000원	표준지공시지가 : (m²당)530,000원 ☞대지 : 139m² (42.05평)전체면적중 (주)천심공영지분 69.5m²만 입찰임
	2	중동 1009－13	• 일반상업지역 • 방화지구 • 계획도로에속함	대52.5m² (15.88평)	630,000원	33,075,000원	☞대지 : 103m² (31.16평)전체면적중 (주)천심공영지분 52.5m²만 입찰임
	3	중동 1010－1	• 일반상업지역 • 방화지구 • 계획도로에속함	대6.2m² (1.88평)	630,000원	3,906,000원	☞대지 : 39m² (11.8평)전체면적중 (주)천심공영지분 6.2m²만 입찰임
	4	중동 1012－2	일반상업지역, 방화지구, 중심지미관지구 일부, 시설녹지 일부, 계…	답347m² (104.97평)	630,000원	218,610,000원	
	5	중동 1013－1	일반상업지역, 방화지구, 중심지미관지구 일부, 계획도로저촉, 제1…	잡종지734m² (222.04평)	630,000원	462,420,000원	
	6	중동 1014	일반상업지역, 방화지구, 중심지미관지구, 제1종지구단위계획구역…	잡종지248m² (75.02평)	630,000원	156,240,000원	
	7	중동 1018	일반상업지역, 방화지구, 중심지미관지구, 제1종지구단위계획구역…	잡종지179m² (54.15평)	630,000원	112,770,000원	
	8	중동 1019－3	일반상업지역, 방화지구, 중심지미관지구, 계	답562m² (170.01평)	630,000원	354,060,000원	

			획도로저촉, 제 1종지구					
	9	중동 1019－4	일반상업지역, 방화지구, 중심지미관지구 일부, 계획도로저촉		대71㎡ (21.48평)	630,000원	44,730,000원	
			면적소계 2269.2㎡(686.43평)			소계 1,429,596,000원		
제시 외 건물	1	중동 1012－2 경량 철골조 판넬	단층	사무실	112㎡ (33.88평)	92,000원	10,304,000원	매각제외
	2	중동 1013－1 철근콘크리트조 슬래브	9층	근린생활시설, 위락, 판매시설	6614.08㎡ (2000.76평)	648,000원	4,285,923,840원	매각제외 폐쇄상태
	제시외건물 매각제외							
감정가	토지 : 2269.2㎡(686.43평)					합계	6,077,059,840원	토지만 매각
건물 이미지								

위 물건의 경우 근저당(말소기준권리)이 설정(2002.05.03.)될 당시에 건물이 존재하지 않았다.

이후 근저당권자는 경매신청하였고 낙찰자는 법정지상권이 성립되지 않는다는 판단 아래 최초 토지의 감정가보다 높은 가격에 입찰하여 낙찰받았다.

이후 매수인은 건물소유주를 상대로 건물(감정가 50억 이상)철거 소송을 제기하면서 동시에 토지 감정가를 참작하여 토지 매수 협상을 진행하였을 것으로 보인다.

5. 전세권 분석

(1) 전세권이 말소기준권리인 경우

전세권이 말소기준권리를 갖는다는 것은 배당신청(임의경매신청)을 한 선순위 전세권이 집합건물 또는 건물 전체에 설정되었다는 뜻이며 경매절차에서 배당받고 소멸한다.

※ 아파트 등 집합건물의 전유부분에 설정된 전세권의 경우 전유부분의 종된 권리인 대지권에도 전세권의 효력이 미쳐 대지 및 건물 경매대금 전부에 대하여 우선변제권을 갖게 되나 단독주택 등 건물 일부에 설정된 전세권은 경매신청을 바로 진행할 수 없고 소유자를 상대로 전세금반환청구소송에 의한 판결문을 받아 이를 집행권원으로 하여 주택 전부를 강제경매신청할 수 있으며 낙찰대금에서 건물 경매대금에서만 우선변제를 받게 된다. 그러나 주택 임대차보호법상 대항력을 갖추고 확정일자를 받았다면 그 대항력은 토지에도 미치므로 위 주택의 전세권자가 대항력과 확정일자를 갖추었다면 토지 경매대금에서도 우선변제를 받을 수 있다.

(2) 전세권이 말소기준권리가 아닌 경우

1) 말소기준권리보다 선순위 전세권인 경우

선순위 전세권은 최초 매각기일 이전까지 채권계산서를 제출하면 배당받고 소멸한다.

그러나 채권계산서를 제출하지 않으면 낙찰자가 전액 인수하여야 한다.

2) 말소기준권리보다 후순위 전세권인 경우

전세권은 경매절차에서 전세금 전액을 배당받든 못 받든 무조건 소멸한다.

관련판례

① 목적물의 사용 · 수익권을 완전히 배제한 전세권은 무효

【판시사항】

당사자가 주로 채권담보의 목적으로 전세권을 설정하면서 목적물을 인도하지 않은 경우, 장차 전세권자가 목적물을 사용 · 수익하는 것을 완전히 배제하지 않는

한 전세권이 유효한지 여부(적극) 및 기존의 채권으로 전세금 지급을 대신할 수 있는지 여부(적극)

【판결요지】

전세권이 용익물권적 성격과 담보물권적 성격을 모두 갖추고 있고, 목적물의 인도는 전세권의 성립요건이 아닌 점 등에 비추어 볼 때, 당사자가 주로 채권담보의 목적으로 전세권을 설정하였고, 그 설정과 동시에 목적물을 인도하지 아니한 경우라 하더라도, 장차 전세권자가 목적물을 사용 · 수익하는 것을 완전히 배제하는 것이 아니라면 그 전세권의 효력을 부인할 수는 없다. 전세금의 지급은 전세권 성립의 요소가 되는 것이지만 그렇다고 하여 전세금의 지급이 반드시 현실적으로 수수되어야만 하는 것은 아니고 기존의 채권으로 전세금 지급을 대신할 수도 있다[대법원 2021. 12. 30., 선고, 2018다268538, 판결].

② 임대차보증금반환채권을 담보할 목적으로 임대인과 임차인 사이의 합의에 따라 임차인 명의로 전세권설정등기를 마친 경우는 유효.

【판시사항】

임대인과 임차인이 임대차계약에 따른 임대차보증금반환채권을 담보할 목적으로 전세권을 설정하기 위하여 전세권설정계약을 체결한 경우, 위 전세권설정계약이 임대차계약과 양립할 수 없는 범위에서 통정허위표시에 해당하여 무효인지 여부(적극)/ 이때 임대인이 전세권설정계약에 의하여 형성된 법률관계에 기초하여 새로이 법률상 이해관계를 가지게 된 제삼자에 대하여 무효를 주장할 수 있는 경우

【판결요지】

임대차계약에 따른 임대차보증금반환채권을 담보할 목적으로 임대인과 임차인 사이의 합의에 따라 임차인 명의로 전세권설정등기를 마친 경우, 그 전세금의 지급은 이미 지급한 임대차보증금으로 대신한 것이고, 장차 전세권자가 목적물을 사용 · 수익하는 것을 완전히 배제하는 것도 아니므로, 그 전세권설정등기는 유효

하다. 이때 임대인과 임차인이 그와 같은 전세권설정등기를 마치기 위하여 전세권설정계약을 체결하여도, 임대차보증금은 임대차계약이 종료된 후 임차인이 목적물을 인도할 때까지 발생하는 차임 및 기타 임차인의 채무를 담보하는 것이므로, 임대인과 임차인이 위와 같이 임대차보증금반환채권을 담보할 목적으로 전세권을 설정하기 위하여 전세권설정계약을 체결하였다면, 임대차보증금에서 연체차임 등을 공제하고 남은 돈을 전세금으로 하는 것이 임대인과 임차인의 합치된 의사라고 볼 수 있다. 그러나 그 전세권설정계약은 외관상으로는 그 내용에 차임지급 약정이 존재하지 않고 이에 따라 전세금이 연체차임으로 공제되지 않는 등 임대인과 임차인의 진의와 일치하지 않는 부분이 존재한다. 따라서 그러한 전세권설정계약은 위와 같이 임대차계약과 양립할 수 없는 범위에서 통정허위표시에 해당하여 무효라고 봄이 타당하다. 다만 그러한 전세권설정계약에 의하여 형성된 법률관계에 기초하여 새로이 법률상 이해관계를 가지게 된 제삼자에 대하여는 그 제삼자가 그와 같은 사정을 알고 있었던 경우에만 그 무효를 주장할 수 있다[대법원 2021. 12. 30., 선고, 2018다268538, 판결].

③ 전유부분에 설정된 전세권의 이기시 대지사용권에 효력발생 시점

【판시사항】

건물 일부만에 관하여 전세권이 설정되었다가 그 건물이 집합건물로 된 후 그 전세권이 구분건물의 전유 부분만에 관한 전세권으로 이기된 경우, 그 전세권의 효력은 그 대지권에까지 미치는지 여부(한정 적극) 및 그 전세권의 효력이 대지사용권에 미치는 시점(=대지사용권이 성립한 때)

【판결요지】

집합건물이 되기 전의 상태에서 건물 일부만에 관하여 전세권이 설정되었다가 그 건물이 집합건물로 된 후 그 전세권이 구분건물의 전유 부분만에 관한 전세권으로 이기된 경우, 구분소유자가 가지는 전유 부분과 대지사용권의 분리처분이 가능하도록 규약으로 정하는 등의 특별한 사정이 없는 한, 그 전유 부분의 소유자가 대지사용권을 취득함으로써 전유 부분과 대지권이 동일소유자에게 귀속하게

되었다면 위 전세권의 효력은 그 대지권에까지 미친다고 보아야 할 것이고, 위 집합건물에 관하여 경매가 실행된 경우 대지권의 환가대금에 대한 배당순위에 있어서, 위 전세권이, 대지사용권이 성립하기 전의 토지에 관하여 이미 설정된 저당권보다 우선한다고 할 수는 없는바, 이는 대지사용권에 대한 전세권의 효력은 대지사용권이 성립함으로써 비로소 미치게 되는 것이므로 대지사용권이 성립하기 전에 그 토지에 관하여 이미 저당권을 가지고 있는 자의 권리를 해쳐서는 안 되기 때문이다[대법원 2002. 6. 14., 선고, 2001다68389, 판결].

6. 유치권 분석

(1) 유치권의 성립요건

① 물건과 유가증권을 대상으로 한다.
② 채권이 유치권의 목적물에 관하여 생긴 것이어야 한다.(상호견련성)
③ 채권이 변제기에 있어야 한다.
④ 유치권자는 타인의 물건 기타 유가증권의 점유자이어야 한다.
⑤ 유치권의 발생을 배제하는 법령상 · 계약상의 사유가 없어야 한다.(배제특약이 없어야)

(2) 유치권자의 권리

1) 경매청구권

유치권자는 채권의 변제를 받기 위하여 유치물에 대하여 경매를 신청할 수 있다(민법 제322조 제1항). 유치권에 의한 경매는 담보권 실행을 위한 경매의 예에 따라 실시한다(민사집행법 제274조 제1항). 다만, 유치권에 의한 경매절차는 목적물에 대하여 강제경매 또는 담보권 실행을 위한 경매절차가 개시된 경우에는 이를 정지하고, 채권자 또는 담보권자를 위하여 그 절차를 계속하여 진행하며, 이 경우 강제경매 또는 담보권 실행을 위한 경매가 취소되면 유치권에 의한 경매절차를 계속하여 진행한다(민사집행법 제274조 제2항, 제3항).

한편, 유치권에 의한 경매도 강제경매나 담보권 실행을 위한 경매와 마찬가지로 목적부동산 위의 부담을 소멸시키는 것을 법정매각조건으로 하여 실시되고(소멸주의, 대법원2011. 6. 15.자2010마1059결정), 우선채권자뿐만 아니라 일반채권자의 배당요구도 허용되며, 유치권자는 일반채권자와 동일한 순위로 배당을 받을 수 있다(유치권자는 법률상 우선변제권이 없으므로 유치권자라는 이유만으로는 배당에 참가할 수 없고, 일반채권자와 마찬가지로 채권에 관하여 집행력 있는 정본을 가진 경우 등에 한하여 배당에 참가할 수 있을 뿐이다).

다만, 집행법원은 부동산 위의 이해관계를 살펴 위와 같은 법정매각조건과는 달리 매각조건 변경결정을 통하여 목적부동산 위의 부담을 소멸시키지 않고 매수인으로 하여금 인수하도록 정할 수 있다(인수주의). 그리고 유치권에 의한 경매가 소멸주의를 원칙으로 하여 진행되는 이상 강제경매나 담보권 실행을 위한 경매의 경우와 같이 그 목적부동산 위의 부담을 소멸시키는 것이므로 집행법원이 달리 매각조건 변경결정을 통하여 목적부동산 위의 부담을 소멸시키지 않고 매수인으로 하여금 인수하도록 정하지 않은 이상 집행법원으로서는 매각기일의 공고나 매각물건명세서에 목적부동산 위의 부담이 소멸하지 않고 매수인이 이를 인수하게 된다는 취지를 기재할 필요가 없다(대법원2011. 6. 15.자2010마1059결정).

그리고 소멸주의에 따른 경매절차에서는 우선채권자나 일반채권자의 배당요구와 배당을 인정하므로 그 절차에서 작성된 배당표에 대하여 배당이의의 소를 제기하는 것이 허용되지만, 인수주의에 따른 경매절차에서는 배당요구와 배당이 인정되지 아니하고 배당이의의 소도 허용되지 아니한다(대법원2014. 1. 23.선고2011다83691판결).

2) 간이변제충당권(민법 제322조 제2항)

정당한 이유 있는 때에는 유치권자는 감정인의 평가에 의하여 유치물로 직접 변제에 충당할 것을 법원에 청구할 수 있다. 이 경우에는 유치권자는 미리 채무자에게 통지하여야 한다.

3) 과실수취권(민법 제323조)

유치권자는 유치물의 과실을 수취하여 다른 채권보다 먼저 그 채권의 변제에 충당할 수 있다. 그러나 과실이 금전이 아닌 때에는 경매하여야 한다. 과실은 먼저 채권의 이자에 충당하고 그 잉여가 있으면 원본에 충당한다.

4) 유치물사용권 – 원칙적으로 소유자의 승낙이 필요함

① 유치권자는 소유자의 승낙 없이 유치물을 사용, 대여 또는 담보제공 하지 못하는 것이 원칙이다(민법 제324조 제2항 본문). 그래서 소유자의 동의 없이 유치권자로부터 유치권의 목적물을 임차한 자는 소유자에 대하여 점유할 정당한 권원이 있다고 할 수 없다(대법원 2002. 11. 27.자2002마3516결정).

② 유치권자가 이를 위반한 경우에는 소유자는 유치권의 소멸을 청구할 수 있다(민법 제324조 제3항).

③ 유치물의 보존에 필요한 사용
유치권자는 소유자의 승낙이 없더라도 '유치물의 보존에 필요한 사용'은 이를 할 수 있다(민법 제324조 제2항 단서). 교회와 같이 법인이 아닌 사단이 유치권의 주체인 경우, 그 구성원들은 내부의 규약 등에 정하여진 바에 따라 그들의 준총유에 속하는 유치권의 유치물을 위와 같이 사용할 수 있다(민법 제278조, 제275조 제1항, 제276조 제2항)(대법원2011. 12. 13.선고2009다5162판결).

④ 비용상환청구권(민법 제325조)
유치권자가 유치물에 관하여 필요비를 지출한 때에는 소유자에게 그 상환을 청구할 수 있다. 유치권자가 유치물에 관하여 유익비를 지출한 때에는 그 가액의 증가가 현존한 경우에 한하여 소유자의 선택에 좇아 그 지출한 금액이나 증가액의 상환을 청구할 수 있다. 그러나 법원은 소유자의 청구에 의하여 상당한 상환기간을 허여할 수 있다.

(3) 유치권자의 의무

유치권자는 선량한 관리자의 주의로 유치물을 점유하여야 한다(민법 제324조 제1항).

(4) 유치권의 소멸

1) 물권 및 담보물권 일반의 소멸 사유

유치권도 담보물권에 해당하므로 피담보채무가 변제, 변제공탁, 시효소멸 등으로 소멸하면 함께 소멸한다.

2) 유치권의 특유한 소멸 사유

① 유치권자의 의무 위반을 원인으로 하는 채무자의 소멸청구

유치권자가 유치물을 점유하면서 선관주의의무를 위반하거나 채무자의 승낙 없이 유치물의 보존에 필요한 범위를 넘어 유치물의 사용, 대여 또는 담보제공을 한 경우에는, 채무자는 유치권의 소멸을 청구할 수 있다(민법 제324조 제3항).

② 다른 담보의 제공을 원인으로 하는 채무자의 소멸청구

채무자는 상당한 담보를 제공하고 유치권의 소멸을 청구할 수 있다(민법 제327조). 법에는 유치권의 소멸을 청구할 수 있는 자가'채무자'로 규정되어 있으나, 채무자가 아닌 유치물의 소유자(예컨대 유치물의 소유권을 취득한 제삼자)도 이에 포함된다(대법원 2021. 7. 29.선고2019다216077판결).

③ 점유의 상실(민법 제328조)

유치권은 점유의 상실로 인하여 소멸한다. 이러한 점에서 점유는 유치권의 성립요건이자 존속요건에 해당한다.

그러나 유치권자가 물건의 점유를 일시 상실하였다가 후에 다시 물건을 점유하게 된 경우에도 새로 유치권이 성립한다.

④ 채무자와 소유자가 상당한 담보를 제공하고 소멸을 청구한 경우

(5) 유치권의 특징

① 유치권자는 목적물의 소유권이 누구에게 속하든 그 권리를 주장할 수 있고, 채권의 변제를 받을 때까지 유치할 수 있다.

즉, 채무자뿐만 아니라 그 물건의 양수인이나 경매로 인한 매수인(낙찰자) 등에 대해서도 권리의 주장 및 유치가 가능하다.(민사집행법 91조5항)

② 유치권자는 매수인에 대하여 그 피담보채권의 변제가 있을 때까지 유치목적물인 부동산의 인도를 거절할 수 있을 뿐이고, 그 피담보채권의 변제를 청구할 수는 없다.(대법원 1996. 8. 23.선고95다8713판결).

③ 유치권자가 점유를 상실하면 원칙적으로 유치권도 소멸한다.(민법 328조) 다만 점유가 제삼자에 의하여 불법 침탈된 경우에는 유치권자가 점유물반환청구권을 행사하여 점유를 회수하게 되면 점유를 상실하지 않은 것으로 되어(민법 204조) 유치권이 소멸하지 않은 것으로 된다.

④ 유치권에는 우선변제권이 인정되지 않기 때문에 이를 보존하기 위한 물상대위성(物上代位性)은 인정되지 않는다.

(6) 유치권이 성립하지 않는 경우

① 임대차계약서에 임차인의 원상회복 의무가 명시되어 있는 경우

② 현황조사서 작성 당시 점유하고 있지 않은 경우(추정)

③ 도급계약에서의 수급인의 도급인에 대한 유치권은 성립하지만, 수급인의 하청업자의 공사비로 인한 유치권

④ 임차인의 인테리어 공사비(자신을 위한 지출로 봄)

관련판례

① 유치권의 성립요건인 유치권자의 점유는 직접점유이든 간접점유이든 관계없지만, 유치권자는 채무자 또는 소유자의 승낙이 없는 이상 그 목적물을 타에 임대할 수 있는 권한이 없으므로(민법 제324조 제2항), 유치권자의 그러한 임대행위는 소유자의 처분 권한을 침해하는 것으로서 소유자에게 그 임대의 효력을 주장할 수 없다. 따라서 소유자의 승낙 없는 유치권자의 임대차에 의하여 유치권의 목적물을 임차한 자의 점유는 소유자에게 대항할 수 있는 적법한 권원에 기한 것이라고 볼 수 없다. (대법원 2002. 11. 27.자 2002마3516 결정, 대법원 2004. 2. 13. 선고 2003다56694 판결 참조)

② 甲이 건물 신축공사 수급인인 乙 주식회사와 체결한 약정에 따라 공사현장에 시멘트와 모래 등의 건축자재를 공급한 사안에서, 甲의 건축자재대금채권은

매매계약에 따른 매매대금채권에 불과할 뿐 건물 자체에 관하여 생긴 채권이라고 할 수는 없음에도 건물에 관한 유치권의 피담보채권이 된다고 본 원심판결에 유치권의 성립요건인 채권과 물건 간의 견련관계에 관한 법리오해의 위법이 있다고 한 사례[대법원 2012. 1. 26., 선고, 2011다96208, 판결].

③ 임대인과 임차인 사이에 건물명 도시 권리금을 반환하기로 하는 약정이 있었다 하더라도 그와 같은 권리금반환청구권은 건물에 관하여 생긴 채권이라 할 수 없으므로 그와 같은 채권을 가지고 건물에 대한 유치권을 행사할 수 없다[대법원 1994. 10. 14., 선고, 93다62119, 판결].

④ 甲 주식회사가 구분등기가 마쳐진 4개 호실 중 1개 호실을 임차하면서 임대인과 '임대차계약이 종료된 경우에 임대인은 임차인에게 임차인이 위 부동산에 관하여 뷔페 영업을 위하여 투입한 총공사비의 70%를 반환한다.'는 내용의 공사비 반환 약정을 하였고, 그 후 甲 회사는 4개 호실을 점유하면서 각 호실을 구분하던 칸막이를 철거하는 등의 공사를 한 다음 점유 부분 전부를 뷔페 영업을 위한 공간으로 사용하였는데, 4개 호실이 경매절차에서 일괄매각되자 甲 회사가 위 약정에 따른 유익비상환채권을 피담보채권으로 하는 유치권의 존재 확인을 구한 사안에서, 甲 회사가 지출하였다고 주장하는 총공사비에 따라 산정한 금액을 유치권의 피담보채권으로 인정한 다음 甲 회사가 각 호실 전체에 대하여 유치권을 주장할 수 있다고 본 원심판단에 법리오해의 잘못이 있다고 한 사례[대법원 2023. 4. 27., 선고, 2022다273018, 판결]

⑤ 가. 건물철거는 그 소유권의 종국적 처분에 해당하는 사실행위이므로 원칙으로는 그 소유자에게만 그 철거처분권이 있으나 미등기건물을 그 소유권의 원시취득자로부터 양도받아 점유 중에 있는 자는 비록 소유권취득등기를 하지 못하였다고 하더라도 그 권리의 범위내에서는 점유 중인 건물을 법률상 또는 사실상 처분할 수 있는 지위에 있으므로 그 건물의 존재로 불법점유를 당하고 있는 토지소유자는 위와 같은 건물점유자에게 그 철거를 구할 수 있다.

나. 가항의 건물점유자가 건물의 원시취득자에게 그 건물에 관한 유치권이 있다고 하더라도 그 건물의 존재와 점유가 토지소유자에게 불법행위가 되고 있다면 그 유치권으로 토지소유자에게 대항할 수 없다[대법원

1989. 2. 14., 선고, 87다카3073, 판결].

⑥ 유치권자가 경락인에 대하여 그 피담보채권의 변제를 청구할 수는 없지만 유치권자는 여전히 자신의 피담보채권이 변제될 때까지 유치목적물인 부동산의 인도를 거절할 수 있어 부동산 경매절차의 입찰인들은 낙찰 후 유치권자로부터 경매목적물을 쉽게 인도받을 수 없다는 점을 고려하여 입찰을 하게 되고 그에 따라 경매목적부동산이 그만큼 낮은 가격에 낙찰될 우려가 있는바, 이와 같은 저가낙찰로 인해 근저당권자의 배당액이 줄어들 위험은 경매절차에서 근저당권자의 법률상 지위를 불안정하게 하는 것이므로 위 불안을 제거하는 근저당권자의 이익을 단순한 사실상 · 경제상의 이익으로 볼 수 없다. 따라서 근저당권자는 경매절차에서 유치권을 주장하는 자를 상대로 유치권 부존재 확인의 소를 제기할 법적 이익이 있다(대법원 2004. 9. 23. 선고2004다32848판결).

⑦ 경매개시결정에 의한 압류의 경우 – 유치권은 매각으로 소멸
부동산에 관하여 이미 경매절차가 개시되어 진행되고 있는 상태에서 비로소 그 부동산에 유치권을 취득한 경우에도 아무런 제한 없이 유치권자에게 경매절차의 매수인에 대한 유치권의 행사를 허용하면 경매절차에 대한 신뢰와 절차적 안정성이 크게 위협받게 됨으로써 경매 목적부동산을 신속하고 적정하게 환가하기가 매우 어렵게 되고 경매절차의 이해관계인에게 예상하지 못한 손해를 줄 수도 있으므로, 그러한 경우에까지 압류채권자를 비롯한 다른 이해관계인들의 희생하에 유치권자만을 우선 보호하는 것은 집행절차의 법적 안정성이라는 측면에서 받아들일 수 없다[대법원 2014. 3. 20. 선고2009다60336]

7. 가압류 분석

(1) 서설

가압류는 채권자가 채무자의 채권확보를 위한 처분제한 조치로서 채권에 불과하고 채권자 평등주의에 의해 우선변제권을 주장할 수 없다.

(2) 가압류와 타 권리와의 배당순위

1) 가압류와 근저당권, 확정일자부임차권 배당

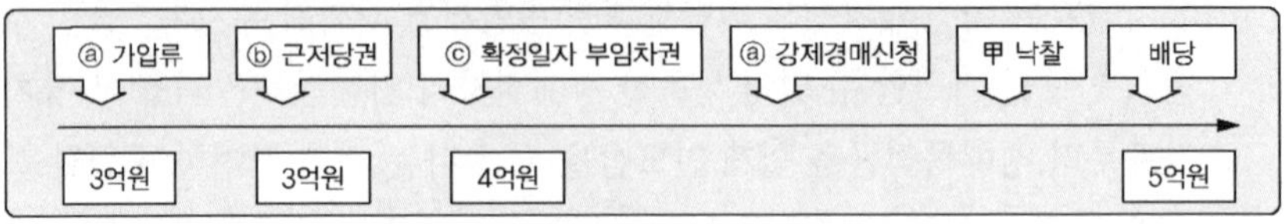

채권확보를 위한 가압류의 처분제한의 효력으로 말소기준권리는 ⓐ 가압류가 되고 이후의 모든 권리는 배당받고 소멸한다.
ⓐ 가압류와 ⓑ 근저당권, ⓒ 확정일자부임차권은 동순위로서 각자의 채권액에 비례하여 안분배당을 받고 ⓑ 근저당권은 ⓒ 확정일자부임차권에 대하여 우선변제권을 가지므로 흡수배당한다.

① 안분배당

ⓐ 가압류 : $5\text{억원} \times \frac{3\text{억원}}{10\text{억원}} = 1\text{억}5\text{천만원}$,

ⓑ 근저당 : $5\text{억원} \times \frac{3\text{억원}}{10\text{억원}} = 1\text{억}5\text{천만원}$

ⓒ 확정일자부임차권 : $5\text{억원} \times \frac{4\text{억원}}{10\text{억원}} = 2\text{억원}$

② 흡수배당
ⓑ 근저당권이 자신의 채권액이 충족될 때까지 ⓒ 확정일자부임차권의 안분배당액을 흡수배당
∴ ⓑ 근저당권 : 3억원, ⓒ 확정일자부임차권 : 5천만원

2) 가압류와 근저당권의 배당
가압류등기 후에 근저당권이 설정된 경우 가압류보다 늦게 설정된 근저당권은 가압류와 동순위의 지위를 갖게 된다. 이것은 채권에 대한 물권의 우선변제권은 소급효가 없으므로 선순위 채권에게도 우선변제권을 주장할 수 없기 때문이다. 또한, 채권인 가압류는 채권자 평등주의 원칙에 의해 물권인 저당권에 대한 우선변제권이 없다. 그러므로 선순위 가압류와 후순위 근저당권은 서로에 대하여 우선변제권을 주장할 수 없으므로 동순위의 지

위를 갖게된다.

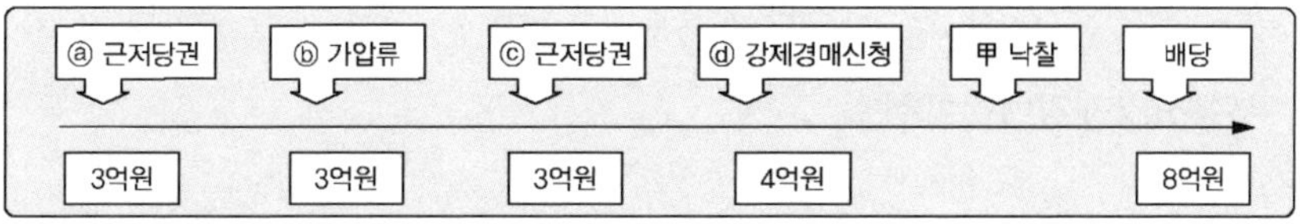

위 사안에서 배당은 다음과 같은 순서로 이루어진다.

ⓐ 근저당이 1순위로 우선 변제받고 잔여 배당액은 ⓑ 가압류=ⓒ 근저당권=ⓓ강제경매신청이 동순위로 각자의 채권액에 비례하여 안분배당 받은 후 ⓒ 근저당권은 ⓓ강제경매신청에 대하여 우선변제권을 행사하여 흡수배당하게 된다.

① 우선배당 ⓐ 근저당권 : 3억원

② 안분배당

ⓑ 가압류=ⓒ 근저당권=ⓓ 강제경매신청는 동순위의 지위를 가지므로 채권액 비율로 잔여배당액 5억원을 안분배당한다.

ⓑ 가압류 : $5\text{억원} \times \frac{3\text{억원}}{10\text{억원}} = 1\text{억}5\text{천만원}$

ⓒ 근저당권 : $5\text{억원} \times \frac{3\text{억원}}{10\text{억원}} = 1\text{억}5\text{천만원}$

ⓓ 강제경매신청 : $5\text{억원} \times \frac{4\text{억원}}{10\text{억원}} = 2\text{억원}$

③ 흡수배당

ⓒ 근저당권은 ⓓ 강제경매신청에 대하여 우선변제권을 행사하여 흡수배당받게 된다.

ⓒ 근저당권 : 3억원

ⓓ강제경매신청 : 5천만원

최종적으로 ⓐ 근저당권 : 3억원, ⓑ 가압류 : 1억5천만원, ⓒ 근저당권 : 3억원5천만원, ⓓ 강제경매신청 : 5천만원을 배당 받게 된다.

관련판례

부동산강제경매절차취소

【판시사항】

가. 가압류등기 후에 경료된 근저당권설정등기의 효력

나. '가'항의 경우 가압류채권자와 근저당권자 및 근저당권설정등기 후 강제경매신청을 한 압류채권자 사이의 배당순위

【판결요지】

가. 부동산에 대하여 가압류등기가 먼저 되고 나서 근저당권설정등기가 마쳐진 경우에 그 근저당권등기는 가압류에 의한 처분금지의 효력 때문에 그 집행보전의 목적을 달성하는 데 필요한 범위 안에서 가압류채권자에 대한 관계에서만 상대적으로 무효이다.

나. '가'항의 경우 가압류채권자와 근저당권자 및 근저당권설정등기 후 강제경매신청을 한 압류채권자 사이의 배당관계에 있어서, 근저당권자는 선순위 가압류채권자에 대하여는 우선변제권을 주장할 수 없으므로 1차로 채권액에 따른 안분비례에 의하여 평등배당을 받은 다음, 후순위 경매신청압류채권자에 대하여는 우선변제권이 인정되므로 경매신청압류채권자가 받을 배당액으로부터 자기의 채권액을 만족시킬 때까지 이를 흡수하여 배당받을 수 있다[대법원 1994. 11. 29., 자, 94마417, 결정].

8. 가등기 분석

(1) 가등기의 특징

가등기는 소유권이전청구권 보전가등기인지 담보가등기인지 등기부상에서 구분이 되지 않는다.

따라서 가등기된 부동산이 경매진행될 경우 법원은 보전가등기인지 담보가등기인지 여부를 법원에 신고할 것을 최고하게 된다. 이때 담보가등기는 채권신고

종기일인 첫 매각기일 이전까지 채권계산서를 제출하여야 하며 채권신고를 한 경우에 한하여 낙찰금액에서 순위 배당받고 소멸한다. 만일 법원의 최고에도 불구하고 채권계산서를 제출하지 않은 선순위 가등기가 있다면 이는 보전가등기일 가능성이 높고 선순위 보전가등기가 있는 물건을 낙찰받으면 낙찰자가 인수하여야 한다.

(2) 가등기(담보가등기)가 말소기준권리인 경우

채권확보를 위한 담보가등기만이 말소기준권리가 될 수 있으며 담보가등기는 경매가 진행되면 저당권으로 보기 때문에 배당받고 소멸한다.

(3) 선순위 가등기(소유권이전청구권 보전가등기)의 소멸

매매예약(형성적 청구권)을 원인으로 등기된 가등기는 제척기간 10년이 적용되고 매매계약(채권적 청구권)을 원인으로 등기된 가등기는 소멸시효 10년에 걸림으로 등기설정일로부터 10년 경과 여부를 확인한다.

▼ 매각물건의 기본정보

소 재 지	제주특별자치도 제주시		
물건종별	과수원	감 정 가	511,321,960원
토지면적	전체 : 21706㎡ (6566.07평) 지분 : 3617.65㎡ (1094.34평)	최 저 가	(49%) 250,548,000원
건물면적	건물은 매각제외	보 증 금	(10%) 25,054,800원
매각물건	토지만 매각이며, 지분 매각임	소 유 자	좌○ ○
개시결정	2021－03－16	채 무 자	좌○ ○
사 건 명	강제경매	채 권 자	진○ ○

구분	매각기일	최저매각가격	결과
1차	2021-12-27	511,321,960원	유찰
2차	2022-02-15	357,925,000원	유찰
3차	2022-03-29	250,548,000원	
매각 : 278,500,000원(54.47%)			
(입찰1명, 매수인 : 이○ ○ (공유자우선매수))			
매각결정기일 : 2022.04.05 －매각허가결정			
대금지급기한 : 2022.05.13			
대금납부 2022.05.09 / 배당기일 2022.09.02			
배당종결 2022.09.02			

▼ 토지등기부

접수	권리종류	권리자	채권금액	비고
1973.06.04	소유권 이전(매매)	좌○○		좌○1 좌○2 좌○3 좌○4 좌○5 좌○○ 각 1/6
2003.10.10	좌○○지분전부이전 청구권가등기	좌○○		매매예약
2010.02.05	좌○○지분 압류	제주세무서		말소기준등기
2021.03.16	좌○○지분강제경매	진○○	청구금액 : 130,180,938원	2021타경2044

순위번호	등 기 목 적	접 수	등 기 원 인	권리자 및 기타사항
				좌○○ 제주시 삼도동 1069
				부동산등기법 제177조의 6 제1항의 규정에 의하여 2000년 09월 19일 전산이기
1-1	1번등기명의인표시 변경	2003년10월10일 제83998호	2000년1월31일 전거	좌○1 의 주소 제주시 일도이동 132-40 한일빌라 나-501
1-2	1번등기명의인표시 변경	2005년11월22일 제88119호	1995년3월11일 전거	좌○2 의 주소 제주시 이도이동 420-10
2	1번 좌○1 지분전부 이전청구권가등기	2003년10월10일 제83999호	2003년10월9일 매매예약	권리자 좌○3 570612-******* 제주시 일도이동 113-7 대유대림아파트 302-201

본 물건은 토지만의 지분경매이고 말소기기준권리는 2010.02.05.에 등기된 제주세무서의 압류등기이다. 그러므로 앞에 설정된 가등기는 선순위가등기에 해당됨으로 매수인이 낙찰받아도 가등기가 본등기를 하게 되면 소유권을 상실하게 된다.

그러나 등기부상의 가등기는 매매예약을 원인으로 설정(2003.10.10.)된 가등기로서 경매가 진행되고 현재 10년의 제척기간이 적용되어 효력을 상실하였다.

그러므로 낙찰받은 뒤에 가등기 취소를 신청하면 될 것이다. 그다음 다른 지분권자와 협상에 의해서 처분하면 될 것으로 판단된다.

※ 가압류, 가처분 및 가등기의 소멸시효
일반적으로 채권은 10년간 행사하지 않으면 소멸되기 때문에 채권자는 소멸시효를 중단시키기 위해 통상적으로 가압류를 해 둔다.

민사집행법은 채무자를 가능한 한 빨리 채권자의 압박으로부터 벗어나게 하기 위해 제소기간의 도과 등을 원인으로 하는 가압류 취소제도를 마련하고 있다.
가압류등기는 10년 경과로 취소 요건이 완성됐고, 그 후 채권자가 본안의 소를 제기하더라도 이해관계인의 취소 신청에 따라 위 가압류 결정은 취소를 면치 못하며(대판 99다37887), 취소결정이 확정되면 그 결정정본을 집행기관에 제출해 별도의 집행 취소를 구해 가압류등기를 말소하면 된다.

민법 제162조(채권, 재산권의 소멸시효) ① 채권은 10년간 행사하지 아니하면 소멸시효가 완성한다. ② 채권 및 소유권 이외의 재산권은 20년간 행사하지 아니하면 소멸시효가 완성한다. **제168조(소멸시효의 중단 사유)** 소멸시효는 다음 각 호의 사유로 인하여 중단된다. 1. 청구 2. 압류 또는 가압류, 가처분 3. 승인

관련판례

구 민사소송법 제706조 제2항 위헌소원

【판시사항】

가. 가처분이 집행된 후 10년간 본안의 소가 제기되지 아니한 때에는 가처분을 취소할 수 있도록 하고 있는 구민사소송법(1990. 1. 13. 법률 제4201호로 개정되고, 2002. 1. 26. 법률 제6626호로 개정되기 전의 것) 제715조 본문 중 제706조 제2항에 관한 부분(이하 '이 사건 법률조항'이라 한다)이 가처분채권자의 재산권을 침해하는지 여부(소극)

나. 이 사건 법률조항이 가처분채권자의 평등권을 침해하는지 여부(소극)

【결정요지】

가. 이 사건 법률조항은 채무자의 재산권을 보호하고 정리되지 아니한 등기부가 장기간 방치되는 것을 방지하기 위한 것으로서, 가처분이 집행된 후 10년이 경과하도록 본안의 소가 제기되지 아니하는 경우 채무자나 이해관계

인으로 하여금 법원에 가처분 취소신청을 할 수 있도록 하는 것은 입법목적을 달성하기 위한 적절한 수단이 된다. 이 사건 법률조항에서 정하고 있는 10년이 짧은 기간이라고 할 수는 없고 가처분 목적물에 관하여 권리를 취득한 제삼자의 재산권 보호에 필요하다는 점에 비추어 침해의 최소성 원칙에 반하지 아니한다. 그리고 본안의 소를 제기하지 않고 있는 채권자의 권리보다 가처분에 의하여 제한되고 있는 채무자나 이해관계인의 재산권과 거래의 안전이 더욱 중대한 이익이므로 법익 균형성의 원칙에도 반하지 아니하므로, 이 사건 법률조항은 가처분채권자의 재산권을 침해한다고 볼 수 없다.

나. 이 사건 법률조항은 가처분이 집행된 후 10년간 본안의 소가 제기되지 아니한 경우 채권자가 보전의사를 포기한 것으로 볼 수 있다는 점에 근거하여 그 기간이 도과되었다는 사실만으로 가처분을 취소할 수 있도록 하려는 것으로서, 권리관계의 조속한 확정을 목적으로 하는 제소명령위반으로 인한 가처분 취소와는 제도적 취지를 달리하는 것이어서, 그 기간이 도과된 후 본안의 소가 제기된 경우 양자를 다르게 취급한다고 하여 이를 합리적인 이유가 없는 자의적인 차별이라고 할 수 없다.[전원재판부 2011헌바109, 2012. 4. 24.]

(4) 가등기가 말소기준권리가 안 되는 경우

말소기준권리 이후에 설정된 담보가등기는 저당권으로 보아 순위에 따라 배당받고 소멸하고 보전가등기도 소멸한다. 그러나 보전가등기가 말소기준권리보다 먼저 설정된 경우에는 낙찰자가 인수하게 되어 가등기권자가 가등기에 기한 본등기를 한다면 낙찰자는 이에 대항할 수 없어 소유권을 잃게 된다. 이 경우 낙찰자는 가등기권자의 본등기 시점에 따라 법원에 매각허가결정 취소신청(대금납부 전), 매매계약의 해제신청(대금납부 후 배당기일 전), 경매대금반환요청(채무자, 소유자, 배당받은 채권자)을 하여야 한다.

관련판례

① 가등기에기한 본등기절차이행청구 · 소유권말소등기

【판시사항】

부동산등기법 제23조 제4항에서 말하는 '등기절차의 이행을 명한 판결'은 주문에 반드시 등기절차를 이행하라는 등기의무자의 등기신청 의사를 진술하는 내용 등이 포함되어 있어야 하는지 여부(적극)/ 소송서류 등이 공시송달의 방법으로 송달되어 확정된 제1심판결문을 기초로 등기권리자가 소유권이전등기를 마쳤으나 이후 제기된 추후보완항소에서 제1심판결이 취소되고 등기권리자의 청구가 기각된 경우, 등기의무자는 등기권리자를 상대로 위 추후보완항소 절차에서 반소를 제기하거나 별도로 소를 제기하여 소유권이전등기의 말소등기절차를 구할 수 있는지 여부(적극)

【판결요지】

등기는 부동산등기법 제23조 제1항에 따라 법률에 다른 규정이 없는 한 등기권리자와 등기의무자가 공동으로 신청하여야 하나, 같은 조 제4항에 따라 등기절차의 이행 또는 인수를 명한 판결에 의한 등기는 승소한 등기권리자 또는 등기의무자가 단독으로 신청할 수 있다. 여기서 말하는 '등기절차의 이행을 명한 판결'은 주문에 반드시 등기절차를 이행하라는 등기의무자의 등기신청 의사를 진술하는 내용 등이 포함되어 있어야 한다(대법원 등기예규 제1692호 판결 등 집행권원에 의한 등기의 신청에 관한 업무처리지침 2. 참조).

한편 소송서류 등이 공시송달의 방법으로 송달되어 확정된 제1심판결문을 기초로 등기권리자가 소유권이전등기를 마쳤으나 이후 제기된 추후보완항소에서 제1심판결이 취소되고 등기권리자의 청구가 기각되었다면, 등기의무자로서는 이미 등기명의를 이전받은 등기권리자를 상대로 위 추후보완항소 절차에서 반소를 제기하거나 별도로 소를 제기하여 소유권이전등기의 말소등기절차를 구할 수 있다[대법원 2023. 4. 27., 선고, 2021다276225, 276232, 판결].

② 부당이득금반환

【판시사항】

甲 등이 신축한 집합건물에 관한 구분소유가 성립하기 전에 대지에 관하여 근저당권이 설정되어 있었는데, 위 대지와 건물에 관한 강제경매절차에서 乙이 대지와 건물을 매수한 후 대지에 관하여 소유권이전등기를 마쳤고, 위 경매절차 개시 전에 건물에 관하여 가등기를 마친 丙이 일부 전유부분에 관하여 본등기를 함으로써 각 전유부분과 전유부분의 대지사용권에 해당하는 토지공유지분이 분리된 사안에서, 각 전유부분에 관하여 가등기에 기한 본등기를 하더라도 집합건물의 소유 및 관리에 관한 법률 제20조에서 금지하는 대지사용권의 분리처분으로 볼 수 없다.

【판결요지】

甲 등이 신축한 집합건물에 관한 구분소유가 성립하기 전에 대지에 관하여 근저당권이 설정되어 있었는데, 위 대지와 건물에 관한 강제경매절차에서 乙이 대지와 건물을 매수한 후 대지에 관하여 소유권이전등기를 마쳤고, 위 경매절차 개시 전에 건물에 관하여 가등기를 마친 丙이 일부 전유부분에 관하여 본등기를 함으로써 각 전유부분과 전유부분의 대지사용권에 해당하는 토지공유지분이 분리된 사안에서, 위 토지공유지분의 분리는 위 대지 및 건물에 관하여 적법하게 진행된 강제경매절차에서 대지사용권 성립 전에 대지에 관하여 설정된 근저당권이 매각으로 소멸하면서 근저당권이 확보한 담보가치의 보장을 위하여 그보다 뒤에 각 전유부분에 관하여 경료된 가등기의 효력이 대지지분에 대하여 미치지 않게 됨으로 인한 것이므로, 그 후에 각 전유부분에 관하여 가등기에 기한 본등기를 하더라도 집합건물의 소유 및 관리에 관한 법률 제20조에서 금지하는 대지사용권의 분리처분으로 볼 수 없다[대법원 2022. 6. 30., 선고, 2018다43128, 판결]

9. 환매등기 분석

선순위환매권은 낙찰자가 인수해야 하므로 낙찰자는 환매등기부 상에 기재된 환매기간과 환매금액을 감안하여 입찰하여야 한다. 이 경우 낙찰자는 환매의무자가 되므로 환매권리자는 환매등기 시에 약정한 환매대금을 환매의무자에게 지급해야 소유권을 다시 돌려받을 수 있게 된다. 그러므로 낙찰금액과 환매대금을 비교한 후 입찰해야 한다.

10. 예고등기 분석

예고등기는 등기원인의 무효나 취소로 인한 등기의 말소 또는 회복의 소가 제기된 경우에 수소법원이 직권으로 그 소제기 사실을 등기부에 기입하도록 관할 등기소에 촉탁해야 하는 등기를 말한다.

이는 제삼자에게 경고를 줘, 계쟁 부동산에 관하여 법률행위를 하고자 하는 선의의 제삼자로 하여금 소송의 결과 발생할 수도 있는 불측의 손해를 방지하고자 하는 데 그 목적이 있다.

예고등기제는 2011.10.12.폐지되었지만, 과거등기부에 예고등기가 아직 많이 남아있다.

예고등기는 본래 등기의 공신력이 인정되지 않는 법제에서 거래의 안전을 보호하기 위해 인정되는 제도이나, 예고등기로 인하여 등기명의인이 거래상 받는 불이익이 크고 집행방해의 목적으로 소제기하여 예고등기가 행해지는 사례가 많아 폐지되었다.

제3절 실전 권리분석

1. 실전에서 법원경매와 압류재산공매의 권리분석 순서

다음 순서에 따라 권리분석을 진행하면 빠뜨리지 않고 빠르고 정확하게 권리분석할 수 있다.

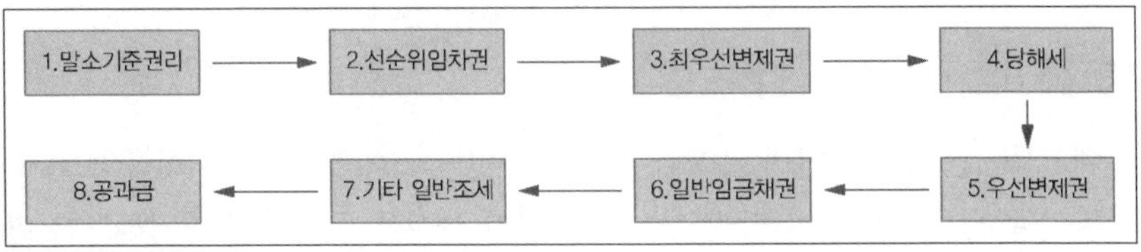

매각물건명세서(공매재산명세서)에서 제일 먼저 말소기준권리(저 · 압 · 가 · 전 · 경)를 찾는다. 즉, (근)저당권, (가)압류, 가등기담보, 전세권(선순위이고 배당신청한 집합건물), 경매신청등기 중에서 제일 먼저 설정된 권리를 찾는다.

그다음 바로 선순위임차인(말소기준권리보다 먼저 대항력을 갖춘 임차인)이 있는지 확인한다.

왜냐하면, 선순위임차인은 배분 신청을 하였더라도 배분금액에서 보증금 전액을 충족하지 못하면 낙찰자가 인수하여야 하기 때문이다. 예를 들면 배분신청한 선순위임차인이 있다고 하더라도 압류가 당해세이거나 기타일반조세의 법정기일이 선순위 임차인보다 먼저일 때는 선순위임차인이 보증금 전액을 배당(배분)받지 못할 수도 있다.

다만, 전세권자가 배분요구를 한 경우에는 배분으로 전세권은 소멸하기 때문에 낙찰자가 인수하지 않아도 된다. 그러나 전세권자가 배분신청을 하지 않았다면 낙찰자가 전세보증금을 전액 인수하여야 한다.

그다음 위의 배분순위표를 참조하면서 최우선변제권(소액임차인 여부, 3월분 임금 등)을 찾는다.

그다음 압류등기가 있으면 당해세인지 기타 일반조세인지 확인한다. 당해세이면 법정기일 및 압류등기일과 무관하게 최우선변제권 다음에 배분된다. 만약, 당해세가 아닌 일반 조세에 해당하면 법정기일과 확정일자부임차인과 우선순위를 파악한다. 이때 당해세인지 여부와 법정기일은 세무서, 지자체, 캠코 및 임차인을 통해 꼭!!! 확인한 다음 신중히 의사결정 해야 한다.

이상과 같이 감정평가서와 현황조사서에 의해 작성된 매각물건명세서(공매재산명세서)에 대한 권리분석을 완벽히 마친 다음 임장을 통한 해당 물건지의 향후 발전가능성, 물건 자체의 하자 여부, 임대 및 매매 가능 금액 등의 출구 전략까지 염두에 두고 입찰하여야 한다.

그러면 위의 순서에 따라 실전에서의 권리관계를 분석하여 보자.

2. 근저당권이 말소기준권리인 경우

(1) 경매물건 내역

소 재 지	부산광역시 강서구		
물건종별	근린주택	감 정 가	1,054,287,170원
토지면적	276.8㎡ (83.73평)	최 저 가	(51%) 539,795,000원
건물면적	501.05㎡ (151.57평)	보 증 금	(10%) 53,979,500원
매각물건	토지 · 건물 일괄매각	소 유 자	노ㅇㅇ
개시결정	2021-01-25	채 무 자	노ㅇㅇ
사 건 명	임의경매	채 권 자	중소기업은행 외 1

구분	매각기일	최저매각가격	결과
1차	2021-12-14	1,054,287,170원	유찰
2차	2022-01-18	843,430,000원	유찰
3차	2022-02-22	674,744,000원	유찰
4차	2022-03-29	539,795,000원	
매각 : 821,100,000원(77.88%)			
(입찰11명, 매수인 : 대구달서구 진ㅇㅇ / 차순위금액 688,990,000원)			
매각결정기일 : 2022.04.05 – 매각허가결정			
대금지급기한 : 2022.05.09			
대금납부 2022.05.09 / 배당기일 2022.06.09			
배당종결 2022.06.09			

▼ 매각토지 · 건물현황(감정원 : 통일감정평가 / 가격시점 : 2021.02.02/ 보존등기일 : 2017.03.16)

목록		지번	용도/구조/면적/토지이용계획			㎡당 단가 (공시지가)	감정가	비고
토지		범방동 1887－11	경제자유구역, 도시지역, 문화재보존영향 검토대상구역, 제1종일반주거지...		대276.8㎡ (83.73평)	1,830,000원 (1,115,000원)	506,544,000원	
건물	1	범방3로 60번길 17 [범방동 1887－11] 철근콘크리트 구조 슬라브지붕	1층	근린생활시설 2개호 (공실)	145.77㎡ (44.1평)	893,000원	130,172,610원	• 사용승인 : 2017.03.09 • 도시가스에 의한 개별 난방설비
	2		2층	단독주택 (다가구주택) 3가구	125.82㎡ (38.06평)	1,222,000원	153,752,040원	• 사용승인 : 2017.03.09 • 도시가스에 의한 개별 난방설비
	3		3층	단독주택 (다가구주택) 2가구	141.26㎡ (42.73평)	1,222,000원	172,619,720원	• 사용승인 : 2017.03.09 • 도시가스에 의한 개별 난방설비
			면적소계 412.85㎡(124.89평)			소계 456,544,370원		
제시외 건물		범방동 1887－11 철근콘크리트 구조 슬라브지붕	단층	다락	88.2㎡ (26.68평)	1,034,000원	91,198,800원	매각포함 • 옥상층 소재
감정가		토지 : 276.8㎡(83.73평) / 건물 : 501.05㎡(151.57평)				합계	1,054,287,170원	일괄매각
현황 위치		• 렛츠런파크부산경남 남동측 인근에 위치하며, 주위는 단독주택, 근린생활시설 등으로 형성되어 있는 성숙 중인 주택지대로서 제반위치 및 주위환경은 보통입니다. • 본건까지 차량접근이 가능하며, 인근에 버스정류장이 소재하며 제반교통상황은 보통입니다. • 인접필지 대비 등고평탄하게 조성된 정방형 토지로서, 단독주택 및 제2종근린생활시설 건부지로 이용 중입니다. • 본건 남측으로 노폭 약 8m 내외의 포장도로에 접합니다.						

▼ **임차인현황**(말소기준권리 : 2018.09.14/ 배당요구종기일 : 2021.04.19)

임차인	점유부분	전입/확정/배당	보증금/차임	대항력	배당예상 금액	기타
(주)하성	주거용302호 전부	전입일자 : 미상 확정일자 : 미상 배당요구 : 2021.02.05	보50,000,000원		배당순 위있음	전세권등기자, [등기부상 북쪽 40㎡ 전부], 점유 : 2020.03.31
김○○	주거용203호 전부	전입일자 : 2018.06.05 확정일자 : 2018.06.05 배당요구 : 2021.03.25	보40,000,000원	있음	소액임 차인	
이○○	주거용201호	전입일자 : 2018.03.23 확정일자 : 미상 배당요구 : 없음	미상		배당금 없음	
이○○	주거용301호 및 다락	전입일자 : 2017.07.03 확정일자 : 2017.05.31 배당요구 : 2021.02.17	보140,000,000원 월100,000원	있음	배당순 위있음	임차권 등기자, 확 : 2017년5월 31일 (재계약확정 일자 2019.5.21)
장○○	주거용202호 전부	전입일자 : 2018.10.11 확정일자 : 2018.10.11 배당요구 : 2021.02.10	보20,000,000원 월250,000원	없음	소액 임차인	
임차인 분석	임차인수 : 5명, 임차보증금합계 : 250,000,000원, 월세합계 : 350,000원 • 폐문으로 거주자등을 만날수 없었음. 본건 부동산 전입 세대 열람한바, 소유자와의 관계를 알 수 없는 이○○, 장○○, 김○○ 세대가 전입되어 있으나, 점유 및 임대차 관계 등은 알 수 없었으며 상가건물 임대차현황 확인한 바, 해당 사항 없었음. • 위 임대차 관계조사서는 주민센터의 전입 세대 열람 및 주민등록표등본을 참고하여 작성되었음. • 이○○ : 2020.11.03. 부산지방법원 서부지원 임차권 등기명령(2020카임102호) • 이○○은(는) 전입일상 대항력이 있으므로, 보증금 있는 임차인일 경우 인수 여지 있어 주의요함. ▶ 매수인에게 대항할 수 있는 임차인 있으며, 보증금이 전액 변제되지 아니하면 잔액을 매수인이 인수함					

▼ 건물등기부(채권액합계 : 861,000,000원)

No	접수	권리종류	권리자	채권금액	비고	소멸여부
1(갑1)	2017.03.16	소유권보존	노○○			
2(을3)	2018.09.14	근저당	중소기업은행(웅상공단지점)	120,000,000원	말소기준등기	소멸
3(을4)	2018.09.14	근저당	중소기업은행	120,000,000원		소멸
4(을5)	2019.07.12	근저당	하나은행	240,000,000원		소멸
5(을6)	2020.03.31	전세권(북쪽 일부)	(주)하성	50,000,000원	존속기간 : 2020.03.31～2022.03.30	소멸
6(갑2)	2020.09.10	가압류	한○○	191,000,000원	2020즈합20119, 청구금액 : 양육비36,000,000원, 위자료 30,000,000원, 재산분할125,000,000원	소멸
7(을7)	2020.11.03	주택임차권(301호)	이○○	140,000,000원	전입 : 2017.07.03 확정 : 2017.05.31 차 : 월 금100,000원, 확 : 2017년5월31일 (재계약확정일자 2019.5.21)	
8(갑3)	2021.01.25	임의경매	중소기업은행(부산지역본부)	청구금액 : 102,224,169원	2021타경100558	소멸
9(갑4)	2021.05.17	임의경매	하나은행	청구금액 : 205,979,531원	2021타경1941	소멸

▼ 토지등기부(채권액합계 : 671,000,000원)

No	접수	권리종류	권리자	채권금액	비고	소멸여부
1(갑2)	2017.04.24	소유권이전(매매)	노○○			
2(을3)	2018.09.14	근저당	중소기업은행(웅상공단지점)	120,000,000원	말소기준등기	소멸
3(을4)	2018.09.14	근저당	중소기업은행	120,000,000원		소멸
4(을5)	2019.07.12	근저당	하나은행	240,000,000원		소멸
5(갑3)	2020.09.10	가압류	한○○	191,000,000원	2020즈합20119, 청구금액 : 양육비36,000,000원, 위자료 30,000,000원, 재산분할125,000,000원	소멸
6(갑4)	2021.01.25	임의경매	중소기업은행(부산지역본부)	청구금액 : 102, 224, 169원	2021타경100558	소멸
7(갑5)	2021.05.17	임의경매	하나은행	청구금액 : 205, 979, 531원	2021타경1941	소멸

(2) 말소기준권리

중소기업은행 근저당이 가장 빠른 말소기준권리가 된다.
(말소기준권리 : 2018.09.14/ 배당요구종기일 : 2021.04.19)

(3) 임차인 분석

201호 임차인을 제외하고는 모두 선순위 임차인이고 배당신청을 하였으므로 낙찰가에서 모두 배당을 받게 될 소지가 많아 매수인이 인수할 보증금은 없다.

그러나 201호 임차인은 전입일자만 있으므로 소유자이거나 관계자일 가능성이 높아 인수 여부는 조사가 필요하다.

(4) 예상배당표 작성

매각부동산	부산광역시 강서구 범방동 1887－11토지 · 건물 일괄매각	
매 각 대 금	금 821,100,000원	
전경매보증금	금 0원	
경 매 비 용	약 6,442,000원	
실제배당할금액	금 814,658,000원	(매각대금＋전경매보증금)－경매비용

순위	이유	채권자	채권최고액	배당금액	배당 비율	미배당금액	매수인 인수 금액	배당후 잔여금	소멸 여부
0	주택소액 임차인	김○○	40,000,000	20,000,000	50.00%	20,000,000		794,658,000	
0	주택소액 임차인	장○○	20,000,000	20,000,000	100.00%			774,658,000	
1	확정일자부 주택임차인	이○○	140,000,000	140,000,000	100.00%		0	634,658,000	소멸
2	확정일자부 주택임차인	김○○	20,000,000	20,000,000	100.00%		0	614,658,000	소멸
3	근저당 (신청채권자)	중소기업 은행	120,000,000	120,000,000	100.00%		0	494,658,000	소멸
3	근저당 (신청채권자)	중소기업 은행	120,000,000	120,000,000	100.00%		0	374,658,000	소멸
4	근저당	하나은행	240,000,000	240,000,000	100.00%		0	134,658,000	소멸
5	전세권	(주)하성	50,000,000	50,000,000	100.00%		0	84,658,000	소멸
6	가압류	한○○	191,000,000	84,658,000	44.32%	106,342,000	0		소멸
계			921,000,000	821,100,000		106,342,000	0	0	

▼ 임차인 보증금 예상 배당액

(금액단위 : 원)

No.	권리종류	임차인	보증금액	배당금액	배당비율	매수인 인수금액	소멸여부	비고
1	주택임차인	이○○	140,000,000	140,000,000	100.00%	인수금액없음	계약소멸	전액배당
2	주택임차인	김○○	40,000,000	40,000,000	100.00%	인수금액없음	계약소멸	전액배당
3	주택임차인	장○○	20,000,000	20,000,000	100.00%	인수금액없음	계약소멸	전액배당
4	전세권	(주)하성	50,000,000	50,000,000	100.00%	인수금액없음	계약소멸	전액배당
5	주택임차인	이○○		배당금없음	0.00%			

▼ 소유권이전비용(1가구 1주택 기준)

취득세	32,844,000원	매각가액의 4%
농어촌특별세	1,642,200원	매각가액의 0.2%
교육세	3,284,400원	매각가액의 0.4%
증지세	30,000원	
말소등록세	71,400원	말소등기건수×(말소등록세+대법원수입증지대) ※ 배당표상의 말소권리로 사실과 다를 수 있습니다.
소유권이전비용 합계	약 37,872,000원	(+국민주택 채권매입금액)

(5) 분석결과

먼저 말소기준권리를 찾고 대항력 있는 임차인과 배당요구 종기일까지 배당신청을 했는지를 보아야 한다. 만약 대항력 있는 임차인이 배당요구종기일보다 배당신청을 늦게 했거나 하지 않았다면 매수인이 인수해야 하므로 이를 감안하여 입찰해야 한다.

3. 가압류가 말소기준권리인 경우

(1) 경매물건 내역

▼ 기본정보

새 주 소	부산광역시 동래구		
물건종별	오피스텔	감 정 가	221,000,000원
대 지 권	8.02㎡(2.43평)	최 저 가	(21%) 46,347,000원
건물면적	52.623㎡(15.92평)	보 증 금	(10%) 4,634,700원
매각물건	토지 · 건물 일괄매각	소 유 자	(주)라이프건설
개시결정	2022－06－29	채 무 자	(주)라이프건설
사 건 명	강제경매	채 권 자	

구분	매각기일	최저매각가격	결과
1차	2023-02-21	221,000,000원	유찰
2차	2023-03-28	176,800,000원	유찰
3차	2023-05-16	141,440,000원	유찰
4차	2023-06-20	113,152,000원	유찰
5차	2023-07-25	90,522,000원	유찰
6차	2023-08-29	72,418,000원	유찰
7차	2023-09-26	57,934,000원	유찰
8차	2023-10-31	46,347,000원	

▼ 임차인현황(말소기준권리 : 2020.10.07/ 배당요구종기일 : 2022.09.08)

임차인	점유부분	전입/확정/배당	보증금/차임	대항력	배당예상금액	기타
곽○○	주거용전부	전입일자 : 2018.12.12 확정일자 : 2018.12.12 배당요구 : 2022.08.05	보179,000,000원	있음	배당순위있음 미배당보증금 매수인인수	경매신청인
주○○	주거용	전입일자 : 2018.12.12 확정일자 : 미상 배당요구 : 없음	미상		배당금 없음	점유자
임차인 분석	임차인 수 : 2명, 임차보증금합계 : 179,000,000원 • 본건 현장에서 만난 성명 불상의 여성에게 안내문을 주려고 하였으나 서류를 내고 있다고 하면서 수령 거절하여 현관문에 넣어 두었으나 연락이 없어 점유 및 임대차 관계 알 수 없었음. • 전입 세대 열람 내역에 주○○ 세대가 전입되어 있음 • 곽○○ : 신청채권자임 • 주○○ : 주민등록등본상 신청채권자이자 임차인인 곽○○이 주○○의 자녀로 확인됨. ▶ 매수인에게 대항할 수 있는 임차인 있으며, 보증금이 전액 변제되지 아니하면 잔액을 매수인이 인수함					

▼ 등기부현황(채권액합계 : 76,430,486원)

접수	권리종류	권리자	채권금액	비고	소멸 여부
2018.11.30	소유권보존	(주)라이프건설			
2020.10.07	가압류	권00	76,430,486원	말소기준등기 2020카단2407	소멸
2021.11.25	압류	국(동래세무서장)			소멸
2022.06.29	강제경매	곽○○	청구금액 : 179,000,000원	2022타경54933	소멸
2022.07.06	압류	국민건강보험공단			소멸

1) 권리분석

말소기준권리는 가압류(2020.10.07.)이며 선순위임차인은 말소기준권리보다 먼저 대항력을 갖추었으므로 보증금이 전액 변제되지 아니하면 잔액을 매수인이 인수하여야 한다.

2) 배당분석

선순위임차인이 확정일자부임차권으로써 우선변제권을 갖게 되어 경매비용을 제외한 모든 낙찰금액을 배당받게 되고 매수인은 임차인이 충족 받지 못한 보증금을 인수하여야 한다.

4. 법정지상권 불성립 및 지분경매 플로우 - 협상과 소송으로 출구전략

(1) 법지권불성립시 – 건축물철거소송&협상

▼ 사건기본정보 – 낙찰25,100,000원(312%)(응찰 : 27명 / 낙찰자 : 오정○)

경매종류	부동산강제경매	토지면적	268.00㎡ (81.07평)	감정가	8,040,000원
물건종류	대지	건물면적		최저가	(100%) 8,040,000원
경매대상	건물제외 및 토지매각	채무/소유자	이○○ / 최○○	입찰보증금	(10%) 804,000원
입찰방법	기일입찰	채권자	농업협동조합중앙회	청구금액	19,712,194원

▼ 등기부 현황(토지)채권액 합계 48,088,401

접수번호	등기목적	권리자	채권금액	기타등기사항
2004.06.19 (3362)	가압류	국민은행	9,383,641	말소기준권리
2004.10.07 (5393)	가압류	한국외환은행	9,160,427	지원 2004카단11311
2005.11.11 (41667)	가압류	농협중앙회	13,454,072	지원 2005카단8142
2005.11.11 (41668)	가압류	순천농협	16,090,261	지원 2005카단8141
2013.02.25 (7748)	소유권 이전	최○○		전소유자 : 이○○ 증여 (2013.02.15)
2014.09.30 (42932)	강제	농협중앙회	청구금액 19,712,194	2014타경14044

일반건축물대장(갑)

(2쪽 중 제 1 쪽)

고유번호	4615035023-1-07560000	민원24접수번호	20200626 - 56619172	명칭		호수/가구수/세대수	0호/1가구/0세대

대지위치 전라남도 순천시 주암면 주암리		지번 756	도로명주소
※대지면적 268 ㎡	연면적 86.61 ㎡	※지역 계획관리지역	※지구	※구역
건축면적 92.61 ㎡	용적률 산정용 연면적 86.61 ㎡	주구조 철근콘크리트구조	주용도 단독주택	층수 지하 층/지상 1층
※건폐율 34.56 %	※용적률 32.32 %	높이 4.85 m	지붕 슬라브	부속건축물 동 ㎡
※조경면적 ㎡	※공개 공지·공간 면적 ㎡	※건축선 후퇴면적 ㎡	※건축선 후퇴거리 m	

건축물 현황					소유자 현황			
구분	층별	구조	용도	면적(㎡)	성명(명칭) / 주민(법인)등록번호 (부동산등기용등록번호)	주소	소유권 지분	변동일 / 변동원인
주1	1층	철근콘크리트구조	단독주택	86.61	최○○ / 610505-2******	전라남도 순천시 주암면 하주길 17	1/1	2014.06.30 / 소유권보존

위 사건은 건축물대장상의 소유자(최○ ○)와 토지등기부상의 소유자가 같다.

그러나 가압류(2004.06.19.) 당시 대지 위에 건물이 존재하지 않았다. 왜냐하면 건축물대장에서 착공일(2014.4.26.) 2달 후에 사용승인(2014.6.25.)이 되어 가압류등기보다 10년 뒤에 건축되었다. 입찰자는 법지권불성립을 알고 27명이 응찰하여 312%에 오○ ○가 낙찰받았다.

▼ 사건기본정보

경매종류	부동산강제경매	토지면적		감정가	74,251,550원
물건종류	주택	건물면적	86.61 ㎡ (26.20평)	최저가	↓ 113,626,000원
경매대상	토지제외 및 건물매각	채무/소유자	최OO / 최OO	입찰보증금	(10%) 1,362,600원
입찰방법	기일입찰	채권자	김OO	청구금액	20,000,000원

▼ 등기부 현황(건물)채권액 합계 0

접수번호	등기목적	권리자	채권금액	기타등기사항	소멸여부
2014.06.30 (29155)	소유보존	최○○		보존	
2015.03.20 (11703)	가처분	오○○		건물철거청구지원 2015카단6054	인수
2020.02.12 (5879)	강제경매	김○○	청구금액 20,000,000	말소기준권리 2020타경1056	소멸

낙찰자 오○○는 법지권불성립을 알고 최초경매가격의 312%에 낙찰받아 민법 제214조에 근거하여 건물소유자를 상대로 소유물방해제거의 소를 제기하여 판결을 받았다.

> 민법 제214조(소유물방해제거, 방해예방청구권) 소유자는 소유권을 방해하는 자에 대하여 방해의 제거를 청구할 수 있고 소유권을 방해할 염려 있는 행위를 하는 자에 대하여 그 예방이나 손해배상의 담보를 청구할 수 있다.

▼ 매각물건명세서

사건	2020타경1056부동산강제경매	매각물건 번호	1	담임법관(사법보좌관)	
작성일자	2021.05.07	최선순위 설정일자	2020.2.12.개시결정		
부동산 및 감정평가액 최저매각가격의 표시	부동산표시목록 참조	배당요구 종기	2020.05.14		

※ 등기된 부동산에 관한 권리 또는 가처분으로서 매각으로 그 효력이 소멸되지 아니하는 것

※ 비고란

1. 건물만 매각, 제시 외 건물 포함 2. 이 사건 매각 물건에 대한 건물 철거를 명하는 확정판결 있음(공주지방법원 2017나 58082)

▼ **매각일정**

1	2020-07-13	74,251,550원	100%	유찰
2	2020-08-24	51,976,000원	70%	유찰
3	2020-10-12	41,581,000원	56%	유찰
4	2020-11-23	33,265,000원	45%	유찰
5	2021-01-11	26,612,000원	36%	유찰
6	2021-03-02	21,290,000원	29%	유찰
7	2021-04-12	17,032,000원	23%	유찰
8	2021-05-24	13,626,000원	18%	매각
낙찰 17,090,000 (23%)				

위 사안은 건물만의 매각으로 건물철거 가처분이 등기되어 있고 확정판결까지 받은 상태이므로 섣불리 입찰할 수 없는 물건이다. 그러므로 7회차까지 유찰된 뒤에 감정가의 23%에 낙찰되었다. 8회차에 건물을 낙찰받은 매수인은 건물의 재조달원가에서 10년의 감가상각을 반영한 주택의 가격을 상한선으로 토지소유자 오○○에게 매수해줄 것을 요구하든가 아니면 토지의 매각을 요구할 수도 있을 것이다.

법지권불성립을 알고 토지만의 매각에 입찰했던 오○○는 토지를 낙찰받은 뒤에 주택소유자에게 높은 가격으로 매수를 협의했으나 잘 진행되지 않은 것으로 이후 건물만의 경매 진행 중에는 매수자가 가처분을 인수해야 하므로 아무도 입찰하지 않을 것으로 예상했으나 생각보다 높은 가격에 낙찰되어 건물을 철거하자니 현재 건물의 가치가 최소한 4천만원 이상을 나갈 것 같아 매수자와 협의를 해야 할 것으로 보인다.

(2) 지분경매 – 부당이득금반환청구소송&협상

▼ 기본정보

물건종별	아파트	감 정 가	81,000,000원
대 지 권	전체 : 25.753㎡(7.79평) 지분 : 8.58㎡(2.6평)	최 저 가	(80%) 64,800,000원
건물면적	전체 : 84.75㎡(25.64평) 지분 : 28.25㎡(8.55평)	보 증 금	(10%)6,480,000원
매각물건	토지 및 건물 지분 매각	소 유 자	서○○
개시결정	2021 – 04 – 29	채 무 자	서○○
사 건 명	강제경매	채 권 자	(주)케이비국민카드

▼ 임차인현황(말소기준권리 : 2017.10.19/ 배당요구종기일 : 2021.07.22)

임차인	점유부분	전입/확정/배당	보증금/차임	대항력	배당예상금액	기타
조○○	주거용201호	전입일자 : 2005.06.17 확정일자 : 미상 배당요구 : 없음	미상		배당금 없음	점유자
기타사항	• 전입세대 열람 내역에 서○○(소유자), 조○○ 세대가 전입되어 있음. • 조○○ : 공유자임					

▼ 등기부현황(채권액합계 : 92,053,218원)

접수	권리종류	권리자	채권금액	비고	소멸여부
1996.10.01	소유권 이전(매매)	조○○			
2017.10.19	근저당	국민은행 (두실역지점)	78,000,000원	말소기준등기	소멸
2020.02.21	소유권 이전(상속)	서○○		서○○ 3/9, 조상○ 조○일, 조○○ 각 2/9	
2020.12.30	서○○지분가압류	㈜케이비 국민카드	14,053,218원	2020카단3137	소멸
2021.04.29	서○○지분강제경매	㈜케이비 국민카드 (채권관리부)	청구금액 : 15,127,485원	2021타경2409, 주식회사케이비국민카드 가압류의 본 압류로의 이행	소멸

▼ 등기부등본

3	소유권이전	2020년2월21일 제5765호	2019년1월25일 상속	공유자 지분 9분의 3 서○○ 360313-******* 부산광역시 금정구 금단로 33, 201호(구서동, 경보아파트) 지분 9분의 2 조상○ 640424-******* 부산광역시 해운대구 좌동순환로15번길 7, 1801호(중동, 롯스테이텔) 지분 9분의 2 조○일 660717-******* 부산광역시 영도구 조내기로 38, 104동 906호(청학동, 원우엘리치빌아파트) 지분 9분의 2 조○○ 700417-******* 부산광역시 금정구 금단로 33, 201호(구서동, 경보아파트)

본 건에서 채무자는 3/9지분을 갖고 있는 서○ ○이다. 등기부상에서 아들인 조00과 함께 살고 있으므로 지분을 매수한 뒤 조○ ○과 협상을 통한 출구전략을 시도해 보아야 한다.

협상이 잘 진행되지 않을 경우에는 현재 아파트에 대한 지분만큼의 임대료 부당이득금 반환을 청구하는 방법을 강구해 볼 수 있다.

> 민법 제741조(부당이득의 내용) 법률상 원인 없이 타인의 재산 또는 노무로 인하여 이익을 얻고 이로 인하여 타인에게 손해를 가한 자는 그 이익을 반환하여야 한다.

공유지분을 낙찰받았을 때 내 지분만큼 다른 공유자가 점유하여 사용 · 수익하고 있으므로 보증금, 월임차료 등에 대한 부당이득금반환청구소송을 제기할 수 있다.

부당이득금반환청구 소송 전에 공유자의 지분에 가압류를 신청한 후 판결문을 받아 공유자의 지분에 대하여 강제경매신청하여 그 환가대금으로 부당이득금을 반환받든가 경매에 참여하여 공유자의 지분을 매수한 후 해당 물건 전체를 매매하는 방법들도 있다. 일반적으로 소송과 협상을 병행해서 진행하면 만족할만한 결과를 얻는 경우가 많다.

아니면 공유물 분할을 내용으로 하는 내용증명서를 발송한 뒤 법원에 공유물분할청구소송을 제기하여 경매로 처분하는 방법도 있다.

5. 전세권이 말소기준권리인 경우

▼ 매각물건 기본정보

새 주 소	부산광역시 동래구		
물건종별	오피스텔	감 정 가	203, 000, 000원
대 지 권	8.05㎡(2.44평)	최 저 가	(9%) 17, 438, 000원
건물면적	52.878㎡(16평)	보 증 금	(20%)3, 487, 600원
매각물건	토지 · 건물 일괄매각	소 유 자	(주)라이프건설
개시결정	2021 – 07 – 22	채 무 자	(주)라이프건설
사 건 명	임의경매	채 권 자	최○○

구분	매각기일	최저매각가격	결과
1차	2022-07-26	203,000,000원	유찰
2차	2022-08-17	162,400,000원	유찰
3차	2022-09-20	129,920,000원	유찰
4차	2022-10-25	103,936,000원	유찰
5차	2022-11-29	83,149,000원	유찰
6차	2023-01-17	66,519,000원	유찰
7차	2023-02-21	53,215,000원	유찰
8차	2023-03-28	42,572,000원	매각
매각 45,279,000원(22.3%) / 1명 /미납			
9차	2023-06-20	42,572,000원	유찰
10차	2023-07-25	34,058,000원	유찰
11차	2023-08-29	27,246,000원	유찰
12차	2023-09-26	21,797,000원	유찰
13차	2023-10-31	17,438,000원	

▼ 임차인현황(말소기준권리 : 2019.04.01/ 배당요구종기일 : 2021.10.12)

임차인	점유부분	전입/확정/배당	보증금/차임	대항력	배당예상금액	기타
최00	주거용 301호	전입일자 : 2019.01.14 확정일자 : 2018.12.18 배당요구 : 2021.08.17	보173,000,000원	있음	배당순위 있음 미배당보증금 매수인인수	선순위전세권 등기자, 경매신청인, [매물등기부상 확 : 2019.04.01]
임차인 분석	• 폐문 부재하여 안내문을 우편함에 넣어 두었으나 연락이 없어 점유 및 임대차관계 알 수 없었음. • 전입 세대 열람 내역에 최○○(채권자) 세대가 전입되어 있음. • 최○○ : 경매신청 채권자임 ▶ 매수인에게 대항할 수 있는 임차인 있으며, 보증금이 전액 변제되지 아니하면 잔액을 매수인이 인수함					

▼ 등기부현황(채권액합계 : 173,000,000원)

접수	권리종류	권리자	채권금액	비고	소멸 여부
2018.11.30	소유권보존	(주)라이프건설			
2019.04.01	전세권(전부)	최00	173, 000, 000원	말소기준등기 존속기간 : 2019.01.14~ 2021.01.13	소멸
2021.07.22	임의경매	최○○	청구금액 : 173,000,000원	2021타경55304	소멸
2021.11.25	압류	국(동래세무서장)			소멸

1) 임차인(최○○)은 최선순위전세권자 겸 대항력 있는 임차인으로써, 자신의 지위를 강화하기 위하여 설정한 전세권으로 인하여 주택 임대차보호법상 대항력이 소멸된다는 것은 부당하므로[대법원 2010마900 판결], 전세권이 매각으로 소멸되더라도 미배당금에 대해 대항력을 주장할 수 있다.
즉, 선순위전세권이 말소기준권리가 되더라도 자신의 권리를 강화하기 위하여 후순위로 주택 임대차보호법상의 대항력을 갖춘다면 전세권에 의한 임의경매가 실행되더라도 미배당금이 발생하면 낙찰자가 인수해야 한다.

제4절 지뢰제거하기

경매시장은 곳곳이 지뢰밭이다. 장부상에 나타나지 않거나 권리분석을 제대로 하지 못하여 무지막지한 수업료를 지급하는 경우가 부지기수다. 그러므로 아는 길도 물어 간다는 생각으로 신중히 처리해야 종잣돈을 불려 나갈 수 있을 것이다.

1. 선순위 근저당권

(1) 최선순위 근저당권의 채권액이 없을 경우

등기부에 근저당권이 최선순위로 설정되어 있다면 ⓐ 근저당권이 말소기준권리가 되어 이후의 모든 권리는 말소된다. 그러나 채무자가 ⓐ 근저당권의 채무액을 모두 변제하였으나 등기부에서 말소하지 않았다면 ⓒ 가압류가 말소기준권리가 되며 ⓑ 가처분이 회복되어 전소유자와 낙찰자를 상대로 소유권말소청구소송을 제기하여 승소한다면 甲은 소유권을 상실하게 된다. 그러므로 입찰전에 근저당권자가 채권계산서를 제출하였는지 확인해보아야 한다.

관련판례

건물철거 · 소유권이전등기말소

【판시사항】

[1] 근저당권자가 경매신청한 경우, 피담보채권액의 확정 시기

[2] 강제경매의 개시 당시 근저당권이 이미 소멸하였으나 형식상 등기만이 남아 있는데 그보다 후순위라는 이유로 강제경매개시결정 이전에 경료된 가처분 기입등기가 집행법원의 촉탁에 의하여 말소된 경우, 그 말소등기의 효력

(무효)

[3] 부동산처분금지 가처분등기의 말소등기가 원인무효인 경우, 말소 당시의 소유자가 법원의 촉탁에 의한 가처분 기입등기 회복절차에 승낙할 의무가 있는지 여부(적극)

[4] 부동산처분금지 가처분의 채권자가 본안소송에서 승소 확정판결을 받은 경우, 그 가처분기입등기 이후에 개시된 부동산 강제경매절차에서 부동산을 낙찰받은 자의 소유권이전등기의 가처분채권자에 대한 효력(무효)

[5] 가처분기입등기 이후에 개시된 부동산 강제경매절차에서 부동산을 낙찰받은 자의 소유권이전등기가 가처분채권자에 대한 관계에서 무효로 되는 경우, 낙찰자가 그 부동산 위에 건물을 소유하고 있는 가처분채권자에 대하여 건물 철거 및 대지 인도를 구할 수 있는지 여부(소극)

【판결요지】

[1] 근저당권자가 피담보채무의 불이행을 이유로 경매신청을 한 경우에는 경매신청시에 근저당권의 피담보채권액이 확정되고, 그 이후부터 근저당권은 부종성을 가지게 되어 보통의 저당권과 같은 취급을 받게 된다.

[2] 강제경매의 개시 당시 이미 소멸하였음에도 형식상 등기만이 남아있을 뿐이었던 근저당권보다 후순위라는 이유로 집행법원의 촉탁에 의하여 이루어진 가처분기입등기의 말소등기는 원인무효이고, 가처분채권자는 그 말소등기에도 불구하고 여전히 가처분채권자로서의 권리를 가진다.

[3] 가처분기입등기에 대한 원인무효의 말소등기가 이루어질 당시 소유권이전등기를 경료하고 있는 자는 법원이 위 가처분기입등기의 회복등기를 촉탁함에 있어서 등기상 이해관계가 있는 제삼자에 해당하므로, 가처분채권자에 대하여 법원의 촉탁에 의한 위 가처분기입등기 회복절차에 승낙할 의무가 있다.

[4] 가처분채권자가 가처분의 본안소송인 소유권이전등기청구의 소에서 승소의 확정판결을 받은 이상, 가처분채권자의 지위에서 그 피보전권리인 소유권이전등기 청구권에 기하여 등기를 하는 경우에는 위 가처분기입등기 이후에 개시된 강제경매절차에서 당해 토지를 낙찰받은 낙찰자 명의의 소유권이

전등기는 가처분채권자에 대한 관계에서는 무효인 것으로서 말소될 처지에 있다고 할 것이며, 이는 가처분채권자가 위 강제경매절차가 진행되는 것을 알고 아무런 이의를 하지 아니하였다 하더라도 달리 볼 것이 아니다.

[5] 가처분기입등기 이후에 개시된 부동산 강제경매절차에서 부동산을 낙찰받은 자의 소유권이전등기가 가처분채권자에 대한 관계에서 무효로 되는 경우, 특별한 사정이 없는 한 위 토지에 관한 낙찰자 명의의 소유권이전등기가 아직 말소되지 않고 있다고 하더라도 낙찰자로서는 위 토지를 자신 소유 건물의 부지 등으로 점용하고 있는 가처분채권자에 대하여 그 건물의 철거 및 위 토지 중 가처분채권자가 위 건물의 부지 등으로 점용하고 있는 부분의 인도를 구할 수 없다[대법원 1998. 10. 27., 선고, 97다26104, 26111, 판결].

(2) 후순위인 임차인이 선순위근저당권의 채권을 대위변제한 경우

대위변제 건은 경매 진행 과정에서 종종 등장하여 낙찰자의 그동안의 노고를 수포로 돌리곤 한다.

아래 표에서와 같이 후순위임차인이 비교적 소액인 ⓐ 근저당권의 채무액을 채무자의 지위를 대신하여 변제하여 후순위인 ⓑ 임차권이 선순위임차인이 되어 낙찰자가 인수해야 하는 경우다.

그러므로 입찰할 시에 선순위권리자의 채권액을 확인하고 후순위임차인의 대위변제 가능성을 예상하고 입찰에 임하는 것이 좋다.

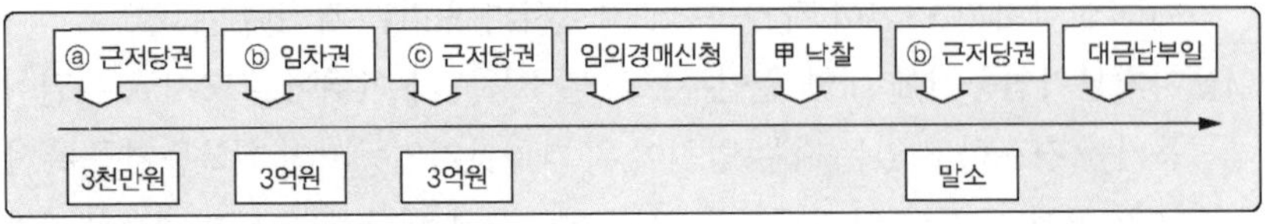

낙찰자가 소유권을 취득하는 시기는 대금완납한 때이다(민사집행법 제135조). 위 사안처럼 甲이 낙찰받은 후 대금납부 전에 ⓑ 임차권이 비교적 소액인 ⓐ 근저당권을 대위변제한다면 낙찰자는 예상하지 못한 추가비용을 지출해야 한다. 즉, 입찰기일 당시에 매각조건은 ⓐ 근저당권이 말소기준권리로 3억원은 소멸되는 조건이었으나 ⓑ 임차인이 보증금을 전액 회수하지 못하게 되자 ⓐ 근저당권의 채권액을 변제하고 선순위임차인이 되어 낙찰자가 이를 인수하게 되었다. 이 경우 甲은 매각조건 변경을 이유로 매각허가결정 취소를 신청해야 보증금이라도 반환받을 수 있다. 그러므로 낙찰자는 후순위임차권 앞의 말소기준권리의 채무액이 소액이라면 가능한 빨리 잔금을 지급하는 것이 좋다.

반대로 낙찰자가 터무니없이 높은 금액으로 낙찰받아 보증금을 반환받고 싶다면 채무자와 협의하여 선순위근저당권자를 찾아가 3천만원을 말소하면 법원에서는 조건 변경으로 매각 불허가 결정을 하게 될 것이다.

관련판례

낙찰허가 결정취소

【판시사항】

[1] 낙찰대금지급기일 이전에 선순위 근저당권이 소멸한 경우, 후순위 임차권의 대항력의 소멸 여부(소극)

[2] 낙찰대금지급기일 이전에 선순위 근저당권이 소멸함으로써 원래는 소멸할 예정이던 후순위 임차권의 대항력이 소멸하지 않고 존속하는 것으로 변경된 경우, 낙찰인의 구제 방법

【판결요지】

[1] 담보권의 실행을 위한 부동산의 입찰절차에 있어서, 주택 임대차보호법 제3조에 정한 대항요건을 갖춘 임차권보다 선순위의 근저당권이 있는 경우에는, 낙찰로 인하여 선순위 근저당권이 소멸하면 그보다 후순위의 임차권도 선순위 근저당권이 확보한 담보가치의 보장을 위하여 그 대항력을 상실하는 것이지만, 낙찰로 인하여 근저당권이 소멸하고 낙찰인이 소유권을 취득하게 되는 시점인 낙찰대금지급기일 이전에 선순위 근저당권이 다른 사유로 소멸한 경우에는, 대항력 있는 임차권의 존재로 인하여 담보가치의 손상을 받을 선순위 근저당권이 없게 되므로 임차권의 대항력이 소멸하지 아니한다.

[2] 선순위 근저당권의 존재로 후순위 임차권의 대항력이 소멸하는 것으로 알고

부동산을 낙찰받았으나, 그 이후 선순위 근저당권의 소멸로 인하여 임차권의 대항력이 존속하는 것으로 변경됨으로써 낙찰부동산의 부담이 현저히 증가하는 경우에는, 낙찰인으로서는 민사소송법 제639조 제1항의 유추적용에 의하여 낙찰허가결정의 취소신청을 할 수 있다[대법원 1998. 8. 24., 자, 98마1031, 결정].

2. 전소유자의 가압류(할아버지 가압류)

(1) 할아버지 가압류가 배당받는 경우

ⓑ가압류는 처분금지효가 있고 그 처분금지효의 물적범위는 압류당시의 교환가치이며 인적범위는 가압류채권자와 제3취득자 사이에서 효력이 있으므로 제3취득자(신소유자)의 채권자는 이를 수인하여야 한다. 그러므로 가압류채권자는 그 매각절차에서 당해 가압류목적물의 매각대금에서 가압류결정 당시의 청구금액을 한도로 하여 ⓓ보다 우선하여 배당 받을 수 있다. 甲은 당연히 ⓐ임차권만 인수하면 된다. 이처럼 최근 판례는 전소유자의 가압류를 낙찰금액에서 우선 배당하여 주고 있기는 하지만 매각물선명세서에서 인수 및 배당 여부를 확인하고 그에 따라 입찰금액을 결정하고 입찰하여야 한다.

주의할 점은 ⓓ근저당권자는 설정당시에 전소유자의 ⓑ가압류가 존재하고 전소유자로부터 이를 확인하였을 것이므로 전소유자의 가압류는 채권이라는 이유로 물권인 ⓓ근저당권과 안분배당이 아닌 채권전부를 배당 받는다는 것이다[. 대법원 2006. 7. 28., 선고, 2006다19986, 판결]

(2) 할아버지 가압류가 소멸되는 경우

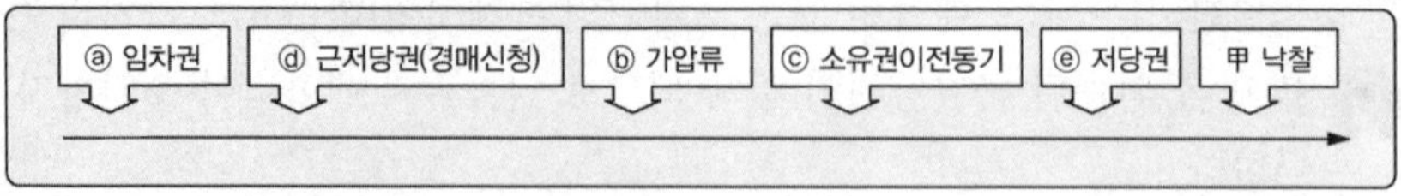

위의 경우에는 ⓓ근저당권은 순위를 그대로 유지하므로 ⓑ가압류보다 선순위로서 말소기준권리가 되어 이후의 가압류, 저당권은 소멸하고 ⓐ임차권만 낙찰자가 인수하게 될 것이다.(민사집행법 제148조 제4호)

그러나 위의 사례는 일반적인 사례는 아니다. 왜냐하면 제3취득자(신소유자)나 그의 저당권자가 전소유자의 채권자를 그대로 두고 설정등기를 하지는 않기 때문이다.

(3) 민사집행법 및 판례로 본 전소유자의 가압류 요약

전소유자의 가압류도 민사집행법 제148조 제3호에 따라 배당된다.

결국 판례에따라 전소유자의 가압류는 집행법원의 특별맥각조건에 따라 인수 및 배당 여부가 결정이 되므로 입찰자는 매각물건명세서를 세심하게 살펴보아야 한다.[대법원 2005다8682 판결]

즉, 할아버지 가압류가 있는 경우에는 맥각물건명세서 상의 특별매각조건(인수여부)을 잘 살펴보고 입찰하여야 한다.

집행법원이 매각물건명세서에서 매수자가 인수하는 조건이라고 명시되어 있으면 이를 감안하여 낮게 입찰하여야 하고 인수하지 않는 조건이라면 낙찰금액에서 배당을 받고 말소촉탁등기 대상이 됨으로 보다 편하게 입찰하면 된다.

> 민사집행법 제148조(배당받을 채권자의 범위) 제147조제1항에 규정한 금액을 배당받을 채권자는 다음 각호에 규정된 사람으로 한다.
> 1. 배당요구의 종기까지 경매신청을 한 압류채권자
> 2. 배당요구의 종기까지 배당요구를 한 채권자
> 3. 첫 경매개시결정등기전에 등기된 가압류채권자
> 4. 저당권 · 전세권, 그 밖의 우선변제청구권으로서 첫 경매개시결정등기전에 등기되었고 매각으로 소멸하는 것을 가진 채권자

관련판례

소유권말소등기

【판시사항】

선순위 가압류등기 후 목적 부동산의 소유권이 이전되고 신소유자의 채권자가 경매신청을 하여 매각된 경우, 위 가압류등기가 말소촉탁의 대상이 되는지 여부의 판단 기준

【판결요지】

부동산에 대한 선순위가압류등기 후 가압류목적물의 소유권이 제3자에게 이전되고 그 후 제3취득자의 채권자가 경매를 신청하여 매각된 경우, 가압류채권자는 그 매각절차에서 당해 가압류목적물의 매각대금 중 가압류결정 당시의 청구금액을 한도로 배당을 받을 수 있고, 이 경우 종전 소유자를 채무자로 한 가압류등기는 말소촉탁의 대상이 될 수 있다. 그러나 경우에 따라서는 집행법원이 종전 소유자를 채무자로 하는 가압류등기의 부담을 매수인이 인수하는 것을 전제로 하여 위 가압류채권자를 배당절차에서 배제하고 매각절차를 진행시킬 수도 있으며, 이와 같이 매수인이 위 가압류등기의 부담을 인수하는 것을 전제로 매각절차를 진행시킨 경우에는 위 가압류의 효력이 소멸하지 아니하므로 집행법원의 말소촉탁이 될 수 없다. 따라서 종전 소유자를 채무자로 하는 가압류등기가 이루어진 부동산에 대하여 매각절차가 진행되었다는 사정만으로 위 가압류의 효력이 소멸하였다고 단정할 수 없고, 구체적인 매각절차를 살펴 집행법원이 위 가압류등기의 부담을 매수인이 인수하는 것을 전제로 하여 매각절차를 진행하였는가 여부에 따라 위 가압류 효력의 소멸 여부를 판단하여야 한다.[대법원 2007. 4. 13. 선고 2005다8682 판결]

관련판례

전소유자의 가압류

【판시사항】

가압류집행 후 가압류목적물의 소유권이 제3자에게 이전된 경우 가압류의 처분금지적 효력이 미치는 범위 및 제3취득자의 채권자가 신청한 경매절차에서 가압류채권자가 배당받을 수 있는지 여부(적극)

【판결요지】

부동산에 대한 가압류집행 후 가압류목적물의 소유권이 제3자에게 이전된 경우 가압류의 처분금지적 효력이 미치는 것은 가압류결정 당시의 청구금액의 한도 안에서 가압류목적물의 교환가치이고, 위와 같은 처분금지적 효력은 가압류채권자와 제3취득자 사이에서만 있는 것이므로 제3취득자의 채권자가 신청한 경매절차에서 매각 및 경락인이 취득하게 되는 대상은 가압류목적물 전체라고 할 것이지만, 가압류의 처분금지적 효력이 미치는 매각대금 부분은 가압류채권자가 우선적인 권리를 행사할 수 있고 제3취득자의 채권자들은 이를 수인하여야 하므로, 가압류채권자는 그 매각절차에서 당해 가압류목적물의 매각대금에서 가압류결정 당시의 청구금액을 한도로 하여 배당을 받을 수 있고, 제3취득자의 채권자는 위 매각대금 중 가압류의 처분금지적 효력이 미치는 범위의 금액에 대하여는 배당을 받을 수 없다.[대법원 2006. 7. 28., 선고, 2006다19986, 판결]

3. 대항력과 우선변제권 있는 임차인의 배당표 확정시까지 거주시 부당이득 여부

대항력과 우선변제권을 보유한 임차인에게 낙찰자가 잔금을 납입한 날로부터 5개월 치 월세를 주어야 명도확인서(인감증명서 첨부)에 인감도장을 날인하여 주겠다고 한다. 낙찰자 입장에서 5개월 이상 배당기일이 늦춰져서(물건번호가 여러 개인 경우에는 모든 물건이 낙찰되고 난 뒤에 동시배당을 한다)손해가 많다는 이유로 부당이득반환의 소를 제기하였다. 그러나 대법원은 임차인에 대한 배당표가 확정될 때까지 임차인에 의한 임차주택의 사용 · 수익이 낙찰대금을 납부한 경락인과의 관계에서 부당이득이 되지 않는다고 판시하였다.

관련판례

건물명도

【판시사항】

주택 임대차보호법상의 대항력과 우선변제권을 가지고 있는 임차인이 임차주택에 대한 경매절차에서 보증금 전액을 배당받을 수 있는 경우 임차권의 소멸시기(=임차인에 대한 배당표의 확정시) 및 임차인에 대한 배당표가 확정될 때까지 임차인에 의한 임차주택의 사용 · 수익이 낙찰대금을 납부한 경락인과의 관계에서 부당이득으로 되는지 여부(소극)

【판결요지】

주택 임대차보호법 제3조의5의 입법 취지와 규정 내용에 비추어 보면, 주택 임대차보호법상의 대항력과 우선변제권의 두 권리를 겸유하고 있는 임차인이 우선변제권을 선택하여 임차주택에 대하여 진행되고 있는 경매절차에서 보증금에 대한 배당요구를 하여 보증금 전액을 배당받을 수 있는 경우에는, 특별한 사정이 없는 한 임차인이 그 배당금을 지급받을 수 있는 때, 즉 임차인에 대한 배당표가 확정될 때까지는 임차권이 소멸하지 않는다고 해석함이 상당하다 할 것이므로, 경락인이 낙찰대금을 납부하여 임차주택에 대한 소유권을 취득한 이후에 임차인이 임차주택을 계속 점유하여 사용 · 수익하였다고 하더라도 임차인에 대한 배당표가 확정될 때까지의 사용 · 수익은 소멸하지 아니한 임차권에 기한 것이어서 경락인에 대한 관계에서 부당이득이 성립되지 아니한다.[대법원 2004. 8. 30., 선고, 2003다23885, 판결]

관련판례

배당이의

【판시사항】

[1] 대항력과 우선변제권을 겸유하고 있는 임차인이 임대인을 상대로 보증금반환청구소송을 제기하여 승소판결을 받고 그 확정판결에 기하여 강제경매를 신청하였으나 그 경매절차에서 보증금 전액을 배당받지 못한 경우, 후행 경매절차에서 우선변제권에 의한 배당을 받을 수 있는지 여부(소극)

【판결요지】

[1] 주택 임대차보호법상의 대항력과 우선변제권의 두 가지 권리를 함께 가지고 있는 임차인이 우선변제권을 선택하여 제1 경매 절차에서 보증금 전액에 대하여 배당요구를 하였으나 보증금 전액을 배당받을 수 없었던 때에는 경락인에게 대항하여 이를 반환받을 때까지 임대차 관계의 존속을 주장할 수 있을 뿐이고, 임차인의 우선변제권은 경락으로 인하여 소멸하는 것이므로 제2 경매절차에서 우선변제권에 의한 배당을 받을 수 없는바, 이는 근저당권자가 신청한 1차 임의경매절차에서 확정일자 있는 임대차계약서를 첨부하거나 임차권 등기명령을 받아 임차권 등기를 하였음을 근거로 하여 배당요구를 하는 방법으로 우선변제권을 행사한 것이 아니라, 임대인을 상대로 보증금반환청구 소송을 제기하여 승소판결을 받은 뒤 그 확정판결에 기하여 1차로 강제경매를 신청한 경우에도 마찬가지다.[대법원 2006. 2. 10., 선고, 2005다21166, 판결]

4. 선순위 가처분이 효력이 없는 경우

선순위 가처분은 인수되는 게 일반적이지만 효력이 없는 선순위 가처분도 있다.

(1) 공유물분할을 위한 보전처분으로 이미 목적을 달성한 피보전권리로써 효력이 상실된 경우

▼ **사건기본정보**

소재지	서울특별시 강남구 학동로31길 29, 1층103호 (논현동, 삼성빌라트)				
경매종류	공유물분할을위한경매(형식적경매)	토지면적	60.85 ㎡ (18.41평)	감정가	910,000,000원
물건종류	아파트	건물면적	124.05 ㎡ (37.53평)	최저가	728,000,000원
경매대상	토지 및 건물일괄매각	채무/소유자	김OO외 2명 / 이OO외 3명	입찰보증금	(10%) 72,800,000원
입찰방법	기일입찰	채권자	박OO	청구금액	0원

▼ 건물 등기부현황[채권액합계 : 130,000,000원]

구분	성립일자	권리소유	권리자	권리금액	인수/소멸
1		소유권	이OO		소멸
2	2016.09.19	가처분	박OO		????
3	2016.09.29	근저당권	유OO	130,000,000원	소멸기준
4	2019.05.13	임의경매	박OO	[청구금액]0원	소멸
5	2019.10.15	압류	국OOO		소멸

7	4번이○○지분, 이○○ 지분,5번이○○지분가처분	2016년9월19일 제190769호	2016년9월19일 서울중앙지방법원의 가처분결정(2016카단809266)	피보전권리 공유물분할을 원인으로 한 소유권이전등기청구권 보전 채권자 박은상 840201-******* 경기도 수원시 영통구 매영로199번길 46-8, 607호(원천동, 센트레빌) 김○○ 640625-******* 서울특별시 양천구 목동중앙본로 10, 101동 1605호(목동,극동늘푸른아파트) 서○○ 811123-******* 경기도 성남시 분당구 판교원로 101, 102동 402호(운중동,판교금강펜테리움레전드) 금지사항 매매, 증여, 전세권, 저당권, 임차권의 설정 기타일체의 처분행위 금지
8	4번이○○ 지분전부이전	2016년9월20일 제191698호	2016년8월22일 강제경매로 인한 매각	공유자 지분 27분의 2 김○○ 640625-******* 서울특별시 양천구 목동중앙본로 10, 101동 1605호(목동,극동늘푸른아파트) 지분 27분의 2 박○○ 840201-******* 경기도 수원시 영통구 매영로199번길 46-8, 607호(원천동) 지분 27분의 2 서○○ 811123-******* 경기도 성남시 분당구 판교원로 101, 102동 402호(운중동,금강 펜테리움 레전드)

위 가처분은 박○○이 공유물 분할을 원인으로 한 소유권이전청구권 보전등기(2016.09.19.)로 이미 판결을 받아서 그 판결문을 집행권원으로 경매를 신청한 것이므로 선순위가처분이라 할지라도 효력이 없어 낙찰자의 인수대상이 아니다.

(2) 사해행위 취소를 원인으로 한 소유권이전등기 말소 청구권이 승소한 후 경매 신청된 경우

▼ 사건기본정보

소재지					
경매종류	부동산강제경매	토지면적	52.50㎡(15.88평)	감정가	28,035,000원
물건종류	대지	건물면적		최저가	↓ 64% 17,942,000원
경매대상	건물제외 및 토지 지분매각	채무/소유자	정OO/정OO	입찰보증금	(10%) 1,794,200원
입찰방법	기일입찰	채권자	주OO	청구금액	13,125,863원

▼ 토지 등기부현황[채권액합계 : 0원]

구분	성립일자	권리소유	권리자	권리금액	인수/소멸
1		소유권	정OO		소멸
2	2019.05.24	가처분	OOO		인수????
3	2020.01.29	강제경매	OOO	[청구금액] 13, 125, 863원	소멸기준

▼ 등기부등본

3	소유권 일부(4분의 1) 가처분	2019.05.24. 제7070호	2019.05.24. 처분결정	피보전권리 사해 행위 취소를 원인으로 한 소유권이전등기 말소 청구권 (주)리더자산대부
2	소유권 이전	2019.02.14. 제2194호	2018.1.21. 협의분할에 의한 상속	정○○
2－1	2번소유권 경정	2020.1.06. 제263호	2019.11.28. 사해행위 취소	정○○ 3/4 정○○ 1/4

위 사안은 처음에 정○○ 1인에게 상속되었으나 채권자인 주)리더자산대부가 1인에게 모두 상속하는 것은 채권을 회피하기 위한 사해행위로 보고 소유권일부에 대해 사해행위 취소를 원인으로 한 소유권 이전등기 말소청구권을 제기

(2019.05.24.)하였다. 가처분에 대한 본안 소송에서 승소(2020.1.06.)한 후 해당 토지의 지분에 대한 강제경매(2020.01.29.)를 신청한 건으로 위 가처분은 이미 효력이 없어 인수대상이 아니다.

(3) 법정 기한 내에 가처분에 기한 본안소송을 제기하지 않은 경우

▼ 토지 등기부현황

구분	성립일자	권리소유	권리자	권리금액
1		소유권	문OOO	
2	2003.10.14	가처분	남OOO	
3	2007.12.06	압류	안OOO	
4	2008.01.08	압류	양OO	
5	2008.03.20	압류	양OO	
6	2011.06.28	압류	국	
7	2011.12.12	압류	서OOO	
8	2012.05.24	압류	안OO	
9	2019.12.05	강제경매	OOO	[청구금액] 3, 474, 373원
10	2020.02.28	압류	국OOO	

매각물건명세서

사건	2019타경36443 부동산강제경매	매각물건번호	1	담임법관(사법보좌관)	
작성일자	2020.08.20	최선순위 설정일자	2007.12.7.압류		
부동산 및 감정평가액 최저매각가격의 표시	부동산표시목록 참조	배당요구종기	2020.03.09		

부동산의 점유자와 점유의 권원, 점유할 수 있는 기간, 차임 또는 보증금에 관한 관계인의 진술 및 임차인이 있는 경우 배당요구 여부와 그 일자, 전입신고일자 또는 사업자등록신청일자와 확정일자의 유무와 그 일자

점유자의 성명	점유부분	정보출처 구분	점유의 권원	임대차 기간 (점유기간)	보증금	차임	전입신고일자, 사업자등록신청 일자	확정일자	배당요구 여부 (배당요구 일자)
조사된 임차내역 없음									

< 비고 >

※ 최선순위 설정일자보다 대항요건을 먼저 갖춘 주택.상가건물 임차인의 임차보증금은 매수인에게 인수되는 경우가 발생할 수 있고, 대항력과 우선 변제권이 있는 주택,상가건물 임차인이 배당요구를 하였으나 보증금 전액에 관하여 배당을 받지 아니한 경우에는 배당받지 못한 잔액이 매수인에게 인수되게 됨을 주의하시기 바랍니다.

※ 등기된 부동산에 관한 권리 또는 가처분으로서 매각으로 그 효력이 소멸되지 아니하는 것

최선순위 가처분등기(2003.10.14.등기)는 매각으로 소멸하지 않고 매수인이 인수해야 한다.

그러나 민사집행법 제288조 제1항 제3호에 따라 보전처분집행 후 5년간 본안소송을 제기하지 않으면 처분금지가처분의 취소를 구할 수 있어 매수인이 인수하지 않아도 된다.

구분	가처분 신청시기	가처분 이후 소송 기한
1	2002.6.30. 이전에 신청한 가처분	10년
2	2002.6.30. ~2005.7.28. 신청한 가처분	5년
3	2005.7.28. 이후에 신청한 가처분	3년

5. 후순위 가처분을 인수해야 하는 경우

▼ **사건기본정보**

소재지					
경매종류	부동산강제경매	토지면적		감정가	53,128,800원
물건종류	상가	건물면적	100.85㎡(30.51평)	최저가	↓ 17% 8,929,000원
경매대상	토지제외 및 건물매각	채무/소유자		입찰보증금	(20%) 1,785,800원
입찰방법	기일입찰	채권자		청구금액	4,185,630원

▼ **건물 등기부현황[채권액합계 : 174,784,800원]**

구분	성립일자	권리소유	권리자	권리금액	인수/소멸
1		소유권	김OOO		소멸
2	2008.01.28	가압류	오OO	165,000,000원	소멸기준
3	2011.07.11	가압류	서OOO	9,784,800원	소멸
4	2012.02.07	압류	파OO		소멸
5	2012.05.10	압류	용OOO		소멸
6	2012.10.31	강제경매	서OOO	[청구금액] 4,185,630원	소멸
7	2013.08.19	가처분	서OOO	피보전권리 건물철거청구권	???

위 사안에서 가처분의 피보전권리가 건물철거청구권으로 향후 선의의 피해자를 방지하기 위하여 낙찰이 되더라도 소멸하지 않는다. 그러므로 매수자가 경매를 원인으로 소유권을 취득했더라도 가처분권자가 본안소송에서 승소할 경우 소유권을 잃게 된다.

그러므로 후순위 가처분이라 하더라도 건물철거청구권 가처분과 소유권이전등기청구권 가처분은 무조건 낙찰자가 인수해야 하므로 주의해야 한다.

6. 도시지역 도로변 땅의 완충녹지

완충녹지란 향후 도로의 확장, 대기오염, 소음, 진동, 악취 그 밖에 이에 준하는 공해와 각종 사고나 자연재해 그 밖에 이에 준하는 재해 등의 방지를 위하여 도로변을 따라 지정하는 녹지를 말한다.

주로 도시지역에 지정되며 진입도로를 개설할 수 없고 완충녹지지역 안에는 건물을 신축할 수도 없다. 그러므로 도시지역 도로변의 토지를 낙찰받아 토지를 개발하고자 할 때는 "도시계획 도면과 토지이용계획확인원"으로 완충녹지 여부를 꼭 확인해야 한다.

7. 민법 제621조 임대차등기가 되어 있는 경우

▼ 사건기본정보

소 재 지	경기도 고양시 일산동구 백석동 1194, 흰돌마을1단지 102동 복합상가 지하1층 외 2건			
물건종별	근린상가(5721평형)	감 정 가	43,890,000,000원	매각 : 35,200,000,000원(80.2%)
대 지 권	6158.114㎡(1862.83평)	최 저 가	(80%) 35,112,000,000원	(입찰1명, 매수인 : 김○○)
건물면적	7963.42㎡(2408.93평)	보 증 금	(10%) 3,511,200,000원	매각결정기일 : 2006.06.21 -매각허가결정
매각물건	토지 · 건물 일괄매각	소 유 자	백○○	대금납부 2006.07:31 / 배당기일 2006.08.18
개시결정	2005-06-16	채 무 자	백○○	
사 건 명	임의경매	채 권 자	국민은행	배당종결 2006.08.18

▼ 등기부현황(채권액합계 : 35,935,819,976원)

접수	권리종류	권리자	채권금액	비고	소멸여부
1999.10.27	소유권 이전	금○○		회사합병	
2001.08.01	임차권설정 (건물 지1층, 1층, 2층, 3층 일부)	(주)신세계	7,976,794,000원	존속기간 : 2001.08.01 ~2009.09.07 (지하1층, 1층, 2층 7,632,294,000원, 3층 344,500,000원)차임 105,000,000원	인수
2001.08.01	소유권이전(매매)	금호산업일산주상복합건물유동화전문유한회사			
2002.09.30	소유권이전(매매)	백○○			
2003.05.07	근저당	국민은행 (광진기업금융지점)	5,200,000,000원	말소기준등기	소멸
2003.05.07	근저당	한국외환은행	19,500,000,000원		소멸
2005.02.01	가압류	김○○	40,000,000원		소멸
2005.02.15	가압류	김○○	226,545,000원		소멸
2005.04.07	가압류	조○○	231,468,000원		소멸
2005.04.13	압류	고양시		세정과-3111	소멸
2005.05.09	가압류	좋은상호저축은행	2,198,012,976원		소멸
2005.05.23	가압류	우리은행	563,000,000원		소멸
2005.06.20	임의경매	한국외환은행 (여신정리부)	청구금액 : 13,670,791,183원	2005타경13444	소멸
2005.08.04	압류	고양시일산구청			소멸
2005.08.04	임의경매	국민은행 (경매소송 관리센터)		2005타경18197	소멸

본 물건은 35,200,000,000원에 낙찰되었지만, 민법 제621조에 의하여 2001.08.01.에 임차권 등기된 7,976,794,000원을 매수자가 인수하여야 한다.

> 민법 제621조(임대차의 등기) ① 부동산임차인은 당사자 간에 반대약정이 없으면 임대인에 대하여 그 임대차등기절차에 협력할 것을 청구할 수 있다.
> ② 부동산임대차를 등기한 때에는 그때부터 제삼자에 대하여 효력이 생긴다.

8. 민법 제622조의 차지권이 있는 법정지상권

▼ 사건기본정보

소재지					
경매종류	부동산강제경매	토지면적	187.00 ㎡ (56.57평)	감정가	241,230,000원
물건종류	대지	건물면적		최저가	241,230,000원
경매대상	건물제외 및 토지매각	채무/소유자	김OO / 김OO	입찰보증금	(10%) 24,123,000원
입찰방법	기일입찰	채권자	나OO	청구금액	15,676,000원

▼ 임차인현황[말소기준권리 : 2019. 7. 2. 가압류, 배당요구종기일 : 2020/12/24]

임차인	용도/점유	전입일자	확정일자	배당요구일	보증금/월세
이O	제시외(1)의 1층 전체	미상	미상		1,000만원 [월]월 60만원
현황 조사서 기타	• 지상에 제시외(1), (2)가 소재하며, 제시외(1)은 본건 소유자의 자녀 김○○, 김○○의 소유로 별도의 임대 관계는 없으며, 제시외(2)는 임차인 이○○의 소유임. • 제시외(1)의 1층은 임차인 이○○이, 2층은 소유자가 점유하고 있으며, 임차인 이○○은 본건 소유자인 김○○과 임대차계약을 하였다고 함 본 건 소재 지상건물 매각에서 제외, 토지만 매각. 건물을 위한 법정지상권 성립 여부 불명.				

▼ 토지 등기부현황[채권액합계 : 16,456,000원]

구분	성립일자	권리소유	권리자	권리금액	인수/소멸
1		소유권	김OO		소멸
2	2019.07.02	가압류	나OO	16,456,000원	소멸기준
3	2020.09.25	강제경매	나OO	[청구금액] 15,676,000원	소멸

가압류 설정 당시 토지소유자와 건물소유자가 상이하므로 일반적인 법정지상권은 성립하지 않는다. 그러나 임차인 이○○은 본건 소유자인 김○○과 임대차계약(차지권)을 하였다고 주장하고 있어 이를 입증한다면 민법 제622조에 의한 차지권

이 성립되어 임차인은 법정지상권을 갖게 된다.

위 건물의 소유권 보존등기는 2017.12.13.이고 말소기준권리인 가압류는 2019.07.02.에 등기되었다. 그러므로 보존등기가 가압류보다 먼저 등기되었으므로 임차인에 의한 차지권만 입증이 되면 토지만 매각되어도 차지권에 의한 법정지상권이 성립하게 되어 낙찰자는 건물철거를 주장할 수 없게 된다. 그러므로 이를 감안하여 입찰하여야 할 것이다.

> **민법 제622조(건물 등기 있는 차지권의 대항력)** ① 건물의 소유를 목적으로 한 토지임대차는 이를 등기하지 아니한 경우에도 임차인이 그 지상건물을 등기한 때에는 제삼자에 대하여 임대차의 효력이 생긴다.
> ② 건물이 임대차 기간만료 전에 멸실 또는 후폐한 때에는 전항의 효력을 잃는다.

9. 선행경매(1차경매) 후의 후행경매(2차경매)에서의 선순위 임차인

선행경매의 대항력 있는 임차인이 보증금 전액을 배당받지 못한 상태에서 후행경매가 진행될 경우에 조심해야 한다.

즉, 전소유자의 경매물건의 취득원인이 경매로 인한 취득이면 취득당시 대항력 있는 임차인 유무를 반드시 확인해야 한다. 만약 경매로 취득한 전소유자가 선순위 임차인의 미충족보증금을 인수하지 않은 상태에서 다시 경매(후행경매)가 진행된다면 낙찰자甲은 선행경매의 선순위임차인ⓐ의 미배당보증금(4천만원)을 인수해야 한다.

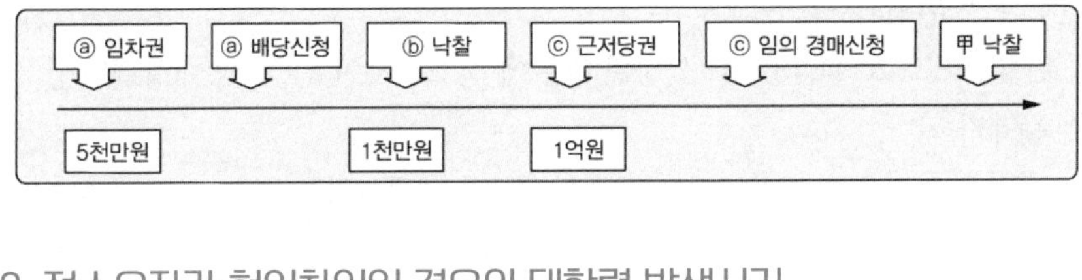

10. 전소유자가 현임차인일 경우의 대항력 발생시기

전소유자가 건물을 매각하면서 매수인과 새로운 임대차계약을 체결하여 임차인의 지위를 가지고 있는 상태에서 건물이 경매로 나왔을 경우 전소유자의 임차인으로서의 대항력 발생시기는 현소유자로 소유권이전 등기된 익일 0시부터 발생한다.

▼ 임차인현황[말소기준권리 : 2015.12.01. 근저당권, 배당요구종기일 : 2021/01/29]

임차인	용도/점유	전입일자	확정일자	배당요구일	보증금/월세	대항력
김OO	지하층 비01호	2010.11.01	미상		미상 [월]미상	O
현황조사서 기타	1. 임차인 김ㅇㅇ(전소유자임)가 가족들과 함께 점유하면서 점유함. 2. 주민등록표등본과 김ㅇㅇ의 아들 안ㅇㅇ의 진술을 참고로 하여 조사함.					

▼ 건물 등기부현황[채권액합계 : 231,713,228원]

구분	성립일자	권리소유	권리자	권리금액	인수/소멸
	2013.05.16	김OO		(거래가)178,000,000원	
1	2015.12.01	소유권	곽OO		소멸
2	2015.12.01	근저당권	동OO	168,000,000원	소멸기준
3	2017.09.19	근저당권	테OO	9,000,000원	소멸
4	2020.06.24	가압류	OOO	11,318,642원	소멸
5	2020.08.11	가압류	OOO	21,371,625원	소멸
6	2020.09.07	가압류	서OO	7,072,961원	소멸

임차인 현황상의 임차인 김OO의 전소유자로 해당 경매물건을 매수한 뒤 2010.11.01.전입신고 하였다. 이후 곽OO에게 매도하였고 임차인으로 계속해서 거주하고 있다.

현물건이 2020.11.18.경매신청된 경우에 전소유자인 김OO의 대항력발생시기가 문제가 된다.

이 경우 전소유자의 임차인으로서의 대항력 발생시기는 현소유자로 소유권이전등기(2015.12.01.)된 익일(2015.12.02.) 0시부터 발생한다. 그러므로 동OO의 근저당권설정으로 인한 말소기준 성립시점은 2015.12.01. 오전9시로 전소유자는 이에 대항할 수 없게 된다.

임차인 현황상의 2010.11.01.는 전소유자가 소유자로서 전입신고한 것일 뿐 임차인으로서의 대항력과는 무관하다.

관련판례

대항력 발생시기

【판시사항】

갑이 주택에 관하여 소유권이전등기를 경료하고 주민등록 전입신고까지 마친 다음 처와 함께 거주하다가 을에게 매도함과 동시에 그로부터 이를 다시 임차하여 계속 거주하기로 약정하고 처 명의의 임대차계약을 체결한 후에야 을 명의의 소유권이전등기가 경료된 경우, 갑의 처가 주택 임대차보호법상 임차인으로서 대항력을 갖는 시기(始期)(=을 명의의 소유권이전등기 익일부터)

【판결요지】

갑이 주택에 관하여 소유권이전등기를 경료하고 주민등록 전입신고까지 마친 다음 처와 함께 거주하다가 을에게 매도함과 동시에 그로부터 이를 다시 임차하여 계속 거주하기로 약정하고 임차인을 갑의 처로 하는 임대차계약을 체결한 후에야 을 명의의 소유권이전등기가 경료된 경우, 제삼자로서는 주택에 관하여 갑으로부터 을 앞으로 소유권이전등기가 경료되기 전에는 갑의 처의 주민등록이 소유권 아닌 임차권을 매개로 하는 점유라는 것을 인식하기 어려웠다 할 것이므로, 갑의 처의 주민등록은 주택에 관하여 을 명의의 소유권이전등기가 경료되기 전에는 주택임대차의 대항력 인정의 요건이 되는 적법한 공시방법으로서의 효력이 없고 을 명의의 소유권이전등기가 경료된 날에야 비로소 갑의 처와 을 사이의 임대차를 공시하는 유효한 공시방법이 된다고 할 것이며, 주택 임대차보호법 제3조 제1항에 의하여 유효한 공시방법을 갖춘 다음날인 을 명의의 소유권이전등기일 익일부터 임차인으로서 대항력을 갖는다.[대법원 2000. 2. 11., 선고, 99다59306, 판결]

11. 집합건물 대지권의 낙찰자

집합건물의 대지권의 낙찰자는 건물점유자에 대하여 퇴거청구를 할 수 있으며 그 건물점유자가 대항력 있는 임차인인 경우에도 위 퇴거청구에 대항할 수 없다.

그러므로 대지권 낙찰자는 건물소유자와 점유자에 대하여 처분금지가처분신청&건물철거&토지인도 소송과 동시에 퇴거청구 소송을 제기할 수 있다.

그러므로 집합건물에 토지별도 등기가 되어 있어 건물만의 경매사건이라면 권리분석을 꼼꼼하게 체크해야 할 필요가 있다.

관련판례

① 토지사용권을 갖추지 못한 건물소유자의 건물 퇴거

【판시사항】

[1] 건물이 그 존립을 위한 토지사용권을 갖추지 못하여 토지소유자가 건물소유자에 대하여 당해 건물의 철거 및 그 대지의 인도를 청구할 수 있는 상황에서 건물소유자가 아닌 사람이 건물을 점유하고 있는 경우, 토지소유자가 건물점유자에 대하여 퇴거청구를 할 수 있는지 여부(적극)및 그 건물점유자가 대항력 있는 임차인인 경우 위 퇴거청구에 대항할 수 있는지 여부(소극)

【판결요지】

[1] 건물이 그 존립을 위한 토지사용권을 갖추지 못하여 토지의 소유자가 건물의 소유자에 대하여 당해 건물의 철거 및 그 대지의 인도를 청구할 수 있는 경우에라도 건물소유자가 아닌 사람이 건물을 점유하고 있다면 토지소유자는 그 건물 점유를 제거하지 아니하는 한 위의 건물 철거 등을 실행할 수 없다. 따라서 그때 토지소유권은 위와 같은 점유에 의하여 그 원만한 실현을 방해당하고 있다고 할 것이므로, 토지소유자는 자신의 소유권에 기한 방해배제로서 건물점유자에 대하여 건물로부터의 퇴출을 청구할 수 있다. 그리고 이는 건물점유자가 건물소유자로부터의 임차인으로서 그 건물임차권이 이른바 대항력을 가진다고 해서 달라지지 아니한다. 건물임차권의 대항력은 기본적으로 건물에 관한 것이고 토지를 목적으로 하는 것이 아니므로 이로써 토지소유권을 제약할 수 없고, 토지에 있는 건물에 대하여 대항력 있는

임차권이 존재한다고 하여도 이를 토지소유자에 대하여 대항할 수 있는 토지사용권이라고 할 수는 없다. 바꾸어 말하면, 건물에 관한 임차권이 대항력을 갖춘 후에 그 대지의 소유권을 취득한 사람은 민법 제622조 제1항이나 주택 임대차보호법 제3조 제1항 등에서 그 임차권의 대항을 받는 것으로 정하여진 '제삼자'에 해당한다고 할 수 없다.[대법원 2010. 8. 19., 선고, 2010다43801, 판결]

12. 임금채권 등의 최선순위 배당권자가 있는 경우

임금채권 등은 어떤 경우에도 낙찰자가 인수하지 않는 금액이므로 입찰전에는 알 수 없으나 최고가매수인 등이 되면 이해당사자가 되어 잔금 납부 전에 사건기록열람을 통하여 신고금액을 확인하여 구체적인 금액을 확인할 수 있다.

이 경우 낙찰자는 낙찰 후 사건기록연람으로 선순위 임금채권 등이 과해서 사회통념상 상식선에서 과하게 선순위임차인의 보증금을 지나치게 많이 인수해야 하는 금액이 있다면 "사전에 알 수 없었고 고의가 아닌 알 수 없는 불가항력적인 사항으로 선순위 임금채권 등으로 인해 매각불허가신청"을 해야 한다. 그러나 매각불허가 결정이 난다고 확정할 수는 없으므로 근로복지공단에서 먼저 임금을 지불하고 가압류한 체당금 등의 채권이 존재한다면 조심해야 한다.

13. 무잉여로 인한 취소

매수자가 낙찰을 받기 위해서는 지역분석, 해당 부동산의 권리분석, 임장 등 많은 시간과 비용을 투자 하였으나 후에 경매절차 상의 하자로 취소가 된다면 상당히 허무할 것이다. 그러므로 해당 부동산이 경매 진행 중에 취소, 변경 등의 가능성에 대한 고려도 중요하다 할 것이다.

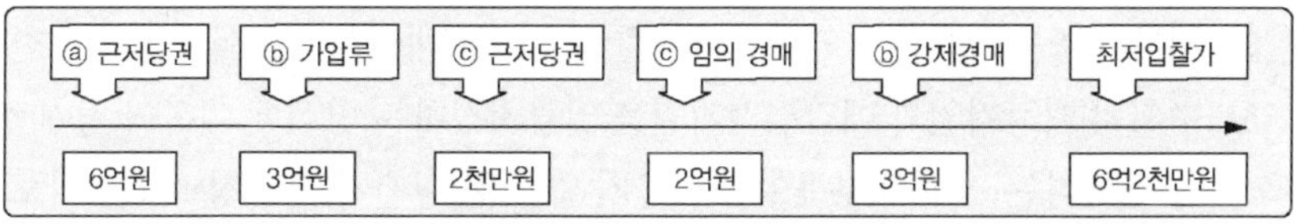

본 경매가 여러 번 유찰되어 현재의 최저입찰가격은 6.2억이다. 만약 이번에도

유찰된다면 다음 회차 최저매각가격은 4.96억으로 ⓒ 근저당권(임의경매신청자)은 무잉여 가능성의 문제가 발생한다. 이 경우 법원은 경매를 취소하게 된다. 그러므로 입찰자는 이러한 사정을 알고 입찰 여부를 결정해야 할 것이다.

※ 위 사안에서의 무잉여로 인한 법원의 경매취소 결정

1. 무잉여 개념

   법원이 정한 최저매각가격으로 압류채권자의 채권에 우선하는 권리자의 배당액과 비용을 지급하고 남는 금액이 없는 경우를 말한다.

2. 취소 절차

   유찰 후 법원은 ⓑ강제경매(압류채권자)에게 우선 채권을 넘는 가격으로 입찰하는 자가 없은 경우에는 스스로가 매수할 것을 신청하고 충분한 보증금을 제공하지 않으면 매각절차를 취소한다. 그러나 압류채권자가 해당부동산을 매수할 자격이 없는 경우에는 바로 직권 취소한다.

14. 경매의 취소

(1) 직권에 의한 취소

1) 법원은 직권으로 매각기일 등을 취소, 변경할 수 있다.
   예를 들면 최저매각가격결정의 하자, 이해관계인에 대한 송달의 하자, 매각물건명세서의 중대한 하자, 공고의 중대한 하자 등이 있다.
2) 집행정지서류가 제출된 때에는 법원은 매각기일의 지정을 취소 또는 변경해야 한다.

(2) 당사자의 신청에 의한 취소

1) 이해관계인은 기일지정 변경신청권이 없으므로 이해관계인 간에 기일변경에 관하여 합의가 있었다 하더라도 법원은 이에 구속되지 않는다.
   실무상 경매신청채권자가 기일연기신청을 하는 경우에는 2회까지 허용하며 1회의 연기기간은 2개월 이내로 한다.
2) 채무자 또는 소유자가 연기신청을 할 경우에는 채권자의 동의가 있어야 한다.
3) 수회의 매각기일과 매각결정기일을 일괄지정하는 방식에 의하여 경매절차를 진행하는 경우에 부득이한 사유가 없는 한 당사자의 신청이 있더라도 변경하지 못한다.

15. 경매의 취하가능성

해당 부동산의 가치가 총부채액보다 많을 경우에는 잔금납부 전까지 취하될 개연성이 있으므로 항상 주의해야 한다.

▼ **기본정보**

소 재 지				
새 주 소	부산광역시 북구 만덕	**감 정 가**	43,890,000,000원	본사건은 취하(으)로 경매절차가 종결되었습니다.
물건종별	다세대(빌라)	**감 정 가**	146,000,000원	
대 지 권	77.6㎡(23.47평)	**최 저 가**	(100%) 146,000,000원	
건물면적	57.91㎡(17.52평)	**보 증 금**	(10%)14,600,000원	
매각물건	토지 · 건물 일괄매각	**소 유 자**	이○○	
개시결정	2021－06－28	**채 무 자**	이○○	

▼ **등기부현황**(채권액합계 : 49,400,000원)

접수	권리종류	권리자	채권금액	비고	소멸여부
2007.05.16	소유권 이전(증여)	문○○			
2011.06.24	근저당	북부산새마을금고	19,500,000원	말소기준등기	소멸
2011.12.20	근저당	북부산새마을금고	6,500,000원		소멸
2012.11.15	근저당	북부산새마을금고	10,400,000원		소멸
2018.03.26	소유권 이전	이○○		유증	
2018.06.15	근저당	북부산새마을금고	13,000,000원		소멸
2021.06.28	임의경매	북부산새마을금고	청구금액 : 31,502,002원	2021타경2531	소멸

부동산의 시세가 총부채보다 높을 때는 해당 경매가 언제든지 취하될 수 있으므로 입찰을 준비 중이라면 항상 체크해야 한다.

16. 같은 사건에서 물건이 2개 이상인 경우에 물건번호 오기입

▼ 기본정보 – (2021타경5859(17)) – 물건 20개 중에서 17번물건임

새 주 소	부산광역시 중구		
물건종별	다세대(빌라)	감 정 가	68,000,000원
대 지 권	20.127㎡(6.09평)	최 저 가	(51%) 34,816,000원
건물면적	17.61㎡(5.33평)	보 증 금	(20%) 6,963,200원
매각물건	토지 · 건물 일괄매각	소 유 자	최○○
개시결정	2021 – 11 – 03	채 무 자	최○○
사 건 명	임의경매	채 권 자	우리은행

구분	매각기일	최저매각가격	결과
1차	2022-11-02	68,000,000원	유찰
2차	2022-12-07	54,400,000원	매각
매각 56,100,000원(82.5%) / 1명 /미납			
3차	2023-05-31	54,400,000원	유찰
4차	2023-07-12	43,520,000원	유찰
5차	2023-08-16	34,816,000원	
매각 : 37,500,000원(55.15%)			
(입찰 2명, 매수인 : 엄○○ / 차순위금액 37,350,000원 /차순위신고)			
매각결정기일 : 2023.08.23 – 매각허가결정			

[대청동4가 45-1대청마루 4층 호별배치도]

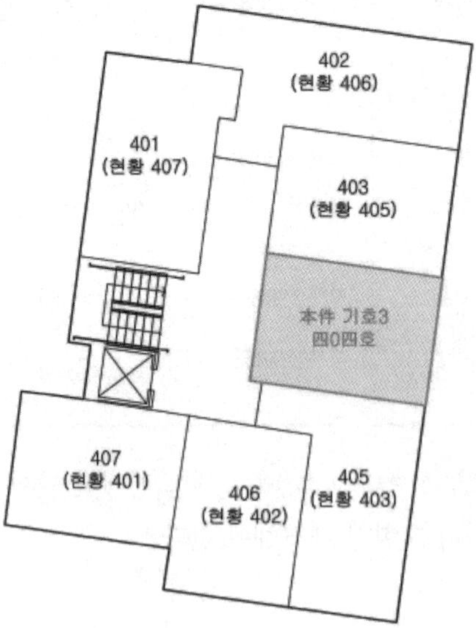

위 사건은 물건번호가 여러 개이고 현칭과 공부상(건축물현황도)의 호수가 다른 경우이다.

즉, 공부상 403호이나 현황은 405호(본 물건 출입문에 405호 표찰이 부착되어 있음)로 불리고 있다. 오래된 빌라의 경우 공부와 현칭이 다른 경우가 간혹 있으므로 반드시 "세움터"에서 회원 가입한 후에 "건축물현황도면"을 열람하여 확인하고 공부상 호수를 기재하여야 한다.

※ 매각물건현황상의 토지별도등기는 집합건물(아파트, 오피스텔, 다세대 등)의 경우 토지에 관한 소유권을 대지권으로 표시하고 건물등기부의 표제부에 등기한 후에 토지등기부는 폐쇄하는 것이 원칙이지만 토지등기부에 제삼자의 권리를 표시하여야 할 필요가 있는 경우 토지등기부를 유지하고 제삼자의 권리를 표시하고 있는 상태를 말한다.
본 건의 경우 토지에 근저당권이 설정되어 있으나 건물의 근저당권자와 동일하여 배당으로 말소하는 권리이고 낙찰자에게 인수되는 권리는 아니다. 또한, 매각물건명세서에서도 인수조건으로 표시되지 않아 낙찰자에게 인수되지는 않는다.

※ 물건이 1개인 경우에는 보통 매각허가결정 후 잔금을 납부한 뒤에 2개월 이내에 배당기일이 지정되는 경우가 대부분이나 물건번호가 여러 개인 경우 모든 물건이 매각된 후 배당기일이 지정된다. 인도명령결정은 배당기일 이후 가능하므로 임차인에 대한 인도명령결정까지 다소 기간이 소요될 수 있다.

※ 미납관리비의 경우 사용자 부담이 원칙이나 사용자가 납부하지 않은 경우 공용부분 관리비는 대법원판례(2001다8677 전원합의체)에 따라서 매수인에게 승계된다. 관리비채권의 법적 소멸시효는 3년이며 미납관리비의 연체료나 관리사무소에서 임의적으로 계산한 지연손해금 등이 매수자에게 승계되지는 않는다.

17. 토지별도등기

집합건물은 토지에 관한 소유권을 대지권으로 표시하고 건물등기부의 표제부에 등기한 후에 토지등기부는 폐쇄하는 것이 원칙이다.

그러나 토지등기부에 제삼자의 권리를 표시하여야 할 필요가 있는 경우 토지등기부를 폐쇄하지 않고 제삼자의 권리를 표시한다. 이 경우 전유부분 표제부의 대지권표시에 "토지별도등기 있음"으로 표기하여 공시하고 있다.

건물의 임차인이 토지별도등기자보다 후순위인 경우에는 임차인은 토지에 대하여는 선순위 저당권자보다 후순위가 되므로 보증금을 제대로 받지 못하는 경우가 발생할 수 있다. 그러므로 낙찰자가 배당받지 못한 보증금을 인수하는 경우가 발생할 수 있다.

아래 판례는 공인중개사가 토지별도등기에 대한 중개대상물확인설명을 해태하여 임차인이 토지부분에서 손해를 본 것의 70%를 배상하라는 판결이다.

관련판례

손해배상(확정) : 피고(공인중개사)는 원고에게 손해금 49,730,093원(=71,042,991원×70%)을 지급하라.

【판시사항】

공인중개사가 아파트 임대차계약을 중개하면서 등기부상 아파트의 표제부 중 '대지권의 표시'란에 기재된 별도등기에 대한 확인 · 설명의무를 위반하였음을 이유로 임차인에 대한 손해배상책임을 인정한 사례

【판결요지】

공인중개사가 아파트 임대차계약을 중개하면서 등기부상 아파트의 표제부 중 '대지권의 표시'란에 대지권의 목적인 토지에 관하여 별도등기가 있다는 것을 간과하여 임차인에게 아무런 설명을 하지 않은 사안에서, 위 아파트에 관한 임의경매의 배당절차에서 토지의 근저당권보다 배당순위에서 밀려 배당을 적게 받는 재산상 손해를 입은 임차인에 대하여 공인중개사에게 중개대상물의 확인 · 설명의무 위반으로 인한 손해배상책임을 인정한 사례.[서울동부지법 2010. 6. 18., 선고, 2010나189, 판결]

18. 공유자 및 전세사기피해자의 우선매수청구권

(1) 공유자의 우선매수청구권

지분경매에 입찰할 경우에는 항상 공유지분권자가 우선매수청구권을 행사할 수 있으므로 입찰 준비 시에는 이를 염두에 두고 임장 활동을 하여야 한다.

지분경매에서 실제로 공유자의 우선매수청권으로 인하여 유찰이 여러 번 되는 사례가 많다.

실제로 공유자는 우선매수청구권에 대하여 모르고 있는 경우도 많고 다른 여러 가지 이유로 우선매수청구권을 행사하지 않는 경우도 많다.

그러므로 지분경매 시에 경매물건이 충분히 유찰되면 입찰할 필요가 있다.

낙찰을 받게 되면 매수 협의, 임대료에 대한 부당이득금 반환청구소송이나 공유물분할청구소송을 진행하여 매각 후 대금을 지분대로 배당받으면 된다.

> **민사집행법 제140조(공유자의 우선매수권)** ①공유자는 매각기일까지 제113조에 따른 보증을 제공하고 최고매수신고가격과 같은 가격으로 채무자의 지분을 우선매수하겠다는 신고를 할 수 있다.
> ② 제1항의 경우에 법원은 최고가매수신고가 있더라도 그 공유자에게 매각을 허가하여야 한다.
> ③ 여러 사람의 공유자가 우선매수하겠다는 신고를 하고 제2항의 절차를 마친 때에는 특별한 협의가 없으면 공유지분의 비율에 따라 채무자의 지분을 매수하게 한다.
> ④ 제1항의 규정에 따라 공유자가 우선매수신고를 한 경우에는 최고가매수신고인을 제114조의 차순위매수신고인으로 본다.

(2) 전세사기피해자 우선매수청구권

전세사기피해자법에 의한 전세사기피해를 입은 임차인은 전세사기피해자 지원 및 주거안정에 관한 특별법 제20조 제1항의 규정에 의하여 매각기일까지(집행관이 민사집행법 제115조 제1항에 따라 최고가매수신고인의 성명과 가격을 부르고 매각기일을 종결한다고 고지하기 전까지) 민사집행법 제113조에 따른 매수신청보증을 제공하고 최고매수신고가격과 같은 가격으로 부동산을 우선매수하겠다는 신고를 하면 된다.

그러나 현실적으로 인증을 받지 못하는 경우가 대부분이다.

이런 경우에는 임대인에게 내용증명보내고(필수 절차는 아님) → 지급명령신청 → 지급명령에 의한 판결문을 집행권원으로 강제경매신청 → 임차인 낙찰시 채권상계신청 및 잔액지급신고의 절차에 따라 소유권을 취득할 수밖에 없다. 물론 선순위임차인이 아니라면 보증금을 충분히 배당받지 못하는 경우가 대부분이다.

전세사기피해자법 제20조(경매절차에서의 우선매수권) ① 전세사기피해주택을 「민사집행법」에 따라 경매하는 경우 전세사기피해자는 매각기일까지 같은 법 제113조에 따른 보증을 제공하고 최고매수신고가격과 같은 가격으로 우선 매수하겠다는 신고를 할 수 있다.

② 제1항의 경우에 법원은 최고가매수신고가 있더라도 제1항의 전세사기피해자에게 매각을 허가하여야 한다.

③ 제1항에 따라 전세사기피해자가 우선매수신고를 한 경우에는 최고가매수신고인을 「민사집행법」 제114조에 따른 차순위매수신고인으로 본다.

제21조(「국세징수법」에 따른 공매절차에서의 우선매수권) ① 전세사기피해주택이 「국세징수법」에 따라 공매되는 경우 전세사기피해자는 매각결정기일 전까지 같은 법 제71조에 따른 공매보증을 제공하고 다음 각 호의 구분에 따른 가격으로 그 주택을 우선 매수하겠다는 신청을 할 수 있다.

1. 「국세징수법」 제82조에 따른 최고가 매수신청인이 있는 경우 : 최고가 매수가격
2. 「국세징수법」 제82조에 따른 최고가 매수신청인이 없는 경우 : 공매예정가격

② 관할 세무서장은 제1항에 따른 우선 매수 신청이 있는 경우 「국세징수법」 제84조에도 불구하고 전세사기피해자에게 매각결정을 하여야 한다.

③ 제1항에 따라 전세사기피해자가 우선 매수 신청을 한 경우 「국세징수법」 제82조에 따른 최고가 매수신청인을 같은 법 제83조에 따른 차순위 매수신청인으로 본다.

19. 농취증을 제출하지 못하는 경우

농지(전, 답, 과수원 등)를 낙찰받은 경우 법원은 최고가매수신고확인증을 발급하여 준다. 낙찰자는 이를 관할 읍 · 면 · 동사무소에 제출한 뒤 농취증발급신청서와 영농계획서를 교부받아 작성하여 제출한 후 농취증을 받아 법원에 제출하여야 한다. 만약 농취증 발급불가 또는 반려증명을 법원에 제출하면 법원은 매각불허가결정 및 매수신청보증금을 몰수할 수 있다. 이때 대부분은 농취증발급불가 사유가 낙찰자의 귀책사유가 아니므로 매수신청보증을 돌려주는 법원도 있다. 만약 법원이 보증금을 반환해 주지 않을 경우에는 매각허가결정(낙찰 7일후) 확정일(낙찰후 14일) 이전에 바로 즉시항고(7일 이내)장을 제출하고 제출 후 10일 이내에 항고이유서를 제출하여야 한다. 그 후 면사무소를 상대로 행정심판청구를 하고 재결(승소) 후 농취증을 발급받아 제출하여 매각허가결정을 받은 후 잔대금

을 납부하면 된다. 이럴 경우 농취증이 발급될 것이라고 확정할 수도 없을 뿐더라 그 과정이 복잡하고 많은 시간이 소요되므로 입찰전에 농취증 발급여부에 대해서는 미리 알아봐 두는 것이 좋다.

20. 부합물과 종물(제시외 건물인 부합물과 종물 취득여부 주의)

제시외 건물이 법원경매목록에 포함되어 있고 감정평가서상에도 평가되었으나 제시 외 부분이 부합물 또는 종물에 해당하지 않고 독립한 별도의 경제적 효용을 가지며 거래상 별개의 소유권의 객체가 될 수 있다면 법원경매목록상에 포함되었고 감정평가서상에 평가되었더라도 낙찰자는 소유권을 취득할 수 없는 경우가 있으므로 주의해야 한다.

관련판례

【판시사항】

[1] 저당부동산의 종물인지 여부의 판단 기준

[2] 피해자 소유의 축사 건물 및 그 부지를 임의경매절차에서 매수한 사람이 위 부지 밖에 설치된 피해자 소유 소독시설을 통로로 삼아 위 축사건물에 출입한 사안에서, 위 소독시설은 축사의 종물이 아니므로 위 출입행위는 건조물침입죄를 구성한다고 한 사례

【판결요지】

[1] 저당권의 효력이 미치는 저당부동산의 종물은 민법 제100조가 규정하는 종물과 같은 의미인바, 어느 건물이 주된 건물의 종물이기 위하여는 주물의 상용에 이바지하는 관계에 있어야 하고 이는 주물 자체의 경제적 효용을 다하게 하는 것을 말하는 것이므로, 주물의 소유자나 이용자의 사용에 공여되고 있더라도 주물 자체의 효용과 관계없는 물건은 종물이 아니다.

[2] 피해자 소유의 축사 건물 및 그 부지를 임의경매절차에서 매수한 사람이 위 부지 밖에 설치된 피해자 소유 소독시설을 통로로 삼아 위 축사건물에 출입

한 사안에서, 위 소독시설은 축사출입차량의 소독을 위하여 설치한 것이기는 하나 별개의 토지 위에 존재하는 독립한 건조물로서 축사 자체의 효용에 제공된 종물이 아니므로, 위 출입행위는 건조물침입죄를 구성한다고 한 사례.[대법원 2007. 12. 13., 선고, 2007도7247, 판결]

21. 대항력있는 임차인이 배당요구 종기 후에 배당요구를 한 경우

배당요구 종기 후에 배당요구를 하게 되면 배당 요건에 해당되지 않아 배당이 되지 않는다. 그러므로 선순위임차인이 있는 물건에 입찰할 경우, 배당요구 종기일 이전에 배당요구했는지도 확인하지 않으면 낙찰자가 이를 인수하여야 하는 경우도 발생한다.

또한, 근저당권 뒤의 우선변제권은 3개(전입신고, 확정일자, 배당신고)를 필수로 해야 배당받을 수 있다, (국세징수법 76조)

22. 경매에 있어서의 담보책임(민법 제578조)

경매에 있어서 담보책임은, 경매목적물에 '권리의 흠결'이 있는 경우 경락인을 보호하기 위한 것이다(민법 제578조).

(1) 민법 제578조(경매와 매도인의 담보책임)

1) 경매의 경우에는 경락인은 민법 제570조 내지 제577조의 규정에 의하여 채무자에게 계약의 해제 또는 대금감액의 청구를 할 수 있다.
2) 전항의 경우에 채무자가 자력이 없는 때에는 경락인은 대금의 배당을 받은 채권자에 대하여 그 대금 전부나 일부의 반환을 청구할 수 있다.
3) 전2항의 경우에 채무자가 물건 또는 권리의 흠결을 알고 고지하지 아니하거나 채권자가 이를 알고 경매를 청구한 때에는 경락인은 그 흠결을 안 채무자나 채권자에 대하여 손해배상을 청구할 수 있다.

① 요건

가. 당사자

경락인은 매수인의 지위에 있고, 채무자는 매도인의 지위에 있다. 1

차적 책임자는 채무자이고, 2차적 책임자는 배당받은 채권자이다. 판례는 "민법 제578조 제1항의 채무자에는 임의경매에 있어서의 물상보증인도 포함되는 것이므로 경락인이 그에 대하여 적법하게 계약해제권을 행사했을 때에는 물상보증인은 경락인에 대하여 원상회복의 의무를 진다"(87다카2741 판결)고 본다.

나. 권리의 하자

경매에서의 담보책임은 권리의 하자가 존재하는 경우에만 인정되며, 물건의 하자가 존재하는 경우에는 담보책임을 추궁할 수 없다(민법 제580조 제2항).

다. 공경매가 유효할 것

여기서의 경매는 국가기관이 법률에 의하여 행하는 '공경매'만을 의미한다. "민법 제578조와 민법 제580조 제2항이 말하는 경매는 민사집행법상의 강제집행이나 담보권 실행을 위한 경매 또는 국세징수법상의 공매 등과 같이 국가나 그를 대행하는 기관 등이 법률에 기하여 목적물 권리자의 의사와 무관하게 행하는 매도행위만을 의미하는 것으로 해석하여야 한다."(대법원 2014다80839 판결).

그리고 경매의 담보책임은 경매절차 자체는 유효해야 한다. 즉 경매절차 자체가 무효이어서 소유권을 취득하지 못한다면 경락받은 자는 제578조의 담보책임이 아니라 배당채권자에 대하여 부당이득반환청구권을 행사할 수 있을 뿐이다.

② 효과

가. 해제권 · 대금감액청구권

채무자에게 자력이 있는 경우 경락인은 1차적으로 채무자에게 계약의 해제 또는 대금감액을 청구할 수 있다(민법 제578조 제1항). 채무자에게 자력이 없는 경우 2차적으로 경락대금의 배당을 받은 채권자에게 대금의 전부나 일부의 반환을 청구할 수 있다(민법 제578조 제2항). 이때 채권자의 책임은 배당받은 금액을 한도로 한다. 채무자나 채권자가 선의라면 손해배상을 청구할 수 없다.

나. 흠결고지의무와 손해배상청구권

채무자가 물건 또는 권리의 흠결을 알고 고지하지 아니하거나 채권자가 이를 알고서도 경매를 청구한 때에는, 경락인은 그 흠결을 안 채무자나 채권자에 대하여 해제권 · 대금감액청구권 외에 손해배상도 청구할 수 있다(민법 제578조 제3항). 채무자나 채권자 모두 악의인 경우 양자는 손해배상채무에 대하여 연대책임을 진다.

(2) 경 · 공매에서 자주 나타나는 담보책임 사례

1) 경매주택에 경락인에게 대항할 수 있는 임대차의 존재가 경매기일공고 또는 집달관의 임대차조사보고서에 나타나 있지 않은 경우
2) 경매기일에 저당권이나 가압류등기 후의 임대차이어서 소멸될 것으로 알았으나 그 후 임차인이 대위변제 혹은 공탁 후 등기를 말소시켜 인수하게 되는 경우
3) 경매기일에 공고 또는 임대차조사보고서에 기재된 임차보증금과 임차인이 주장하는 보증금에 차이가 나는 경우
4) 경매기일에 선순위 임차인이 배당요구를 하여 인수되지 않는 것으로 알았으나 그 후 배당요구를 취소함에 따라 인수하게 되는 경우

(3) 대응 방법

경락불허가 또는 경락대금의 감액을 청구한다.

1) **경락허가 결정 전**

   경락인은 그 내용을 진술하고 경락불허가 또는 임차보증금 상당액에 대한 대금감액을 청구한다.
2) **경락허가결정 후 확정 전**

   경락불허가 또는 대금감액청구 즉, 즉시항고(7일 내) → 재항고(통지일로부터 7일 내)를 진행한다.
3) **경락허가결정 확정 후 대금납부 전까지**

   경매대금의 감액청구(경매취소청구는 안 됨)를 할 수 있으나 이에 대해 법원이 기각하고 대금지급기일을 지정하게 되면 법원의 결정에 불복할 수 없다.

4) 대금납부 후 배당기일 전

대금의 감액청구를 할 수 있으나 법원이 기각하면 불복할 수 없다.

5) 배당종료 후

1차적으로 채무자에게 손해 배상청구를 할 수 있으나 채무자가 무자력자이면 대금을 배당받은 채권자에게 손해 배상청구할 수 있다.

6) 최고가매수신고인으로 지정이 되면 경락허가결정일 전후, 잔금납부 전후에 권리의 변동사항을 체크하여야 한다.

7) 유찰 또는 차수별 변경경매 시에도 반드시 대위변제등의 권리변동 여부를 체크해야 한다.

관련판례

① 경매목적물에 대항력 있는 임차인이 있는 경우

【판시사항】

낙찰대금지급기일 이전에 선순위 근저당권이 소멸한 경우, 후순위 임차권의 대항력의 소멸 여부(소극)

【판결요지】

부동산의 경매절차에 있어서 주택 임대차보호법 제3조에 정한 대항요건을 갖춘 임차권보다 선순위의 근저당권이 있는 경우에는, 낙찰로 인하여 선순위 근저당권이 소멸하면 그보다 후순위의 임차권도 선순위 근저당권이 확보한 담보가치의 보장을 위하여 그 대항력을 상실하는 것이지만, 낙찰로 인하여 근저당권이 소멸하고 낙찰인이 소유권을 취득하게 되는 시점인 낙찰대금지급기일 이전에 선순위 근저당권이 다른 사유로 소멸한 경우에는, 대항력이 있는 임차권의 존재로 인하여 담보가치의 손상을 받을 선순위 근저당권이 없게 되므로 임차권의 대항력이 소멸하지 아니한다[대법원 2003. 4. 25., 선고, 2002다70075, 판결].

② 선순위 근저당권을 소멸시켜 후순위 임차권의 대항력을 존속시키고도 이를 낙찰자에게 고지하지 아니한 경우의 손해배상책임

【판시사항】

강제경매의 채무자가 낙찰대금지급기일 직전에 선순위 근저당권을 소멸시켜 후순위 임차권의 대항력을 존속시키고도 이를 낙찰자에게 고지하지 아니하여 낙찰자가 대항력 있는 임차권의 존재를 알지 못한 채 낙찰대금을 지급한 경우, 채무자가민법 제578조 제3항 소정의 손해배상책임을 부담하는지 여부(적극)

【판결요지】

대법원 2002다70075 판결 : 부동산의 경매절차에 있어서 주택 임대차보호법 제3조에 정한 대항요건을 갖춘 임차권보다 선순위의 근저당권이 있는 경우에는, 낙찰로 인하여 선순위 근저당권이 소멸하면 그보다 후순위의 임차권도 선순위 근저당권이 확보한 담보가치의 보장을 위하여 그 대항력을 상실하는 것이지만, 낙찰로 인하여 근저당권이 소멸하고 낙찰인이 소유권을 취득하게 되는 시점인 낙찰대금지급기일 이전에 선순위 근저당권이 다른 사유로 소멸한 경우에는, 대항력이 있는 임차권의 존재로 인하여 담보가치의 손상을 받을 선순위 근저당권이 없게 되므로 임차권의 대항력이 소멸하지 아니한다. 선순위 근저당권의 존재로 후순위 임차권이 소멸하는 것으로 알고 부동산을 낙찰받았으나, 그 후 채무자가 후순위 임차권의 대항력을 존속시킬 목적으로 선순위 근저당권의 피담보채무를 모두 변제하고 그 근저당권을 소멸시키고도 이 점에 대하여 낙찰자에게 아무런 고지도 하지 않아 낙찰자가 대항력 있는 임차권이 존속하게 된다는 사정을 알지 못한 채 대금지급기일에 낙찰대금을 지급하였다면, 채무자는 민법 제578조 제3항의 규정에 의하여 낙찰자가 입게 된 손해를 배상할 책임이 있다[대법원 2003. 4. 25., 선고, 2002다70075, 판결].

③ 경매신청 전에 마쳐진 가등기에 기하여 본등기가 마쳐진 경우의 채권자 등의 담보책임

【판시사항】

경매절차에서 매각된 주택에 관하여 경매신청 전에 마쳐진 가등기에 기하여 본등기가 마쳐진 경우, 즉 경락인이 가등기가 경료된 부동산을 경락받았으나 아직 가등기에 기한 본등기가 경료되지 않은 경우, 경락인이 경매신청 채권자에 대하여 민법 제578조에 따른 담보책임을 물을 수 없다.

【판결요지】

민법 제578조에 의하여 경매신청 채권자가 경락인에게 부담하는 손해배상책임은 반드시 신청채권자의 경매신청행위가 위법한 것임을 전제로 하는 것은 아니지만, 경매절차에서 소유권이전청구권 가등기가 경료된 부동산을 경락받았으나 가등기에 기한 본등기가 경료되지 않은 경우에는 아직 경락인이 그 부동산의 소유권을 상실한 것이 아니므로 민법 제578조에 의한 손해배상책임이 성립되었다고 볼 여지가 없다[대법원 1999. 9. 17., 선고, 97다54024, 판결].

23. 임차권의 양도와 전대

(1) 임차권의 양도

임차인이 최초 임대인과의 계약조건을 동일하게 유지하여 새로운 양수인에게 양도하는 것을 말한다. 이 경우 임차인은 자신이 갖고 있는 이상의 사용 · 수익권능을 양도할 수 없다.

(2) 임차권의 전대

임차인이 새로운 임차인(전차인)과 임차목적물에 대하여 전대차계약을 하는 것을 말한다.

이 경우 임차인은 자신이 누릴 수 있는 계약기간 내에서만 계약을 해야 하지만 보증금은 임대차 계약보다 초과해서 받을 수 있다.

(3) 임차권의 양도와 전대 제한

임대인의 동의 없는 무단양도와 무단전대 시에 임대인은 계약을 해지할 수 있지만(민법 제629조)

임차인의 당해 행위가 임대인에 대한 배신적 행위라고 할 수 없는 특별한 사정이 인정되는 경우에는, 임대인은 자신의 동의 없이 전대차가 이루어졌다는 것만을 이유로 임대차계약을 해지할 수 없으며, 임차권 양수인이나 전차인은 임차권의 양수나 전대차 및 그에 따른 사용 · 수익을 임대인에게 주장할 수 있다.[대법원 2010. 6. 10., 선고, 2009다101275, 판결]

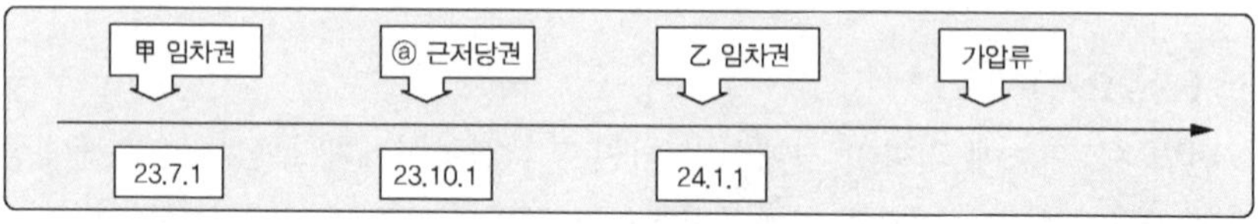

위의 표는 甲과 乙 사이의 임차권 양도(전대)전의 등기부등본과 세대열람에 의한 시계열상의 순서이다

甲과 乙 사이의 임차권 양도(전대)가 이루어진 다음 경매개시결정 후의 매각물건명세서상의 순서는 아래 표와 같게 된다.

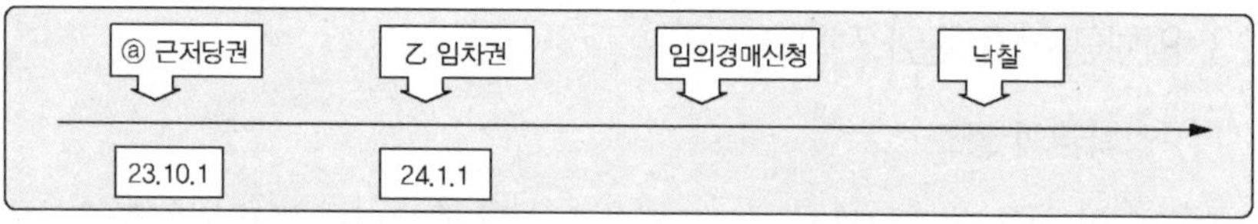

乙임차인이 집행관의 현황조사시에 위 물건에 대한 甲과 乙 사이의 임차권 양도(전대)를 고지하지 않게 되면

매각물건명세서에는 임차권의 양도나 양수에 대한 별다른 언급이 없을 것이고 낙찰자는 말소기준권리 이후의 모든 권리는 말소된다고 권리분석하고 입찰하게 될 것이다.

그러나 판례[대법원 2010. 6. 10., 선고, 2009다101275, 판결]에 의해 낙찰자는 매각물건명세서에서 확인할 수 없는 乙임차권은 甲임차권의 순위를 유지하게 되어 낙찰자는 乙임차권을 인수해야 한다.

즉, 乙이 양수한 것이라면 甲이 갖고 있던 우선변제권을 행사할 수 있고 乙이 전대차한 것이라면 甲이 갖고 있던 우선변제권을 대위행사할 수 있게 된다.

그러므로 낙찰시에 임차인을 만나 양도 및 전대 유무도 확인해 볼 필요가 있다.

최근에는 주택임차인의 1회에 한하여 계약갱신요구권 및 상가임차인의 최초 계약일로부터 10년 간의 계약갱신요구권이 있기 때문에 특별히 주의해야 한다.

> 민법 제629조(임차권의 양도, 전대의 제한) ① 임차인은 임대인의 동의 없이 그 권리를 양도하거나 임차물을 전대하지 못한다.
> ② 임차인이 전항의 규정에 위반한 때에는 임대인은 계약을 해지할 수 있다.

관련판례

배당이의

【판시사항】

[1] 대지에 관한 저당권 설정 후 건물이 신축되고 그 신축건물에 다시 저당권이 설정된 후 대지와 건물이 일괄 경매된 경우, 신축건물의 '확정일자를 갖춘 임차인'과 '소액임차인'이 갖는 우선변제권의 범위 및 주택 임대차보호법 시행령 부칙에 정한 '소액보증금의 범위변경에 따른 경과조치'를 적용할 경우 소액임차인 및 소액보증금의 범위를 정하는 기준 시기

[2] 주택 임대차보호법 제3조 제1항에 의한 대항력을 갖춘 주택임차인이 임대인의 동의를 얻어 적법하게 임차권을 양도하거나 전대한 경우, 임차권 양수인 내지 전차인은 원래 임차인이 주택 임대차보호법 제3조의2 제2항 및 같은 법 제8조 제1항에 의하여 가지는 우선변제권을 행사 또는 대위 행사할 수 있는지 여부(한정 적극)

[3] 임대인의 동의 없이 제삼자에게 임차물을 사용 · 수익하도록 한 임차인의 행위가 임대인에 대한 배신적 행위라고 할 수 없는 특별한 사정이 있는 경우, 임대인이 민법 제629조에 의해 임대차계약을 해지할 수 있는지 여부(소극) 및 그 경우 제삼자는 임차권의 양수 또는 전대차에 따른 사용 · 수익을 임대인에게 주장할 수 있는지 여부(적극)

[4] 임대주택 임차인의 임차권 양도와 전대의 금지에 대한 예외사유의 하나로 구 임대주택법 시행령 제10조 제1항 제1호 (가)목에 정한 '근무 · 생업 또는

질병치료 등의 사유로 다른 시 · 군 · 구로 퇴거'하는 요건을 갖추지 못한 임대주택 임차권 양도나 전대가 임대사업자에 대한 관계에서 적법 · 유효한지 여부(소극) 및 그 경우 원래의 임대주택 임차인이 갖는 임차권의 대항력이 적법 · 유효하게 유지 · 존속하는지 여부(소극)

【판결요지】

[1] 대지에 관한 저당권 설정 후에 비로소 건물이 신축되고 그 신축건물에 대하여 다시 저당권이 설정된 후 대지와 건물이 일괄 경매된 경우, 주택 임대차보호법 제3조의2 제2항의 확정일자를 갖춘 임차인 및 같은 법 제8조 제3항의 소액임차인은 대지의 환가대금에서는 우선하여 변제를 받을 권리가 없다고 하겠지만, 신축건물의 환가대금에서는 확정일자를 갖춘 임차인이 신축건물에 대한 후순위권리자보다 우선하여 변제받을 권리가 있고, 주택 임대차보호법 시행령 부칙의 '소액보증금의 범위변경에 따른 경과조치'를 적용함에 있어서 신축건물에 대하여 담보물권을 취득한 때를 기준으로 소액임차인 및 소액보증금의 범위를 정하여야 한다.

[2] 주택 임대차보호법 제3조 제1항에 의한 대항력을 갖춘 주택임차인이 임대인의 동의를 얻어 적법하게 임차권을 양도하거나 전대한 경우, 양수인이나 전차인에게 점유가 승계되고 주민등록이 단절된 것으로 볼 수 없을 정도의 기간 내에 전입신고가 이루어졌다면 비록 위 임차권의 양도나 전대에 의하여 임차권의 공시방법인 점유와 주민등록이 변경되었다 하더라도 원래의 임차인이 갖는 임차권의 대항력은 소멸되지 아니하고 동일성을 유지한 채로 존속한다고 보아야 한다. 이러한 경우 임차권 양도에 의하여 임차권은 동일성을 유지하면서 양수인에게 이전되고 원래의 임차인은 임대차관계에서 탈퇴하므로 임차권 양수인은 원래의 임차인이 주택 임대차보호법 제3조의2 제2항및같은 법 제8조 제1항에 의하여 가지는 우선변제권을 행사할 수 있고, 전차인은 원래의 임차인이 주택 임대차보호법 제3조의2 제2항 및 같은 법 제8조 제1항에 의하여 가지는 우선변제권을 대위 행사할 수 있다.

[3] 민법상 임차인은 임대인의 동의 없이 그 권리를 양도하거나 임차물을 전대하지 못하고 임차인이 이에 위반한 때에는 임대인은 계약을 해지할 수 있으나(민법

제629조), 이는 임대차계약이 원래 당사자의 개인적 신뢰를 기초로 하는 계속적 법률관계임을 고려하여 임대인의 인적 신뢰나 경제적 이익을 보호하여 이를 해치지 않게 하고자 함에 있고, 임차인이 임대인의 동의 없이 제삼자에게 임차물을 사용 · 수익시키는 것은 임대인에게 임대차 관계를 계속 시키기 어려운 배신적 행위가 될 수 있기 때문에 임대인에게 일방적으로 임대차 관계를 종료시킬 수 있도록 하고자 함에 있다. 따라서 임차인이 비록 임대인으로부터 별도의 승낙을 얻지 아니하고 제삼자에게 임차물을 사용 · 수익하도록 한 경우에 있어서도, 임차인의 당해 행위가 임대인에 대한 배신적 행위라고 할 수 없는 특별한 사정이 인정되는 경우에는, 임대인은 자신의 동의 없이 전대차가 이루어졌다는 것만을 이유로 임대차계약을 해지할 수 없으며, 임차권 양수인이나 전차인은 임차권의 양수나 전대차 및 그에 따른 사용 · 수익을 임대인에게 주장할 수 있다.

[4] 구 임대주택법(2008. 3. 21. 법률 제8966호로 전부 개정되기 전의 것) 제13조는 임대주택 임차인의 임차권 양도 및 전대를 원칙적으로 금지하고 있고, 예외적으로 구 임대주택법 시행령(2008. 6. 20. 대통령령 제20849호로 전부 개정되기 전의 것) 제10조 제1항이 정하는 근무 · 생업 또는 질병치료 등의 사유로 다른 시 · 군 · 구로 퇴거하는 등의 경우로서 임대사업자의 동의를 얻은 경우에 한해 그 양도 및 전대를 허용하고 있는데, 구 임대주택법과 그 시행령에서 임대주택 임차인의 자격 및 선정 방법과 임대사업자의 임대조건 등을 엄격히 규율하는 한편, 사위 기타 부정한 방법에 의한 임대주택의 임차 혹은 임차권의 무단 양도나 전차 등의 행위를 범죄로 규정하여 처벌까지 하고 있는 점에 비추어, '근무 · 생업 또는 질병치료 등의 사유로 다른 시 · 군 · 구로 퇴거'하는 요건을 갖추지 못하였다면 임대주택 임차권 양도나 전대가 임대사업자에 대한 관계에서 적법 · 유효하다고 할 수 없고, 이 경우 원래의 임대주택 임차인이 갖는 임차권의 대항력이 적법 · 유효하게 유지 존속한다고 볼 수 없다.[대법원 2010. 6. 10., 선고, 2009다101275, 판결]

관련판례

부당이득금

【판시사항】

임차인이 임대인의 동의를 받지 않고 제삼자에게 임차권을 양도하거나 전대하는 등의 방법으로 임차물을 사용·수익하게 한 경우, 임대인은 임대차계약이 존속하는 한도 내에서 제삼자에게 불법점유를 이유로 한 차임 상당 손해배상청구나 부당이득반환청구를 할 수 있는지 여부(소극)/ 임대차계약이 종료된 이후 임차물을 소유하고 있는 임대인이 제삼자를 상대로 위와 같은 손해배상청구나 부당이득반환청구를 할 수 있는지 여부(적극)

【판결요지】

[임차인이 임대인의 동의를 받지 않고 제삼자에게 임차권을 양도하거나 전대하는 등의 방법으로 임차물을 사용·수익하게 하더라도, 임대인이 이를 이유로 임대차계약을 해지하거나 그 밖의 다른 사유로 임대차계약이 적법하게 종료되지 않는 한 임대인은 임차인에 대하여 여전히 차임청구권을 가지므로, 임대차계약이 존속하는 한도 내에서는 제삼자에게 불법점유를 이유로 한 차임 상당 손해배상청구나 부당이득반환청구를 할 수 없다. 그러나 임대차계약이 종료된 이후에는 임차물을 소유하고 있는 임대인은 제삼자를 상대로 위와 같은 손해배상청구나 부당이득반환청구를 할 수 있다.[대법원 2023. 3. 30., 선고, 2022다296165, 판결]

P A R T

2

법원경매

제1장 법원경매와 압류재산공매 총설

1. 서설

법원경매와 압류재산공매는 대부분 유사하지만, 근거법이 서로 달라 절차상 약간의 차이가 있다. 투자자는 이 차이점을 정확하게 알고 있어야 착오로 인한 낭패를 미연에 방지할 수 있다.

경매는 인도명령제도와 채권상계신청제도(공매도 개정 예정)가 있는데 공매는 점유자와 원만히 협상이 되지 않을 경우 건물명도소송을 해야 한다. 경매(민사집행법)와 공매(국세징수법)의 법적 성격(근거), 기입 등기(임의경매, 강제경매와 압류와 공매공고), 매각물건명세서와 압류재산 공매재산 명세, 농지(전, 답, 과수원 등) 낙찰 후 농지취득자격증명서 제출 기한 등을 비교해보자.

2. 법원경매와 온비드 공매 비교

경 · 공매는 크게 법원경매와 압류재산 공매 2가지로 나눌 수 있다. 압류재산 공매와 법원 경매의 기본 구조는 비슷하나 현실적으로 진행되는 과정이 다르다. 그럼 어떤 점이 다른지 차이점을 알아보자. 차이점에서는 관련법, 채무자와 채권자의 관계, 입찰 장소, 입찰 방식, 유찰 시 저감률, 회차 간 간격, 잔금 납부기한, 인도명령 방식 등으로 차이가 있다.

먼저 법원경매는 민사집행법으로 하며 개인의 채무자와 개인 및 금융기관의 채권자 관계로 진행되고 장소는 물건지 관할 법원에서 입찰한다. 정해진 시간에 입찰 후 현장에서 개찰하는 기일입찰 방식이며 유찰 시 회차당 20~30%씩 저감 된다. 회차는 약 5주 정도 간격이 있고 낙찰 후 7일 후 매각허부가결정이 되고 매각허가 결정이 되면 약 1개월 간의 잔금 납부기한이 정해진다. 잔금을 납부하면 즉시 인도명령을 신청할 수도 있다.

압류재산 공매는 국세징수법에 의해 진행되고 개인의 채무자와 국가(세무당국)의 채권자의 관계로 진행된다. 캠코의 온비드 사이트에서 입찰할 수 있다. 매주 월~수요일까지 입찰 후에 개찰 결과가 발표되는 기간입찰 방식이며 유찰되면 회차당 10%씩 저감 된다. 회차 간격은 약 1주일 정도 된다. 낙찰 후에는 금액에 따라 1주일에서 1개월 사이 잔금 납부 기한이 주어진다. 원만히 협상이 되지 않으면 명도소송 후 승소를 해야 강제집행이 가능한 방식이다.

3. 법원경매와 압류재산공매의 비교표

구분	법원경매	압류재산 공매
법적성격	민사집행법	국세징수법
기입등기	"경매개시결정" 기입등기	"공매공고" 기입등기
통지	경매개시결정문 송달	공매통지서 송달
물건검색	대법원의 법원경매정보	캠코의 온비드
임대차내용	집행관이 전입세대열람내역 및 상가건물임대차현황(세무서) 발급하여 이를 기초로 현황조사보고서 작성	캠코직원이 현황조사보고서 작성
매각물건명세서/ 압류재산명세서	사법보좌관이 매각물건명세서 작성	캠코직원이 압류재산명세서 작성
전입세대열람	경매정보내용을 복사해서 동사무소에 제출하고 발급 요청	좌동
주임법, 상임법	대항력, 우선변제권, 최우선변제권 적용	좌동
농지 낙찰 후 농지취득자격증명 서제출 기한	매각결정기일(낙찰 후 7일) 이내 미제출시 매각불허가결정 및 매수신청보증금 10% 몰수	농지 낙찰시 잔금 납부후 농취증은 캠코에 "소유권이전등기촉탁신청"시에 첨부해야 한다.
소액보증금 지급대상 (전입신고와 배당요구는 필수조건)	경매개시결정등기일 이전에 대항력을 갖추고 배당요구종기일 이전에 "권리신고 및 배당요구신청서"를 경매계에 제출한 경우 소액보증금 지급 대상.	공매공고일 이전에 대항력을 갖추고 배분요구종기일 이내 배분요구한 경우 대상. 다만, 법원경매와 동시에 진행 중인 경우에는 경매개시결정등기일 기준으로 함

구분	법원경매	압류재산 공매
대항력 유지	배당요구 종기일까지 유지, 단, 대항력 있는 선순위임차인은 낙찰자가 잔대금을 납부할 때까지 대항력 유지해야 한다.	좌동
권리신고 및 배당요구 종기	배당요구종기일까지 "권리신고 및 배당요구" 해야 한다.	배분요구종기일까지 "채권신고 및 배분요구" 해야 한다.
배당요구/ 배분요구	민사집행법제88조(배당요구) ① 집행력 있는 정본을 가진 채권자, 경매개시결정이 등기된 뒤에 가압류를 한 채권자, 민법 · 상법, 그 밖의 법률에 의하여 우선변제청구권이 있는 채권자는 배당요구를 할 수 있다. ② 배당요구에 따라 매수인이 인수하여야 할 부담이 바뀌는 경우 배당요구를 한 채권자는 배당요구의 종기가 지난 뒤에 이를 철회하지 못한다.	국세징수법 제76조(배분요구 등)
입찰방법	물건지관할 경매법정(기일입찰)	온비드(기간입찰)
매각예정가격 저감	월단위로 진행, 통상 전차가격의 20%~30% 저감	주 단위로 진행, 1차 공매예정가격의 50%를 한도로 매회마다 1차 공매예정가격의 10%씩 저감(50% 이하는 매회 5%씩 저감 45%, 40%, 35%로 진행)
매수신청보증금	최저매각가격의 10%	매각예정가격의 10%
지분 경 · 공매시 공유자우선매수 신청	지분경매에서 모든 공유자가 공유자우선매수신청을 할 수 있음. 경매법정에서 집행관이 입찰종결 선언시까지 신청해야 한다.§140	매각결정기일 전까지 신고해야 한다.§79
차순위매수신고	있음§114	있음§83(일부개정 24.7.1.시행)
저당권부채권과 상계	매각대금과 채권의 상계 가능(상계를 위한 차액지급신고서를 매각결정기일까지 제출)§143	상계 안 됨(2024.07.01.부터 좌동 §84조의2)

구분	법원경매	압류재산 공매
매각결정기일	매각기일부터 1주일 이내(그 후 7일 이내 즉시항고 없으면 매각허가결정 확정)	월~수(17 : 00)인터넷입찰, 익일(목)11 : 00개찰 최고입찰자로 결정된 다음 주 월요일 10 : 00에 매각결정(매각결정통지서는 나의온비드에서 10 : 00출력됨)
채무변제, 채납세액 정리 후 경매취하(취소), 공매취소시 낙찰자의 동의 여부	낙찰자 동의서가 필요	낙찰자 동의서가 필요
남을 가망이 없을 경우의 취소	최저매각가격으로 남을 것이 없다고 인정시 경매취소§102	압류재산을 매각하더라도 체납처분비와 선순위채권을 충당하고 잉여가 없을 경우 압류재산 공매를 중지§85
대금지급기한/매수대금납부기한	매각허가결정 확정일부터 1월 안(보통 낙찰일 15일부터 35일 사이 납부하면 된다) 대금지급기한 통지서 받고 기한 전이라도 즉시 납부 가능§135 미납시 재매각기일 3일전까지 연 12%지연이자 부담시 납부됨	매각결정통지서 받고 기한 전이라도 즉시 납부 가능 낙찰자는 매각결정 통지서를 교부받아 납부기한까지 지정된 입금계좌로 매수대금을 납부하여야 한다. • 낙찰가격 3,000만원 이상은 매각결정기일로부터 30일 이내 • 낙찰가격 3,000만원 미만은 매각결정기일로부터 7일 이내(지연이자 없음)
매수대금 최고/지연이자	없음/12%	있음/없음
납부기간경과 후 대금납부 여부	가능(재매각기일 3일 이전)	매수대금 납부최고 이후 → 납부최고기한 후 불가능
잔대금 미납시 전 매수인의 입찰	매수신청 불가§138	매수신청 가능

구분	법원경매	압류재산 공매
잔대금 미납에 따른 입찰보증금 처리	배당할 금액에 포함§147	체납처분비와 체납액에 충당하고 잉여금은 배분할 금액에 포함§4
배당방법	§145	§81
임차인과 전세권자가 배당금 수령방법	명도확인서 필요(매수인의 인감증명서 첨부, 인감도장날인), 소유자는 명도확인서 불필요	좌동
낙찰자의 경매기록 및 복사	낙찰자, 권리신고한 임차인 등 경매기록의 열람 및 복사 가능	낙찰자, 체납자 등은 배분관련 서류의 열람 및 복사 가능§83
배당기일통지서/배분기일지정통보	배당기일이 지정되면 채권계산서를 배당기일까지 연체이자 포함하여 다시 제출해야 한다.	압류재산에 대한 배분기일이 지정되면 배분기일 지정통보를 우편접수하는데 제출기한까지 연체이자 포함하여 배분요구서를 다시 제출해야 한다. 임차인은 변동사항 있는 경우에만 다시 제출한다.
배당기일(배분기일) 이전 배당표 열람	3일 이내부터 배당표 열람 가능	7일 이내부터 배당표 열람 가능
일반채권배당(배분)	배당대상 채권(배당요구 종기일 이내 채권신고한 경우에만)	배분대상 채권(배분요구 종기일 이내 채권신고한 경우에만)
배당이의(배분이의)	배당이의는 배당기일에 배당법정에서 구두로 배당이의 가능하며, 7일 이내 "배당이의 소" 제기한 증명서를 제출해야 한다.	배분기일이 끝나기 전까지 "배분에 대한 이의제기서"를 제출한다§83 다만, 주택 또는 상가건물 임차인 배분금에 대한 이의를 제기할 경우에는 배분기일로부터 7일 이내에 임차인을 상대로 소제기 후 증명원을 제출해야하며 배분이의로 지급이 유보된 배분금은 당사자간 소송결과에 따라 처리된다.
소유권이전 등기촉탁	경락잔금대출자는 나홀로 등기 못함(은행 법무사가 대행), 그 외 매수인이 나홀로 등기 가능	경락잔금대출자는 나홀로 등기 못함(은행 법무사가 대행), 캠코가 등기촉탁 서비스를 제공하므로 낙찰자는 부속서류만 준비하면 됨

구분	법원경매	압류재산 공매
토지거래허가구역 내 낙찰시 허가	불필요	불필요(압류재산만, 수탁재산 등은 3회 이상 유찰시 불필요)
인도명령	있음, 점유권원 없는 모든 점유자(잔대금 납부 후 6개월 이내 신청)§136	없음. 명도 책임은 매수자(협의 안될 경우 명도소송으로 해결)
경락잔금 대출	가능(법인명의 낙찰 포함, 주택담보대출은 법인 제외)	좌동
공동입찰	가능	가능
입찰장소	물건지 경매법정에서 현장 입찰	온비드
배당금의 공탁	배당기일에 출석하지 않은 채권자(가압류포함)의 배당금은 집행 법원에 공탁	배분금 예탁제도§84
복수입찰	불가능(무효처리)	가능(1인이 같은 회차 1개 물건에 한해 복수입찰 가능)
채무인수	가능§143	불가능(규정 없음)
임대(대부)	없다	있다

※ 상가건물임대차현황은 개인정보보호 차원에 아직 발급해 주지 않고 있음

※ 경매 물건 수를 비교해 봤을 때, 대법원경매가 온비드 공매보다 4배 이상 그 숫자가 많다. 또한, 대법원경매는 민사집행법의 채권 집행절차에 따라 他意的으로 이루어지는 방식(공유물 분할 등으로 인한 형식적 경매 제외)이지만 공매는 세금 체납으로 강제 징수하는 방식(압류재산공매, 신탁재산 공매 등), 처분을 의뢰하는 방식(국공유 재산 공매 등) 및 일정 수수료를 지불하고 직접 온비드를 통하여 처분하는 방식(이용기관에 의한 공매 등)으로 이루어진다.

※ 국세징수법 개정(시행일: 2024. 7. 1)

국세징수법 제83조(차순위 매수신청) ① 제82조에 따라 최고가 매수신청인이 결정된 후 해당 최고가 매수신청인 외의 매수신청인은 매각결정기일 전까지 공매보증을 제공하고 제86조제2호 또는 제3호에 해당하는 사유로 매각결정이 취소되는 경우 최고가 매수신청가격에서 공매보증을 뺀 금액 이상의 가격으로 공매재산을 매수하겠다는 신청(이하 이 조에서 "차순위 매수신청"이라 한다)을 할 수 있다. 〈개정 2023. 12. 31.〉

② 관할 세무서장은 제1항에 따라 차순위 매수신청을 한 자가 둘 이상인 경우 최고액의 매수신청인을 차순위 매수신청인으로 정하고, 최고액의 매수신청인이 둘 이상인 경우에는 추첨으로 차순위 매수신청인을 정한다.

③ 관할 세무서장은 차순위 매수신청이 있는 경우 제86조제2호 또는 제3호에 해당하는 사유로 매각결정을 취소한 날부터 3일(토요일, 일요일, 「공휴일에 관한 법률」 제2조의 공휴일 및 같은 법 제3조의 대체공휴일은 제외한다) 이내에 차순위 매수신청인을 매수인으로 정하여 매각결정을 할 것인지 여부를 결정하여야 한다. 다만, 제84조제1항 각 호의 사유(이 경우 같은 항 제2호의 "최고가 매수신청인"은 "차순위 매수신청인"으로 본다)가 있는 경우에는 차순위 매수신청인에게 매각결정을 할 수 없다. 〈개정 2022. 12. 31., 2023. 12. 31.〉

[시행일: 2024. 7. 1.] 제83조제1항, 제83조제3항

국제징수법 제84조의2(매수대금의 차액납부) ① 공매재산에 대하여 저당권이나 대항력 있는 임차권 등을 가진 매수신청인으로서 대통령령으로 정하는 자는 매각결정기일 전까지 관할 세무서장에게 제96조에 따라 자신에게 배분될 금액을 제외한 금액을 매수대금으로 납부(이하 "차액납부"라 한다)하겠다는 신청을 할 수 있다.

② 제1항에 따른 신청을 받은 관할 세무서장은 그 신청인을 매수인으로 정하여 매각결정을 할 때 차액납부 허용 여부를 함께 결정하여 통지하여야 한다.

③ 관할 세무서장은 제2항에 따라 차액납부 여부를 결정할 때 차액납부를 신청한 자가 다음 각 호의 어느 하나에 해당하는 경우에는 차액납부를 허용하지 아니할 수 있다.

1. 배분요구의 종기까지 배분요구를 하지 아니하여 배분받을 자격이 없는 경우
2. 배분받으려는 채권이 압류 또는 가압류되어 지급이 금지된 경우
3. 배분순위에 비추어 실제로 배분받을 금액이 없는 경우
4. 그 밖에 제1호부터 제3호까지에 준하는 사유가 있는 경우

④ 관할 세무서장은 차액납부를 허용하기로 결정한 경우에는 제84조제4항에도 불구하고 대금납부기한을 정하지 아니하며, 이 조 제5항에 따른 배분기일에 매수인에게 차액납부를 하게 하여야 한다.

⑤ 관할 세무서장은 차액납부를 허용하기로 결정한 경우에는 제95조제1항에도 불구하고 그 결정일부터 30일 이내의 범위에서 배분기일을 정하여 배분하여야 한다. 다만, 30일 이내에 배분계산서를 작성하기 곤란한 경우에는 배분기일을 30일 이내의 범위에서 연기할 수 있다.

⑥ 관할 세무서장으로부터 차액납부를 허용하는 결정을 받은 매수인은 그가 배분받아야 할 금액에 대하여 제99조제1항 및 제2항에 따라 이의가 제기된 경우 이의가 제기된 금액을 이 조 제5항에 따른 배분기일에 납부하여야 한다.

⑦ 제1항부터 제6항까지에서 규정한 사항 외에 차액납부의 신청 절차 및 차액납부 금액의 계산 방법 등에 관하여 필요한 사항은 대통령령으로 정한다.

[본조신설 2023. 12. 31.]

[시행일: 2024. 7. 1.] 제84조의2

제2장 법원경매의 종류

법원경매는 담보물권자와 일반채권자의 채권회수방법으로 변제기가 도래했음에도 채무자 등이 채무변제의 의무를 이행하지 아니할 경우, 채권자가 관할법원에 채무자 등의 소유부동산을 강제로 매각하여 줄 것을 신청하는 절차이다.

1. 임의경매

1) **개념** : 담보권을 가진 담보권자의 신청에 의한 경매
2) **담보물권** : 근저당권, 저당권, 질권, 유치권, 전세권, 담보가등기 등
3) **특징** : 경매절차가 완료되어 매수인이 소유권을 취득했다고 하더라도 경매개시결정 전부터 근저당권 등의 담보권이 없거나 무효라면 매수인의 소유권취득이 무효가 될 수 있다.

2. 강제경매

1) **개념** : 집행권원을 가진 채권자의 신청에 의한 경매
2) **집행권원을 가진 채권자** : 확정된 종국판결, 가집행 선고가 있는 종국판결, 제소전 화해조서, 확정된 지급명령 등
3) **특징** : 집행권원 상 청구권(채권)에 실체적 하자가 존재해도 경매절차가 유효하면 매수인은 소유권을 적법하게 취득한다. 그러므로 '청구이의 소'로만 이의제기가 가능하다

3. 형식적 경매

(1) 개념

특정재산의 현금화, 정리를 위한 경매로 담보권의 실행을 위한 경매(임의경매) 절차에 준하여 진행된다.

(2) 종류

1) 공유물 분할을 위한 형식적 경매

지분을 나누어 가진 공유자 가운데 재산 분할에 대해 이견이 있는 자가 신청하는 경매를 말한다. 공유하고 있는 물건에 대한 처분 방법에 관해 공유자들이 의견의 일치가 안 될 경우에 부동산은 임의로 분할할 수 없는 관계로 해당 부동산을 경매라는 형식을 빌려 환가한 뒤 그 대금을 지분에 따라 분할하는 방법이다

2) 청산을 위한 형식적 경매

파산재단에 속하는 부동산이나 상속받은 부동산을 한정승인을 받아 청산하기 위해 경매의 형식을 가지고 매매를 하는 방식으로 채권자에는 채권자나 파산관재인의 이름이 기재되어 있다. 파산관재인은 파산을 원하는 신청자의 재산을 매각진행하고 그 매각대금을 분배하는 역할을 하는 대리인이다.

제3장 법원경매절차

1. 서설

경매절차란 경매의 목적물을 압류하여 환가(현금화)한 다음 채권자에게 배당(채권 변제)하는 3단계의 절차를 말한다.

2. 법원경매 절차도

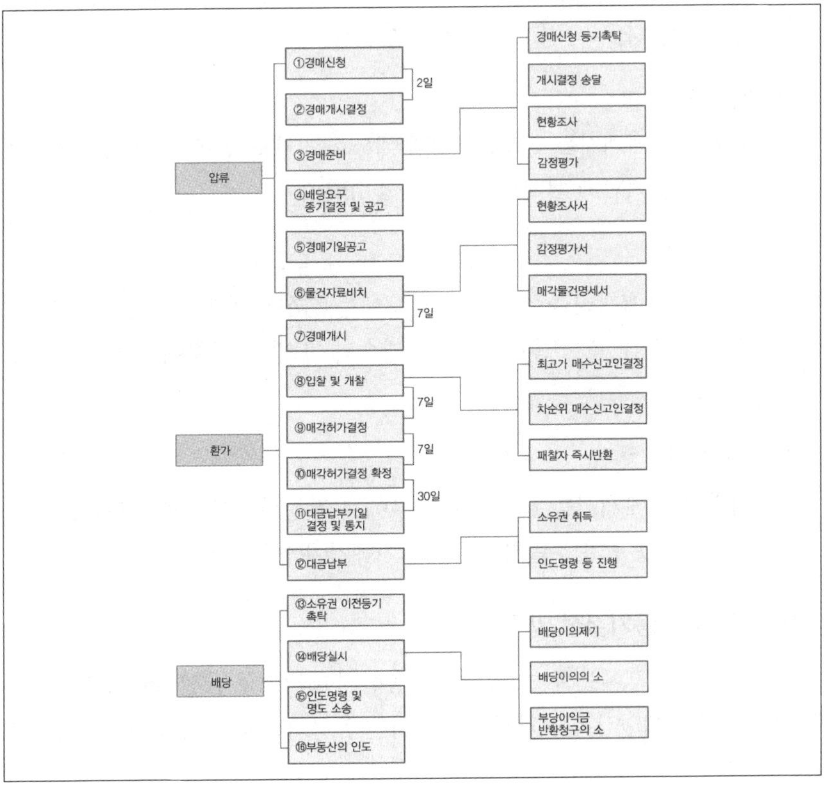

그럼 각각의 진행단계별 세부적인 내용을 살펴보자.

① 경매신청

채권자가 경매비용을 예납하고 정해진 절차에 따라 해당 부동산의 관할 법원에 경매신청서를 작성하여 제출하면 경매가 진행된다.

② 경매개시결정

법원은 경매신성서가 접수되면 이를 심리하여 적법하다고 인정되면 경매개시결정을 한다.

③ 경매준비

i) 경매신청등기촉탁

법원이 경매개시를 결정하는 경우에는 등기관에게 경매개시결정의 등기를 촉탁한다.

ii) 개시결정송달

법원이 경매개시를 결정하는 경우에는 채권자와 조세 · 각종공과금을 징수하는 공공기관에 경매개시결정을 송달한다.

iii) 현황조사

법원이 경매개시를 결정하는 경우에는 집행관에게 부동산의 현상, 점유관계, 차임(借賃) 또는 보증금의 액수와 그 밖의 현황에 관해 조사하도록 명한다.

iv) 감정평가

법원이 경매개시를 결정하는 경우에는 감정평가사에게 부동산을 평가하게 한 후 그 평가액을 참작해서 최저매각가격을 정한다.

④ 배당요구 종기결정 및 공고

경매개시결정 후에는 우선, 법원은 부동산의 매각으로 금전채권의 만족을 얻게 될 채권자와 조세 · 각종 공과금을 징수하는 공공기관에 정해진 기일까지 배당요구를 할 것을 공고해서 배당요구의 신청을 받는다.

⑤ 경매기일공고

법원은 배당요구 절차가 마무리되면 입찰기일을 지정하여 공고한다.

⑥ 물건자료비치

법원은 경매 부동산을 현금화하기 위해 이 과정에서 작성된 매각물건명세서, 현황조사보고서 및 감정평가서는 그 사본을 매각기일 7일 전까지 법원에 비치(현재는 컴퓨터 열람으로 대체됨)해서 누구나 볼 수 있도록 하고 있다. 이때 매각물건명세서에 오류가 있으면 이를 근거로 입찰한 최고가매수신고인은 매각불허가 신청도 가능하다.

⑦ 경매개시

법원은 모든 입찰준비가 마무리되면 경매개시 선언을 한다.

⑧ 입찰 및 개찰

집행관이 경매개시선언을 하고 나면 입찰자는 법원에서 지정한 매각방식에 따라 입찰표, 보증금봉투 및 입찰봉투를 입찰함에 투입하여 기일입찰 또는 기간입찰에 참여하며 입찰이 종료된 후에는 입찰자가 참여한 상태에서 집행관이 입찰표를 개봉한다.

개찰 결과 최고가로 매수의 신고를 한 사람(최고가매수신고인)이 있으면 집행관은 그 최고가매수신고인의 성명과 그 가격을 부르고, 차순위 매수신고를 최고(催告)한 뒤 적법한 차순위 매수신고가 있으면 차순위 매수신고인을 정해 그 성명과 가격을 부른 다음 매각기일을 종결한다고 고지한다.

최고가매수신고인과 차순위 매수신고인이 결정되면 이들을 제외한 다른 입찰자는 매수의 책임을 벗게 되므로 즉시 매수신청보증금을 돌려줄 것을 신청해 매수신청보증금을 반환받을 수 있다.

⑨ 매각허가결정

법원은 낙찰일로부터 7일 후 이해관계인의 이의 여부를 확인한 다음 이의가 없으면 매각허가결정을 한다.

매각허가결정이 나면 최고가매수신고인 및 차수위매수신고인은 이해관계인으로써 사건기록을 열람할 수 있게 된다.

그러나 이해관계인의 의견을 듣고 법에서 정한 매각불허가사유가 있으면 법원은 매각불허가결정을 하게 되고 해당 부동산에 대한 재매각절차가 진행된다.

이때 매각허가결정 또는 매각불허가결정에 대한 이의가 있는 이해관계인은 법정된 항고사유 등의 법정요건을 갖추어 허부결정에 대한 "즉시항고(7일 이내)"를 할 수 있다.

⑩ 매각허가결정확정

법원은 매각허가결정일로부터 7일이 지나면 매각허가결정에대한 확정판결을 한다. 이날이 이해관계인이 매각절차에 대한 이의신청할 수 있는 마지막 기일이다.

⑪ 대금납부기일결정 및 통지

매각결정허가가 확정되면 매각대금납부일을 지정하여 대금 지급통지서를 낙찰자에게 송달한다.

⑫ 대금납부

i) 대금납부의 효력

가. 유효한 소유권의 취득

낙찰자가 대금을 납부하면 등기 없이도 매각부동산의 소유권을 확정적으로 취득하게 되나 경매신청채권에 원인 무효의 사유가 있는 경우에는 그러하지 아니하다.

나. 인도명령 등에 의한 점유자 등 강제퇴거

대금납부로 매수인이 소유권을 취득하면 재무자, 소유자, 점유자 등은 점유를 풀고 부동산을 매수인에게 인도할 의무가 발생한다. 매수인은 인도를 거부하는 점유자 등을 상대방으로 한 인도명령에 기하여 강제퇴거 조치를 취할 수 있다.

ⅱ) 대금미납시

최고가매수신고인이 지정된 기일까지 대금미납시에는 3일 이내에 차순위 매수신고인에게 매각허가결정을 선고하고 14일 이내 대금납부기일을 지정한다.

최고가매수신고인과 차순위매수신고인이 대금을 납부하지 아니하면 3일 내에 재경매 명령을 내리고 재경매기일을 지정한다.

그러나 재매각이 결정된 이후라 하더라도 매수인이 재매각기일의 3일 이전까지 매각대금, 매각대금에 대한 이자 및 절차비용을 지급하면 재매각 절차가 취소되고 매수인이 매각대금을 지급한 것으로 본다. 매수인은 매각대금을 모두 낸 때에 매각의 목적인 권리를 취득하게 된다.

⑬ 소유권이전등기촉탁

매각의 목적이 소유권인 경우에는 매수인 앞으로 소유권이전등기가 되는 한편, 매수인이 인수하지 않는 권리 및 경매개시결정등기를 말소등기한다.

⑭ 배당실시

ⅰ) 배당절차

매수인이 매각대금을 지급하면 법원은 배당절차를 밟아야 하는데 즉, 배당기일을 정해서 이해관계인과 배당을 요구하는 채권자에게 이를 통지하고, 채권자와 채무자가 볼 수 있도록 매각대금, 채권자의 채권의 원금, 이자. 비용, 배당의 순위와 배당의 비율이 기재된 배당표 원안을 미리 작성해서 배당기일의 3일 전에 법원에 비치한다.

배당기일에는 출석한 이해관계인과 배당을 요구한 채권자의 합의에 따라 배당표를 정정하고, 이들을 심문해서 배당표를 확정한 후 그 배당표에 따라 배당을 실시한다.

낙찰자가 매각부동산의 임차인, 채권자 등 배당받을 권리자인 경우에는 상계의 기회를 주기 위해 대금기일과 배당기일을 같은 날로 정한다. 이 경우 상계신청서는 매각허가결정일까지 제출해야 한다.

ⅱ) 배당요구 종기(보통 첫 매각기일)까지 배당요구를 하지 아니한 경우의 불이익

배당요구를 하지 않아도 배당받을 수 있는 채권자가 아니면 배당요구 종기까지 배당요구를 하여야 배당을 받을 수 있으며 배당요구 종기까지 배당요구를 하지 않은 경우에는 선순위채권자라도 경매절차에서 배당을 받을 수 없게 될 뿐만 아니라 자기보다 후순위채권자로서 배당을 받은 자를 상대로 별도의 소송으로 부당이득반환청구를 하는 것도 허용되지 않게 된다.

또한, 첫 경매개시결정등기 전에 가압류등기를 마친 채권자의 경우에는 배당요구를 하지 않아도 등기부에 등재된 가압류금액에 따라 배당을 받을 수 있으나, 이미 본안 소송에서 가압류금액 이상의 승소판결을 받았다면 위 기간 내에 집행력 있는 정본에 의하여 배당요구를 할 필요가 있으며 그렇지 않으면 가압류금액을 넘는 부분에 대하여는 전혀 배당에 참가할 수 없게 되는 등 일정한 경우에는 배당요구를 하지 않아도 배당을 받을 수 있는 채권자에 해당되더라도 배당요구를 할 필요가 있는 경우도 있다.

ⅲ) 배당요구 종기까지 반드시 배당요구를 하여야 하는 채권자

가. 집행력 있는 정본을 가진 채권자

나. 민법, 상법 기타 법률에 의하여 우선 변제청구권이 잇는 채권자, 주택임대차보호법에 의한 소액임차인, 확정일자부임차인, 근로기준법에 의한 임금채권자, 상법에 의한 고용관계로 인한 채권이 있는 자 등

다. 경매개시결정등기 후에 가압류한 채권자

라. 국세 등의 교부청구권자

국세 등 조세채권 이외에 의료보험법, 국민의료보험법, 산업재해보상보험법, 국민연금법에 따른 보험료 기타 징수금

ⅳ) 배당요구를 하지 않아도 배당을 받을 수 있는 채권자

첫 경매개시결정 등기 전에 이미 등기절차를 마친 담보권자, 임차권 등기권자, 체납처분에 의한 압류등기권자, 가압류권자, 배당요구종기까지 한 경매신청에 의하여 2중 개시결정이된 경우 뒤의 압류채권자.

ⅴ) 배당이의

배당에 이의가 있는 자는 배당절차에 따라 다음과 같은 이의를 제기할 수

있다.

가. 배당이의 제기

작성된 배당표에 이의가 있는 이해관계인은 배당기일에 출석하여 구두로 배당에 대한 이의를 할 수 있다. 이의는 반드시 배당기일에 한해 구두로 해야 하며 미리 서면으로 제출된 배당이의는 효력이 없다.

배당에 대한 이의가 있으면 담당 판사가 심리한 후 인용 여부를 결정하고 이의가 완결되지 아니하면 이의와 관련한 배당금은 지급을 보류한다.

나. 배당이의의 소

배당기일에 이의를 완결하지 못한 채권자는 배당기일로부터 7일 이내에 배당이의의 소를 제기할 수 있다. 배당이의의 소를 제기한 자는 배당금의 지급을 정지시키기 위하여 7일 이내에 배당법원에 소 제기증명원을 제출해야 한다.

다. 부당이득금반환청구의 소

확정된 배당표는 당해 경매절차에서 배당절차 종료를 의미할 뿐이며 그 권리의 실체적 사실관계를 확정하는 효력은 없으므로 확정된 배당표에 의해 손해를 본 이해관계인은 부당하게 배당을 받은 자를 상대로 부당이득금반환청구의 소로써 그 권리의 실체적 사실에 대하여 다툴 수 있다.

⑮ 인도명령 및 명도소송

i) 인도명령

가. 인도명령의 개념

매수인이 낙찰대금을 전액 납부한 후에는 소유자에 대하여 매각부동산을 인도할 것을 구할 수 있으나 소유자가 임의로 인도하지 않을 경우에 매수인이 신청하는 것으로서 강제집행에 있어서 집행법원이 결정으로서 내리는 명령이다.

집행법원에 대하여 집행관으로 하여금 매각부동산을 강제로 낙찰자에게 인도하도록 하는 내용의 인도명령을 신청하여 그 명령에 의하여 부동산을 인도받을 수 있다(민사집행법 제136조).

나. 인도명령 신청

잔금을 납부한 매수인이 6개월 이내에 소유자, 채무자, 부동산 점유자에 대하여 인도명령을 신청할 수 있으며 신청서는 경매사건이 있었던 그 법원에 제출하면 된다.

다. 인도명령 신청자

잔금을 납부한 매수인 및 매수인의 일반승계인(상속인)이 신청할 수 있으며, 특별승계인(경락받은 부동산을 매수한 새로운 소유자)은 신청할 수 없다.

라. 경락인의 부동산인도 청구 등

경락인은 대금 전액을 지급한 후가 아니면 부동산의 인도를 청구하지 못한다(민사집행법 제647조)

마. 인도명령의 상대방

소유자, 채무자 등 매수인에게 대항할 수 없는 모든 부동산 점유자

단, 낙찰자에 대항할 수 있는 권원에 의하여 점유하고 있는 경우 (예컨대, 대항력있는 선순위 임차인)에는 인도명령의 대상이 아니다.

바. 판례요약

경매부동산의 인도청구는 경락인에게 허용된 경매절차상의 권리에 속하는 것이므로 제삼자가 경락인으로부터 경락부동산의 소유권을 취득하였다 하더라도 그 제삼자가 승계를 이유로 위 법조에 규정된 인도청구를 할 수 없다.

ii) **명도소송**

경매를 통해 부동산을 낙찰받고 대금을 지급한 후 6개월이 지났음에도 인도명령 대상자 등이 부동산의 인도를 거절할 때 매수인이 관할법원에 부동산을 명도(건물을 비워 넘겨줌)해 달라고 제기하는 소송이다.

⑯ 부동산의 인도

점유자 등으로부터 매각부동산을 인도받음으로써 경매절차가 종료된다.

제4장 법원경매 입찰하기

채권자가 경매신청을 하면 법원은 경매개시결정을 한 후 집행관에게 목적물의 현황조사를 하게 하고 감정평가사에게 목적물에 대하여 감정평가를 하게 하여 이를 참작하여 최저매각가격을 결정하고 이해관계인에게 경매개시 사실을 송달한 후 매각기일을 지정한다.

매각기일에 최고가격을 입찰한 자가 최고가 매수인이 되고 입찰자가 없다면 매각기일을 다시 지정(보통 5주 후에 지정됨)하여 직전 매각가격의 20% 또는 30%를 저감한 가격을 최저매각가격으로 하여 다시 경매를 진행한다.

입찰하기 위해서는 입찰표에 사건번호, 본인의 인적사항 등을 기재하고 매수신청보증금봉투에는 입찰보증금을 넣고 사건번호, 입찰자의 성명을 기재한다. 마지막으로 입찰봉투에는 입찰표와 매수신청보증금봉투의 날인란에 모두 날인 한 후 이를 넣고 입찰봉투에도 사건번호, 입찰자 성명을 적어서 봉한 후 날인하여 집행관에게 제출한다.

1. 입찰표의 작성

초보자의 경우 입찰표를 잘못 기재하여 무효처리되는 경우가 흔치 않게 발생하고 있으므로 신중하게 기재하여야 한다.

(1) 사건번호

각각의 목적물마다 부여된 고유번호가 있다. 이를 사건번호라고 하는데 이를 반드시 정확하게 기재하여야 한다.

(2) 물건번호

위 사건번호에 2개 이상의 물건이 경매로 진행되는 경우가 있다. 이는 2개 이상의 물건이 공동담보된 것으로 사건번호 내에서도 해당 물건을 특정하기 위해서 부여된 물건번호다.

만약 공동담보된 경매사건이 아니라면 물건번호가 없으므로 이를 기재하지 않아도 되지만 물건번호가 매각공고문에 기재되어 있다면 반드시 기재하여야 한다.

(3) 인적사항기재

1) 본인이 입찰하는 경우

본인의 성명, 주민등록번호, 전화번호 및 주민등록상의 주소를 기재한 후 날인한다.

2) 대리인이 입찰하는 경우

본인 및 대리인란의 인적사항을 모두 기재한 후 대리인의 도장을 대리인 성명란에 날인하면 된다.

이 경우 본인란에는 본인의 도장을 날인할 필요가 없으며 본인의 인감도장이 날인된 위임장과 인감증명서를 입찰표에 첨부하여 제출하여야 한다.

3) 법인이 입찰하는 경우

입찰자가 법인인 경우에는 본인의 성명란에 법인의 명칭과 대표자의 지위 및 성명을 기재하고 주민등록번호란에는 법인의 사업자등록번호를 기재하고 대표자의 자격을 증명하는 증빙서류(등기부등본 · 초본)를 제출하여야 한다. 만약 법인의 직원이 대리로 입찰하는 경우에는 본인란에 법인관련 내용을 기재하고 대리인란에 입찰참여 직원의 인적사항을 기재하여 직원의 도장만 날인하면 된다.

(4) 입찰가액

입찰가격은 법원이 공고한 최저매각가격 이상으로 기입하여야 하며 숫자 1개를 더 기재하는 오류로 인하여 보증금을 날리는 경우가 가끔씩 일어나고 있으니 신중하게 기재하여야 한다.

(5) 보증금액

입찰보증금액란에는 법원이 공고한 최저매각가격의 10%에 해당하는 보증금액을 기재하면 된다.

(6) 보증금반환란

응찰자가 입찰에서 패찰하여 집행관으로부터 입찰보증금을 반환받을 때 사용하는 것으로 미리 기재해서는 안 된다.

(7) 입찰표작성시 주의사항

① 입찰표는 물건마다 별도의 용지를 사용하여야 한다.
② 금액의 기재는 수정할 수 없으므로 수정을 필요로 하는 경우에는 새용지를 사용하여야 한다.
③ 일단 제출된 입찰표는 취소, 변경, 교환이 불가능하다.
④ 공동입찰할 경우 공동입찰신고서와 입찰표를 함께 제출하면 된다.
⑤ 패찰한 경우 입찰자 본인 또는 대리인 누구나 입찰보증금을 반환받을 수 있다.

2. 매수신청보증금봉투(흰색 작은 봉투)의 작성

매수신청보증금봉투에 최저매각가격의 10%(재매각의 경우 20%)를 넣고 앞면에는 사건번호와 물건번호(물건번호가 2개 이상 있는 경우에만 기재), 제출자의 성명을 기재한 후 날인한다. 입찰보증금은 현금보다 자기앞수표를 사용하는 것이 편리하며 수표 뒷면에는 사건번호와 입찰자(본인)의 성명을 기재한다.

3. 입찰봉투(황색 큰 봉투)의 작성

입찰표와 입찰보증금 봉투를 입찰봉투(황색 큰 봉투)에 넣고 입찰봉투의 앞면에는 입찰자의 성명을 기재하고 날인한 후 뒷면에 사건번호와 물건번호(물건번호가 2개 이상 있는 경우에만 기재)를 기재한 후, 접는 선을 따라 접고 앞면의 표시된 곳에 스테이플러(찍개)로 찍는다.

4. 입찰함에 투입

입찰봉투와 신분증을 집행관에 제출하여 입찰봉투에 일련번호를 부여받고 입찰자용 수취증의 절취선에 집행관의 날인을 받아 입찰자용수취증을 떼어낸 후 입찰함에 투입하고 수취증을 잘 보관한다.

패찰한 경우에 이를 집행관에게 주고 보증금을 반환받게 된다. 그러므로 집행관의 확인을 받지 않고 입찰자용 수취증을 미리 떼어내면 안 된다.

5. 개찰 및 최고가매수신고인의 결정

개찰은 사건번호 순서대로 하며, 한 사건에 여러 명이 입찰한 경우 각각의 입찰자의 매수신고가격을 부르고 그중에서 최고가격을 기재한 자를 최고가매수신고인으로 결정한다. 만약 최고가격으로 입찰한 자가 최저매각가격의 10%에 해당하는 매수신청보증금을 제출하지 않았다면 입찰은 무효가 되고 그다음 가격으로 입찰한 자를 최고가 매수신고인으로 결정한다.

또한, 동일한 사건에 대하여 동일한 최고가격으로 입찰한 자가 2인 이상일 경우 이들을 대상으로 추가입찰을 실시하며 추가입찰결과 또다시 동일한 가격이 제시되었다면 추첨에의해 최고가 매수신고인을 결정한다. 다만, 추가입찰시에는 최초 매수신고가격보다 높은 가격으로 입찰하여야 하여야 한다. 이는 최고입찰자들이 공모하여 최저매각가격으로 추가입찰하는 것을 방지하기 위함이다.

6. 차순위매수신고인의 결정

(1) 개념

차순위매수신고는 최고가매수신고인에 대한 매각이 불허되거나, 매각이 허가되더라도 최고가 매수신고인이 매각대금을 납부하지 않을 경우에 재매각을 실시하지 않고 차순위매수신고인에게 매각을 허가하는 것을 말한다.

(2) 차순위매수신고

차순위매수신고는 당해 경매사건의 매각기일이 마칠 때까지 집행관에게 신고하면되며, 2인 이상의 차순위매수신고인이 있을 경우 매수신고가격이 높은 자, 매수신고가격이 동일하면 추첨에 의하여 결정한다.

차순위매수신고는 최고가매수신고액에서 그 최저입찰보증금액을 뺀 금액을 초과하는 입찰자가 원할 경우에 할 수 있으나, 공유부동산의 지분에 입찰할 경우 및 전세사기피해자의 부동산에 입찰할 경우, 타 지분권자나 전세사기피해자가 우선매수신고를 한다면 입찰자는 차순위매수신고인의 지위를 갖게 되지만 집행관이 당해 경매사건의 매각기일 종결을 고지하기 전까지 차순위매수신고인의 지위를 포기하고 매수신청보증금을 반환받을 수 있다.

차순위매수신고인은 최고가매수신고인이 매각대금을 완납할 때까지 매수신청보증금을 반환받지 못하며 최고가매수인이 매각대금을 납부하지 않을 경우 차순위매수신고인을 낙찰자로 결정한 후 매각대금 납부를 명하는데, 차순위매수신고인도 매각대금을 납부하지 않으면 재매각기일이 지정되고, 재매각기일 3일 전까지 최고가 매수신고인이나 차수위매수신고인 중에서 먼저 지연이자, 재매각 절차비용 및 매각대금을 지급한 매수인이 매매목적물의 권리를 취득한다.

> 민사집행법 제114조(차순위매수신고) ① 최고가매수신고인 외의 매수신고인은 매각기일을 마칠 때까지 집행관에게 최고가매수신고인이 대금지급기한까지 그 의무를 이행하지 아니하면 자기의 매수신고에 대하여 매각을 허가하여 달라는 취지의 신고(이하 "차순위매수신고"라 한다)를 할 수 있다.
> ② 차순위매수신고는 그 신고액이 최고가매수신고액에서 그 보증액을 뺀 금액을 넘는 때에만 할 수 있다.

> 전세사기피해자 지원 및 주거안정에 관한 특별법 제20조(경매절차에서의 우선매수권)
> ① 전세사기피해주택을 「민사집행법」에 따라 경매하는 경우 전세사기피해자는 매각기일까지 같은 법 제113조에 따른 보증을 제공하고 최고매수신고가격과 같은 가격으로 우선 매수하겠다는 신고를 할 수 있다.
> ② 제1항의 경우에 법원은 최고가매수신고가 있더라도 제1항의 전세사기피해자에게 매각을 허가하여야 한다.
> ③ 제1항에 따라 전세사기피해자가 우선 매수신고를 한 경우에는 최고가매수신고인을 「민사집행법」 제114조에 따른 차순위매수신고인으로 본다.

7. 입찰표 양식

(1) 입찰표

1) 앞면

(앞면)

기 일 입 찰 표

지방법원 집행관 귀하　　　　　　　입찰기일 : 　년　월　일

사건번호	타경　　호	물건번호	※ 물건번호가 여러 개 있는 경우에는 꼭 기재

입찰자	본인	성　명	㊞	전화번호	
		주민(사업자)등록번호		법인등록번호	
		주　소			
	대리인	성　명	㊞	본인과의 관　계	
		주민등록번호		전화번호	–
		주　소			

입찰가격	천억	백억	십억	억	천만	백만	십만	만	천	백	십	일	
													원

보증금액	백억	십억	억	천만	백만	십만	만	천	백	십	일	
												원

보증의 제공방법	□ 현금·자기앞수표 □ 보증서	보증을 반환받았습니다. 입찰자　㊞

주의사항

1. 입찰표는 물건마다 별도의 용지를 사용하십시오, 다만, 일괄입찰 시에는 1매의 용지를 사용하십시오.
2. 한 사건에서 입찰물건이 여러 개 있고 그 물건들이 개별적으로 입찰에 부쳐진 경우에는 사건번호 외에 물건번호를 기재하십시오.
3. 입찰자가 법인인 경우에는 본인의 성명란에 법인의 명칭과 대표자의 지위 및 성명을, 주민등록란에는 입찰자가 개인인 경우에는 주민등록번호를, 법인인 경우에는 사업자등록번호를

기재하고, 대표자의 자격을 증명하는 서면(법인의 등기사항증명서)을 제출하여야 합니다.

4. 주소는 주민등록상의 주소를, 법인은 등기부상의 본점 소재지를 기재하시고, 신분확인상 필요하오니 주민등록증을 꼭 지참하십시오.
5. **입찰가격은 수정할 수 없으므로, 수정을 요하는 때에는 새 용지를 사용하십시오.**
6. 대리인이 입찰하는 때에는 입찰자란에 본인과 대리인의 인적사항 및 본인과의 관계 등을 모두 기재하는 외에 본인의 위임장(입찰표 뒷면을 사용)과 인감증명을 제출하십시오.
7. 위임장, 인감증명 및 자격증명서는 이 입찰표에 첨부하십시오.
8. 일단 제출된 입찰표는 취소, 변경이나 교환이 불가능합니다.
9. 공동으로 입찰하는 경우에는 공동입찰신고서를 입찰표와 함께 제출하되, 입찰표의 본인란에는 "별첨 공동입찰자목록 기재와 같음"이라고 기재한 다음, 입찰표와 공동입찰신고서 사이에는 공동입찰자 전원이 간인하십시오.
10. 입찰자 본인 또는 대리인 누구나 보증을 반환 받을 수 있습니다.
11. 보증의 제공방법(현금·자기앞수표 또는 보증서)중 하나를 선택하여 ☑표를 기재하십시오.

2) 뒷면

(뒷면)

위 임 장

대리인	성　　명		직업	
	주민등록번호	–	전화번호	
	주　　소			

위 사람을 대리인으로 정하고 다음 사항을 위임함.

다　음

지방법원　　　　타경　　　　호 부동산

경매사건에 관한 입찰행위 일체

본인 1	성　　명	(인감인)	직　　업	
	주민등록번호	–	전 화 번 호	
	주　　소			
본인 2	성　　명	(인감인)	직　　업	
	주민등록번호	–	전 화 번 호	
	주　　소			
본인 3	성　　명	(인감인)	직　　업	
	주민등록번호	–	전 화 번 호	
	주　　소			

* 본인의 인감 증명서 첨부
* 본인이 법인인 경우에는 주민등록번호란에 사업자등록번호를 기재

지방법원 귀중

(2) 매수신청보증금봉투(흰색 작은 봉투)

1) 앞면

매수신청보증봉투

사건번호	20 타경
물건번호	
제 출 자 (대리인)	인

※ 입찰표와 함께 입찰봉투(황색 큰 봉투)에 넣으십시오.

2) 뒷면－공지

(3) 입찰봉투(황색 큰 봉투)

1) 앞면

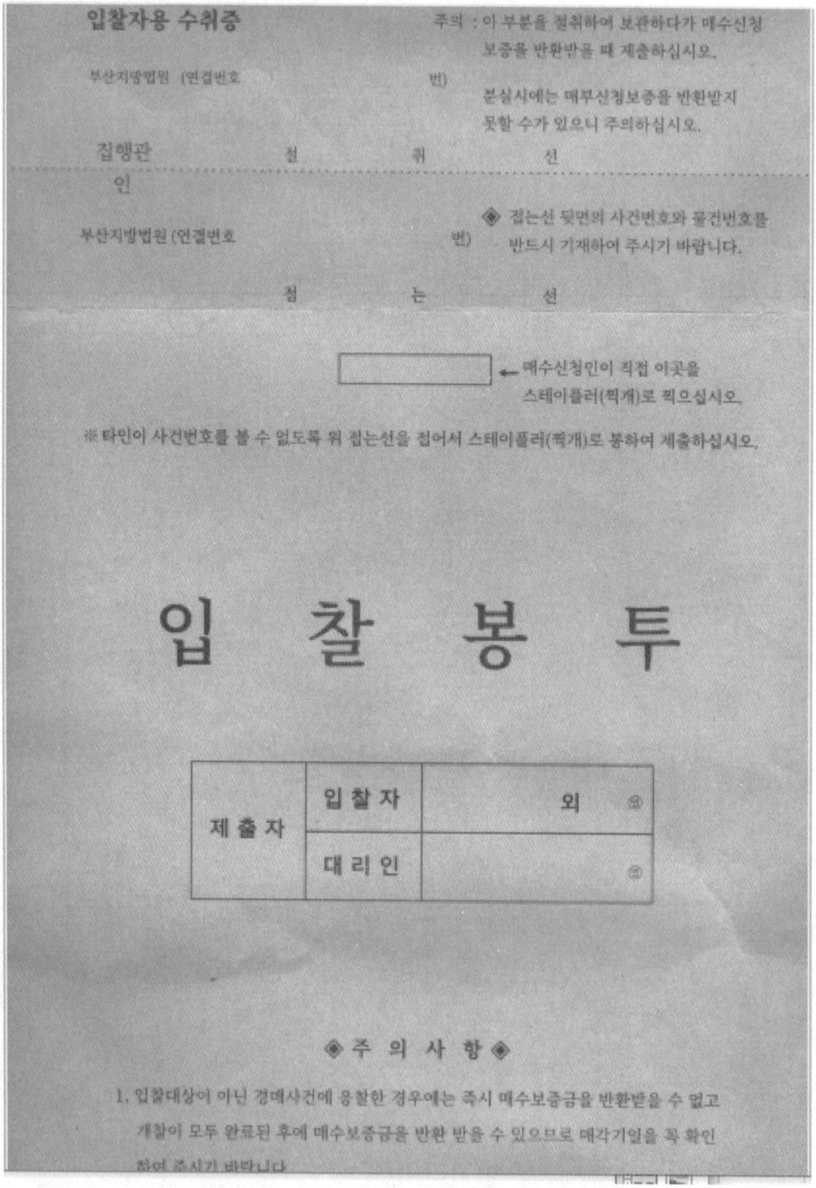

입찰자용 수취증

주의 : 이 부분을 절취하여 보관하다가 매수신청보증을 반환받을 때 제출하십시오.

분실시에는 매부신청보증을 반환받지 못할 수가 있으니 주의하십시오.

부산지방법원 (연결번호 번)

집행관 인

절 취 선

부산지방법원 (연결번호 번)

◈ 접는선 뒷면의 사건번호와 물건번호를 반드시 기재하여 주시기 바랍니다.

접 는 선

← 매수신청인이 직접 이곳을 스테이플러(찍개)로 찍으십시오.

※ 타인이 사건번호를 볼 수 없도록 위 접는선을 접어서 스테이플러(찍개)로 봉하여 제출하십시오.

입 찰 봉 투

제 출 자	입 찰 자	외 ㊞
	대 리 인	㊞

◈ 주 의 사 항 ◈

1. 입찰대상이 아닌 경매사건에 응찰한 경우에는 즉시 매수보증금을 반환받을 수 없고 개찰이 모두 완료된 후에 매수보증금을 반환 받을 수 있으므로 매각기일을 꼭 확인하여 주시기 바랍니다.

2) 뒷면

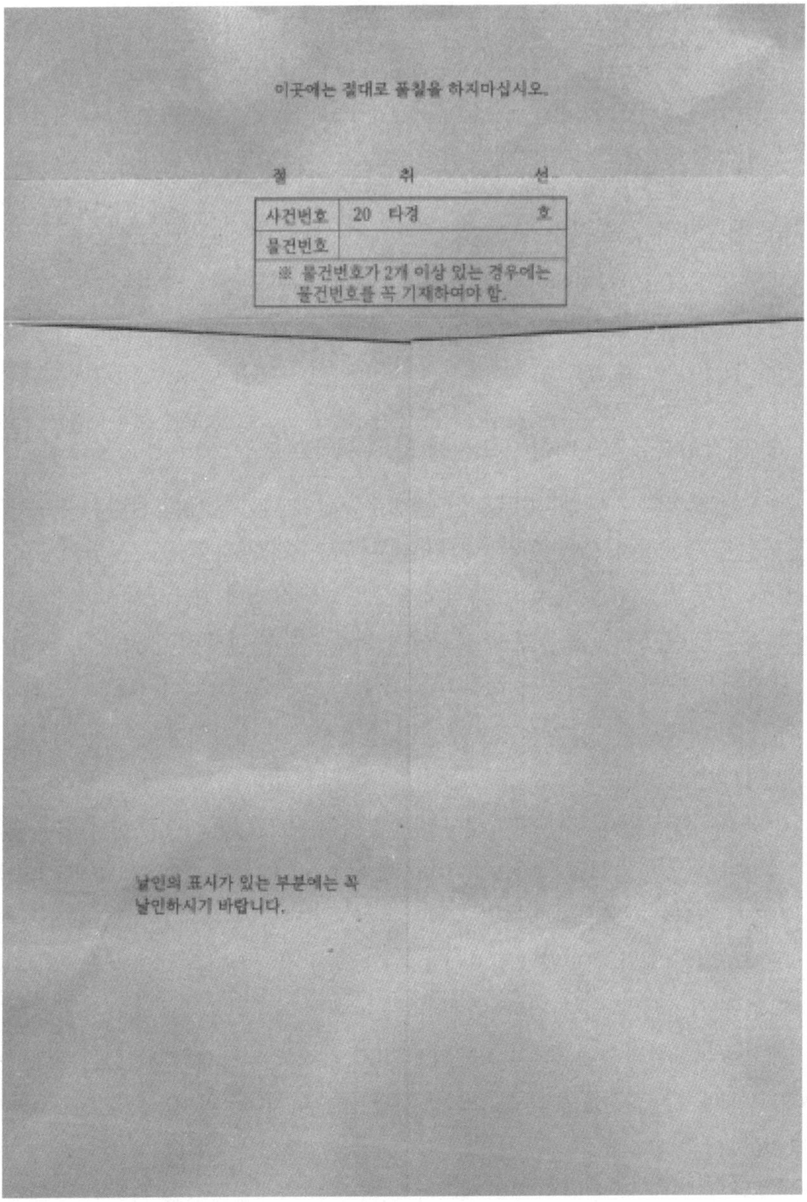

이곳에는 절대로 풀칠을 하지마십시오.

절 취 선

사건번호	20 타경 호
물건번호	
※ 물건번호가 2개 이상 있는 경우에는 물건번호를 꼭 기재하여야 함.	

날인의 표시가 있는 부분에는 꼭
날인하시기 바랍니다.

8. 매각허부결정선고

(1) 매각허부결정

낙찰받은 물건은 1주 뒤에 매각허부결정이 되고, 그 후 1주일이 지나면 확정된다.

매각이 확정되면 최고가매수신고인에게 매각대금을 납부하는 대금지급기한 통지서가 주소지로 발송되는데 매각기일로부터 약 20일 이후에 도착한다.

(2) 매각불허가 결정

채무자가 최고입찰자이거나 입찰절차상 하자가 있는 경우, 농지의 경우 매각결정기일까지 농지취득자격증명원을 법원에 제출하지 않으면 매각불허가결정이 난다.

(3) 매각허부결정에 대한 이의신청 및 즉시항고

낙찰된 물건에 대해 매각허부결정 전에 부동산에 관한 중대한 권리관계가 변동된 사실이 경매절차 진행 중에 밝혀진 경우, 최저매각가격 등 공고사항기재의 누락이나 잘못 기재 됐을 경우, 경매개시결정을 채무자에게 송달하지 않은 경우, 낙찰후 유치권신고서가 제출돼 낙찰자에게 인수부담이 발생될 우려가 있는 경우, 부동산에 대한 흠결등 물건에 대한 변동이 있을 경우에는 소유자, 채무자, 채권자, 낙찰자등 이해관계인들은 매각허부결정 선고시까지 매각허부에 대한 이의신청을 할 수 있다.

만약 매각허부결정에 대한 이의신청이 받아들여지지 않을 경우 매각허가, 불허가결정이 있으면 이에 손해를 보는 이해관계인들은 매각허부결정 선고일로 부터 1주일까지 즉시항고를 할 수 있다.

즉시항고가 제기되면 집행정지의 효력이 있어 집행법원은 대금지급절차나 배당기일을 지정할 수 없게 된다.

매각불허가결정시에 즉시항고는 공탁하지 않아도 되나 매각허가결정에 대한 즉시항고 시에는 낙찰자를 제외하고 모든 항고인들은 매각대금의 10%를 법원에 공탁해야 한다.

항고기간이 도과된 이후 항고제기에 대하여는 즉시항고장을 각하하고 매각절차를 속행한다. 항고기간을 도과한 것이 명백한 경우 또한 공탁금을 제공한 증명서류를 첨부하지 않은 경우에도 원심법원은 접수일로부터 7일 이내에 항고장 각하결정을 내린다.

소유자, 채무자는 공탁금을 돌려받지 못하며 공탁금은 배당금에 합산돼 처리되며 기타(소유자 및 채무자 이외)의 경우 공탁금 중에서 항고일로부터 항고기각결정일이 확정될 때까지의 매각대금에 대한 대법원 규칙상의 이율에 의한 금액을 공제한 금액에 대해서는 반환 청구할 수 있다.

적법한 항고가 제기되면 항고법원은 항고 이유와 직권조사사항을 심리하기 위하여 필요하다면 변론을 열 수 있고, 변론을 열지 아니하면 당사자와 이해관계인 그 밖의 참고인을 심문할 수 있으며, 서면심리로 그칠 수도 있다.

민사집행법 제121조(매각허가에 대한 이의신청 사유) 매각허가에 관한 이의는 다음 각호 가운데 어느 하나에 해당하는 이유가 있어야 신청할 수 있다.

1. 강제집행을 허가할 수 없거나 집행을 계속 진행할 수 없을 때
2. 최고가매수신고인이 부동산을 매수할 능력이나 자격이 없는 때
3. 부동산을 매수할 자격이 없는 사람이 최고가매수신고인을 내세워 매수신고를 한 때
4. 최고가매수신고인, 그 대리인 또는 최고가매수신고인을 내세워 매수신고를 한 사람이 제108조 각호 가운데 어느 하나에 해당되는 때
5. 최저매각가격의 결정, 일괄매각의 결정 또는 매각물건명세서의 작성에 중대한 흠이 있는 때
6. 천재지변, 그 밖에 자기가 책임을 질 수 없는 사유로 부동산이 현저하게 훼손된 사실 또는 부동산에 관한 중대한 권리관계가 변동된 사실이 경매절차의 진행 중에 밝혀진 때
7. 경매절차에 그 밖의 중대한 잘못이 있는 때

민사집행법 제129조(이해관계인 등의 즉시항고) ① 이해관계인은 매각허가여부의 결정에 따라 손해를 볼 경우에만 그 결정에 대하여 즉시항고를 할 수 있다.

② 매각허가에 정당한 이유가 없거나 결정에 적은 것 외의 조건으로 허가하여야 한다고 주장하는 매수인 또는 매각허가를 주장하는 매수신고인도 즉시항고를 할 수 있다.

③ 제1항 및 제2항의 경우에 매각허가를 주장하는 매수신고인은 그 신청한 가격에 대하여 구속을 받는다.

민사집행법 제130조(매각허가여부에 대한 항고) ① 매각허가결정에 대한 항고는 이 법에 규정한 매각허가에 대한 이의신청사유가 있다거나, 그 결정절차에 중대한 잘못이 있다는 것을 이유로 드는 때에만 할 수 있다.

② 민사소송법 제451조 제1항 각 호의 사유는 제1항의 규정에 불구하고 매각허가 또는 불허가결정에 대한 항고의 이유로 삼을 수 있다.
③ 매각허가결정에 대하여 항고를 하고자 하는 사람은 보증으로 매각대금의 10분의 1에 해당하는 금전 또는 법원이 인정한 유가증권을 공탁하여야 한다.
④ 항고를 제기하면서 항고장에 제3항의 보증을 제공하였음을 증명하는 서류를 붙이지 아니한 때에는 원심법원은 항고장을 받은 날부터 1주 이내에 결정으로 이를 각하하여야 한다.
⑤ 제4항의 결정에 대하여는 즉시항고를 할 수 있다.
⑥ 채무자 및 소유자가 한 제3항의 항고가 기각된 때에는 항고인은 보증으로 제공한 금전이나 유가증권을 돌려 줄 것을 요구하지 못한다.
⑦ 채무자 및 소유자 외의 사람이 한 제3항의 항고가 기각된 때에는 항고인은 보증으로 제공한 금전이나, 유가증권을 현금화한 금액 가운데 항고를 한 날부터 항고기각결정이 확정된 날까지의 매각대금에 대한 대법원규칙이 정하는 이율에 의한 금액(보증으로 제공한 금전이나, 유가증권을 현금화한 금액을 한도로 한다)에 대하여는 돌려줄 것을 요구할 수 없다. 다만, 보증으로 제공한 유가증권을 현금화하기 전에 위의 금액을 항고인이 지급한 때에는 그 유가증권을 돌려줄 것을 요구할 수 있다.
⑧ 항고인이 항고를 취하한 경우에는 제6항 또는 제7항의 규정을 준용한다.

9. 대금납부

(1) 대금납부기한 지정

매각허가결정선고 후 1주일 이내에 이해관계인이 항고하지 아니하면 매각허가결정이 확정되고, 그 후 대금지급기한이 지정되며, 항고한 경우에는 제기된 항고가 기각되어 사건기록이 경매법원으로 돌아온 후 대금지급기한이 지정된다.

(2) 낙찰자의 상계신청

낙찰자가 동시에 채권자인 경우에는 채권자로서 배당받을 금액과 납부할 금액의 상계를 신청할 수 있다.

채권상계신청은 매각결정기일까지 법원에 신고하면 된다.

(3) 대금납부의 효력

① 등기 없이도 소유권을 취득한다. 그러나 해당 부동산을 처분하려면 등기하여야 한다.

> **민법 제186조(부동산물권변동의 효력)** 부동산에 관한 법률행위로 인한 물권의 득실변경은 등기하여야 그 효력이 생긴다.
>
> **민법 제187조(등기를 요하지 아니하는 부동산물권취득)** 상속, 공용징수, 판결, 경매 기타 법률의 규정에 의한 부동산에 관한 물권의 취득은 등기를 요하지 아니한다. 그러나 등기를 하지 아니하면 이를 처분하지 못한다.
>
> **민사집행법 제135조(소유권의 취득시기)** 매수인은 매각대금을 다 낸 때에 매각의 목적인 권리를 취득한다.

② 이해관계인의 경매신청의 취하신청과 경매개시결정에 대한 이의신청을 할 수 없다.

즉, 경매신청의 취하와 경매개시결정에 대한 이의신청은 낙찰자가 대금납부를 하기 전에 해야 한다.

③ 차순위매수신고인이 있을 경우 입찰보증금의 반환을 청구할 수 있다.

④ 낙찰자에게 대항할 수 없는 자나 채무자 또는 소유자에 대한 인도명령신청은 대금납부일로부터 6개월 이내에 신청해야 하며 이 기간을 경과하면 명도소송을 제기하여야 한다.

⑤ 낙찰자가 부담하지 않는 경매부동산상의 권리들은 말소촉탁대상이 되어 소멸한다.

10. 인도명령 및 명도소송

(1) 인도명령

낙찰자는 대금납부와 동시에 등기 없이도 소유권을 취득하나 경매목적물을 점유한 자가 해당 물건을 명도해주지 않을 경우에는 대금을 낸 뒤 바로 인도명령을 신청하는 것이 명도에 유리하다.

> **민사집행법 제136조(부동산의 인도명령 등)** ① 법원은 매수인이 대금을 낸 뒤 6월 이내에 신청하면 채무자 · 소유자 또는 부동산 점유자에 대하여 부동산을 매수인에게 인도하도록 명할 수 있다. 다만, 점유자가 매수인에게 대항할 수 있는 권원에 의하여 점유하고 있는 것으로 인정되는 경우에는 그러하지 아니하다.

인도명령신청	– 대금완납증명서 & 매각허가 결정 등본 첨부
심리 및 심문	– 채무자나 소유자는 심문 없이 인도명령을 결정하지만, 임차인 등은 심문 후에 결정 – 서면심리에 의하여 인도명령을 결정할 수 있고 필요한 경우 당사자를 심문하거나 변론할 수 있다.
인도명령결정	– 인도명령 신청 후 빠르면 1주일 이내에 늦어도 2주일 이내에 결정된다.
송달증명	– 인도명령 결정문을 피신청인(점유자)에게 송달하고 신청인은 피신청인에 대한 송달증명을 발급받고 이를 첨부하여 집행관에게 인도집행 위임을 한다.
인도명령집행접수 (결정문&송달증명)	– 인도명령 결정문과 송달증명원을 첨부하여 부동산 소재지를 관할하는 집행관 사무소에 강제집행을 신청한다.

(2) 명도소송

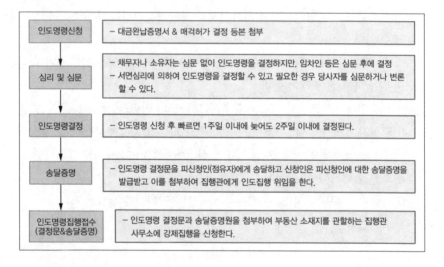

대금을 납부한 날로부터 6개월 이내에 인도명령신청을 하지 않으면 명도소송을 제기하여야 한다.

명도소송으로 가게 되면 확정판결 시까지 적어도 1년 이상의 기간이 걸리게 되므로 대금납부 후 바로 인도명령을 신청하는 것이 좋다.

부동산인도명령결정에대한즉시항고

[대법원 2010. 7. 26., 자, 2010마900, 결정]

【판시사항】

최선순위 전세권자로서의 지위와 주택 임대차보호법상 대항력을 갖춘 임차인으로서의 지위를 함께 가지고 있는 사람이 전세권자로서 배당요구를 하여 전세권이 매각으로 소멸된 경우, 변제받지 못한 나머지 보증금에 기하여 대항력을 행사할 수 있는지 여부(적극)

【판결요지】

주택에 관하여 최선순위로 전세권설정등기를 마치고 등기부상 새로운 이해관계인이 없는 상태에서 전세권설정계약과 계약당사자, 계약목적물 및 보증금(전세금액) 등에 있어서 동일성이 인정되는 임대차계약을 체결하여 주택 임대차보호법상 대항요건을 갖추었다면, 전세권자로서의 지위와 주택 임대차보호법상 대항력을 갖춘 임차인으로서의 지위를 함께 가지게 된다. 이러한 경우 전세권과 더불어 주택 임대차보호법상의 대항력을 갖추는 것은 자신의 지위를 강화하기 위한 것이지 원래 가졌던 권리를 포기하고 다른 권리로 대체하려는 것은 아니라는 점, 자신의 지위를 강화하기 위하여 설정한 전세권으로 인하여 오히려 주택 임대차보호법상의 대항력이 소멸된다는 것은 부당하다는 점, 동일인이 같은 주택에 대하여 전세권과 대항력을 함께 가지므로 대항력으로 인하여 전세권 설정 당시 확보한 담보가치가 훼손되는 문제는 발생하지 않는다는 점 등을 고려하면, 최선순위 전세권자로서 배당요구를 하여 전세권이 매각으로 소멸되었다 하더라도 변제받지 못한 나머지 보증금에 기하여 대항력을 행사할 수 있고, 그 범위 내에서 임차주택의 매수인은 임대인의 지위를 승계한 것으로 보아야 한다.

PART

3

공매

제1장 공매의 개념 및 종류

1. 공매의 개념

법률의 규정에 따라 공적 기관에 의하여 강제적으로 이루어지는 매매로 압류, 환가, 배당을 순서로 진행되며 캠코에서 운영하는 온비드(On Bid, 온라인입찰이란 뜻)라는 온라인 사이트로 입찰을 진행하는 매매를 말한다.

민사집행법에 의해 진행되는 법원경매와 국세징수법에 의해 진행되는 압류재산공매는 매각체결 방식 및 절차가 법정되어 있다. 즉, 법률의 규정에 의해 매각이 되면 소멸주의(말소기준권리 이후는 소멸)를 적용하는 매각(체결)방식을 채택하고 있는 반면에 신탁재산 공매, 국유재산 공매, 수탁재산 공매, 유입재산 공매, 기타 이용기관공매 등은 인수주의로 매각되는 계약체결 방식을 따르고 있다. 즉 법원경매와 압류재산공매는 매각이 되면 매각조건에 따라 계약이 체결되나 신탁공매 등의 공매는 계약체결방식을 취하고 있어 협의에 의하여 계약조건의 변경이 가능하다.

2. 공매의 종류

(1) 공매 진행 주체에 따른 분류

1) 온비드 공매

① 매각절차를 캠코에 위임하는 경우

캠코가 직접 관리하는 공매물건으로 압류재산, 수탁재산, 유입자산, 국유재산공매가 있다.

② 이용기관이 캠코(온비드)에 회원가입 후 이용기관 재산을 직접 매각 또는 임대하는 경우

이용기관 공매는 기관이 소유하고 있는 재산을 더 이상 사용하지 않아

온비드에 회원가입 후에 일반인에게 직접 처분하는 공매이다. 그러므로 기관공매는 압류재산공매와는 달리 권리분석이 필요 없어 모든 입찰조건은 해당 기관의 매각입찰 공고문에 의해서 진행된다.

이용기관에는 국가기관, 지방자치단체 및 국가 또는 지방자치단체가 투자 · 출연한 공공기관과 금융기관, 부동산신탁회사 등이 있으며 이들 기관이 직접 매각 또는 임대를 진행하는 압류재산, 국유재산, 공유재산, 압수품, 체비지, 비업무용재산, 불용물품, 기타재산으로 구별된다.

2) 기관별 자체공매

① 세관공매(유니패스)

외국에서 사 온 물건들을 통관할 때 세관에서 세금을 내지 않거나 불법적으로 들여오면 관할 세관에서 경쟁입찰로 처분하는 것을 말한다. 의류, 가방, 액세서리 등의 소비재뿐만 아니라 모피 원단, 공장설비 등의 중간재나 생산장비에 이르기까지 다양한 물건이 있다.

② 예금보험공사공매

예금보험공사가 지원한 파산금융기관이 보유한 재산으로 자체공매로 매각하고 있다. 물건의 종류는 부동산, 동산, 유가증권 등이 있다.

③ 자동차공매

지방자치단체 및 경찰서가 압류한 자동차를 매각하는 공매로 굿인포카, 오토마트 등의 사이트를 통하여 공매되고 있으며 진행방식 및 절차는 압류재산공매와 동일한 방식으로 진행된다.

④ 신탁공매

신탁공매의 대상은 신탁재산 중에서 담보신탁과 처분신탁인 경우이며 공매방법은 신탁회사가 자체공매공고한 후 현장공매로 진행하며 공매조건 및 절차는 공매를 진행하는 신탁회사가 결정한다. 캠코의 온비드에 공매공고만 하고 공매실시는 해당 신탁회사의 회의실에서 하는 경우도 있다.

(2) 처분방식별 공매의 분류

1) 매각공매

해당 물건을 매각하는 공매를 말한다.

2) 임대(대부)공매

해당 물건에 대한 임대권리만 공매하는 것을 말한다. 이때 입찰자는 연간 임대료를 입찰금액으로 정하여 입찰한다.

(3) 매수방식별 공매의 분류

1) 입찰

공매의 입찰은 최저매각가격 이상으로 입찰한 사람 중 최고가 입찰자를 낙찰자로 선정하는 경쟁입찰방식으로 진행하고 있다.

2) 수의계약(유찰계약)

경쟁입찰에서 유찰된 경우 다음 차수 입찰을 진행하기 전에 유찰된 가격 이상으로 수의계약할 수 있는 것이 일반적인 방식이다.

현재 캠코에시 직접 진행하는 공매물건 중에서 압류재산공매는 수의계약을 허용하고 있지 않지만 다른 종류의 공매(국유재산, 유입자산, 수탁재산)의 경우에는 수의계약을 허용하고 있다.

(4) 공매 대상 물건에 따른 분류

1) 압류 재산공매

국세, 지방세 및 각종 공과금 등의 체납 때문에 세무서 또는 지방자치단체 등에서 압류한 후 캠코에 매각을 의뢰한 공매를 말한다.

2) 국유 재산공매

국가기관, 지방자치단체 등이 소유하고 있는 비업무용 재산 등을 온비드 등을 통하여 매각하는 공매를 말한다.

3) 공유 재산공매

국가 또는 지방자치단체가 출자 · 출연한 기관과 기타의 공공기관 등이 소유하고 있는 비업무용 재산 등을 온비드 등을 통하여 매각하는 공매를 말한다.

4) 유입 재산공매

금융기간의 구조개선을 위해 법원경매를 통하여 캠코명의로 취득한 재산 및 부실징후기업을 지원하기 위하여 기업체로부터 취득한 재산을 일반인에게 다시 매각하는 공매를 말한다.

5) 수탁 재산공매

금융기관 또는 기업이 한국자산관리공사에 대신 팔아달라고 맡긴 비업무용 부동산과 1세대 2주택자 또는 비사업용 토지의 소유자가 양도소득세 비과세 또는 중과세 제외 혜택을 받기 위해 캠코에 대신 매각을 의뢰한 공매를 말한다.

6) 기타 일반 재산 공매

이용기관이 보유하고 있는 불용품 및 불용품을 제외한 기타 재산을 온비드에 이용기관으로 회원가입하고 직접 매각하거나 신탁회사의 공매물건도 기타 일반재산으로 등록해서 공매로 진행하고 있다

① 신탁 공매

신탁공매는 캠코에서 진행하는 공매진행의 한 종류로 "신탁기관에서 채권자의 신청에 의해 신탁된 물건을 자체적으로 공매 진행"하는 공매다.

② 이용기관 공매

국가기관 · 지방자치단체 · 공기업 · 금융기관 등이 캠코의 온비드를 이용해 보유한 재산을 매각하거나 임대하는 공매를 말한다.

제2장 압류재산공매

1. 압류재산 공매의 개념

세무서와 지방자치단체 등 공공기관이 국세, 지방세 등의 체납세액 징수를 위해 압류한 재산을 캠코를 통해 매각하는 공매다.

2. 압류재산 공매의 특징

압류재산은 부동산 거래신고 등에 관한 법률 제14조 제2항 제3호 및 같은 법 시행령 제11조 제3항 제12호, 국토해양부 고시 제2009－719호 "주택거래신고 업무처리 지침"에 따라 토지거래허가 및 주택거래신고 절차가 필요하지 않다.

3. KAMCO의 압류재산 공매절차

(1) 수임 → 준비 → 매각 → 청산으로 본 절차

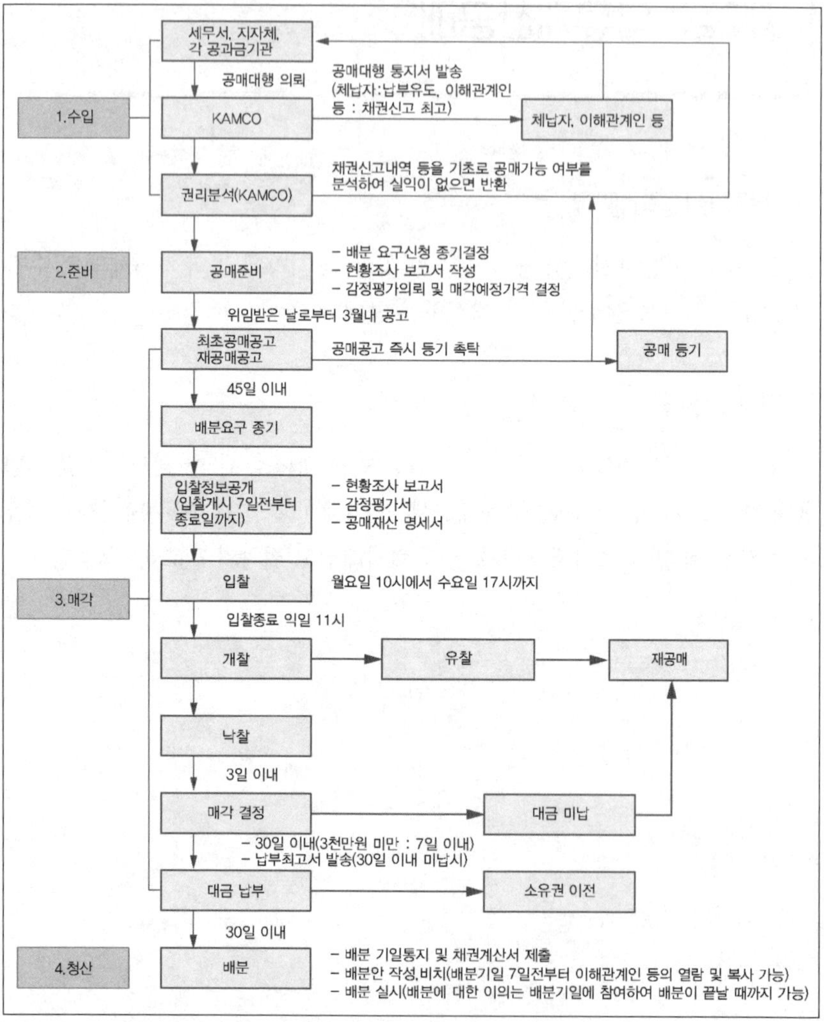

(2) 압류 → 환가 → 배분으로 본 절차

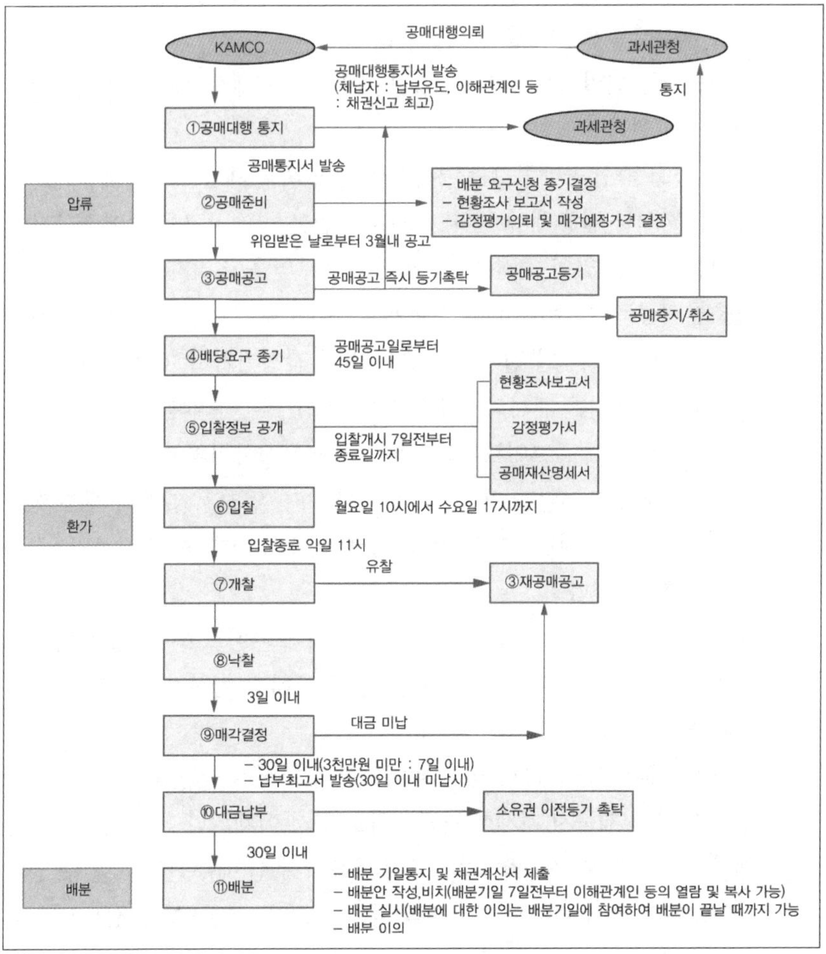

압류재산 공매는 세금체납에 따른 공매이므로 법원경매보다 세금에 따른 권리분석을 더욱더 철저히 해야 한다.

그럼 각각의 절차별 세부 내용에 대해 알아보자.

① 캠코는 세무서, 지방자치단체 등으로부터 공매대행의뢰를 받으면 체납자와 이해관계인에 공매대행통지서를 발송한다. 이때 체납자에게는 자진 납부를 유도하고 기타 이해관계인에게는 채권신고를 최고한다.

② 공매를 위한 준비로 의뢰받은 공매물건에 대한 감정평가와 이를 근거로 최저매각예정가격을 결정하고 현황조사를 통하여 공매재산명세서를 작성한 다음 배분요구신청의 종기를 결정한다.

③ 공매공고는 위임받은 날로부터 3월 이내에 캠코게시판에 게시 및 온비드를 통해 공고한다.

또한, 공고 즉시 공매공고 등기촉탁을 해야 하고 체납자와 이해관계인 등에 공매통지서를 발송해야 한다. 소액임차인은 공매공고등기 이전까지 대항요건을 갖추고 있어야 최우선변제금을 배분받을 권리가 주어진다.

④ 최초공매공고일로부터 45일 이내에 배분요구종기와 철회종기를 결정한다.

⑤ 캠코는 입찰개시 7일 전부터 종료 시까지 감정평가서, 현황조사보고서 및 공매재산명세서를 게시하거나 열람할 수 있도록 하여야 한다.

⑥ 입찰은 최초공매공고일로부터 10주 이내에 정하여지고 월요일 10시부터 수요일 17시까지 3일간 기간입찰로 진행된다. 입찰시 입찰서 제출 후에 입찰보증금을 매각예정가격의 10% 이상 내야 하고 입찰 마감 전까지는 2회 이상 입찰할 수 있다.

⑦ 개찰은 입찰 마감일 다음 날인 목요일 11시에 온비드사이트를 통하여 최고액입찰자를 공표한다. 최고액입찰자를 공표하면 입찰자는 낙찰 또는 유찰 결과를 알 수 있다.

⑧ 최고액입찰자의 입찰보증금은 위임기관의 계좌로 입금되고 패찰자의 보증금은 입찰서 제출시 기재한 환급계좌로 즉시 이체된다.

매각결정 전까지 차순위매수신고와 공유자 우선 매수신고를 할 수 있다.

i) 공유자 우선 매수신고는 유찰 시에는 종전 매각예정금액으로 할 수 있고 낙찰된 경우에는 낙찰가격으로 공유자 우선 매수신고서를 작성하고 통장사본, 주민등록등본, 등기부등본을 매각결정(월요일 10시) 전까지 담당자에게 제출하면 된다.

ii) 차순위매수신고는 매각예정가격 이상으로 입찰한 자가 매각결정(월요일 10시) 전까지 보증금을 제공하고 차순위매수 신고하면 된다.

⑨ 낙찰자를 목요일 11시경에 공표하고 3일 후인 월요일 10시에 매각결정과 동시에 매수인에게 매각결정통지서를 교부한다. 매각결정이 되면 낙찰자

의 동의가 있어야 공매취소가 가능하다.

⑩ 매각대금이 3천만원 미만인 경우에는 7일 이내, 3천만원 이상인 경우에는 30일 이내로 납부기한이 정하여 진다. 대금납부기한까지 납부하지 않으면 지연이자 없이 최고기한 10일로 매수대금납부 최고서를 낙찰자에게 통지하게 된다.

매수인이 매각대금을 납부하고 소유권 이전에 필요한 서류를 제출하면 캠코는 관할등기소에 소유권이전등기를 촉탁한다.

⑪ 매각대금납부 후 30일 이내에 배분기일이 지정되고 배분계산서를 작성하여 배분기일 7일 전부터 배분기일까지 이해관계인은 열람 및 복사를 할 수 있다. 배분 이의는 배분이 끝날 때까지 할 수 있으며 배분에 대한 이의가 없어 배분계산서가 확정되면 배분금이 지급된다.

확정된 배분계산서에 대한 불복은 배분이의 소를 제기하여야 한다.

※ 하나의 부동산이 경매와 공매로 동시에 진행되고 있는 경우

공매는 국세징수법이나 국유재산법 경매는 민사집행법을 근거로 하고 있어 상호 불간섭의 원칙이 적용된다.

그러므로 먼저 낙찰대금을 납부하여 종료된 절차가 우선한다. 공매가 우선 종료되면 경매개시결정이 말소되고 경매가 우선 종료되면 공매가 취소된다.

※ 공매가 취소/중지되는 경우

1. 매각결정 전까지 공유자 우선매수권 행사를 한 경우
2. 매각결정 전까지 체납자가 체납분을 완납한 경우
3. 매각결정 이후에 체납자가 최고액입찰자의 동의를 득하고 체납분 완납 후 매각결정의 취소를 신청한 경우
4. 매수인이 매각대금을 납부하지 않은 경우
5. 공매와 경매가 동시에 진행되는 사건에서 경매낙찰자가 대금을 먼저 납부한 경우
6. 선순위가등기권자의 본등기

제3장 신탁재산공매

1. 서설

(1) 신탁의 정의

신탁법에서 "신탁"이란 위탁자와 수탁자 간의 신임관계에 기하여 위탁자가 수탁자에게 특정의 재산(영업이나 저작재산권의 일부를 포함한다)을 이전하거나 담보권의 설정 또는 그 밖의 처분을 하고 수탁자로 하여금 수익자의 이익 또는 특정의 목적을 위하여 그 재산의 관리, 처분, 운용, 개발, 그 밖에 신탁 목적의 달성을 위하여 필요한 행위를 하게 하는 법률관계를 말한다.

> 신탁법 제2조(신탁의 정의) 이 법에서 "신탁"이란 신탁을 설정하는 자(이하 "위탁자"라 한다)와 신탁을 인수하는 자(이하 "수탁자"라 한다) 간의 신임관계에 기하여 위탁자가 수탁자에게 특정의 재산(영업이나 저작재산권의 일부를 포함한다)을 이전하거나 담보권의 설정 또는 그 밖의 처분을 하고 수탁자로 하여금 일정한 자(이하 "수익자"라 한다)의 이익 또는 특정의 목적을 위하여 그 재산의 관리, 처분, 운용, 개발, 그 밖에 신탁 목적의 달성을 위하여 필요한 행위를 하게 하는 법률관계를 말한다.

(2) 신탁공매의 진행 방법

신탁공매 진행 방법은 공매집행기관에 따라 온비드에서 입찰을 진행하는 인터넷공매와 집행기관 본사회의실에서 입찰절차를 진행하는 현장공매가 있다.

이는 번거로운 점이지만 경쟁률이 낮아지는 요인이 되기도 한다.

최근에는 온비드의 인지도가 높아져 경쟁률과 낙찰가율이 높아지고 신뢰성 제고 차원에서 온비드공매로 대부분 진행되고 있는 추세다.

매각 방법은 1일 2회 이상으로 2시간 정도 시차를 두고 오전 · 오후에 진행하는 방법과 1일 1회, 주 1회, 월 1회 등 집행기관마다 다르게 진행되는 경우가 많다.

일반 공매는 유찰되면 일주일에 감정가격의 10%씩 차감되지만, 신탁 공매는 많게는 50%까지 차감되기도 하여 진행이 빠르다.

또한, 유찰된 경우에는 유찰 당시의 최저매각가격으로 수의계약(유찰계약)도 할 수 있다.

(3) 부동산 신탁재산의 특징

1) 신탁원부에 첨부된 신탁계약의 내용 공시의 효력

신탁등기를 하는 경우 생성되는 신탁원부에는 신탁계약이 첨부되기 때문에 등기소에서 신탁원부를 발급받으면 그 내용을 확인할 수 있다. 법원은 신탁원부를 등기의 일부로 보아 신탁원부에 첨부된 신탁계약의 내용에 대하여 공시의 효력을 부여하기도 하므로, 신탁재산공매시에는 신탁원부를 반드시 확인하여야 한다.

2) 신탁재산 소유권의 이전

신탁등기가 완료되어 신탁부동산이 수탁자에게 이전되면 신탁재산의 소유권을 수탁자에게 완전히 이전하는 행위이기 때문에, 신탁계약을 체결한 위탁자와 수탁자의 관계에서도 신탁재산의 소유권은 수탁자가 온전히 취득하게 된다. 즉 위탁자는 수탁자에 대하여 자신이 신탁부동산의 소유자라고 주장하거나 그에 따른 권리를 행사할 수 없다.

3) 인수주의로 계약되는 계약체결방식

소멸주의로 매각되는 매각체결방식으로 진행되는 압류재산 공매와 달리 신탁재산 공매는 인수주의로 계약되는 계약체결방식으로 진행된다.

그러므로 신탁재산 공매는 신탁등기일 기준으로 이전의 수탁자가 설정한 권리는 무조건 인수하지만, 이후의 권리는 모두 소멸된다.

수탁자와 우선 수익자의 동의를 득하고 설정한 권리라고 할지라도 신탁원부에 위탁자가 책임진다라고 명시되어 있으면 위탁자가 책임을 져야 하므로 낙찰자는 여기에서 자유롭다는 것이 최근 판례의 입장이다.

4) 대출가능 금액이 높음

일반적으로 위탁자가 직접 금융기관에 가서 대출을 받는 것보다 신탁회사에 부동산을 신탁하고 대출을 받게 되면 방공제 등을 하지 않는 경우가 많아 대출금액이 높다.

5) 물상대위성 인정

신탁재산의 관리 · 처분, 멸실 등의 사유로 발생한 재산은 신탁재산에 속한다.

6) 상계금지

신탁재산의 채권과 신탁재산 이외의 채무와는 상계하지 못한다.

7) 강제집행 등의 금지

신탁재산에 대하여는 강제집행 등이 금지된다. 다만, 신탁원인 이전의 경우는 예외다.

8) 수탁자의 파산과 신탁재산의 독립성

신탁재산은 수탁자의 파산재산 및 상속재산에 속하지 않아 독립성이 보장된다.

2. 신탁재산공매의 권리분석

(1) 서설

압류재산 공매와 법원경매는 말소기준권리를 기준으로 선순위는 매수인이 인수하고 후순위 권리는 매각으로 모두 소멸하는 매각체결방식을 취하고

신탁재산공매, 국유재산공매, 수탁재산공매, 유입재산공매, 이용기관재산 등의 공매는 인수주의인 계약체결방식을 취하고 있다.

계약체결방식은 별도의 낙찰이 아닌 매매의 방식을 취하고 있어 계약체결시에 모든 권리를 매입자 또는 낙찰자가 인수하는 것으로 계약을 체결하기도 한다.

(2) 권리분석

신탁재산공매의 말소기준 권리는 신탁등기로 보면 된다. 즉 신탁등기 전에 등

기된 권리는 인수하고 신탁등기 후의 권리는 특별한 경우가 아니면 말소된다.

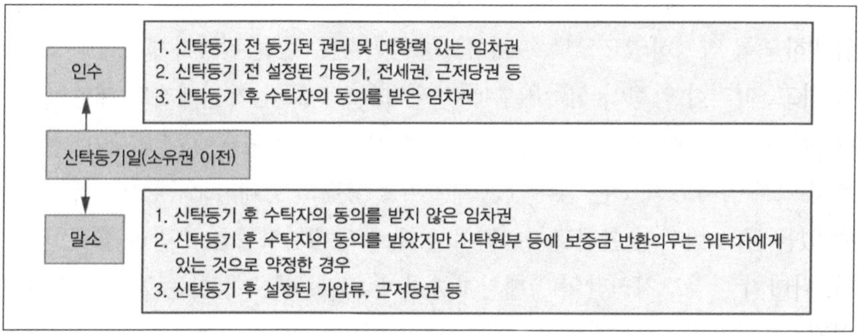

임차인이 신탁등기보다 앞에 있어도 위탁자가 점유하고 있거나 무상임차인(무상거주사실확인서로 확인)이 점유하고 있으면 낙찰자가 인수하지 않는다.

신탁등기 이후에도 수탁자의 동의를 받아 위탁자가 임대차계약을 한 경우 낙찰자가 인수한다. 다만, 신탁원부 등에 수탁자의 동의가 있더라도 보증금반환의무는 위탁자가 부담하는 것으로 약정이 되어 있으면 수탁자는 이에 대한 책임이 없다. 그러므로 신탁재산 매각시 낙찰자는 임대인(수탁자)의 지위를 승계하여 임대차보증금 반환의무를 부담한다고 볼 수 없다

관련판례

신탁법은 신탁재산의 독립성을 제삼자에게도 대항할 수 있도록 신탁재산의 공시에 관한 독자적인 규정을 두고 있다. 구 신탁법 (2011. 7. 25. 법률 제10924호로 전부 개정되기 전의 것) 제3조 제1항은"등기 또는 등록하여야 할 재산권에 관하여는 신탁은 그 등기 또는 등록을 함으로써 제삼자에게 대항할 수 있다."라고 정하고 있고, 구 부동산등기법 (2007. 5. 17. 법률 제8435호로 개정되기 전의 것) 제123조, 제124조는 신탁의 등기를 신청하는 경우에는 ① 위탁자, 수탁자 및 수익자 등의 성명, 주소, ② 신탁의 목적, ③ 신탁재산의 관리 방법, ④ 신탁종료의 사유, ⑤ 기타 신탁의 조항을 기재한 서면을 그 신청서에 첨부하도록 하고 있고, 그 서면을 신탁원부로 보며 다시 신탁원부를 등기부의 일부로 보고 그 기재를 등기로 본다고 정하고 있다. 따라서 신탁계약의 내용이 신탁등기의 일부로 인정되는 신탁원

부에 기재된 경우에는 이로써 제삼자에게 대항할 수 있다

이 사건 신탁계약에서 수탁자의 사전 승낙 아래 위탁자 명의로 신탁부동산을 임대하도록 약정하였으므로 임대차보증금 반환채무는 위탁자에게 있다고 보아야 하고, 이러한 약정이 신탁원부에 기재되었으므로 임차인에게도 대항할 수 있다. 따라서 이 사건 오피스텔에 관한 부동산담보신탁 이후에 위탁자인 케이피로부터 이를 임차한 피고는 임대인인 케이피를 상대로 임대차보증금의 반환을 구할 수 있을 뿐 수탁자인 한국토지신탁을 상대로 임대차보증금의 반환을 구할 수 없다. 나아가 한국토지신탁이 임대차보증금 반환의무를 부담하는 임대인의 지위에 있지 아니한 이상 그로부터 이 사건 오피스텔의 소유권을 취득한 원고가 주택 임대차보호법 제3조 제4항에 따라 임대인의 지위를 승계하여 임대차보증금 반환의무를 부담한다고 볼 수도 없다[대법원 2022. 2. 17., 선고, 2019다300095, 판결]

그러므로 신탁재산공매에서 주의할 점은 신탁원부도 공시의 효력이 있으므로 권리분석 시 반드시 등기부등본과 함께 신탁계약의 내용이 첨부된 신탁원부도 발급받아 계약내용을 확인하여야 한다.

(3) 실전에서의 신탁재산공매의 권리분석 순서

1) **신탁부동산 공매공고문을 꼼꼼하게 체크한다.**

신탁공매재산의 주소, 용도, 면적, 대지지분, 공매 진행 일자 및 시간, 공매 예정 가격, 제출서류, 유의사항 등 공매관련 사항에 대한 내용이 모두 기재되어 있어 꼼꼼하게 확인해야 한다

2) **등기부등본, 신탁원부를 확인한다.**

① 신탁원부(등기소에서만 발급 가능)

계약당사자, 신탁계약내용이 기재되어 있으며 신탁부동산주소와 신탁원부 번호를 기재하여 등기소에서 발급하여 확인한다.

② 수탁사로 등기된 신탁등기일과 그 이전에 소유자를 꼼꼼히 확인한다.

③ 우선수익자(금융기관) 등의 채권금액과 이자를 확인한다.

3) **전입세대열람과 신탁등기일을 기준으로 대항력을 판단한다.**

① 공매재산 거주 세대원을 확인한다.

신탁등기 이전에 공매재산에 계약과 인도 및 전입을 한 임차인은 대항력이 있으나 신탁등기 이후에 전입한 임차인은 대항력이 없어서 명도대상이 된다.

② 전입세대원이 위탁자이거나 그 가족구성원이면 대항력이 없다.

③ 무상으로 거주하는 임차인은 대항력이 없다.

④ 신탁등기 이후 수탁사와 계약한 임차인의 경우

가. 신탁등기일 이후 수탁사와 직접 임대차 계약을 했다면 대항력이 있다. 이러한 경우 권리분석은 신탁기관이 임대차보증금을 보관하고 있다면 신탁재산인 임대차보증금을 반환하게 되므로 신탁재산공매와 무관하게 처리된다.

이렇게 대항력이 있는 경우가 확인되면, 공매공고문과 공매담당자를 통해서 매각조건을 명확하게 판단하고 입찰에 참여해야 한다.

나. 신탁등기 이후에 수탁자의 동의를 얻어 설정된 근저당권

신탁등기 이후 수탁자의 동의를 얻어 설정된 근저당권도 대항력이 있어 매수인이 인수하는 것이 원칙이다. 다만, 근저당권을 매수인이 인수할 것인지, 아니면 매매대금으로 지급하고 소멸할지를 확인하고 입찰에 참여해야 한다.

4) **건축물대장, 건물현황도 및 평면도 확인**

대장을 통해 위반건축물 존재 여부, 현황도 및 평면도를 통해 공부와 실제재산의 일치 여부 등을 확인한다.

신탁공매에서 감정평가서를 확인할 수 없는 경우가 많고, 확인이 가능하더라도 약식감정으로 자세히 확인할 수 없는 경우도 많다. 또한, 위반건축물 등으로 이행강제금 등의 부과가 있을 수도 있기 때문이다.

5) **수탁사 담당자, 우선수익자를 통해서 최종 확인**

수탁사의 공매담당자, 우선수익자(금융기관)를 통해서 신탁재산현황 및 위탁자 상황을 확인한다. 우선수익자의 전화번호는 수탁사의 공매담당자에게 문의하면 알려준다.

(4) 신탁공매 배당 우선순위

1) 0순위 : 신탁부동산 보전 · 관리 및 공매절차에 따른 비용, 조세, 공과금, 신탁보수
2) 1순위 : 신탁등기 이전에 대항요건을 갖춘 임차인의 소액임차보증금
   ※ 최우선 변제권이 없는 경우
   1. 신탁등기 후 수탁자 동의 없이 체결된 임차인
   2. 신탁등기 전에 발생한 임금채권이고 최우선 변제에 해당하더라도 신탁등기 전에 가압류 등 보전처분을 하지 않았다면 배당 불가
   ∵ 신탁재산은 근로기준법에서 정의하는 사용자의 총 재산에 해당하지 않음
3) 2순위 : 신탁등기전에 설정된 근저당권, 담보가등기, 전세권, 임대차보증금, 등기된임차권
4) 3순위 : 수탁자에게 대항력을 갖춘 임대차보증금반환채권 중 1~2순위가 아닌 것
5) 4순위 : 우선수익자채권
6) 5순위 : 배당잔여금이 있을 경우 수익자 또는 위탁자

(5) 부동산 담보신탁 구조 및 담보실행 절차

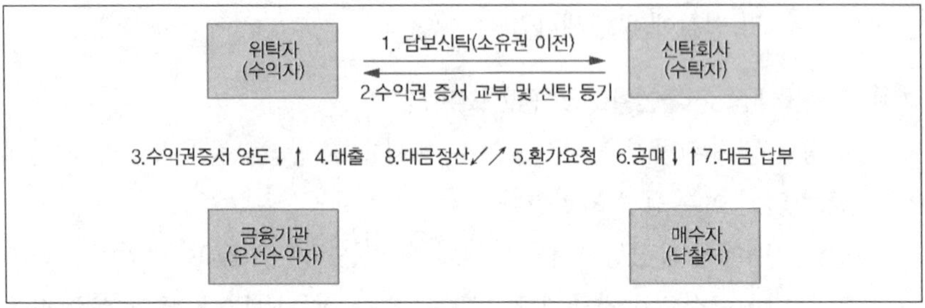

1. 부동산 소유자(위탁자)는 신탁회사와 신탁계약을 체결하고 신탁계약의 내용이 기재된 신탁원부를 첨부하여 신탁등기를 한다.
2. 신탁계약과 동시에 수탁자는 수익증권을 수익자에게 교부한다.
3. 수익자는 수익권증서를 금융기관에 양도하고
4. 필요자금을 대출받게 된다.
5. 수익자가 채무 불이행을 하게 되면 우선수익자(신탁부동산으로부터 수익이

발생하면 위탁자보다 우선해서 수익을 받는자)는 수탁자에게 환가(신탁재산을 처분하여 대출금을 되돌려 받는 것) 요청을 한다.

6. 환가요청이 들어오면 수탁자는 신탁자산에 대해 감정평가를 실시하고 감정평가금액보다 통상적으로 20% 정도 높은 금액에 최초매각금액을 정하고 공매일시, 장소, 최초 공매금액 및 차감률, 공매차수, 입찰보증금, 매각대금 정산방법 등 구체적인 공매조건을 결정하여 일간신문, 신탁회사 홈페이지에 공매공고문 게시 및 위탁자, 수익자, 질권자 등에 공매 사실을 통지한다.
7. 낙찰자는 5일 이내에 공매집행기관과 계약을 체결하여야 하며 잔금 납부 기간 안에 대금을 납부하면
8. 집행기관인 수탁자가 우선수익자에게 정산을 하고 난 뒤 잔대금은 수익자에게 교부하게 된다.

(6) 부동산신탁공매 투자절차

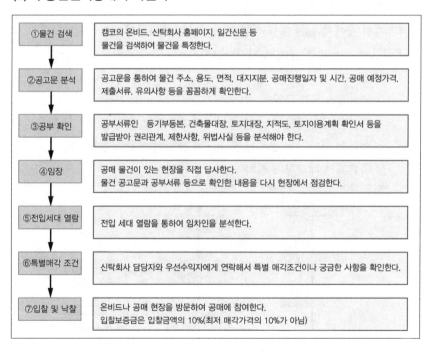

①물건 검색	캠코의 온비드, 신탁회사 홈페이지, 일간신문 등 물건을 검색하여 물건을 특정한다.
②공고문 분석	공고문을 통하여 물건 주소, 용도, 면적, 대지지분, 공매진행일자 및 시간, 공매 예정가격, 제출서류, 유의사항 등을 꼼꼼하게 확인한다.
③공부 확인	공부서류인 등기부등본, 건축물대장, 토지대장, 지적도, 토지이용계획 확인서 등을 발급받아 권리관계, 제한사항, 위법사실 등을 분석해야 한다.
④임장	공매 물건이 있는 현장을 직접 답사한다. 물건 공고문과 공부서류 등으로 확인한 내용을 다시 현장에서 점검한다.
⑤전입세대 열람	전입 세대 열람을 통하여 임차인을 분석한다.
⑥특별매각 조건	신탁회사 담당자와 우선수익자에게 연락해서 특별 매각조건이나 궁금한 사항을 확인한다.
⑦입찰 및 낙찰	온비드나 공매 현장을 방문하여 공매에 참여한다. 입찰보증금은 입찰금액의 10%(최저 매각가격의 10%가 아님)

제4장 국유재산공매

1. 서설

(1) 국유재산의 개념

국가 소유의 재산 중 공용재산, 공공용 재산, 기업용 재산, 보존용 재산을 제외한 모든 재산을 말한다.

(2) 공매의 진행 방법

국유재산 중에서 일반 재산의 관리와 처분은 캠코에서 담당하고 있다. 그 방법은 온비드에서 공고 후 공매로 처리하고 있다.

1) 매각공매

① 국유재산매각 공매의 개념

캠코는 국유재산 중 보존에 부적합하고 장래 행정 목적으로 활용가치가 없다고 판단되는 경우에 온비드를 통하여 매각을 진행한다.

② 국유재산 매각공매 절차

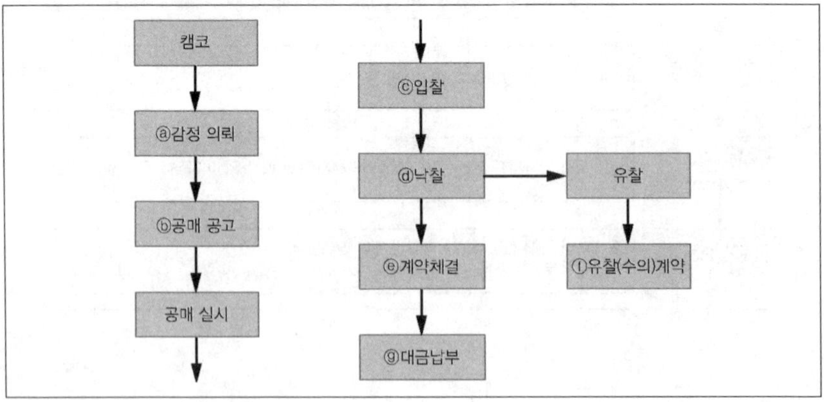

ⓐ 매각금액은 감정가격을 기준으로 하고 2회 이상 경쟁입찰 실시에도 낙찰자가 결정되지 아니하면 3회차부터 감정가격을 참작하여 결정한 최초매각예정가격의 10%에 해당하는 금액을 체감하여 최저매각가격을 정하고 최고 80%까지 체감하여 매각한다.

ⓑ 공매공고는 매각 집행일 기준 15일 전에 일간신문 및 온비드에 게재하는데 그 내용으로는 일시금의 최저 매각 가격, 물건 내용, 감정가격과 매각 방법 및 계약 부대조건으로 이뤄지며 매각의 성립은 경쟁 매각으로 1인 이상 유효한 매각을 전제로 한다.

ⓒ 입찰보증금은 입찰금액의 10% 이상을 마감시간 전까지 지정계좌에 입금해야 하며 위임기관에 따라 입찰시 5%와 계약시 5%로 하는 경우도 있다. 이에 대한 자세한 내용은 공매공고문에서 확인해야 한다. 또한, 입찰보증금이 1천만원을 초과하는 경우 마감 전까지 여러 번에 걸쳐서 납부해도 된다.

대리입찰이나 공동입찰을 하고자하는 자는 대리입찰신청서 또는 공동입찰신청서를 입찰 마감전까지 캠코에 제출해야하고 대리입찰 또는 대표입찰하면 된다.

ⓓ 매각예정가격 이상의 최고액입찰자를 낙찰자로 정하고 동일가격 입찰자가 2인 이상인 때는 무작위 추첨으로 낙찰자를 정한다.

ⓔ 매수자는 낙찰일로부터 5일 이내에 계약을 체결해야 하며 미체결 시 매각결정은 취소되고 매수신청 보증금은 캠코에 귀속된다. 또한, 매수자는 계약체결일로부터 60일 이내에 부동산 소재 관할기초자치단체장에게 부동산거래내용을 신고하고 신고필증을 캠코에 제출해야 한다.

※ 법원경매와 압류재산 공매의 매수자는 부동산 거래신고가 면제된다.

ⓕ 유찰(수의)계약을 할 수 있는 경우

i) 2회에 걸쳐 유효한 입찰이 성립되지 아니한 경우

ii) 국가지분 토지면적이 일정 면적 이하(특별시와 광역시는 300㎡, 기타 시 500㎡, 기타 1,000㎡)인 토지를 공유지분권자에게 매각할 경우

iii) 좁고 긴 모양으로 되어 있으며 폭이 5m 이하로서 국유지 이외의 인접 사유토지와 합필이 불가피한 토지

iv) 좁고 긴 모양으로 되어 있는 폐도, 폐구거, 폐하천으로서 인접 사유토지와 합필이 불가피한 토지

v) 농업진흥지역 안의 농지로서 시 이외의 지역에 위치한 재산을 10,000㎡ 이하의 범위 안에서 5년 이상 계속 경작한 실경작자에게 매각하는 경우

vi) 일단의 토지 면적이 시 지역은 1,000㎡, 시 이외 지역은 2,000㎡ 이하로서 국유 이외의 건물이 있는 토지

vii) 건축법에 의한 최소분할면적에 미달하는 일단의 토지로서 그 경계선의 2분의 1 이상이 사유토지와 접하여 있는 경우

2) 대부(임대)공매

① 대부공매의 개념

국유재산 중에서 일반재산을 국가 이외의 자와 사용 · 수익을 위한 사법상의 계약체결을 말한다.

② 대부기간

가) 10년 이내 – 조림을 목적으로 하는 토지와 그 정착물

나) 5년 이내 – 조림목적 이외의 토지와 그 정착물

다) 1년 이내 – 기타의 물건

③ 대부료 산정방법

재산가액에 사용요율을 곱하여 결정한다.

가) 주거용의 요율 – 2% 이상

나) 경작용의 요율 – min[재산가액의 1%, 최근 공시된 해당 시도의 농가별 단위면적당 농업 총수익의 10%]

다) 기타 – 재산가액의 5% 이상

④ 대부공매절차

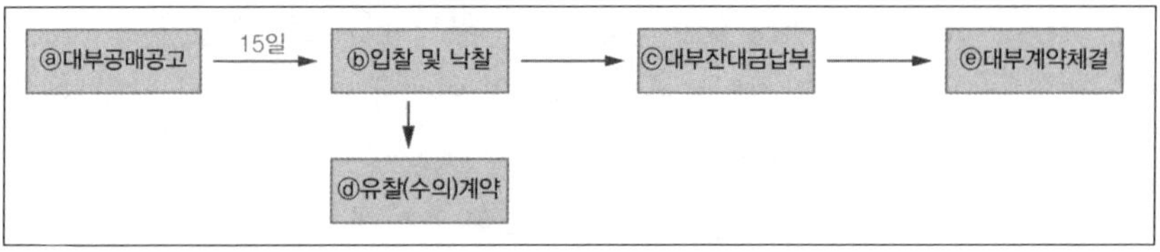

ⓐ 입찰15일 전에 최저대부가격, 물건내용, 입찰방법, 계약체결 방법 등을 온비드에 게재한다.
대부기간은 대부계약 체결일로부터 5년 이내이며 1회에 한하여 갱신할 수 있다. 갱신시에는 1년 단위로 재산정된 대부료를 납부해야 한다. 따라서 2차연도 이후의 연간대부료는 국유재산법의 규정에 따라 결정되며 매 차년도 1개월 전까지 피대부자에게 공지한다. 그러나 주거용, 농지 및 수의계약으로만 대부할 수 있는 경우에는 갱신 회수 제한 없이 계속하여 사용할 수 있다. 갱신요청은 종전 대부기간 종료 1개월 전까지 신청해야 한다.

ⓑ 입찰보증금은 대부하고자 하는 금액의 10% 이상을 마감시간 전까지 지정계좌에 입금해야 한다. 또한, 입찰보증금이 1천만원을 초과하는 경우 마감 전까지 여러 번에 걸쳐서 납부해도 된다.
대리입찰이나 공동입찰을 하고자 하는 자는 대리입찰신청서 또는 공동입찰신청서를 입찰 마감 전까지 캠코에 제출해야 하고 대리입찰 또는 대표 입찰하면 된다.
대부예정가격 이상의 최고액입찰자를 낙찰자로 정하고 동일가격 입찰자가 2인 이상인 때는 무작위 추첨으로 낙찰자를 정한다.

ⓒ 대부료는 전액 선납이 원칙이지만 연간대부료가 100만원을 초과하는 경우에는 연 4회 이내에서 분할납부할 수 있으며 1천만원 이상인 경우에는 연간대부료의 50%에 해당하는 금액을 보증금으로 예치하거나 보증보험증권으로 대체할 수 있다.

ⓓ 유찰계약은 유찰된 물건 중 전, 답, 과수원, 주거용 건물은 입찰종료 후 차기 입찰기일 전까지 이번 공고한 대부예정가격 이상으로 수의

계약을 신청할 수 있으며 기타 물건에 대하여는 2회 이상 유찰된 물건에 한하여 동일한 조건으로 수의계약을 신청할 수 있다.

ⓔ 낙찰자는 낙찰일로부터 5영업일 이내에 대부료 잔금 납입 후 대부계약을 체결해야 한다.
대부금액은 부가가치세가 별도이나 실제 사용 용도가 전, 답, 과수원, 목장용지, 임야, 염전 및 상시 주거용 주택과 이에 부수되는 토지는 면세 대상이다.

2. 국유재산공매의 장점

① 대부분이 공실이므로 별도의 명도가 필요 없다.
② 국가 소유재산이므로 등기부등본상의 하자가 없다.
③ 대부분 국가가 행정 목적으로 이용하던 곳이므로 접근성 등의 입지가 좋은 물건이 많다.
④ 시세보다 저렴한 물건이 많다.

제5장 수탁·유입자산공매

1. 수탁재산 공매

(1) 수탁재산 개념

금융기관이 연체대출금을 회수하기 위하여 법원경매를 통해 금융기관 명의로 유입(경매로 낙찰받음)한 후 KAMCO에 매각 의뢰한 재산, 공공기관이 소유하고 있는 비업무용 재산으로 한국자산관리공사에 매각 의뢰한 재산 및 개인이 먼저 구입한 주택이 매각되지 않아 불가피하게 1가구 2주택을 피하여 양도세 감면을 받고자 KAMCO에 매각을 위임한 부동산을 말한다.

(2) 수탁재산 공매의 특징

1) 권리관계가 명확하다.
   압류재산과 달리 수탁재산 및 유입자산의 경우 권리관계가 명확하여 별도의 권리분석이 필요하지 않고 안전하게 명도받을 수 있다.
2) 위임기관에 따라 대금 완납 전이라도 매수자 명의변경이 가능할 수도 있다.
3) 대금 완납 전이라도 협의하여 소유권 이전이 가능하다
4) 매각대금납부 전이라도 점유하여 사용이 가능하다.
   매각대금의 1/3 이상 선납할 경우 사전 점유사용이 허용된다, 다만 기업소유의 부동산, 금융기관이 임대 중이거나 소송 중인 경우에는 사전 사용이 불가능하다.

5) 토지거래허가지역 내의 부동산인 경우
   ① 계약체결 전 캠코에 토지거래허가신청 및 신고에 필요한 서류를 제출하면 캠코가 해당 행정관청에 허가신청한다.
   ② 토지거래허가가 완료되면 5일 이내에 매매계약을 체결한다. 만약 토지

거래허가를 받고 5일 이내에 매매계약을 체결하지 않으면 낙찰은 취소가 되고 보증금은 돌려받지 못한다.

③ 토지거래허가 신청 후 불허가가 되면 낙찰(유찰)은 무효가 되고 보증금은 돌려받는다.

6) 농지취득자격증명은 등기신청 시에 필요하므로 입찰하기 전에 취득 가능 여부를 확인한 다음 계약체결 후에 받는다.

7) 부동산실거래신고는 매매계약서 작성일로부터 투기지역은 15일 이내, 그 외 지역은 30일 이내에 실거래신고를 시 · 군 · 구에 해야 한다.

※ 토지거래허가지역에서의 허가와 부동산실거래신고는 법원경매와 압류재산공매에서는 면제된다.

8) 체결해제 이후에도 차기공고 전일까지 연체이자 등의 부대비용을 납부할 경우 계약 부활이 가능하다.

9) 매각부동산이 소송 등의 특별한 경우가 아니면 명도는 매도인이 책임을 진다.

10) 수탁자산의 계약조건 변경 허용은 위임기관과 협의하거나 위임기관이 매수자와 합의하여 계약 내용 변경을 요청 시 또는 수탁재산이 천재지변 등 불가항력 등 사유로 상당한 피해를 입는 등 상당한 사유가 있을 때 가능하다.

11) 매각부동산의 위임자인 금융기관, 공공기관 및 개인은 매각수수료로 매각대금의 1%를 부담한다.

(3) 수탁재산 공매절차

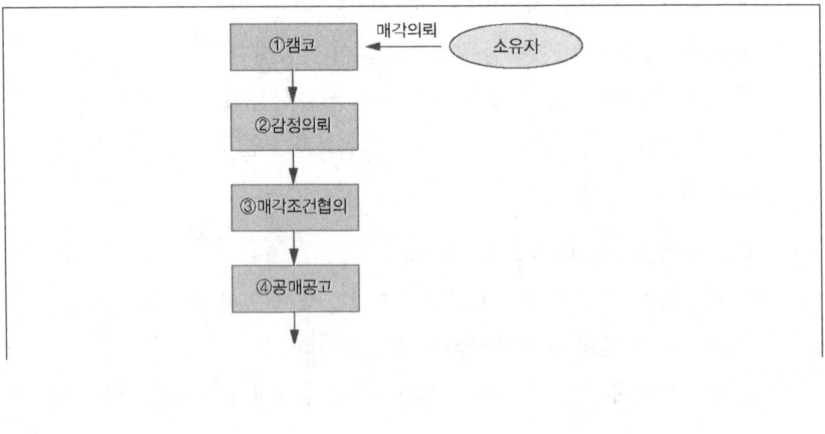

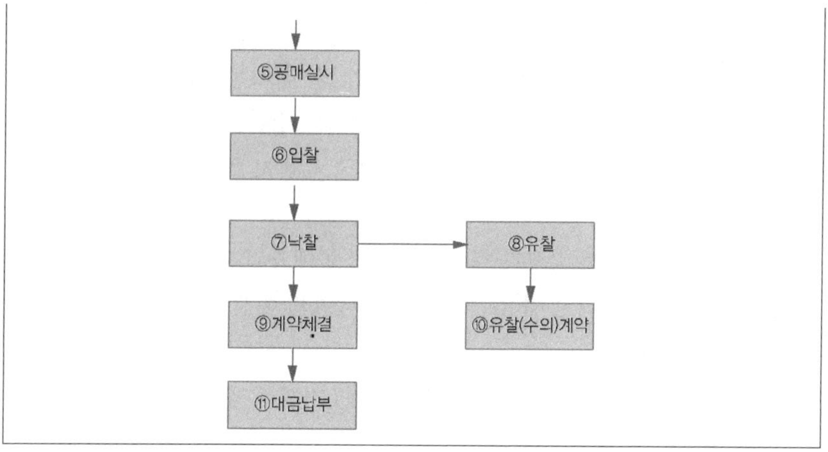

③ 매각금액은 감정가격을 기준으로 하고 매회 유찰 시 최저 매매가격을 적용하는데, 최저 매매가격 산정기준은 물건에 따라 다르나 1회에 1~6번의 공매를 하며 매 공매 시 여러 번 실시하는 공매를 각 차수라 부르고 유찰된 물건에 대하여는 최저 매매가격을 감액한 후 재공고 절차를 밟게 된다. 유찰 시 감액은 감정가격 기준 매회 공매 시마다 전차 공매 예정 가격에서 10%씩 체감하여 정한다.

④ 공매공고는 매각 집행일 기준 10일 전에 일간신문 및 온비드에 게재하는데 그 내용으로는 일시금의 최저 매각가격, 물건 내용, 감정가격과 매각 방법 및 계약 부대조건으로 이뤄지며 매각의 성립은 경쟁 매각으로 1인 이상 유효한 매각을 전제로 한다.

⑥ 입찰보증금은 입찰금액의 10% 이상을 마감시간 전까지 지정계좌에 입금해야 하며 위임기관에 따라 입찰시 5%와 계약시 5%로 하는 경우도 있다. 이에 대한 자세한 내용은 공매공고문에서 확인해야 한다. 또한, 입찰보증금이 1천만원을 초과하는 경우 마감 전까지 여러 번에 걸쳐서 납부해도 된다.
대리입찰이나 공동입찰을 하고자 하는 자는 대리입찰신청서 또는 공동입찰신청서를 입찰 마감 전까지 캠코에 제출해야 하고 대리입찰 또는 대표입찰하면 된다.

※ 공매물건의 유입자산공매, 수탁재산공매, 압류재산공매 입찰서 제출의 경우 매수신청자가 같은 물건을 두 번 이상 제한 없이 입찰할 수 있는 데 반하여 참고로 법원경매

는 두 번 이상 입찰표 제출 시 전체 무효가 된다.

⑦ 매각예정가격 이상의 최고액입찰자를 낙찰자로 정하고 동일가격 입찰자가 2인 이상인 때는 무작위 추점으로 낙찰자를 정한다.

⑨ 낙찰일로부터 5일 이내 계약을 체결하고 입찰보증금은 계약보증금으로 대체된다.

⑩ 입찰(경쟁입찰로 최고가 매수신고인에게 매각결정)을 진행한 결과 유찰된 경우 전차 공고된 공매 조건의 최저 매매가격 이상으로 다음 공매공고 전까지 할 수 있다.

다만, 대단위 임야나 농지 및 집합건물, 전원주택단지의 경우에는 분양의 절차를 밟을 수도 있다.

공매부동산이 농지법이 정한 농지(전, 답, 과수원 등)인 경우에는 매각결정과 대금납부가 이뤄졌다고 하더라도 농지취득자격증명을 발급받지 못한 이상 소유권을 취득할 수 없고 매수인 앞으로 소유권이전등기가 경료되었다고 하더라도 소유권을 주장할 수 없다.

그러므로 공매는 농지취득자격증명을 소유권 이전 등기 시까지 첨부하여야 하고 경매는 농지취득자격증명을 매각기일 7일 이전에 제출해야 한다.

위임자인 금융기관, 공공기관 등의 공매취소 요청이 있거나 연고자로부터 유찰계약 요청을 받는 경우 취소가 가능하다.

2. 유입자산 공매

(1) 유입자산의 개념

금융기간의 구조개선을 위해 법원경매를 통하여 캠코명의로 취득한 재산 및 부실징후기업을 지원하기 위하여 기업체로부터 취득한 재산을 일반인에게 다시 매각하는 부동산을 말한다.

(2) 공매의 방법

입찰(불특정 다수인을 상대로 일반경쟁 매각을 거쳐 최고가 매수신청자에게 매각 결정하는 방법)을 실시하며, 유찰되었을 때에는 아래에 자세히 설명되는 유찰(수의) 계약이 이루어지기도 하며 대단위 임야 및 농지와 전원주택지, 집합건물 등의 경우에는 분양의 방법으로 공매처분을 하기도 한다.

(3) 유입자산의 명도 책임

1) 원칙적으로 유입자산의 명도 책임은 캠코에 두고 있지만, 명도에 상당한 시간이나 비용이 수반되는 경우 신문공고로 공고하고 매수자의 책임으로 하는 경우도 있을 수 있으므로 공매의 경우 반드시 공고문을 세심하게 확인하여야 한다. 매각자산에 포함된 미등기건물의 경우 명도 책임은 캠코에 있지만, 매각 대상이 아닌 경우에는 부대조건의 조건 여부에 따라 매수자책임일 수 있음을 유의해야 한다.
2) 통상적으로는 명도가 지연될 경우 마지막 잔대금의 납부기일을 이자 부과 없이 명도 완료 후 1개월 이내 까지로 연장되기도 한다.
3) 명도 책임이 매수자에게 있는 1년 이상 할부금 계약 체결의 경우 잔대금 지급 후 명도 관련 조치를 취함이 원칙이지만 대금 지급 완료 전이라도 조속한 명도 해결을 위하여 매수자의 비용과 책임 부담으로 매도자의 승낙을 얻어 매도자 명의로 명도소송을 제기하기도 한다.
4) 공장의 경우 공사와 매수자 간의 부동산 매매 계약서상에 폐기물 처리에 대한 내용이 없지만 통상 특약사항으로 매매목적물에 포함되지 않은 명도나 철거는 매수자의 책임이라는 조항을 넣으므로 이에 대한 부담이 과중할 수 있으므로 미리 충분한 검토가 선행되어야 한다.
5) 유입자산 취득 관련 세금 문제에 있어 2년을 기준으로 그 미만인 경우 일시불이 되어 잔대금 납부일을 취득일자로 계산하여 취득세를 납부하지만, 2년 이상으로 잔대금을 납부하는 연부취득의 경우에는 명의변경이 있는 경우 당초 계약자가 지급한 금액에 대한 취득세를 납부하고 매 도래하는 연부금 지급일마다 매 연부 금액에 대한 취득세를 납부하여야 함을 유의하여야 한다.

(4) 유입자산 공매의 특징

1) 권리관계가 명확하다.
   압류재산과 달리 수탁재산 및 유입자산의 경우 권리관계가 명확하여 별도의 권리분석이 필요하지 않고 안전하게 명도받을 수 있다.
2) 대금 완납 전이라도 매수자 명의변경이 가능할 수도 있다.
3) 대금 완납 전이라도 협의하여 소유권 이전이 가능하다
4) 매각대금납부 전이라도 점유하여 사용이 가능하다.
   매각대금의 1/3 이상 선납할 경우 사전 점유사용이 허용된다, 다만 기업소유의 부동산, 금융기관이 임대 중이거나 소송 중인 경우에는 사전 사용이 불가능하다.
5) 토지거래허가지역 내의 부동산인 경우
   ① 계약체결 전 캠코에 토지거래허가신청 및 신고에 필요한 서류를 제출하면 캠코가 해당 행정관청에 허가신청한다.
   ② 토지거래허가가 완료되면 5일 이내에 매매계약을 체결한다. 만약 토지거래허가를 받고 5일 이내에 매매계약을 체결하지 않으면 낙찰은 취소가 되고 보증금은 돌려받지 못한다.
   ③ 토지거래허가 신청 후 불허가가 되면 낙찰(유찰)은 무효가되고 보증금은 돌려받는다.
6) 농지취득자격증명은 등기신청 시에 필요하므로 입찰하기 전에 취득 가능 여부를 확인한 다음 계약체결 후에 받는다.
7) 부동산실거래신고는 매매계약서 작성일로부터 투기지역은 15일 이내, 그 외 지역은 30일 이내에 실거래신고를 시 · 군 · 구에 해야 한다.
   ※ 토지거래허가지역에서의 허가와 부동산실거래신고는 법원경매와 압류재산공매에서는 면제된다.
8) 체결해제 이후에도 차기공고 전일까지 연체이자 등의 부대비용을 납부할 경우 계약 부활이 가능하다.
9) 매각부동산이 소송 등의 특별한 경우가 아니면 명도는 매도인이 책임을 진다.

(5) 유입자산 공매절차

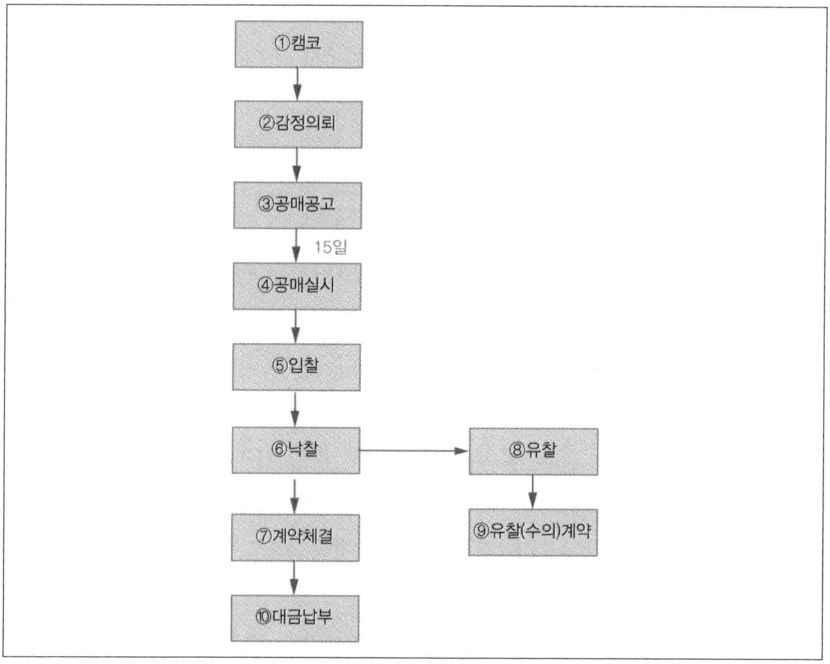

② 매각금액은 감정가격을 기준으로 하고 매회 유찰 시 최저 매매가격을 적용하는데, 최저 매매가격 산정기준은 물건에 따라 다르나 1회에 1~6번의 공매를 하며 매 공매 시 여러 번 실시하는 공매를 각 차수라 부르고 유찰된 물건에 대하여는 최저 매매가격을 감액한 후 재공고 절차를 밟게 된다. 유찰 시 감액은 감정가격 기준 매회 공매 시마다 전차 공매 예정 가격에서 10%씩 체감하여 정한다.

③ 공매공고는 매각 집행일 기준 15일 전에 일간신문 및 온비드에 게재하는데 그 내용으로는 일시금의 최저 매각 가격, 물건 내용, 감정가격과 매각 방법 및 계약 부대조건으로 이뤄지며 매각의 성립은 경쟁 매각으로 1인 이상 유효한 매각을 전제로 한다.

⑤ 입찰보증금은 입찰금액의 10% 이상을 마감시간 전까지 지정계좌에 입금해야 하며 위임기관에 따라 입찰시 5%와 계약시 5%로 하는 경우도 있다. 이에 대한 자세한 내용은 공매공고문에서 확인해야 한다. 또한, 입찰보증금이 1

천만원을 초과하는 경우 마감 전까지 여러 번에 걸쳐서 납부해도 된다.

대리입찰이나 공동입찰을 하고자 하는 자는 대리입찰신청서 또는 공동입찰신청서를 입찰 마감 전까지 캠코에 제출해야 하고 대리입찰 또는 대표입찰하면 된다.

※ 공매물건의 유입자산공매, 수탁재산공매, 압류재산공매 입찰서 제출의 경우 매수신청자가 같은 물건을 두 번 이상 제한 없이 입찰할 수 있는 데 반하여 참고로 법원경매는 두 번 이상 입찰표 제출 시 전체 무효가 된다.

⑥ 매각예정가격 이상의 최고액입찰자를 낙찰자로 정하고 동일가격 입찰자가 2인 이상인 때는 무작위 추첨으로 낙찰자를 정한다.

⑦ 유입자산의 매수자는 매각결정 일로부터 5일 이내에 계약을 체결해야 하며 미체결 시 매각결정은 취소되고 매수신청 보증금은 캠코에 귀속되는데 캠코는 매매계약 체결 후 동 내용을 부동산 관할 지자체장에게 통보하며 매수자는 계약 체결일로부터 30일 이내 취득세 및 동 10%의 농어촌특별세를 납부하여야 하고 납부 기간 경과 시 취득 세액의 20%에 해당하는 가산금이 부과된다.

⑨ 유찰계약은 채무관계 연고자로부터 요청받는 경우 장부가격에 이에 대한 유입일로부터 유찰 계약 요청일까지 기금채권 발행금리에 해당하는 이자액을 원칙으로 하되 공사의 유입자산 취득에도 불구하고 잔존 채무가 있을 경우에는 잔존 채무금 전액 상환 또는 변제약정계약을 체결해야 하는 조건이 붙고, 물건관계 연고자의 경우에는 공사가 정하는 조건으로 통상 장부가격과 유입 일로부터 유찰계약 요청일까지 기금 채권 발행금리에 해당하는 이자액을 더한 합계액에 110%를 가산한다.

공매에서 유찰된 부동산을 계약하는 경우에는 전차 공고된 공매 조건의 최저매매 가격 이상을 요하고, 매각결정 취소된 물건의 경우에도 매각결정 조건 이상을 요한다.

유찰 계약은 매각 처분이 되지 않은 물건에 대하여 공고된 조건 이상 선착순으로 이뤄지지만 여러 사람이 동시에 신청하는 경우 일반인과 세입자의 유찰 계약 경합 시 세입자가 우선이고 연고자 간 경합은 채무관계 연고자에게 우선권이 부여되며, 유찰 계약기간은 연고자 요청 시 공매 전일까지이지만

미매각 물건 및 매각결정 취소된 물건은 공매공고 전일까지다.
유찰계약을 신청하는 방법은 신분증과 도장을 지참하고 매매가격의 10% 이상 금액을 준비하여 캠코를 방문하고 소정 유찰계약 체결 요청서를 작성 제출하며 10% 이상 계약금을 지정계좌에 입금 후 5일 이내 계약을 체결하되 다른 법령에 따른 선행 절차가 있는 경우에는 이를 이행 후 계약을 체결한다.

3. 수탁자산·유입자산 공매 참가 시 일반적인 주의사항

① 공매공고문에 물건별 부대조건 등 공지사항에 대하여 정확하게 이해함은 물론 명도책임 부분도 확실하게 알아두고 공매 응찰 전에 반드시 공부를 열람하여 특이사항이 있는지 확인해야 한다.
② 매각토지 지상의 등기 여부 및 미등기 건물을 확인하고 토지 지상의 제시 외 건물에 대하여 매수인 철거 책임과 토지 현황을 확인하고 건축허가 가능 여부에 대하여 사전 소관청의 확인을 받아 두어야 한다.
③ 공장의 경우 신고 및 허가사항 등에 대하여 확인하고 기계 기구의 수량 및 사용 가능 여부에 대하여도 매수자 책임이 있으므로 매도자의 협조를 받아 확인을 하며 상가와 아파트의 경우 관리비 체납으로 인한 관리사무소와의 분쟁 발생 가능성을 미리 확인하여야 한다.
④ 임야의 경우 지상에 식재된 수목에 대하여 소유권 취득 여부를 철저하게 확인하고 입목등기 여부나 명인방법이 되어 있는 입목의 존재 여부도 파악해야 한다.

제6장 이용기관 재산 공매

1. 이용기관의 개념

(1) 이용기관의 개념

이용기관이란 캠코의 공매사이트인 온비드에 회원가입을 하고 온비드의 플랫폼서비스를 제공받아 이용하며 각각의 기관이 보유 중인 재산을 처분 또는 대부(임대)하기 위한 입찰공고를 등록하고 전자입찰을 통해 매각 또는 대부할 수 있는 기관 또는 법인으로서 공공기관 회원과 이용법인 회원을 말한다.

(2) 공공기관 회원

기획재정부, 국방부, 대법원 등의 국가기관, 서울시, 부산시 등의 지방자치단체, 한국전력공사, 한국주택공사 등의 국가공기업, 부산교통공단 등의 지방공기업 등의 기관을 말한다.

(3) 이용법인 회원

금융기관, 유가증권시장 및 코스닥시장 상장법인 등 기타 캠코가 승인한 법인을 말하는 것으로 현재는 금융기관에 한해서만 온비드를 통한 공매를 승인하고 있다.

2. 이용기관 공매재산의 개념

국가기관 · 지방자치단체 · 공기업 · 금융기관 등이 캠코의 온비드를 이용해 보유한 재산을 매각하거나 임대하는 재산을 말한다.

(1) 이용기관 공매의 종류

1) 공매재산의 성격별 종류

① 압류재산 : 세금 체납 등을 이유로 압류한 재산

② 국유재산 : 국가 소유 재산

③ 공유재산 : 지방자치단체 소유 재산

④ 압수품 : 수사과정 등에서 압수한 물품

⑤ 체비지 : 토지구획정리사업을 하면서 사업재원으로 쓰기 위해 확보해 둔 재산

⑥ 비업무용재산 : 업무용 이외의 목적으로 보유 중인 재산

⑦ 불용물품 : 일정 기간 보유 후 내구연한이 지난 물건으로 감가상각 처리되어 회계상 장부가격이 거의 없어 더 이상 보유할 필요가 없는 물품

2) 공매재산의 물건별 종류

부동산, 차량 및 기계장치, 증권, 임산물 및 농작물, 대부물건(주차장 용지 운영권, 지하철 및 공공청사 매점, 식당 운영권) 등

3. 이용기관 공매재산의 특징

1) 공공기관 등이 처분 · 관리하던 물건이므로 권리관계가 명확하고 신뢰할 수 있다.
2) 다양한 종류의 물품이 거래된다.
3) 별도의 보증금이나 권리금이 없이 임대료만 내고 사용이 가능한 대부물건이 있어 초기 투자비용이 적은 물건도 있다.
4) 매각부동산이 소송 등의 특별한 경우가 아니면 명도는 매도인이 책임을 진다.

4. 이용기관재산 공매 간의 비교

구분	유입자산	수탁자산	국유재산	압류재산
소유자	캠코	금융기관, 기업체	국가	체납자
매각금액, 결정기준	캠코 유입가격	감정가격	감정가격	감정가격
명도책임	캠코 (특별한경우 매수자책임)	캠코 (특별한 경우 매수자 책임)	매수자	매수자
대금납부 방법 및 기한	일시금 또는 낙찰금액에 따라 최장 5년 기간 내에서 할부로 납부 가능	금융기관, 기업체 제시 조건	매매계약체결일로부터 60일 이내, 3년간 할부가능	매각금액기준 • 1천만원 미만 : 7일 이내 • 1천만원 이상 : 60일 이내
계약체결	낙찰 후 5일 이내	낙찰 후 5일 이내	낙찰 후 5일 이내	별도계약 없음 (매각결정에 의함)
유찰계약	다음 공매공고전일까지 가능	다음 공매공고전일까지 가능	2회 유찰 후 차기공고까지 가능	불가능
명의변경 가능 여부	가능 (일정 요건 충족 시)	가능 (일정 요건 충족 시)	불가능	불가능
권리분석	불필요	불필요	필요	필요함
대금 완납 전 점유사용	가능 (일정 요건 충족 시)	가능 (일정 요건 충족 시)	가능	불가능
소유권이전등기 촉탁 신청	매수자	매수자	매수자	캠코
소유권 이전	계약 후 대금 1/2 이상 납부 근저당설정	계약 후 금융기관 지급보증서		

제7장 공매물건 입찰시 유의사항

1. 입찰공고문 확인

① 입찰하기 전에 현장 조사를 하지 않고 입찰하는 것은 절대 금물이다.

② 입찰보증금은 본인이 입찰하는 금액의 5% 정도이지만 물건에 따라 조금씩 차이가 있다.

③ 모든 입찰 대상 물건에는 입찰공고문이 첨부되어 있으므로 반드시 입찰공고문을 확인해야 한다.

④ 보증금을 정해진 기한 내에 이체하지 않으면 입찰은 무효가 된다.

2. 재공고 일정 확인

① 공매로 매각하는 재산은 경매와 달리 유찰되는 경우 재공고 기간이 짧다.

② 유찰 시 10% 입찰 금액이 내려가고 공매 물건에 따라 다를 수 있지만 최대 50%까지 떨어진다.

③ 짧은 재공고가 많으므로 입찰 시기를 잘 확인해야 한다.

3. 토지이용계획 확인

공매물건도 경매물건과 마찬가지로 유찰되는 물건에 대해 유찰된 원인 분석을 해야 한다.

특히, 토지를 이용할 때 흠결은 없는지, 맹지는 아닌지, 토지이용계획확인서 등을 반드시 확인한다.

또 현장을 방문하고, 궁금한 점이 있으면 동네 분들을 만나서 물어보고 해당 토지 관할 부서 담당자를 찾아가서 문의한다. 이렇게 모두 조사했음에도 이유 없이 유찰이 반복되거나 싼 토지라면, 재공고 입찰할 때 과감히 입찰해서 매입한다.

4. 공유지분 확인

가끔 공유지분 토지가 공매로 나오는 경우도 있다. 낙찰받아도 낙찰 후에 공유지분권자가 '공유자 우선매수권'을 행사하는 경우가 있는데, 그런 경우 애써 낙찰받고도 어쩔 수 없이 물건을 놓치게 되는 경우도 종종 있다.

5. 농지취득자격증명 확인

공매 대상 토지가 농지(전, 답, 과수원 등)인 경우, 농지취득자격증명서를 제출해야 소유권이전등기를 할 수 있다. 그러므로 입찰 전에 해당 토지소재지 관할 면사무소에서 농지취득자격증명서를 발급받을 수 있는지 미리 확인하는 것이 좋다.

6. 토지거래허가 확인

압류재산 공매가 아닌 경우 입찰 대상 물건이 토지거래허가구역인 경우 관할 지방자치단체장의 토지거래허가서를 받아야 한다. 토지거래허가는 투기 목적의 토지매입을 예방하는 차원이므로 매입 후 토지의 거래 목적에 맞도록 사용해야 하는 제한사항이 있기 때문이다.

7. 전입자 명도 대책 확인

① 주택의 압류재산 공매인 경우, 임차인이나 체납자가 거주하고 있으므로 이에 대한 인도(명도) 방법을 확인해야 한다.

② 경매는 법원에서 권리관계를 파악하고 물건현황조사를 공개하지만, 공매는 낙찰자가 세입자 등의 권리관계를 조사하고 출구전략을 세운 후 입찰해야 한다.

③ 점유자를 내보내야 하는 경우 추가 비용이 들어갈 수도 있다.

④ 국유재산 공매는 사전에 매각 대상 재산의 권리관계나 흠결을 정리하므로 안심할 수 있다.

8. 공매(온비드) 입찰하기

아래 주소로 접속하여 이용 매뉴얼을 확인하면 온비드 입찰하는 방법과 재산별 매뉴얼을 자세히 볼 수 있다.

https : //www.onbid.co.kr/op/cma/gnrdatamn/userManualList.do

제8장 법원경매 및 압류재산공매 투자절차

₩=f(人, 地, 品.....)

★ 결국 부동산 투자자의 소득은 人(타겟고객)을 알고 地(상권 및 입지)를 알고 탈출전략으로써 그 위치에 적합한 品(아이템)을 안다면 우상향하는 포물선을 그릴 것이다.

즉, 소득은 수많은 독립변수 중에서 투자자가 통제 가능한 변수들을 찾아내어 분석한 함수(결과물)일 것이다. 그 수많은 변수를 다음의 순서로 찾아간다면 그 효율성이 배가 될 것이다.

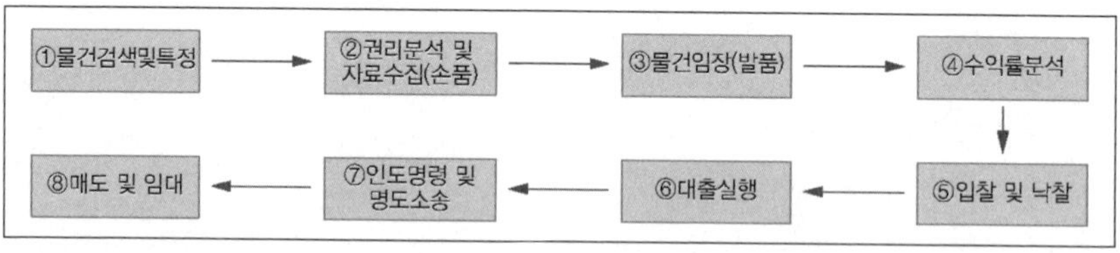

① 물건검색 및 특정

법원경매사이트, 온비드사이트 일간신문 등을 통하여 입찰할 물건을 검색하여 특정한다.

② 권리분석 및 자료 수집

각 지방법원 민사집행과에서 물건자료를 열람하고 등기부등본 등의 각종 공부를 통한 권리분석과 더불어 국토의 계획 및 이용에 관한 법률 등을 통한 규제사항을 체크하여 투자목적에 맞는지 확인한다.

③ 물건임장활동

현장답사를 통하여 해당 물건의 입지조건(편의시설, 도로망, 상권형성 정도 등)조사, 해당 물건 분석(면적, 모양, 접면도로, 시설의 노후도 등), 가격조사, 세입자 현황파악 등을 파악한다.

④ 수익률 분석

입찰 시 미리 출구전략을 염두에 두고 투자가치를 최종판단하여 매매 및 임대 등을 통한 기대수익률을 계산해 보고 입찰가격을 결정한다.

⑤ 법원경매의 입찰 및 낙찰

i) 입찰

입찰전에 매각물건명세서(압류재산명세서), 현황조사보고서 및 감정평가서를 다시 한번 확인한 다음 입찰표를 작성하고 입찰보증금을 입찰보증 봉투에 넣고 1차로 봉한 다음 기재한 입찰표와 보증 봉투를 다시 큰 입찰 봉투에 넣어 스테이플러로 찍어 봉하고 봉투의 지정된 위치에 날인한 다음 입찰함에 넣는다.

매수신청보증금액은 최저매각가격의 10%이나 법원이 상당하다고 인정하는 때에는 보증금액을 달리 정할 수 있다. 매수신청보증을 제공하려면 현금, 자기앞수표 또는 일정액의 보증료를 지급하고 발급받은 지급위탁계약체결문서(경매보증보험증권)을 제출하면 된다.

가. 입찰표 작성

나. 입찰보증금봉투 날인

다. 입찰봉투 기재사항 기재 및 날인

ii) 낙찰

입찰을 마감하면 지체 없이 입찰표를 개봉하여 개찰을 실시한다.

가. 최고가매수신고인(최고액입찰자)의 결정

개찰결과 가장 높은 가격으로 입찰하고 정해진 입찰보증금을 제공한 사람이 최고가매수신고인으로 결정된다. 만일 가장 높은 가격으로 입찰한 사람이 2인 이상일 경우에는 그들만을 상대로 추가입찰을 실시한다. 추가입찰을 실시한 결과 또다시 2인 이상이 가장 높은 가격으로 입찰한 경우에는 추첨에 의하여 최고가매수신고인을 정한다.

나. 차순위매수신고인의 결정

최고가매수신고인 이외의 매수신고인은 매각기일을 마칠 때까지 차순위매수신고를 할 수 있다.

차순위매수신고란 최고가매수신고인이 대금지급의무를 이행하지 아니하는 경우에는 자기의 입찰에 대하여 매각을 허가하여 달라는 신고를 말한다. 차순위매수신고인은 그 신고액이 최저매각가격 이상이고 최고가입찰가에서 그 보증금액을 공제한 금액을 넘는 경우에만 할 수 있다.

차순위매수신고를 한 자가 2인 이상인 때에는 입찰가격이 높은 사람을 차순위매수신고인으로 정하고 입찰가격이 같을 때에는 추첨에 의하여 차순위매수신고인을 정한다.

⑤ 압류재산공매의 입찰 및 낙찰(온비드사이트에서 진행)

i) 입찰은 최초공매공고일로부터 10주 이내에 정하여지고 월요일 10시부터 수요일 17시까지 3일간 기간입찰로 진행된다. 입찰시 입찰서 제출 후에 입찰보증금을 매각예정가격의 10% 이상 내야 하고 입찰 마감 전까지는 2회 이상 입찰할 수 있다.

ii) 낙찰은 입찰 마감일 다음 날인 목요일 11시에 온비드사이트를 통하여 최고액입찰자를 공표한다. 최고액입찰자를 공표하면 입찰자는 낙찰 또는 유찰 결과를 알 수 있다.

최고액입찰자의 입찰보증금은 위임기관의 계좌로 입금되고 패찰자의 보증금은 입찰서 제출시 기재한 환급계좌로 즉시 이체된다.

매각결정 전까지 차순위매수신고와 공유자 우선 매수신고를 할 수 있다.

가. 공유자 우선 매수신고는 유찰 시에는 종전 매각예정금액으로 할 수 있고 낙찰된 경우에는 낙찰가격으로 공유자 우선매수신고서를 작성하고 통장사본, 주민등록등본, 등기부등본을 매각결정(월요일 10시)전까지 담당자에게 제출하면 된다.

나. 차순위매수신고는 매각예정가격 이상으로 입찰한 자가 매각결정(월

요일 10시) 전까지 보증금을 제공하고 차순위매수 신고하면 된다.

⑥ 대출실행

입찰 전에 매각부동산에 대한 소요자금을 파악하고 타인자본 필요시 미리 대출 여부를 알아보고 입찰을 진행하여야 한다. 즉, 차주 기준인 DSR, 물건 기준인 LTV, 지분경매, 소액물건 등 대출이 어려운 물건인지 등을 미리 은행에서 알아보고 입찰을 진행하는 것이 좋다.

⑦ 인도명령, 명도소송 및 점유이전금지가처분

ⅰ) 인도명령

인도명령은 매수인이 매각대금을 납부한 후 6개월 이내에 부동산 점유자에 대하여 매각부동산을 매수인에게 인도하라고 법원에 인도명령을 신청하여야 한다. 매수인은 인도명령결정문을 집행권원으로 집행관에게 집행을 위임하여 부동산을 인도받을 수 있다. 그러므로 매수인은 매각대금납부(소유권이전) 즉시 인도명령과 점유이전금지가처분을 신청함으로써 보다 쉽게 협상에 임할 수 있다. 다만, 매수인이 매각대금 납부 후 6개월 이내에 인도명령을 신청하지 아니하면 이후에 명도소송을 해야 한다.

ⅱ) 명도소송

낙찰자는 매각결정통지서를 받으면 즉시 점유자와 건물 명도에 대해 협의하는 것이 좋다. 그러나 점유자와 원만하게 협의가 이루어지지 않을 경우 공매에는 인도명령제도가 없으므로 불가피하게 명도소송과 동시에 점유이전금지가처분을 신청해야 한다. 이 경우 소송은 6개월 정도 소요될 수 있다.

ⅲ) 점유이전금지가처분

인도명령이나 명도소송이 진행되는 중에 점유가 제삼자에게 이전되게 되면 인도명령결정문이나 명도소송판결문을 갖고 있다고 해도 강제집행이 불가능하게 되어 새로운 점유자를 상대로 또다시 소송을 제기해야 한다. 그러므로 매수인은 인도명령신청이나 명도소송을 제기할 때에는 동시에 점유이전금지가처분을 신청해 놓아야 한다. 이렇게 해야

지만 가처분 이후에 점유가 타인에게 이전되어도 승계집행문을 부여받아 어렵지 않게 강제집행을 진행할 수 있다.

⑧ 출구전략(매도 및 임대)

매각물건 소재지의 향후 발전 가능성, 해당 물건의 리모델링을 통한 임대수익률 및 매도가능금액 등을 종합하여 해당 물건에 대한 투자를 마무리한다.

PART

부록

관련법령

주택 임대차보호법(약칭 : 주택임대차법)

법무부(법무심의관실) 02 – 2110 – 3164
국토교통부(주택정책과) 044 – 201 – 3321, 3334, 4177

제1조(목적) 이 법은 주거용 건물의 임대차(賃貸借)에 관하여 「민법」에 대한 특례를 규정함으로써 국민 주거생활의 안정을 보장함을 목적으로 한다.

제2조(적용 범위) 이 법은 주거용 건물(이하 "주택"이라 한다)의 전부 또는 일부의 임대차에 관하여 적용한다. 그 임차주택(賃借住宅)의 일부가 주거 외의 목적으로 사용되는 경우에도 또한 같다.

제3조(대항력 등) ① 임대차는 그 등기(登記)가 없는 경우에도 임차인(賃借人)이 주택의 인도(引渡)와 주민등록을 마친 때에는 그다음 날부터 제삼자에 대하여 효력이 생긴다. 이 경우 전입신고를 한때에 주민등록이 된 것으로 본다.

② 주택도시기금을 재원으로 하여 저소득층 무주택자에게 주거생활 안정을 목적으로 전세임대주택을 지원하는 법인이 주택을 임차한 후 지방자치단체의 장 또는 그 법인이 선정한 입주자가 그 주택을 인도받고 주민등록을 마쳤을 때는 제1항을 준용한다. 이 경우 대항력이 인정되는 법인은 대통령령으로 정한다.

③ 「중소기업기본법」 제2조에 따른 중소기업에 해당하는 법인이 소속 직원의 주거용으로 주택을 임차한 후 그 법인이 선정한 직원이 해당 주택을 인도받고 주민등록을 마쳤을 때는 제1항을 준용한다. 임대차가 끝나기 전에 그 직원이 변경된 경우에는 그 법인이 선정한 새로운 직원이 주택을 인도받고 주민등록을 마친 다음 날부터 제삼자에 대하여 효력이 생긴다.

④ 임차주택의 양수인(讓受人)(그 밖에 임대할 권리를 승계한 자를 포함한다) 은 임대인(賃貸人)의 지위를 승계한 것으로 본다.

⑤ 이 법에 따라 임대차의 목적이 된 주택이 매매나 경매의 목적물이 된 경우에는 「민법」 제575조 제1항 · 제3항 및 같은 법 제578조를 준용한다.

⑥ 제5항의 경우에는 동시이행의 항변권(抗辯權)에 관한 「민법」 제536조를 준용한다.

제3조의2(보증금의 회수) ① 임차인(제3조 제2항 및 제3항의 법인을 포함한다. 이하 같다)이 임차주택에 대하여 보증금반환청구소송의 확정판결이나 그 밖에 이에 준하는 집행권원(執行權原)에 따라서 경매를 신청하는 경우에는 집행개시(執行開始)요건에 관한 「민사집행법」 제41조에도 불구하고 반대의무(反對義務)의 이행이나 이행의 제공을 집행개시의 요건으로 하지 아니한다.

② 제3조 제1항 · 제2항 또는 제3항의 대항요건(對抗要件)과 임대차계약증서(제3조 제2항 및 제3항의 경우에는 법인과 임대인 사이의 임대차계약증서를 말한다) 상의 확정일자(確定日字)를 갖춘 임차인은 「민사집행법」에 따른 경매 또는 「국세징수법」에 따른 공매(公賣)를 할 때 임차주택(대지를 포함한다)의 환가대금(換價代金)에서 후순위권리자(後順位權利者)나 그 밖의 채권자보다 우선하여 보증금을 변제(辨濟)받을 권리가 있다.

③ 임차인은 임차주택을 양수인에게 인도하지 아니하면 제2항에 따른 보증금을 받을 수 없다.

④ 제2항 또는 제7항에 따른 우선변제의 순위와 보증금에 대하여 이의가 있는 이해관계인은 경매법원이나 체납처분청에 이의를 신청할 수 있다.

⑤ 제4항에 따라 경매법원에 이의를 신청하는 경우에는 「민사집행법」 제152조부터 제161조까지의 규정을 준용한다.

⑥ 제4항에 따라 이의신청을 받은 체납처분청은 이해관계인이 이의신청일부터 7일 이내에 임차인 또는 제7항에 따라 우선변제권을 승계한 금융기관 등을 상대로 소(訴)를 제기한 것을 증명하면 해당 소송이 끝날 때까지 이의가 신청된 범위에서 임차인 또는 제7항에 따라 우선변제권을 승계한 금융기관 등에 대한 보증금의 변제를 유보(留保)하고 남은 금액을 배분하여야 한다. 이 경우 유보된 보증금은 소송의 결과에 따라 배분한다.

⑦ 다음 각 호의 금융기관 등이 제2항, 제3조의3 제5항, 제3조의4 제1항에 따

른 우선변제권을 취득한 임차인의 보증금반환채권을 계약으로 양수한 경우에는 양수한 금액의 범위에서 우선변제권을 승계한다.

1. 「은행법」에 따른 은행
2. 「중소기업은행법」에 따른 중소기업은행
3. 「한국산업은행법」에 따른 한국산업은행
4. 「농업협동조합법」에 따른 농협은행
5. 「수산업협동조합법」에 따른 수협은행
6. 「우체국예금 · 보험에 관한 법률」에 따른 체신관서
7. 「한국주택금융공사법」에 따른 한국주택금융공사
8. 「보험업법」 제4조 제1항 제2호 가목의 보증보험을 보험종목으로 허가받은 보험회사
9. 「주택도시기금법」에 따른 주택도시보증공사
10. 그 밖에 제1호부터 제9호까지에 준하는 것으로서 대통령령으로 정하는 기관

⑧ 제7항에 따라 우선변제권을 승계한 금융기관 등(이하 "금융기관 등"이라 한다)은 다음 각 호의 어느 하나에 해당하는 경우에는 우선변제권을 행사할 수 없다.

1. 임차인이 제3조 제1항 · 제2항 또는 제3항의 대항요건을 상실한 경우
2. 제3조의3 제5항에 따른 임차권 등기가 말소된 경우
3. 「민법」 제621조에 따른 임대차등기가 말소된 경우

⑨ 금융기관 등은 우선변제권을 행사하기 위하여 임차인을 대리하거나 대위하여 임대차를 해지할 수 없다.

제3조의3(임차권 등기명령) ① 임대차가 끝난 후 보증금이 반환되지 아니한 경우 임차인은 임차주택의 소재지를 관할하는 지방법원 · 지방법원지원 또는 시 · 군 법원에 임차권 등기명령을 신청할 수 있다.

② 임차권 등기명령의 신청서에는 다음 각 호의 사항을 적어야 하며, 신청의 이유와 임차권 등기의 원인이 된 사실을 소명(疎明)하여야 한다.

1. 신청의 취지 및 이유
2. 임대차의 목적인 주택(임대차의 목적이 주택의 일부분인 경우에는 해당

부분의 도면을 첨부한다)

3. 임차권 등기의 원인이 된 사실(임차인이 제3조 제1항 · 제2항 또는 제3항에 따른 대항력을 취득하였거나 제3조의2 제2항에 따른 우선변제권을 취득한 경우에는 그 사실)

4. 그 밖에 대법원규칙으로 정하는 사항

③ 다음 각 호의 사항 등에 관하여는 「민사집행법」 제280조 제1항, 제281조, 제283조, 제285조, 제286조, 제288조 제1항, 같은 조 제2항 본문, 제289조, 제290조 제2항 중 제288조 제1항에 대한 부분, 제291조, 제292조 제3항 및 제293조를 준용한다. 이 경우 "가압류"는 "임차권 등기"로, "채권자"는 "임차인"으로, "채무자"는 "임대인"으로 본다.

1. 임차권 등기명령의 신청에 대한 재판
2. 임차권 등기명령의 결정에 대한 임대인의 이의신청 및 그에 대한 재판
3. 임차권 등기명령의 취소신청 및 그에 대한 재판
4. 임차권 등기명령의 집행

④ 임차권 등기명령의 신청을 기각(棄却)하는 결정에 대하여 임차인은 항고(抗告)할 수 있다.

⑤ 임차인은 임차권 등기명령의 집행에 따른 임차권 등기를 마치면 제3조 제1항 · 제2항 또는 제3항에 따른 대항력과 제3조의2 제2항에 따른 우선변제권을 취득한다. 다만, 임차인이 임차권 등기 이전에 이미 대항력이나 우선변제권을 취득한 경우에는 그 대항력이나 우선변제권은 그대로 유지되며, 임차권 등기 이후에는 제3조 제1항 · 제2항 또는 제3항의 대항요건을 상실하더라도 이미 취득한 대항력이나 우선변제권을 상실하지 아니한다.

⑥ 임차권 등기명령의 집행에 따른 임차권 등기가 끝난 주택(임대차의 목적이 주택의 일부분인 경우에는 해당 부분으로 한정한다)을 그 이후에 임차한 임차인은 제8조에 따른 우선변제를 받을 권리가 없다.

⑦ 임차권 등기의 촉탁(囑託), 등기관의 임차권 등기 기입(記入) 등 임차권 등기명령을 시행하는 데에 필요한 사항은 대법원규칙으로 정한다.

⑧ 임차인은 제1항에 따른 임차권 등기명령의 신청과 그에 따른 임차권 등기

와 관련하여 든 비용을 임대인에게 청구할 수 있다.

⑨ 금융기관 등은 임차인을 대위하여 제1항의 임차권 등기명령을 신청할 수 있다. 이 경우 제3항 · 제4항 및 제8항의 "임차인"은 "금융기관 등"으로 본다.

제3조의4(「민법」에 따른 주택임대차등기의 효력 등) ① 「민법」 제621조에 따른 주택임대차등기의 효력에 관하여는 제3조의3 제5항 및 제6항을 준용한다.

② 임차인이 대항력이나 우선변제권을 갖추고 「민법」 제621조 제1항에 따라 임대인의 협력을 얻어 임대차등기를 신청하는 경우에는 신청서에 「부동산등기법」 제74조 제1호부터 제6호까지의 사항 외에 다음 각 호의 사항을 적어야 하며, 이를 증명할 수 있는 서면(임대차의 목적이 주택의 일부분인 경우에는 해당 부분의 도면을 포함한다)을 첨부하여야 한다.

1. 주민등록을 마친 날
2. 임차주택을 점유(占有)한 날
3. 임대차계약증서 상의 확정일자를 받은 날

제3조의5(경매에 의한 임차권의 소멸) 임차권은 임차주택에 대하여 「민사집행법」에 따른 경매가 행하여진 경우에는 그 임차주택의 경락(競落)에 따라 소멸한다. 다만, 보증금이 모두 변제되지 아니한, 대항력이 있는 임차권은 그러하지 아니하다.

제3조의6(확정일자 부여 및 임대차 정보제공 등) ① 제3조의2 제2항의 확정일자는 주택 소재지의 읍 · 면사무소, 동 주민센터 또는 시(특별시 · 광역시 · 특별자치시는 제외하고, 특별자치도는 포함한다) · 군 · 구(자치구를 말한다)의 출장소, 지방법원 및 그 지원과 등기소 또는 「공증인법」에 따른 공증인(이하 이 조에서 "확정일자부여기관"이라 한다)이 부여한다.

② 확정일자부여기관은 해당 주택의 소재지, 확정일자 부여일, 차임 및 보증금 등을 기재한 확정일자부를 작성하여야 한다. 이 경우 전산처리정보조직을 이용할 수 있다.

③ 주택의 임대차에 이해관계가 있는 자는 확정일자부여기관에 해당 주택의 확정일자 부여일, 차임 및 보증금 등 정보의 제공을 요청할 수 있다. 이 경우 요청을 받은 확정일자부여기관은 정당한 사유 없이 이를 거부할 수

없다.

④ 임대차계약을 체결하려는 자는 임대인의 동의를 받아 확정일자부여기관에 제3항에 따른 정보제공을 요청할 수 있다.

⑤ 제1항 · 제3항 또는 제4항에 따라 확정일자를 부여받거나 정보를 제공받으려는 자는 수수료를 내야 한다.

⑥ 확정일자부에 기재하여야 할 사항, 주택의 임대차에 이해관계가 있는 자의 범위, 확정일자부여기관에 요청할 수 있는 정보의 범위 및 수수료, 그 밖에 확정일자부여사무와 정보제공 등에 필요한 사항은 대통령령 또는 대법원규칙으로 정한다.

제3조의7(임대인의 정보제시 의무) 임대차계약을 체결할 때 임대인은 다음 각 호의 사항을 임차인에게 제시하여야 한다.

1. 제3조의6 제3항에 따른 해당 주택의 확정일자 부여일, 차임 및 보증금 등 정보. 다만, 임대인이 임대차계약을 체결하기 전에 제3조의6 제4항에 따라 동의함으로써 이를 갈음할 수 있다.
2. 「국세징수법」 제108조에 따른 납세증명서 및 「지방세징수법」 제5조제2항에 따른 납세증명서. 다만, 임대인이 임대차계약을 체결하기 전에 「국세징수법」 제109조 제1항에 따른 미납국세와 체납액의 열람 및 「지방세징수법」 제6조 제1항에 따른 미납지방세의 열람에 각각 동의함으로써 이를 갈음할 수 있다.

제4조(임대차기간 등) ① 기간을 정하지 아니하거나 2년 미만으로 정한 임대차는 그 기간을 2년으로 본다. 다만, 임차인은 2년 미만으로 정한 기간이 유효함을 주장할 수 있다.

② 임대차기간이 끝난 경우에도 임차인이 보증금을 반환받을 때까지는 임대차관계가 존속되는 것으로 본다.

제5조 삭제

제6조(계약의 갱신) ① 임대인이 임대차기간이 끝나기 6개월 전부터 2개월 전까지의 기간에 임차인에게 갱신거절(更新拒絕)의 통지를 하지 아니하거나 계약조건을 변경하지 아니하면 갱신하지 아니한다는 뜻의 통지를 하지 아니한 경우에는 그 기간이 끝난 때에 전 임대차와 동일한 조건으로 다시 임대차한

것으로 본다. 임차인이 임대차기간이 끝나기 2개월 전까지 통지하지 아니한 경우에도 또한 같다.

② 제1항의 경우 임대차의 존속기간은 2년으로 본다.

③ 2기(期)의 차임액(借賃額)에 달하도록 연체하거나 그 밖에 임차인으로서의 의무를 현저히 위반한 임차인에 대하여는 제1항을 적용하지 아니한다.

제6조의2(묵시적 갱신의 경우 계약의 해지) ① 제6조 제1항에 따라 계약이 갱신된 경우 같은 조 제2항에도 불구하고 임차인은 언제든지 임대인에게 계약해지(契約解止)를 통지할 수 있다.

② 제1항에 따른 해지는 임대인이 그 통지를 받은 날부터 3개월이 지나면 그 효력이 발생한다.

제6조의3(계약갱신 요구 등) ① 제6조에도 불구하고 임대인은 임차인이 제6조 제1항 전단의 기간 이내에 계약갱신을 요구할 경우 정당한 사유 없이 거절하지 못한다. 다만, 다음 각 호의 어느 하나에 해당하는 경우에는 그러하지 아니하다.

1. 임차인이 2기의 차임액에 해당하는 금액에 이르도록 차임을 연체한 사실이 있는 경우
2. 임차인이 거짓이나 그 밖의 부정한 방법으로 임차한 경우
3. 서로 합의하여 임대인이 임차인에게 상당한 보상을 제공한 경우
4. 임차인이 임대인의 동의 없이 목적 주택의 전부 또는 일부를 전대(轉貸)한 경우
5. 임차인이 임차한 주택의 전부 또는 일부를 고의나 중대한 과실로 파손한 경우
6. 임차한 주택의 전부 또는 일부가 멸실되어 임대차의 목적을 달성하지 못할 경우
7. 임대인이 다음 각 목의 어느 하나에 해당하는 사유로 목적 주택의 전부 또는 대부분을 철거하거나 재건축하기 위하여 목적 주택의 점유를 회복할 필요가 있는 경우

   가. 임대차계약 체결 당시 공사시기 및 소요기간 등을 포함한 철거 또는 재건축 계획을 임차인에게 구체적으로 고지하고 그 계획에 따르는

경우

나. 건물이 노후 · 훼손 또는 일부 멸실되는 등 안전사고의 우려가 있는 경우

다. 다른 법령에 따라 철거 또는 재건축이 이루어지는 경우

8. 임대인(임대인의 직계존속 · 직계비속을 포함한다)이 목적 주택에 실제 거주하려는 경우

9. 그 밖에 임차인이 임차인으로서의 의무를 현저히 위반하거나 임대차를 계속하기 어려운 중대한 사유가 있는 경우

② 임차인은 제1항에 따른 계약갱신요구권을 1회에 한하여 행사할 수 있다. 이 경우 갱신되는 임대차의 존속기간은 2년으로 본다.

③ 갱신되는 임대차는 전 임대차와 동일한 조건으로 다시 계약된 것으로 본다. 다만, 차임과 보증금은 제7조의 범위에서 증감할 수 있다.

④ 제1항에 따라 갱신되는 임대차의 해지에 관하여는 제6조의2를 준용한다.

⑤ 임대인이 제1항제8호의 사유로 갱신을 거절하였음에도 불구하고 갱신요구가 거절되지 아니하였더라면 갱신되었을 기간이 만료되기 전에 정당한 사유 없이 제삼자에게 목적 주택을 임대한 경우 임대인은 갱신거절로 인하여 임차인이 입은 손해를 배상하여야 한다.

⑥ 제5항에 따른 손해배상액은 거절 당시 당사자 간에 손해배상액의 예정에 관한 합의가 이루어지지 않는 한 다음 각 호의 금액 중 큰 금액으로 한다.

1. 갱신거절 당시 월차임(차임 외에 보증금이 있는 경우에는 그 보증금을 제7조의2 각 호 중 낮은 비율에 따라 월 단위의 차임으로 전환한 금액을 포함한다. 이하 "환산월차임"이라 한다)의 3개월분에 해당하는 금액
2. 임대인이 제삼자에게 임대하여 얻은 환산월차임과 갱신거절 당시 환산월차임 간 차액의 2년분에 해당하는 금액
3. 제1항제8호의 사유로 인한 갱신거절로 인하여 임차인이 입은 손해액

제7조(차임 등의 증감청구권) ① 당사자는 약정한 차임이나 보증금이 임차주택에 관한 조세, 공과금, 그 밖의 부담의 증감이나 경제사정의 변동으로 인하여 적절하지 아니하게 된 때에는 장래에 대하여 그 증감을 청구할 수 있다. 이 경우 증액청구는 임대차계약 또는 약정한 차임이나 보증금의 증액이 있은

후 1년 이내에는 하지 못한다.

② 제1항에 따른 증액청구는 약정한 차임이나 보증금의 20분의 1의 금액을 초과하지 못한다. 다만, 특별시 · 광역시 · 특별자치시 · 도 및 특별자치도는 관할 구역 내의 지역별 임대차 시장 여건 등을 고려하여 본문의 범위에서 증액청구의 상한을 조례로 달리 정할 수 있다.

제7조의2(월차임 전환 시 산정률의 제한) 보증금의 전부 또는 일부를 월 단위의 차임으로 전환하는 경우에는 그 전환되는 금액에 다음 각 호 중 낮은 비율을 곱한 월차임(月借賃)의 범위를 초과할 수 없다.

1. 「은행법」에 따른 은행에서 적용하는 대출금리와 해당 지역의 경제 여건 등을 고려하여 대통령령으로 정하는 비율
2. 한국은행에서 공시한 기준금리에 대통령령으로 정하는 이율을 더한 비율

제8조(보증금 중 일정액의 보호) ① 임차인은 보증금 중 일정액을 다른 담보물권자(擔保物權者)보다 우선하여 변제받을 권리가 있다. 이 경우 임차인은 주택에 대한 경매신청의 등기 전에 제3조제1항의 요건을 갖추어야 한다.

② 제1항의 경우에는 제3조의2 제4항부터 제6항까지의 규정을 준용한다.

③ 제1항에 따라 우선변제를 받을 임차인 및 보증금 중 일정액의 범위와 기준은 제8조의2에 따른 주택임대차위원회의 심의를 거쳐 대통령령으로 정한다. 다만, 보증금 중 일정액의 범위와 기준은 주택가액(대지의 가액을 포함한다)의 2분의 1을 넘지 못한다.

제8조의2(주택임대차위원회) ① 제8조에 따라 우선변제를 받을 임차인 및 보증금 중 일정액의 범위와 기준을 심의하기 위하여 법무부에 주택임대차위원회(이하 "위원회"라 한다)를 둔다.

② 위원회는 위원장 1명을 포함한 9명 이상 15명 이하의 위원으로 성별을 고려하여 구성한다.

③ 위원회의 위원장은 법무부 차관이 된다.

④ 위원회의 위원은 다음 각 호의 어느 하나에 해당하는 사람 중에서 위원장이 임명하거나 위촉하되, 제1호부터 제5호까지에 해당하는 위원을 각각 1명 이상 임명하거나 위촉하여야 하고, 위원 중 2분의 1 이상은 제1호 · 제2호 또는 제6호에 해당하는 사람을 위촉하여야 한다.

1. 법학 · 경제학 또는 부동산학 등을 전공하고 주택임대차 관련 전문지식을 갖춘 사람으로서 공인된 연구기관에서 조교수 이상 또는 이에 상당하는 직에 5년 이상 재직한 사람
2. 변호사 · 감정평가사 · 공인회계사 · 세무사 또는 공인중개사로서 5년 이상 해당 분야에서 종사하고 주택임대차 관련 업무경험이 풍부한 사람
3. 기획재정부에서 물가 관련 업무를 담당하는 고위공무원단에 속하는 공무원
4. 법무부에서 주택임대차 관련 업무를 담당하는 고위공무원단에 속하는 공무원(이에 상당하는 특정직 공무원을 포함한다)
5. 국토교통부에서 주택사업 또는 주거복지 관련 업무를 담당하는 고위공무원단에 속하는 공무원
6. 그 밖에 주택임대차 관련 학식과 경험이 풍부한 사람으로서 대통령령으로 정하는 사람

⑤ 그 밖에 위원회의 구성 및 운영 등에 필요한 사항은 대통령령으로 정한다.

제9조(주택 임차권의 승계) ① 임차인이 상속인 없이 사망한 경우에는 그 주택에서 가정공동생활을 하던 사실상의 혼인 관계에 있는 자가 임차인의 권리와 의무를 승계한다.

② 임차인이 사망한 때에 사망 당시 상속인이 그 주택에서 가정공동생활을 하고 있지 아니한 경우에는 그 주택에서 가정공동생활을 하던 사실상의 혼인 관계에 있는 자와 2촌 이내의 친족이 공동으로 임차인의 권리와 의무를 승계한다.

③ 제1항과 제2항의 경우에 임차인이 사망한 후 1개월 이내에 임대인에게 제1항과 제2항에 따른 승계 대상자가 반대의사를 표시한 경우에는 그러하지 아니하다.

④ 제1항과 제2항의 경우에 임대차 관계에서 생긴 채권 · 채무는 임차인의 권리의무를 승계한 자에게 귀속된다.

제10조(강행규정) 이 법에 위반된 약정(約定)으로서 임차인에게 불리한 것은 그 효력이 없다.

제10조의2(초과 차임 등의 반환청구) 임차인이 제7조에 따른 증액비율을 초과하여 차임 또는 보증금을 지급하거나 제7조의2에 따른 월차임 산정률을 초과하여 차임을 지급한 경우에는 초과 지급된 차임 또는 보증금 상당금액의 반환을 청구할 수 있다.

제11조(일시사용을 위한 임대차) 이 법은 일시사용하기 위한 임대차임이 명백한 경우에는 적용하지 아니한다.

제12조(미등기 전세에의 준용) 주택의 등기를 하지 아니한 전세계약에 관하여는 이 법을 준용한다. 이 경우 "전세금"은 "임대차의 보증금"으로 본다.

제13조(「소액사건심판법」의 준용) 임차인이 임대인에 대하여 제기하는 보증금반환청구소송에 관하여는 「소액사건심판법」 제6조, 제7조, 제10조 및 제11조의2를 준용한다.

제14조(주택임대차분쟁조정위원회) ① 이 법의 적용을 받는 주택임대차와 관련된 분쟁을 심의·조정하기 위하여 대통령령으로 정하는 바에 따라 「법률구조법」 제8조에 따른 대한법률구조공단(이하 "공단"이라 한다)의 지부, 「한국토지주택공사법」에 따른 한국토지주택공사(이하 "공사"라 한다)의 지사 또는 사무소 및 「한국감정원법」에 따른 한국감정원(이하 "감정원"이라 한다)의 지사 또는 사무소에 주택임대차분쟁조정위원회(이하 "조정위원회"라 한다)를 둔다. 특별시·광역시·특별자치시·도 및 특별자치도(이하 "시·도"라 한다)는 그 지방자치단체의 실정을 고려하여 조정위원회를 둘 수 있다.

② 조정위원회는 다음 각 호의 사항을 심의·조정한다.

1. 차임 또는 보증금의 증감에 관한 분쟁
2. 임대차 기간에 관한 분쟁
3. 보증금 또는 임차주택의 반환에 관한 분쟁
4. 임차주택의 유지·수선 의무에 관한 분쟁
5. 그 밖에 대통령령으로 정하는 주택임대차에 관한 분쟁

③ 조정위원회의 사무를 처리하기 위하여 조정위원회에 사무국을 두고, 사무국의 조직 및 인력 등에 필요한 사항은 대통령령으로 정한다.

④ 사무국의 조정위원회 업무담당자는 「상가건물 임대차보호법」 제20조에 따른 상가건물임대차분쟁조정위원회 사무국의 업무를 제외하고 다른 직

위의 업무를 겸직하여서는 아니 된다.

제15조(예산의 지원) 국가는 조정위원회의 설치 · 운영에 필요한 예산을 지원할 수 있다.

제16조(조정위원회의 구성 및 운영) ① 조정위원회는 위원장 1명을 포함하여 5명 이상 30명 이하의 위원으로 성별을 고려하여 구성한다.

② 조정위원회의 위원은 조정위원회를 두는 기관에 따라 공단 이사장, 공사 사장, 감정원 원장 또는 조정위원회를 둔 지방자치단체의 장이 각각 임명하거나 위촉한다.

③ 조정위원회의 위원은 주택임대차에 관한 학식과 경험이 풍부한 사람으로서 다음 각 호의 어느 하나에 해당하는 사람으로 한다. 이 경우 제1호부터 제4호까지에 해당하는 위원을 각 1명 이상 위촉하여야 하고, 위원 중 5분의 2 이상은 제2호에 해당하는 사람이어야 한다.

1. 법학 · 경제학 또는 부동산학 등을 전공하고 대학이나 공인된 연구기관에서 부교수 이상 또는 이에 상당하는 직에 재직한 사람
2. 판사 · 검사 또는 변호사로 6년 이상 재직한 사람
3. 감정평가사 · 공인회계사 · 법무사 또는 공인중개사로서 주택임대차 관계 업무에 6년 이상 종사한 사람
4. 「사회복지사업법」에 따른 사회복지법인과 그 밖의 비영리법인에서 주택임대차분쟁에 관한 상담에 6년 이상 종사한 경력이 있는 사람
5. 해당 지방자치단체에서 주택임대차 관련 업무를 담당하는 4급 이상의 공무원
6. 그 밖에 주택임대차 관련 학식과 경험이 풍부한 사람으로서 대통령령으로 정하는 사람

④ 조정위원회의 위원장은 제3항 제2호에 해당하는 위원 중에서 위원들이 호선한다.

⑤ 조정위원회위원장은 조정위원회를 대표하여 그 직무를 총괄한다.

⑥ 조정위원회위원장이 부득이한 사유로 직무를 수행할 수 없는 경우에는 조정위원회위원장이 미리 지명한 조정위원이 그 직무를 대행한다.

⑦ 조정위원의 임기는 3년으로 하되 연임할 수 있으며, 보궐위원의 임기는

전임자의 남은 임기로 한다.

⑧ 조정위원회는 조정위원회위원장 또는 제3항 제2호에 해당하는 조정위원 1명 이상을 포함한 재적위원 과반수의 출석과 출석위원 과반수의 찬성으로 의결한다.

⑨ 그 밖에 조정위원회의 설치, 구성 및 운영 등에 필요한 사항은 대통령령으로 정한다.

제17조(조정부의 구성 및 운영) ① 조정위원회는 분쟁의 효율적 해결을 위하여 3명의 조정위원으로 구성된 조정부를 둘 수 있다.

② 조정부에는 제16조 제3항 제2호에 해당하는 사람이 1명 이상 포함되어야 하며, 그중에서 조정위원회위원장이 조정부의 장을 지명한다.

③ 조정부는 다음 각 호의 사항을 심의 · 조정한다.

1. 제14조 제2항에 따른 주택임대차분쟁 중 대통령령으로 정하는 금액 이하의 분쟁
2. 조정위원회가 사건을 특정하여 조정부에 심의 · 조정을 위임한 분쟁

④ 조정부는 조정부의 장을 포함한 재적위원 과반수의 출석과 출석위원 과반수의 찬성으로 의결한다.

⑤ 제4항에 따라 조정부가 내린 결정은 조정위원회가 결정한 것으로 본다.

⑥ 그 밖에 조정부의 설치, 구성 및 운영 등에 필요한 사항은 대통령령으로 정한다.

제18조(조정위원의 결격사유) 「국가공무원법」 제33조 각 호의 어느 하나에 해당하는 사람은 조정위원이 될 수 없다.

제19조(조정위원의 신분보장) ① 조정위원은 자신의 직무를 독립적으로 수행하고 주택임대차분쟁의 심리 및 판단에 관하여 어떠한 지시에도 구속되지 아니한다.

② 조정위원은 다음 각 호의 어느 하나에 해당하는 경우를 제외하고는 그 의사에 반하여 해임 또는 해촉되지 아니한다.

1. 제18조에 해당하는 경우
2. 신체상 또는 정신상의 장애로 직무를 수행할 수 없게 된 경우

제20조(조정위원의 제척 등) ① 조정위원이 다음 각 호의 어느 하나에 해당하는

경우 그 직무의 집행에서 제척된다.

1. 조정위원 또는 그 배우자나 배우자이었던 사람이 해당 분쟁사건의 당사자가 되는 경우
2. 조정위원이 해당 분쟁사건의 당사자와 친족관계에 있거나 있었던 경우
3. 조정위원이 해당 분쟁사건에 관하여 진술, 감정 또는 법률자문을 한 경우
4. 조정위원이 해당 분쟁사건에 관하여 당사자의 대리인으로서 관여하거나 관여하였던 경우

② 사건을 담당한 조정위원에게 제척의 원인이 있는 경우에는 조정위원회는 직권 또는 당사자의 신청에 따라 제척의 결정을 한다.

③ 당사자는 사건을 담당한 조정위원에게 공정한 직무집행을 기대하기 어려운 사정이 있는 경우 조정위원회에 기피신청을 할 수 있다.

④ 기피신청에 관한 결정은 조정위원회가 하고, 해당 조정위원 및 당사자 쌍방은 그 결정에 불복하지 못한다.

⑤ 제3항에 따른 기피신청이 있는 때에는 조정위원회는 그 신청에 대한 결정이 있을 때까지 조정절차를 정지하여야 한다.

⑥ 조정위원은 제1항 또는 제3항에 해당하는 경우 조정위원회의 허가를 받지 아니하고 해당 분쟁사건의 직무집행에서 회피할 수 있다.

제21조(조정의 신청 등) ① 제14조제2항 각 호의 어느 하나에 해당하는 주택임대차분쟁의 당사자는 해당 주택이 소재하는 지역을 관할하는 조정위원회에 분쟁의 조정을 신청할 수 있다.

② 조정위원회는 신청인이 조정을 신청할 때 조정 절차 및 조정의 효력 등 분쟁조정에 관하여 대통령령으로 정하는 사항을 안내하여야 한다.

③ 조정위원회의 위원장은 다음 각 호의 어느 하나에 해당하는 경우 신청을 각하한다. 이 경우 그 사유를 신청인에게 통지하여야 한다.

1. 이미 해당 분쟁조정사항에 대하여 법원에 소가 제기되거나 조정 신청이 있은 후 소가 제기된 경우
2. 이미 해당 분쟁조정사항에 대하여 「민사조정법」에 따른 조정이 신청된 경우나 조정신청이 있은 후 같은 법에 따른 조정이 신청된 경우
3. 이미 해당 분쟁조정사항에 대하여 이 법에 따른 조정위원회에 조정이 신

청된 경우나 조정신청이 있은 후 조정이 성립된 경우

4. 조정신청 자체로 주택임대차에 관한 분쟁이 아님이 명백한 경우

5. 피신청인이 조정절차에 응하지 아니한다는 의사를 통지한 경우

6. 신청인이 정당한 사유 없이 조사에 응하지 아니하거나 2회 이상 출석요구에 응하지 아니한 경우

제22조(조정절차) ① 조정위원회의 위원장은 신청인으로부터 조정신청을 접수한 때에는 지체 없이 조정절차를 개시하여야 한다.

② 조정위원회의 위원장은 제1항에 따라 조정신청을 접수하면 피신청인에게 조정신청서를 송달하여야 한다. 이 경우 제21조제2항을 준용한다.

③ 조정서류의 송달 등 조정절차에 관하여 필요한 사항은 대통령령으로 정한다.

제23조(처리기간) ① 조정위원회는 분쟁의 조정신청을 받은 날부터 60일 이내에 그 분쟁조정을 마쳐야 한다. 다만, 부득이한 사정이 있는 경우에는 조정위원회의 의결을 거쳐 30일의 범위에서 그 기간을 연장할 수 있다.

② 조정위원회는 제1항 단서에 따라 기간을 연장한 경우에는 기간 연장의 사유와 그 밖에 기간 연장에 관한 사항을 당사자에게 통보하여야 한다.

제24조(조사 등) ① 조정위원회는 조정을 위하여 필요하다고 인정하는 경우 신청인, 피신청인, 분쟁 관련 이해관계인 또는 참고인에게 출석하여 진술하게 하거나 조정에 필요한 자료나 물건 등을 제출하도록 요구할 수 있다.

② 조정위원회는 조정을 위하여 필요하다고 인정하는 경우 조정위원 또는 사무국의 직원으로 하여금 조정 대상물 및 관련 자료에 대하여 조사하게 하거나 자료를 수집하게 할 수 있다. 이 경우 조정위원이나 사무국의 직원은 그 권한을 표시하는 증표를 지니고 이를 관계인에게 내보여야 한다.

③ 조정위원회위원장은 특별시장, 광역시장, 특별자치시장, 도지사 및 특별자치도지사(이하 "시 · 도지사"라 한다)에게 해당 조정업무에 참고하기 위하여 인근지역의 확정일자 자료, 보증금의 월차임 전환율 등 적정 수준의 임대료 산정을 위한 자료를 요청할 수 있다. 이 경우 시 · 도지사는 정당한 사유가 없으면 조정위원회위원장의 요청에 따라야 한다.

제25조(조정을 하지 아니하는 결정) ① 조정위원회는 해당 분쟁이 그 성질상 조

정을 하기에 적당하지 아니하다고 인정하거나 당사자가 부당한 목적으로 조정을 신청한 것으로 인정할 때에는 조정을 하지 아니할 수 있다.

② 조정위원회는 제1항에 따라 조정을 하지 아니하기로 결정하였을 때에는 그 사실을 당사자에게 통지하여야 한다.

제26조(조정의 성립) ① 조정위원회가 조정안을 작성한 경우에는 그 조정안을 지체 없이 각 당사자에게 통지하여야 한다.

② 제1항에 따라 조정안을 통지받은 당사자가 통지받은 날부터 14일 이내에 수락의 의사를 서면으로 표시하지 아니한 경우에는 조정을 거부한 것으로 본다.

③ 제2항에 따라 각 당사자가 조정안을 수락한 경우에는 조정안과 동일한 내용의 합의가 성립된 것으로 본다.

④ 제3항에 따른 합의가 성립한 경우 조정위원회위원장은 조정안의 내용을 조정서로 작성한다. 조정위원회위원장은 각 당사자 간에 금전, 그 밖의 대체물의 지급 또는 부동산의 인도에 관하여 강제집행을 승낙하는 취지의 합의가 있는 경우에는 그 내용을 조정서에 기재하여야 한다.

제27조(집행력의 부여) 제26조제4항 후단에 따라 강제집행을 승낙하는 취지의 내용이 기재된 조정서의 정본은 「민사집행법」 제56조에도 불구하고 집행력 있는 집행권원과 같은 효력을 가진다. 다만, 청구에 관한 이의의 주장에 대하여는 같은 법 제44조제2항을 적용하지 아니한다.

제28조(비밀유지의무) 조정위원, 사무국의 직원 또는 그 직에 있었던 자는 다른 법률에 특별한 규정이 있는 경우를 제외하고는 직무상 알게 된 정보를 타인에게 누설하거나 직무상 목적 외에 사용하여서는 아니 된다.

제29조(다른 법률의 준용) 조정위원회의 운영 및 조정절차에 관하여 이 법에서 규정하지 아니한 사항에 대하여는 「민사조정법」을 준용한다.

제30조(주택임대차표준계약서 사용) 주택임대차계약을 서면으로 체결할 때에는 법무부장관이 국토교통부장관과 협의하여 정하는 주택임대차표준계약서를 우선적으로 사용한다. 다만, 당사자가 다른 서식을 사용하기로 합의한 경우에는 그러하지 아니하다.

제31조(벌칙 적용에서 공무원 의제) 공무원이 아닌 주택임대차위원회의 위원 및

주택 임대차보호법 시행령

주택임대차분쟁조정위원회의 위원은 「형법」 제127조, 제129조부터 제132조까지의 규정을 적용할 때에는 공무원으로 본다.

법무부(법무심의관실) 02－2110－3164

국토교통부(주택정책과) 044－201－3321, 3334, 4177

제1조(목적) 이 영은 「주택 임대차보호법」에서 위임된 사항과 그 시행에 관하여 필요한 사항을 정함을 목적으로 한다.

제2조(대항력이 인정되는 법인) 「주택 임대차보호법」(이하 "법"이라 한다) 제3조제2항 후단에서 "대항력이 인정되는 법인"이란 다음 각 호의 법인을 말한다.

1. 「한국토지주택공사법」에 따른 한국토지주택공사(이하 "공사"라 한다)
2. 「지방공기업법」 제49조에 따라 주택사업을 목적으로 설립된 지방공사

제3조(고유식별정보의 처리) 다음 각 호의 어느 하나에 해당하는 자는 법 제3조의6에 따른 확정일자 부여 및 임대차 정보제공 등에 관한 사무를 수행하기 위하여 불가피한 경우 「개인정보 보호법 시행령」 제19조제1호 및 제4호에 따른 주민등록번호 및 외국인등록번호를 처리할 수 있다.

1. 시장(「제주특별자치도 설치 및 국제자유도시 조성을 위한 특별법」 제11조에 따른 행정시장을 포함하며, 특별시장 · 광역시장 · 특별자치시장은 제외한다), 군수 또는 구청장(자치구의 구청장을 말한다)
2. 읍 · 면 · 동의 장
3. 「공증인법」에 따른 공증인

제4조(확정일자부 기재사항 등) ① 법 제3조의6제1항에 따른 확정일자부여기관(지방법원 및 그 지원과 등기소는 제외하며, 이하 "확정일자부여기관"이라 한다)이 같은 조 제2항에 따라 작성하는 확정일자부에 기재하여야 할 사항

은 다음 각 호와 같다.

1. 확정일자번호
2. 확정일자 부여일
3. 임대인 · 임차인의 인적사항
   가. 자연인인 경우
      성명, 주소, 주민등록번호(외국인은 외국인등록번호)
   나. 법인이거나 법인 아닌 단체인 경우
      법인명 · 단체명, 법인등록번호 · 부동산등기용등록번호, 본점 · 주사무소 소재지
4. 주택 소재지
5. 임대차 목적물
6. 임대차 기간
7. 차임 · 보증금
8. 신청인의 성명과 주민등록번호 앞 6자리(외국인은 외국인등록번호 앞 6자리)

② 확정일자는 확정일자번호, 확정일자 부여일 및 확정일자부여기관을 주택임대차계약증서에 표시하는 방법으로 부여한다.

③ 제1항 및 제2항에서 규정한 사항 외에 확정일자부 작성방법 및 확정일자 부여 시 확인사항 등 확정일자 부여 사무에 관하여 필요한 사항은 법무부령으로 정한다.

제5조(주택의 임대차에 이해관계가 있는 자의 범위) 법 제3조의6제3항에 따라 정보제공을 요청할 수 있는 주택의 임대차에 이해관계가 있는 자(이하 "이해관계인"이라 한다)는 다음 각 호의 어느 하나에 해당하는 자로 한다.

1. 해당 주택의 임대인 · 임차인
2. 해당 주택의 소유자
3. 해당 주택 또는 그 대지의 등기기록에 기록된 권리자 중 법무부령으로 정하는 자
4. 법 제3조의2제7항에 따라 우선변제권을 승계한 금융기관
5. 법 제6조의3제1항제8호의 사유로 계약의 갱신이 거절된 임대차계약의 임

차인이었던 자

6. 제1호부터 제5호까지의 규정에 준하는 지위 또는 권리를 가지는 자로서 법무부령으로 정하는 자

제6조(요청할 수 있는 정보의 범위 및 제공방법) ① 제5조제1호 또는 제5호에 해당하는 자는 법 제3조의6제3항에 따라 확정일자부여기관에 해당 임대차계약(제5조제5호에 해당하는 자의 경우에는 갱신요구가 거절되지 않았더라면 갱신되었을 기간 중에 존속하는 임대차계약을 말한다)에 관한 다음 각 호의 사항의 열람 또는 그 내용을 기록한 서면의 교부를 요청할 수 있다.

1. 임대차목적물
2. 임대인 · 임차인의 인적사항(제5조제5호에 해당하는 자는 임대인 · 임차인의 성명, 법인명 또는 단체명으로 한정한다)
3. 확정일자 부여일
4. 차임 · 보증금
5. 임대차기간

② 제5조제2호부터 제4호까지 또는 제6호의 어느 하나에 해당하는 자이거나 임대차계약을 체결하려는 자는 법 제3조의6제3항 또는 제4항에 따라 확정일자부여기관에 다음 각 호의 사항의 열람 또는 그 내용을 기록한 서면의 교부를 요청할 수 있다.

1. 임대차목적물
2. 확정일자 부여일
3. 차임 · 보증금
4. 임대차기간

③ 제1항 및 제2항에서 규정한 사항 외에 정보제공 요청에 필요한 사항은 법무부령으로 정한다.

제7조(수수료) ① 법 제3조의6제5항에 따라 확정일자부여기관에 내야 하는 수수료는 확정일자 부여에 관한 수수료와 정보제공에 관한 수수료로 구분하며, 그 구체적인 금액은 법무부령으로 정한다.

② 「국민기초생활 보장법」에 따른 수급자 등 법무부령으로 정하는 사람에 대해서는 제1항에 따른 수수료를 면제할 수 있다.

제8조(차임 등 증액청구의 기준 등) ① 법 제7조에 따른 차임이나 보증금(이하 "차임등"이라 한다)의 증액청구는 약정한 차임등의 20분의 1의 금액을 초과하지 못한다.

② 제1항에 따른 증액청구는 임대차계약 또는 약정한 차임 등의 증액이 있은 후 1년 이내에는 하지 못한다.

제9조(월차임 전환 시 산정률) ① 법 제7조의2 제1호에서 "대통령령으로 정하는 비율"이란 연 1할을 말한다.

② 법 제7조의2 제2호에서 "대통령령으로 정하는 이율"이란 연 2퍼센트를 말한다.

제10조(보증금 중 일정액의 범위 등) ① 법 제8조에 따라 우선변제를 받을 보증금 중 일정액의 범위는 다음 각 호의 구분에 의한 금액 이하로 한다.

1. 서울특별시 : 5천500만원
2. 「수도권정비계획법」에 따른 과밀억제권역(서울특별시는 제외한다), 세종특별자치시, 용인시, 화성시 및 김포시 : 4천800만원
3. 광역시(「수도권정비계획법」에 따른 과밀억제권역에 포함된 지역과 군지역은 제외한다), 안산시, 광주시, 파주시, 이천시 및 평택시 : 2천800만원
4. 그 밖의 지역 : 2천500만원

② 임차인의 보증금 중 일정액이 주택가액의 2분의 1을 초과하는 경우에는 주택가액의 2분의 1에 해당하는 금액까지만 우선변제권이 있다.

③ 하나의 주택에 임차인이 2명 이상이고, 그 각 보증금 중 일정액을 모두 합한 금액이 주택가액의 2분의 1을 초과하는 경우에는 그 각 보증금 중 일정액을 모두 합한 금액에 대한 각 임차인의 보증금 중 일정액의 비율로 그 주택가액의 2분의 1에 해당하는 금액을 분할한 금액을 각 임차인의 보증금 중 일정액으로 본다.

④ 하나의 주택에 임차인이 2명 이상이고 이들이 그 주택에서 가정공동생활을 하는 경우에는 이들을 1명의 임차인으로 보아 이들의 각 보증금을 합산한다.

제11조(우선변제를 받을 임차인의 범위) 법 제8조에 따라 우선변제를 받을 임차인은 보증금이 다음 각 호의 구분에 의한 금액 이하인 임차인으로 한다.

1. 서울특별시 : 1억6천500만원
2. 「수도권정비계획법」에 따른 과밀억제권역(서울특별시는 제외한다), 세종특별자치시, 용인시, 화성시 및 김포시 : 1억4천500만원
3. 광역시(「수도권정비계획법」에 따른 과밀억제권역에 포함된 지역과 군지역은 제외한다), 안산시, 광주시, 파주시, 이천시 및 평택시 : 8천500만원
4. 그 밖의 지역 : 7천500만원

제12조(주택임대차위원회의 구성) 법 제8조의2 제4항제6호에서 "대통령령으로 정하는 사람"이란 다음 각 호의 어느 하나에 해당하는 사람을 말한다.

1. 특별시 · 광역시 · 특별자치시 · 도 및 특별자치도(이하 "시 · 도"라 한다)에서 주택정책 또는 부동산 관련 업무를 담당하는 주무부서의 실 · 국장
2. 법무사로서 5년 이상 해당 분야에서 종사하고 주택임대차 관련 업무 경험이 풍부한 사람

제13조(위원의 임기 등) ① 법 제8조의2에 따른 주택임대차위원회(이하 "위원회"라 한다)의 위원의 임기는 2년으로 하되, 한 차례만 연임할 수 있다. 다만, 공무원인 위원의 임기는 그 직위에 재직하는 기간으로 한다.

② 위원장은 위촉된 위원이 다음 각 호의 어느 하나에 해당하는 경우에는 해당 위원을 해촉할 수 있다.

1. 심신장애로 인하여 직무를 수행할 수 없게 된 경우
2. 직무와 관련한 형사사건으로 기소된 경우
3. 직무태만, 품위손상, 그 밖의 사유로 인하여 위원으로 적합하지 아니하다고 인정되는 경우
4. 위원 스스로 직무를 수행하는 것이 곤란하다고 의사를 밝히는 경우

제14조(위원장의 직무) ① 위원장은 위원회를 대표하고, 위원회의 업무를 총괄한다.

② 위원장이 부득이한 사유로 인하여 직무를 수행할 수 없을 때는 위원장이 미리 지명한 위원이 그 직무를 대행한다.

제15조(간사) ① 위원회에 간사 1명을 두되, 간사는 주택임대차 관련 업무에 종사하는 법무부 소속의 고위공무원단에 속하는 일반직 공무원(이에 상당하는 특정직 · 별정직 공무원을 포함한다) 중에서 위원회의 위원장이 지

명한다.

② 간사는 위원회의 운영을 지원하고, 위원회의 회의에 관한 기록과 그 밖에 서류의 작성과 보관에 관한 사무를 처리한다.

③ 간사는 위원회에 참석하여 심의사항을 설명하거나 그 밖에 필요한 발언을 할 수 있다.

제16조(위원회의 회의) ① 위원회의 회의는 매년 1회 개최되는 정기회의와 위원장이 필요하다고 인정하거나 위원 3분의 1 이상이 요구할 경우에 개최되는 임시회의로 구분하여 운영한다.

② 위원장은 위원회의 회의를 소집하고, 그 의장이 된다.

③ 위원회의 회의는 재적위원 과반수의 출석으로 개의하고, 출석위원 과반수의 찬성으로 의결한다.

④ 위원회의 회의는 비공개로 한다.

⑤ 위원장은 위원이 아닌 자를 회의에 참석하게 하여 의견을 듣거나 관계 기관 · 단체 등에게 필요한 자료, 의견 제출 등 협조를 요청할 수 있다.

제17조(실무위원회) ① 위원회에서 심의할 안건의 협의를 효율적으로 지원하기 위하여 위원회에 실무위원회를 둔다.

② 실무위원회는 다음 각 호의 사항을 협의 · 조정한다.

1. 심의안건 및 이와 관련하여 위원회가 위임한 사항
2. 그 밖에 위원장 및 위원이 실무협의를 요구하는 사항

③ 실무위원회의 위원장은 위원회의 간사가 되고, 실무위원회의 위원은 다음 각 호의 사람 중에서 그 소속기관의 장이 지명하는 사람으로 한다.

1. 기획재정부에서 물가 관련 업무를 담당하는 5급 이상의 국가공무원
2. 법무부에서 주택임대차 관련 업무를 담당하는 5급 이상의 국가공무원
3. 국토교통부에서 주택사업 또는 주거복지 관련 업무를 담당하는 5급 이상의 국가공무원
4. 시 · 도에서 주택정책 또는 부동산 관련 업무를 담당하는 5급 이상의 지방공무원

제18조(전문위원) ① 위원회의 심의사항에 관한 전문적인 조사 · 연구업무를 수행하기 위하여 5명 이내의 전문위원을 둘 수 있다.

② 전문위원은 법학, 경제학 또는 부동산학 등에 학식과 경험을 갖춘 사람 중에서 법무부장관이 위촉하고, 임기는 2년으로 한다.

제19조(수당) 위원회 또는 실무위원회 위원에 대해서는 예산의 범위에서 수당을 지급할 수 있다. 다만, 공무원인 위원이 그 소관 업무와 직접적으로 관련되어 위원회에 출석하는 경우에는 그러하지 아니하다.

제20조(운영세칙) 이 영에서 규정한 사항 외에 위원회의 운영에 필요한 사항은 법무부장관이 정한다.

제21조(주택임대차분쟁조정위원회의 설치) 법 제14조제1항에 따른 주택임대차분쟁조정위원회(이하 "조정위원회"라 한다)를 두는 「법률구조법」 제8조에 따른 대한법률구조공단(이하 "공단"이라 한다), 공사 및 「한국부동산원법」에 따른 한국부동산원(이하 "부동산원"이라 한다)의 지부, 지사 또는 사무소와 그 관할구역은 별표 1과 같다.

제22조(조정위원회의 심의 · 조정 사항) 법 제14조제2항제5호에서 "대통령령으로 정하는 주택임대차에 관한 분쟁"이란 다음 각 호의 분쟁을 말한다.

1. 임대차계약의 이행 및 임대차계약 내용의 해석에 관한 분쟁
2. 임대차계약 갱신 및 종료에 관한 분쟁
3. 임대차계약의 불이행 등에 따른 손해배상청구에 관한 분쟁
4. 공인중개사 보수 등 비용부담에 관한 분쟁
5. 주택임대차표준계약서 사용에 관한 분쟁
6. 그 밖에 제1호부터 제5호까지의 규정에 준하는 분쟁으로서 조정위원회의 위원장(이하 "위원장"이라 한다)이 조정이 필요하다고 인정하는 분쟁

제23조(공단의 지부 등에 두는 조정위원회 사무국) ① 법 제14조제3항에 따라 공단, 공사 및 부동산원의 지부, 지사 또는 사무소에 두는 조정위원회 사무국(이하 "사무국"이라 한다)에는 사무국장 1명을 두며, 사무국장 밑에 심사관 및 조사관을 둔다.

② 사무국장은 공단 이사장, 공사 사장 및 부동산원 원장이 각각 임명하며, 조정위원회의 위원(이하 "조정위원"이라 한다)을 겸직할 수 있다.

③ 심사관 및 조사관은 공단 이사장, 공사 사장 및 부동산원 원장이 각각 임명한다.

④ 사무국장은 사무국의 업무를 총괄하고, 소속 직원을 지휘·감독한다.

⑤ 심사관은 다음 각 호의 업무를 담당한다.

1. 분쟁조정신청 사건에 대한 쟁점정리 및 법률적 검토
2. 조사관이 담당하는 업무에 대한 지휘·감독
3. 그 밖에 위원장이 조정위원회의 사무 처리를 위하여 필요하다고 인정하는 업무

⑥ 조사관은 다음 각 호의 업무를 담당한다.

1. 조정신청의 접수
2. 분쟁조정 신청에 관한 민원의 안내
3. 조정당사자에 대한 송달 및 통지
4. 분쟁의 조정에 필요한 사실조사
5. 그 밖에 위원장이 조정위원회의 사무 처리를 위하여 필요하다고 인정하는 업무

⑦ 사무국장 및 심사관은 변호사의 자격이 있는 사람으로 한다.

제24조(시·도의 조정위원회 사무국) 시·도가 법 제14조제1항 후단에 따라 조정위원회를 두는 경우 사무국의 조직 및 운영 등에 관한 사항은 그 지방자치단체의 실정을 고려하여 해당 시·도 조례로 정한다.

제25조(조정위원회 구성) 법 제16조제3항제6호에서 "대통령령으로 정하는 사람"이란 세무사·주택관리사·건축사로서 주택임대차 관계 업무에 6년 이상 종사한 사람을 말한다.

제26조(조정위원회 운영) ① 조정위원회는 효율적인 운영을 위하여 필요한 경우에는 분쟁조정사건을 분리하거나 병합하여 심의·조정할 수 있다. 이 경우 당사자에게 지체 없이 그 사실을 통보하여야 한다.

② 조정위원회 회의는 공개하지 아니한다. 다만, 필요하다고 인정되는 경우에는 조정위원회의 의결로 당사자 또는 이해관계인에게 방청을 허가할 수 있다.

③ 조정위원회에 간사를 두며, 사무국의 직원 중에서 위원장이 지명한다.

④ 조정위원회는 회의록을 작성하고, 참여한 조정위원으로 하여금 서명 또는 기명날인하게 하여야 한다.

제27조(조정위원에 대한 수당 등) 조정위원회 또는 조정부에 출석한 조정위원에 대해서는 예산의 범위에서 수당, 여비 및 그 밖에 필요한 경비를 지급할 수 있다.

제28조(조정부에서 심의 · 조정할 사항) 법 제17조제3항제1호에서 "대통령령으로 정하는 금액 이하의 분쟁"이란 다음 각 호의 어느 하나에 해당하는 분쟁을 말한다.

1. 임대차계약의 보증금이 다음 각 목에서 정하는 금액 이하의 분쟁
   가. 「수도권정비계획법」 제2조제1호에 따른 수도권 지역 : 5억원
   나. 가목에 따른 지역 외의 지역 : 3억원
2. 조정으로 주장하는 이익의 값(이하 "조정목적의 값"이라 한다)이 2억원 이하인 분쟁. 이 경우 조정목적의 값 산정은 「민사소송 등 인지법」에 따른 소송목적의 값에 관한 산정 방식을 준용한다.

제29조(조정부의 구성 및 운영) ① 조정부의 위원은 조정위원 중에서 위원장이 지명한다.

② 둘 이상의 조정부를 두는 경우에는 위원장이 분쟁조정 신청사건을 담당할 조정부를 지정할 수 있다.

③ 조정부의 운영에 관하여는 제26조를 준용한다. 이 경우 "조정위원회"는 "조정부"로, "위원장"은 "조정부의 장"으로 본다.

제30조(조정의 신청) ① 조정의 신청은 서면(「전자문서 및 전자거래 기본법」 제2조제1호에 따른 전자문서를 포함한다. 이하 같다) 또는 구두로 할 수 있다.

② 구두로 조정을 신청하는 경우 조정신청인은 심사관 또는 조사관에게 진술하여야 한다. 이 경우 조정신청을 받은 심사관 또는 조사관은 조정신청조서를 작성하고 신청인으로 하여금 서명 또는 기명날인하도록 하여야 한다.

③ 조정신청서 또는 조정신청조서에는 당사자, 대리인, 신청의 취지와 분쟁의 내용 등을 기재하여야 한다. 이 경우 증거서류 또는 증거물이 있는 경우에는 이를 첨부하거나 제출하여야 한다.

제31조(조정신청인에게 안내하여야 할 사항) ① 법 제21조제2항에서 "대통령령으로 정하는 사항"이란 다음 각 호의 사항을 말한다.

1. 법 제21조제3항 각 호에 따른 조정 신청의 각하 사유
2. 법 제22조제2항에 따른 조정절차의 개시 요건
3. 법 제23조의 처리기간
4. 법 제24조에 따라 필요한 경우 신청인, 피신청인, 분쟁 관련 이해관계인 또는 참고인에게 출석하여 진술하게 하거나 필요한 자료나 물건 등의 제출을 요구할 수 있다는 사실
5. 조정성립의 요건 및 효력
6. 당사자가 부담하는 비용

② 제1항에 따른 안내는 안내할 사항이 기재된 서면을 교부 또는 송달하는 방법으로 할 수 있다.

제32조(조정서류의 송달 등) ① 위원장은 조정신청을 접수하면 지체 없이 조정신청서 또는 조정신청조서 부본(이하 이 조에서 "조정신청서등"이라 한다)을 피신청인에게 송달하여야 한다.

② 피신청인은 조정에 응할 의사가 있는 경우에는 조정신청서등을 송달받은 날부터 7일 이내에 그 의사를 조정위원회에 통지하여야 한다.

③ 위원장은 제2항에 따른 통지를 받은 경우 피신청인에게 기간을 정하여 신청내용에 대한 답변서를 제출할 것을 요구할 수 있다.

제33조(수수료) ① 법 제21조제1항에 따라 조정을 신청하는 자는 별표 2에서 정하는 수수료를 내야 한다.

② 신청인이 다음 각 호의 어느 하나에 해당하는 경우에는 제1항에 따른 수수료를 면제할 수 있다.

1. 법 제8조에 따라 우선변제를 받을 수 있는 임차인
2. 「국민기초생활 보장법」 제2조제2호에 따른 수급자
3. 「독립유공자예우에 관한 법률」 제6조에 따라 등록된 독립유공자 또는 그 유족(선순위자 1명만 해당된다. 이하 이 조에서 같다)
4. 「국가유공자 등 예우 및 지원에 관한 법률」 제6조에 따라 등록된 국가유공자 또는 그 유족
5. 「고엽제후유의증 등 환자지원 및 단체설립에 관한 법률」 제4조에 따라 등록된 고엽제후유증환자, 고엽제후유의증환자 또는 고엽제후유증 2세

환자

6. 「참전유공자 예우 및 단체설립에 관한 법률」 제5조에 따라 등록된 참전유공자

7. 「5 · 18민주유공자예우 및 단체설립에 관한 법률」 제7조에 따라 등록 결정된 5 · 18민주유공자 또는 그 유족

8. 「특수임무유공자 예우 및 단체설립에 관한 법률」 제6조에 따라 등록된 특수임무유공자 또는 그 유족

9. 「의사상자 등 예우 및 지원에 관한 법률」 제5조에 따라 인정된 의상자 또는 의사자유족

10. 「한부모가족지원법」 제5조에 따른 지원대상자

11. 그 밖에 제1호부터 제10호까지의 규정에 준하는 사람으로서 법무부장관과 국토교통부장관이 공동으로 정하여 고시하는 사람 또는 시 · 도 조례로 정하는 사람

③ 신청인은 다음 각 호의 어느 하나에 해당하는 경우에는 수수료의 환급을 청구할 수 있다.

1. 법 제21조제3항제1호 및 제2호에 따라 조정신청이 각하된 경우. 다만, 조정신청 있은 후 신청인이 법원에 소를 제기하거나 「민사조정법」에 따른 조정을 신청한 경우는 제외한다.

2. 법 제21조제3항제3호 및 제5호에 따라 조정신청이 각하된 경우

3. 신청인이 조정위원회 또는 조정부의 회의가 소집되기 전에 조정신청을 취하한 경우. 이 경우 환급 금액은 납부한 수수료의 2분의 1에 해당하는 금액으로 한다.

④ 제1항에 따른 수수료의 납부방법 및 제3항에 따른 수수료의 환급절차 등에 관하여 필요한 사항은 법무부장관과 국토교통부장관이 공동으로 정하여 고시하거나 시 · 도의 조례로 정한다.

제34조(조정서의 작성) 법 제26조제4항에 따른 조정서에는 다음 각 호의 사항을 기재하고, 위원장 및 조정에 참여한 조정위원이 서명 또는 기명날인하여야 한다.

1. 사건번호 및 사건명

2. 당사자의 성명, 생년월일 및 주소(법인의 경우 명칭, 법인등록번호 및 본점의 소재지를 말한다)
3. 임차주택 소재지
4. 신청의 취지 및 이유
5. 조정내용(법 제26조제4항에 따라 강제집행을 승낙하는 취지의 합의를 포함한다)
6. 작성일

제35조(조정결과의 통지) ① 조정위원회는 조정절차가 종료되면 그 결과를 당사자에게 통지하여야 한다.

② 조정위원회는 법 제26조제4항에 따른 조정서가 작성된 경우 조정서 정본을 지체 없이 당사자에게 교부 또는 송달하여야 한다.

상가건물 임대차보호법(약칭 : 상가임대차법)

법무부(법무심의관실) 02-2110-3164

국토교통부(부동산산업과) 044-201-3412, 3418

제1조(목적) 이 법은 상가건물 임대차에 관하여 「민법」에 대한 특례를 규정하여 국민 경제생활의 안정을 보장함을 목적으로 한다.

제2조(적용범위) ① 이 법은 상가건물(제3조제1항에 따른 사업자등록의 대상이 되는 건물을 말한다)의 임대차(임대차 목적물의 주된 부분을 영업용으로 사용하는 경우를 포함한다)에 대하여 적용한다. 다만, 제14조의2에 따른 상가건물임대차위원회의 심의를 거쳐 대통령령으로 정하는 보증금액을 초과하는 임대차에 대하여는 그러하지 아니하다.

② 제1항 단서에 따른 보증금액을 정할 때에는 해당 지역의 경제 여건 및 임대차 목적물의 규모 등을 고려하여 지역별로 구분하여 규정하되, 보증금 외에 차임이 있는 경우에는 그 차임액에 「은행법」에 따른 은행의 대출금리 등을 고려하여 대통령령으로 정하는 비율을 곱하여 환산한 금액을 포함하여야 한다.

③ 제1항 단서에도 불구하고 제3조, 제10조제1항, 제2항, 제3항 본문, 제10조의2부터 제10조의9까지의 규정, 제11조의2 및 제19조는 제1항 단서에 따른 보증금액을 초과하는 임대차에 대하여도 적용한다.

제3조(대항력 등) ① 임대차는 그 등기가 없는 경우에도 임차인이 건물의 인도와 「부가가치세법」 제8조, 「소득세법」 제168조 또는 「법인세법」 제111조에 따른 사업자등록을 신청하면 그 다음 날부터 제삼자에 대하여 효력이 생긴다.

② 임차건물의 양수인(그 밖에 임대할 권리를 승계한 자를 포함한다)은 임대인의 지위를 승계한 것으로 본다.

③ 이 법에 따라 임대차의 목적이 된 건물이 매매 또는 경매의 목적물이 된 경우에는 「민법」 제575조제1항 · 제3항 및 제578조를 준용한다.

④ 제3항의 경우에는 「민법」 제536조를 준용한다.

제4조(확정일자 부여 및 임대차정보의 제공 등) ① 제5조제2항의 확정일자는 상가건물의 소재지 관할 세무서장이 부여한다.

② 관할 세무서장은 해당 상가건물의 소재지, 확정일자 부여일, 차임 및 보증금 등을 기재한 확정일자부를 작성하여야 한다. 이 경우 전산정보처리조직을 이용할 수 있다.

③ 상가건물의 임대차에 이해관계가 있는 자는 관할 세무서장에게 해당 상가건물의 확정일자 부여일, 차임 및 보증금 등 정보의 제공을 요청할 수 있다. 이 경우 요청을 받은 관할 세무서장은 정당한 사유 없이 이를 거부할 수 없다.

④ 임대차계약을 체결하려는 자는 임대인의 동의를 받아 관할 세무서장에게 제3항에 따른 정보제공을 요청할 수 있다.

⑤ 확정일자부에 기재하여야 할 사항, 상가건물의 임대차에 이해관계가 있는 자의 범위, 관할 세무서장에게 요청할 수 있는 정보의 범위 및 그 밖에 확정일자 부여사무와 정보제공 등에 필요한 사항은 대통령령으로 정한다.

제5조(보증금의 회수) ① 임차인이 임차건물에 대하여 보증금반환청구소송의 확정판결, 그 밖에 이에 준하는 집행권원에 의하여 경매를 신청하는 경우에는 「민사집행법」 제41조에도 불구하고 반대의무의 이행이나 이행의 제공을 집행개시의 요건으로 하지 아니한다.

② 제3조제1항의 대항요건을 갖추고 관할 세무서장으로부터 임대차계약서상의 확정일자를 받은 임차인은 「민사집행법」에 따른 경매 또는 「국세징수법」에 따른 공매 시 임차건물(임대인 소유의 대지를 포함한다)의 환가대금에서 후순위권리자나 그 밖의 채권자보다 우선하여 보증금을 변제받을 권리가 있다.

③ 임차인은 임차건물을 양수인에게 인도하지 아니하면 제2항에 따른 보증금을 받을 수 없다.

④ 제2항 또는 제7항에 따른 우선변제의 순위와 보증금에 대하여 이의가 있는 이해관계인은 경매법원 또는 체납처분청에 이의를 신청할 수 있다.

⑤ 제4항에 따라 경매법원에 이의를 신청하는 경우에는 「민사집행법」 제152조부터 제161조까지의 규정을 준용한다.

⑥ 제4항에 따라 이의신청을 받은 체납처분청은 이해관계인이 이의신청일부터 7일 이내에 임차인 또는 제7항에 따라 우선변제권을 승계한 금융기관 등을 상대로 소(訴)를 제기한 것을 증명한 때에는 그 소송이 종결될 때까지 이의가 신청된 범위에서 임차인 또는 제7항에 따라 우선변제권을 승계한 금융기관 등에 대한 보증금의 변제를 유보(留保)하고 남은 금액을 배분하여야 한다. 이 경우 유보된 보증금은 소송 결과에 따라 배분한다.

⑦ 다음 각 호의 금융기관 등이 제2항, 제6조제5항 또는 제7조제1항에 따른 우선변제권을 취득한 임차인의 보증금반환채권을 계약으로 양수한 경우에는 양수한 금액의 범위에서 우선변제권을 승계한다.

1. 「은행법」에 따른 은행
2. 「중소기업은행법」에 따른 중소기업은행
3. 「한국산업은행법」에 따른 한국산업은행
4. 「농업협동조합법」에 따른 농협은행
5. 「수산업협동조합법」에 따른 수협은행
6. 「우체국예금 · 보험에 관한 법률」에 따른 체신관서
7. 「보험업법」 제4조제1항제2호라목의 보증보험을 보험종목으로 허가받은 보험회사
8. 그 밖에 제1호부터 제7호까지에 준하는 것으로서 대통령령으로 정하는 기관

⑧ 제7항에 따라 우선변제권을 승계한 금융기관 등(이하 "금융기관등"이라 한다)은 다음 각 호의 어느 하나에 해당하는 경우에는 우선변제권을 행사할 수 없다.

1. 임차인이 제3조제1항의 대항요건을 상실한 경우
2. 제6조제5항에 따른 임차권 등기가 말소된 경우
3. 「민법」 제621조에 따른 임대차등기가 말소된 경우

⑨ 금융기관등은 우선변제권을 행사하기 위하여 임차인을 대리하거나 대위하여 임대차를 해지할 수 없다.

제6조(임차권 등기명령) ① 임대차가 종료된 후 보증금이 반환되지 아니한 경우 임차인은 임차건물의 소재지를 관할하는 지방법원, 지방법원지원 또는 시·군법원에 임차권 등기명령을 신청할 수 있다.

② 임차권 등기명령을 신청할 때에는 다음 각 호의 사항을 기재하여야 하며, 신청 이유 및 임차권 등기의 원인이 된 사실을 소명하여야 한다.

1. 신청 취지 및 이유
2. 임대차의 목적인 건물(임대차의 목적이 건물의 일부분인 경우에는 그 부분의 도면을 첨부한다)
3. 임차권 등기의 원인이 된 사실(임차인이 제3조제1항에 따른 대항력을 취득하였거나 제5조제2항에 따른 우선변제권을 취득한 경우에는 그 사실)
4. 그 밖에 대법원규칙으로 정하는 사항

③ 임차권 등기명령의 신청에 대한 재판, 임차권 등기명령의 결정에 대한 임대인의 이의신청 및 그에 대한 재판, 임차권 등기명령의 취소신청 및 그에 대한 재판 또는 임차권 등기명령의 집행 등에 관하여는 「민사집행법」 제280조제1항, 제281조, 제283조, 제285조, 제286조, 제288조제1항·제2항 본문, 제289조, 제290조제2항 중 제288조제1항에 대한 부분, 제291조, 제293조를 준용한다. 이 경우 "가압류"는 "임차권 등기"로, "채권자"는 "임차인"으로, "채무자"는 "임대인"으로 본다.

④ 임차권 등기명령신청을 기각하는 결정에 대하여 임차인은 항고할 수 있다.

⑤ 임차권 등기명령의 집행에 따른 임차권 등기를 마치면 임차인은 제3조제1항에 따른 대항력과 제5조제2항에 따른 우선변제권을 취득한다. 다만, 임차인이 임차권 등기 이전에 이미 대항력 또는 우선변제권을 취득한 경우에는 그 대항력 또는 우선변제권이 그대로 유지되며, 임차권 등기 이후에는 제3조 제1항의 대항요건을 상실하더라도 이미 취득한 대항력 또는 우선변제권을 상실하지 아니한다.

⑥ 임차권 등기명령의 집행에 따른 임차권 등기를 마친 건물(임대차의 목적

이 건물의 일부분인 경우에는 그 부분으로 한정한다)을 그 이후에 임차한 임차인은 제14조에 따른 우선변제를 받을 권리가 없다.

⑦ 임차권 등기의 촉탁, 등기관의 임차권 등기 기입 등 임차권 등기명령의 시행에 관하여 필요한 사항은 대법원규칙으로 정한다.

⑧ 임차인은 제1항에 따른 임차권 등기명령의 신청 및 그에 따른 임차권 등기와 관련하여 든 비용을 임대인에게 청구할 수 있다.

⑨ 금융기관등은 임차인을 대위하여 제1항의 임차권 등기명령을 신청할 수 있다. 이 경우 제3항 · 제4항 및 제8항의 "임차인"은 "금융기관등"으로 본다.

제7조(「민법」에 따른 임대차등기의 효력 등) ① 「민법」 제621조에 따른 건물임대차등기의 효력에 관하여는 제6조제5항 및 제6항을 준용한다.

② 임차인이 대항력 또는 우선변제권을 갖추고 「민법」 제621조제1항에 따라 임대인의 협력을 얻어 임대차등기를 신청하는 경우에는 신청서에 「부동산등기법」 제74조제1호부터 제6호까지의 사항 외에 다음 각 호의 사항을 기재하여야 하며, 이를 증명할 수 있는 서면(임대차의 목적이 건물의 일부분인 경우에는 그 부분의 도면을 포함한다)을 첨부하여야 한다.

1. 사업자등록을 신청한 날
2. 임차건물을 점유한 날
3. 임대차계약서상의 확정일자를 받은 날

제8조(경매에 의한 임차권의 소멸) 임차권은 임차건물에 대하여 「민사집행법」에 따른 경매가 실시된 경우에는 그 임차건물이 매각되면 소멸한다. 다만, 보증금이 전액 변제되지 아니한 대항력이 있는 임차권은 그러하지 아니하다.

제9조(임대차기간 등) ① 기간을 정하지 아니하거나 기간을 1년 미만으로 정한 임대차는 그 기간을 1년으로 본다. 다만, 임차인은 1년 미만으로 정한 기간이 유효함을 주장할 수 있다.

② 임대차가 종료한 경우에도 임차인이 보증금을 돌려받을 때까지는 임대차 관계는 존속하는 것으로 본다.

제10조(계약갱신 요구 등) ① 임대인은 임차인이 임대차기간이 만료되기 6개월 전부터 1개월 전까지 사이에 계약갱신을 요구할 경우 정당한 사유 없이 거절

하지 못한다. 다만, 다음 각 호의 어느 하나의 경우에는 그러하지 아니하다.

1. 임차인이 3기의 차임액에 해당하는 금액에 이르도록 차임을 연체한 사실이 있는 경우
2. 임차인이 거짓이나 그 밖의 부정한 방법으로 임차한 경우
3. 서로 합의하여 임대인이 임차인에게 상당한 보상을 제공한 경우
4. 임차인이 임대인의 동의 없이 목적 건물의 전부 또는 일부를 전대(轉貸)한 경우
5. 임차인이 임차한 건물의 전부 또는 일부를 고의나 중대한 과실로 파손한 경우
6. 임차한 건물의 전부 또는 일부가 멸실되어 임대차의 목적을 달성하지 못할 경우
7. 임대인이 다음 각 목의 어느 하나에 해당하는 사유로 목적 건물의 전부 또는 대부분을 철거하거나 재건축하기 위하여 목적 건물의 점유를 회복할 필요가 있는 경우
   가. 임대차계약 체결 당시 공사시기 및 소요기간 등을 포함한 철거 또는 재건축 계획을 임차인에게 구체적으로 고지하고 그 계획에 따르는 경우
   나. 건물이 노후 · 훼손 또는 일부 멸실되는 등 안전사고의 우려가 있는 경우
   다. 다른 법령에 따라 철거 또는 재건축이 이루어지는 경우
8. 그 밖에 임차인이 임차인으로서의 의무를 현저히 위반하거나 임대차를 계속하기 어려운 중대한 사유가 있는 경우

② 임차인의 계약갱신요구권은 최초의 임대차기간을 포함한 전체 임대차기간이 10년을 초과하지 아니하는 범위에서만 행사할 수 있다.

③ 갱신되는 임대차는 전 임대차와 동일한 조건으로 다시 계약된 것으로 본다. 다만, 차임과 보증금은 제11조에 따른 범위에서 증감할 수 있다.

④ 임대인이 제1항의 기간 이내에 임차인에게 갱신 거절의 통지 또는 조건 변경의 통지를 하지 아니한 경우에는 그 기간이 만료된 때에 전 임대차와 동일한 조건으로 다시 임대차한 것으로 본다. 이 경우에 임대차의 존속기

간은 1년으로 본다.

⑤ 제4항의 경우 임차인은 언제든지 임대인에게 계약해지의 통고를 할 수 있고, 임대인이 통고를 받은 날부터 3개월이 지나면 효력이 발생한다.

제10조의2(계약갱신의 특례) 제2조제1항 단서에 따른 보증금액을 초과하는 임대차의 계약갱신의 경우에는 당사자는 상가건물에 관한 조세, 공과금, 주변 상가건물의 차임 및 보증금, 그 밖의 부담이나 경제사정의 변동 등을 고려하여 차임과 보증금의 증감을 청구할 수 있다.

제10조의3(권리금의 정의 등) ① 권리금이란 임대차 목적물인 상가건물에서 영업을 하는 자 또는 영업을 하려는 자가 영업시설·비품, 거래처, 신용, 영업상의 노하우, 상가건물의 위치에 따른 영업상의 이점 등 유형·무형의 재산적 가치의 양도 또는 이용대가로서 임대인, 임차인에게 보증금과 차임 이외에 지급하는 금전 등의 대가를 말한다.

② 권리금 계약이란 신규임차인이 되려는 자가 임차인에게 권리금을 지급하기로 하는 계약을 말한다.

제10조의4(권리금 회수기회 보호 등) ① 임대인은 임대차기간이 끝나기 6개월 전부터 임대차 종료 시까지 다음 각 호의 어느 하나에 해당하는 행위를 함으로써 권리금 계약에 따라 임차인이 주선한 신규임차인이 되려는 자로부터 권리금을 지급받는 것을 방해하여서는 아니 된다. 다만, 제10조제1항 각 호의 어느 하나에 해당하는 사유가 있는 경우에는 그러하지 아니하다.

1. 임차인이 주선한 신규임차인이 되려는 자에게 권리금을 요구하거나 임차인이 주선한 신규임차인이 되려는 자로부터 권리금을 수수하는 행위
2. 임차인이 주선한 신규임차인이 되려는 자로 하여금 임차인에게 권리금을 지급하지 못하게 하는 행위
3. 임차인이 주선한 신규임차인이 되려는 자에게 상가건물에 관한 조세, 공과금, 주변 상가건물의 차임 및 보증금, 그 밖의 부담에 따른 금액에 비추어 현저히 고액의 차임과 보증금을 요구하는 행위
4. 그 밖에 정당한 사유 없이 임대인이 임차인이 주선한 신규임차인이 되려는 자와 임대차계약의 체결을 거절하는 행위

② 다음 각 호의 어느 하나에 해당하는 경우에는 제1항제4호의 정당한 사유

가 있는 것으로 본다.

1. 임차인이 주선한 신규임차인이 되려는 자가 보증금 또는 차임을 지급할 자력이 없는 경우
2. 임차인이 주선한 신규임차인이 되려는 자가 임차인으로서의 의무를 위반할 우려가 있거나 그 밖에 임대차를 유지하기 어려운 상당한 사유가 있는 경우
3. 임대차 목적물인 상가건물을 1년 6개월 이상 영리목적으로 사용하지 아니한 경우
4. 임대인이 선택한 신규임차인이 임차인과 권리금 계약을 체결하고 그 권리금을 지급한 경우

③ 임대인이 제1항을 위반하여 임차인에게 손해를 발생하게 한 때는 그 손해를 배상할 책임이 있다. 이 경우 그 손해배상액은 신규임차인이 임차인에게 지급하기로 한 권리금과 임대차 종료 당시의 권리금 중 낮은 금액을 넘지 못한다.

④ 제3항에 따라 임대인에게 손해배상을 청구할 권리는 임대차가 종료한 날부터 3년 이내에 행사하지 아니하면 시효의 완성으로 소멸한다.

⑤ 임차인은 임대인에게 임차인이 주선한 신규임차인이 되려는 자의 보증금 및 차임을 지급할 자력 또는 그 밖에 임차인으로서의 의무를 이행할 의사 및 능력에 관하여 자신이 알고 있는 정보를 제공하여야 한다.

제10조의5(권리금 적용 제외) 제10조의4는 다음 각 호의 어느 하나에 해당하는 상가건물 임대차의 경우에는 적용하지 아니한다.

1. 임대차 목적물인 상가건물이 「유통산업발전법」 제2조에 따른 대규모점포 또는 준대규모점포의 일부인 경우(다만, 「전통시장 및 상점가 육성을 위한 특별법」 제2조제1호에 따른 전통시장은 제외한다)
2. 임대차 목적물인 상가건물이 「국유재산법」에 따른 국유재산 또는 「공유재산 및 물품 관리법」에 따른 공유재산인 경우

제10조의6(표준권리금계약서의 작성 등) 국토교통부장관은 법무부장관과 협의를 거쳐 임차인과 신규임차인이 되려는 자의 권리금 계약 체결을 위한 표준권리금계약서를 정하여 그 사용을 권장할 수 있다.

제10조의7(권리금 평가기준의 고시) 국토교통부 장관은 권리금에 대한 감정평가의 절차와 방법 등에 관한 기준을 고시할 수 있다.

제10조의8(차임연체와 해지) 임차인의 차임연체액이 3기의 차임액에 달하는 때에는 임대인은 계약을 해지할 수 있다.

제10조의9(계약 갱신요구 등에 관한 임시 특례) 임차인이 이 법(법률 제17490호 상가건물 임대차보호법 일부개정법률을 말한다) 시행일부터 6개월까지의 기간 동안 연체한 차임액은 제10조제1항제1호, 제10조의4제1항 단서 및 제10조의8의 적용에 있어서는 차임연체액으로 보지 아니한다. 이 경우 연체한 차임액에 대한 임대인의 그 밖의 권리는 영향을 받지 아니한다.

제11조(차임 등의 증감청구권) ① 차임 또는 보증금이 임차건물에 관한 조세, 공과금, 그 밖의 부담의 증감이나 「감염병의 예방 및 관리에 관한 법률」 제2조제2호에 따른 제1급 감염병 등에 의한 경제사정의 변동으로 인하여 상당하지 아니하게 된 경우에는 당사자는 장래의 차임 또는 보증금에 대하여 증감을 청구할 수 있다. 그러나 증액의 경우에는 대통령령으로 정하는 기준에 따른 비율을 초과하지 못한다.

② 제1항에 따른 증액 청구는 임대차계약 또는 약정한 차임 등의 증액이 있은 후 1년 이내에는 하지 못한다.

③ 「감염병의 예방 및 관리에 관한 법률」 제2조제2호에 따른 제1급감염병에 의한 경제사정의 변동으로 차임 등이 감액된 후 임대인이 제1항에 따라 증액을 청구하는 경우에는 증액된 차임 등이 감액 전 차임 등의 금액에 달할 때까지는 같은 항 단서를 적용하지 아니한다.

제11조의2(폐업으로 인한 임차인의 해지권) ① 임차인은 「감염병의 예방 및 관리에 관한 법률」 제49조제1항제2호에 따른 집합 제한 또는 금지 조치(같은 항 제2호의2에 따라 운영시간을 제한한 조치를 포함한다)를 총 3개월 이상 받음으로써 발생한 경제사정의 중대한 변동으로 폐업한 경우에는 임대차계약을 해지할 수 있다.

② 제1항에 따른 해지는 임대인이 계약해지의 통고를 받은 날부터 3개월이 지나면 효력이 발생한다.

제12조(월 차임 전환 시 산정률의 제한) 보증금의 전부 또는 일부를 월 단위의 차

임으로 전환하는 경우에는 그 전환되는 금액에 다음 각 호 중 낮은 비율을 곱한 월 차임의 범위를 초과할 수 없다.

1. 「은행법」에 따른 은행의 대출금리 및 해당 지역의 경제 여건 등을 고려하여 대통령령으로 정하는 비율
2. 한국은행에서 공시한 기준금리에 대통령령으로 정하는 배수를 곱한 비율

제13조(전대차관계에 대한 적용 등) ① 제10조, 제10조의2, 제10조의8, 제10조의9(제10조 및 제10조의8에 관한 부분으로 한정한다), 제11조 및 제12조는 전대인(轉貸人)과 전차인(轉借人)의 전대차관계에 적용한다.

② 임대인의 동의를 받고 전대차계약을 체결한 전차인은 임차인의 계약갱신요구권 행사기간 이내에 임차인을 대위(代位)하여 임대인에게 계약갱신요구권을 행사할 수 있다.

제14조(보증금 중 일정액의 보호) ① 임차인은 보증금 중 일정액을 다른 담보물권자보다 우선하여 변제받을 권리가 있다. 이 경우 임차인은 건물에 대한 경매신청의 등기 전에 제3조제1항의 요건을 갖추어야 한다.

② 제1항의 경우에 제5조제4항부터 제6항까지의 규정을 준용한다.

③ 제1항에 따라 우선변제를 받을 임차인 및 보증금 중 일정액의 범위와 기준은 임대건물가액(임대인 소유의 대지가액을 포함한다)의 2분의 1 범위에서 해당 지역의 경제 여건, 보증금 및 차임 등을 고려하여 제14조의2에 따른 상가건물임대차위원회의 심의를 거쳐 대통령령으로 정한다.

제14조의2(상가건물임대차위원회) ① 상가건물 임대차에 관한 다음 각 호의 사항을 심의하기 위하여 법무부에 상가건물임대차위원회(이하 "위원회"라 한다)를 둔다.

1. 제2조제1항 단서에 따른 보증금액
2. 제14조에 따라 우선변제를 받을 임차인 및 보증금 중 일정액의 범위와 기준

② 위원회는 위원장 1명을 포함한 10명 이상 15명 이하의 위원으로 성별을 고려하여 구성한다.

③ 위원회의 위원장은 법무부차관이 된다.

④ 위원회의 위원은 다음 각 호의 어느 하나에 해당하는 사람 중에서 위원장이 임명하거나 위촉하되, 제1호부터 제6호까지에 해당하는 위원을 각각

1명 이상 임명하거나 위촉하여야 하고, 위원 중 2분의 1 이상은 제1호 · 제2호 또는 제7호에 해당하는 사람을 위촉하여야 한다.

1. 법학 · 경제학 또는 부동산학 등을 전공하고 상가건물 임대차 관련 전문지식을 갖춘 사람으로서 공인된 연구기관에서 조교수 이상 또는 이에 상당하는 직에 5년 이상 재직한 사람
2. 변호사 · 감정평가사 · 공인회계사 · 세무사 또는 공인중개사로서 5년 이상 해당 분야에서 종사하고 상가건물 임대차 관련 업무경험이 풍부한 사람
3. 기획재정부에서 물가 관련 업무를 담당하는 고위공무원단에 속하는 공무원
4. 법무부에서 상가건물 임대차 관련 업무를 담당하는 고위공무원단에 속하는 공무원(이에 상당하는 특정직공무원을 포함한다)
5. 국토교통부에서 상가건물 임대차 관련 업무를 담당하는 고위공무원단에 속하는 공무원
6. 중소벤처기업부에서 소상공인 관련 업무를 담당하는 고위공무원단에 속하는 공무원
7. 그 밖에 상가건물 임대차 관련 학식과 경험이 풍부한 사람으로서 대통령령으로 정하는 사람

⑤ 그 밖에 위원회의 구성 및 운영 등에 필요한 사항은 대통령령으로 정한다.

제15조(강행규정) 이 법의 규정에 위반된 약정으로서 임차인에게 불리한 것은 효력이 없다.

제16조(일시사용을 위한 임대차) 이 법은 일시사용을 위한 임대차임이 명백한 경우에는 적용하지 아니한다.

제17조(미등기 전세에의 준용) 목적 건물을 등기하지 아니한 전세계약에 관하여 이 법을 준용한다. 이 경우 "전세금"은 "임대차의 보증금"으로 본다.

제18조(「소액사건심판법」의 준용) 임차인이 임대인에게 제기하는 보증금반환청구소송에 관하여는 「소액사건심판법」 제6조 · 제7조 · 제10조 및 제11조의2를 준용한다.

제19조(표준계약서의 작성 등) 법무부 장관은 국토교통부 장관과 협의를 거쳐 보증금, 차임액, 임대차기간, 수선비 분담 등의 내용이 기재된 상가건물임대차

표준계약서를 정하여 그 사용을 권장할 수 있다.

제20조(상가건물임대차분쟁조정위원회) ① 이 법의 적용을 받는 상가건물 임대차와 관련된 분쟁을 심의 · 조정하기 위하여 대통령령으로 정하는 바에 따라 「법률구조법」 제8조에 따른 대한법률구조공단의 지부, 「한국토지주택공사법」에 따른 한국토지주택공사의 지사 또는 사무소 및 「한국감정원법」에 따른 한국감정원의 지사 또는 사무소에 상가건물임대차분쟁조정위원회(이하 "조정위원회"라 한다)를 둔다. 특별시 · 광역시 · 특별자치시 · 도 및 특별자치도는 그 지방자치단체의 실정을 고려하여 조정위원회를 둘 수 있다.

② 조정위원회는 다음 각 호의 사항을 심의 · 조정한다.

1. 차임 또는 보증금의 증감에 관한 분쟁
2. 임대차 기간에 관한 분쟁
3. 보증금 또는 임차상가건물의 반환에 관한 분쟁
4. 임차상가건물의 유지 · 수선 의무에 관한 분쟁
5. 권리금에 관한 분쟁
6. 그 밖에 대통령령으로 정하는 상가건물 임대차에 관한 분쟁

③ 조정위원회의 사무를 처리하기 위하여 조정위원회에 사무국을 두고, 사무국의 조직 및 인력 등에 필요한 사항은 대통령령으로 정한다.

④ 사무국의 조정위원회 업무담당자는 「주택 임대차보호법」 제14조에 따른 주택임대차분쟁조정위원회 사무국의 업무를 제외하고 다른 직위의 업무를 겸직하여서는 아니 된다.

제21조(주택임대차분쟁조정위원회 준용) 조정위원회에 대하여는 이 법에 규정한 사항 외에는 주택임대차분쟁조정위원회에 관한 「주택 임대차보호법」 제14조부터 제29조까지의 규정을 준용한다. 이 경우 "주택임대차분쟁조정위원회"는 "상가건물임대차분쟁조정위원회"로 본다.

제22조(벌칙 적용에서 공무원 의제) 공무원이 아닌 상가건물임대차위원회의 위원 및 상가건물임대차분쟁조정위원회의 위원은 「형법」 제127조, 제129조부터 제132조까지의 규정을 적용할 때에는 공무원으로 본다.

상가건물 임대차보호법 시행령
(약칭 : 상가임대차법 시행령)

법무부(법무심의관실) 02 – 2110 – 3164
국토교통부(부동산산업과) 044 – 201 – 3412, 3418

제1조(목적) 이 영은 「상가건물 임대차보호법」에서 위임된 사항과 그 시행에 관하여 필요한 사항을 정하는 것을 목적으로 한다.

제2조(적용범위) ① 「상가건물 임대차보호법」(이하 "법"이라 한다) 제2조제1항 단서에서 "대통령령으로 정하는 보증금액"이란 다음 각 호의 구분에 의한 금액을 말한다.

1. 서울특별시 : 9억원
2. 「수도권정비계획법」에 따른 과밀억제권역(서울특별시는 제외한다) 및 부산광역시 : 6억9천만원
3. 광역시(「수도권정비계획법」에 따른 과밀억제권역에 포함된 지역과 군지역, 부산광역시는 제외한다), 세종특별자치시, 파주시, 화성시, 안산시, 용인시, 김포시 및 광주시 : 5억4천만원
4. 그 밖의 지역 : 3억7천만원

② 법 제2조제2항의 규정에 의하여 보증금외에 차임이 있는 경우의 차임액은 월 단위의 차임액으로 한다.

③ 법 제2조제2항에서 "대통령령으로 정하는 비율"이라 함은 1분의 100을 말한다. 〈개정 2010. 7. 21.〉

제3조(확정일자부 기재사항 등) ① 상가건물 임대차 계약증서 원본을 소지한 임차인은 법 제4조제1항에 따라 상가건물의 소재지 관할 세무서장에게 확정일자 부여를 신청할 수 있다. 다만, 「부가가치세법」 제8조제3항에 따라 사업자

단위 과세가 적용되는 사업자의 경우 해당 사업자의 본점 또는 주사무소 관할 세무서장에게 확정일자 부여를 신청할 수 있다.

② 확정일자는 제1항에 따라 확정일자 부여의 신청을 받은 세무서장(이하 "관할 세무서장"이라 한다)이 확정일자 번호, 확정일자 부여일 및 관할 세무서장을 상가건물 임대차 계약증서 원본에 표시하고 관인을 찍는 방법으로 부여한다.

③ 관할 세무서장은 임대차계약이 변경되거나 갱신된 경우 임차인의 신청에 따라 새로운 확정일자를 부여한다.

④ 관할 세무서장이 법 제4조제2항에 따라 작성하는 확정일자부에 기재하여야 할 사항은 다음 각 호와 같다.

1. 확정일자 번호
2. 확정일자 부여일
3. 임대인 · 임차인의 인적사항
   가. 자연인인 경우 : 성명, 주민등록번호(외국인은 외국인등록번호)
   나. 법인인 경우 : 법인명, 대표자 성명, 법인등록번호
   다. 법인 아닌 단체인 경우 : 단체명, 대표자 성명, 사업자등록번호 · 고유번호
4. 임차인의 상호 및 법 제3조제1항에 따른 사업자등록 번호
5. 상가건물의 소재지, 임대차 목적물 및 면적
6. 임대차기간
7. 보증금 · 차임

⑤ 제1항부터 제4항까지에서 규정한 사항 외에 확정일자 부여 사무에 관하여 필요한 사항은 법무부령으로 정한다.

제3조의2(이해관계인의 범위) 법 제4조제3항에 따라 정보의 제공을 요청할 수 있는 상가건물의 임대차에 이해관계가 있는 자(이하 "이해관계인"이라 한다)는 다음 각 호의 어느 하나에 해당하는 자로 한다.

1. 해당 상가건물 임대차계약의 임대인 · 임차인
2. 해당 상가건물의 소유자
3. 해당 상가건물 또는 그 대지의 등기부에 기록된 권리자 중 법무부령으로

정하는 자

4. 법 제5조제7항에 따라 우선변제권을 승계한 금융기관 등
5. 제1호부터 제4호까지에서 규정한 자에 준하는 지위 또는 권리를 가지는 자로서 임대차 정보의 제공에 관하여 법원의 판결을 받은 자

제3조의3(이해관계인 등이 요청할 수 있는 정보의 범위) ① 제3조의2제1호에 따른 임대차계약의 당사자는 관할 세무서장에게 다음 각 호의 사항이 기재된 서면의 열람 또는 교부를 요청할 수 있다.

1. 임대인 · 임차인의 인적사항(제3조제4항제3호에 따른 정보를 말한다. 다만, 주민등록번호 및 외국인등록번호의 경우에는 앞 6자리에 한정한다)
2. 상가건물의 소재지, 임대차 목적물 및 면적
3. 사업자등록 신청일
4. 보증금 · 차임 및 임대차기간
5. 확정일자 부여일
6. 임대차계약이 변경되거나 갱신된 경우에는 변경 · 갱신된 날짜, 새로운 확정일자 부여일, 변경된 보증금 · 차임 및 임대차기간
7. 그 밖에 법무부령으로 정하는 사항

② 임대차계약의 당사자가 아닌 이해관계인 또는 임대차계약을 체결하려는 자는 관할 세무서장에게 다음 각 호의 사항이 기재된 서면의 열람 또는 교부를 요청할 수 있다.

1. 상가건물의 소재지, 임대차 목적물 및 면적
2. 사업자등록 신청일
3. 보증금 및 차임, 임대차기간
4. 확정일자 부여일
5. 임대차계약이 변경되거나 갱신된 경우에는 변경 · 갱신된 날짜, 새로운 확정일자 부여일, 변경된 보증금 · 차임 및 임대차기간
6. 그 밖에 법무부령으로 정하는 사항

③ 제1항 및 제2항에서 규정한 사항 외에 임대차 정보의 제공 등에 필요한 사항은 법무부령으로 정한다.

제4조(차임 등 증액청구의 기준) 법 제11조제1항의 규정에 의한 차임 또는 보증

금의 증액청구는 청구당시의 차임 또는 보증금의 100분의 5의 금액을 초과하지 못한다.

제5조(월차임 전환 시 산정률) ① 법 제12조제1호에서 "대통령령으로 정하는 비율"이란 연 1할2푼을 말한다.

② 법 제12조제2호에서 "대통령령으로 정하는 배수"란 4.5배를 말한다.

제6조(우선변제를 받을 임차인의 범위) 법 제14조의 규정에 의하여 우선변제를 받을 임차인은 보증금과 차임이 있는 경우 법 제2조제2항의 규정에 의하여 환산한 금액의 합계가 다음 각 호의 구분에 의한 금액 이하인 임차인으로 한다.

1. 서울특별시 : 6천500만원
2. 「수도권정비계획법」에 따른 과밀억제권역(서울특별시는 제외한다) : 5천500만원
3. 광역시(「수도권정비계획법」에 따른 과밀억제권역에 포함된 지역과 군지역은 제외한다), 안산시, 용인시, 김포시 및 광주시 : 3천8백만원
4. 그 밖의 지역 : 3천만원

제7조(우선변제를 받을 보증금의 범위 등) ①법 제14조의 규정에 의하여 우선변제를 받을 보증금중 일정액의 범위는 다음 각 호의 구분에 의한 금액 이하로 한다.

1. 서울특별시 : 2천200만원
2. 「수도권정비계획법」에 따른 과밀억제권역(서울특별시는 제외한다) : 1천900만원
3. 광역시(「수도권정비계획법」에 따른 과밀억제권역에 포함된 지역과 군지역은 제외한다), 안산시, 용인시, 김포시 및 광주시 : 1천300만원
4. 그 밖의 지역 : 1천만원

② 임차인의 보증금중 일정액이 상가건물의 가액의 2분의 1을 초과하는 경우에는 상가건물의 가액의 2분의 1에 해당하는 금액에 한하여 우선변제권이 있다.

③ 하나의 상가건물에 임차인이 2인 이상이고, 그 각 보증금중 일정액의 합산액이 상가건물의 가액의 2분의 1을 초과하는 경우에는 그 각 보증금중

일정액의 합산액에 대한 각 임차인의 보증금중 일정액의 비율로 그 상가건물의 가액의 2분의 1에 해당하는 금액을 분할한 금액을 각 임차인의 보증금중 일정액으로 본다.

제7조의2(상가건물임대차위원회의 구성) 법 제14조의2제4항제7호에서 "대통령령으로 정하는 사람"이란 다음 각 호의 어느 하나에 해당하는 사람을 말한다.

1. 특별시 · 광역시 · 특별자치시 · 도 및 특별자치도(이하 "시 · 도"라 한다)에서 상가건물 정책 또는 부동산 관련 업무를 담당하는 주무부서의 실 · 국장
2. 법무사로서 5년 이상 해당 분야에서 종사하고 상가건물 임대차 관련 업무 경험이 풍부한 사람

제7조의3(위원의 임기 등) ① 법 제14조의2에 따른 상가건물임대차위원회(이하 "위원회"라 한다)의 위원의 임기는 2년으로 하되, 한 차례만 연임할 수 있다. 다만, 공무원인 위원의 임기는 그 직위에 재직하는 기간으로 한다.

② 위원회의 위원장(이하 "위원장"이라 한다)은 위촉된 위원이 다음 각 호의 어느 하나에 해당하는 경우에는 해당 위원을 해촉할 수 있다.

1. 심신장애로 직무를 수행할 수 없게 된 경우
2. 직무와 관련한 형사사건으로 기소된 경우
3. 직무태만, 품위손상, 그 밖의 사유로 위원으로 적합하지 않다고 인정되는 경우
4. 위원 스스로 직무를 수행하는 것이 곤란하다고 의사를 밝히는 경우

제7조의4(위원장의 직무) ① 위원장은 위원회를 대표하고, 위원회의 업무를 총괄한다.

② 위원장이 부득이한 사유로 직무를 수행할 수 없을 때에는 위원장이 미리 지명한 위원이 그 직무를 대행한다.

제7조의5(간사) ① 위원회에 간사 1명을 두되, 간사는 상가건물 임대차 관련 업무에 종사하는 법무부 소속의 고위공무원단에 속하는 일반직 공무원(이에 상당하는 특정직 · 별정직 공무원을 포함한다) 중에서 위원장이 지명한다.

② 간사는 위원회의 운영을 지원하고, 위원회의 회의에 관한 기록과 그 밖에

서류의 작성 · 보관에 관한 사무를 처리한다.

③ 간사는 위원회에 참석하여 심의사항을 설명하거나 그 밖에 필요한 발언을 할 수 있다.

제7조의6(위원회의 회의) ① 위원회의 회의는 매년 1회 개최되는 정기회의와 위원장이 필요하다고 인정하거나 위원 3분의 1 이상이 요구하는 경우에 개최되는 임시회의로 구분하여 운영한다.

② 위원장은 위원회의 회의를 소집하고, 그 의장이 된다.

③ 위원회의 회의는 재적위원 과반수의 출석으로 개의하고, 출석위원 과반수의 찬성으로 의결한다.

④ 위원회의 회의는 비공개로 한다.

⑤ 위원장은 위원이 아닌 사람을 회의에 참석하게 하여 의견을 듣거나 관계 기관 · 단체 등에 필요한 자료, 의견 제출 등 협조를 요청할 수 있다.

제7조의7(실무위원회) ① 위원회에서 심의할 안건의 협의를 효율적으로 지원하기 위하여 위원회에 실무위원회를 둔다.

② 실무위원회는 다음 각 호의 사항을 협의 · 조정한다.

1. 심의안건 및 이와 관련하여 위원회가 위임한 사항
2. 그 밖에 위원장 및 위원이 실무협의를 요구하는 사항

③ 실무위원회의 위원장은 위원회의 간사가 되고, 실무위원회의 위원은 다음 각 호의 사람 중에서 그 소속기관의 장이 지명하는 사람으로 한다.

1. 기획재정부에서 물가 관련 업무를 담당하는 5급 이상의 국가공무원
2. 법무부에서 상가건물 임대차 관련 업무를 담당하는 5급 이상의 국가공무원
3. 국토교통부에서 상가건물 임대차 관련 업무를 담당하는 5급 이상의 국가공무원
4. 중소벤처기업부에서 소상공인 관련 업무를 담당하는 5급 이상의 국가공무원
5. 시 · 도에서 소상공인 또는 민생경제 관련 업무를 담당하는 5급 이상의 지방공무원

제7조의8(전문위원) ① 위원회의 심의사항에 관한 전문적인 조사 · 연구업무를 수행하기 위하여 5명 이내의 전문위원을 둘 수 있다.

② 전문위원은 법학, 경제학 또는 부동산학 등에 학식과 경험을 갖춘 사람 중에서 법무부장관이 위촉하고, 임기는 2년으로 한다.

제7조의9(수당) 위원회 또는 실무위원회 위원에게는 예산의 범위에서 수당을 지급할 수 있다. 다만, 공무원인 위원이 그 소관 업무와 직접적으로 관련되어 위원회에 출석하는 경우는 제외한다.

제7조의10(운영세칙) 이 영에서 규정한 사항 외에 위원회의 운영에 필요한 사항은 법무부장관이 정한다.

제8조(상가건물임대차분쟁조정위원회의 설치) 법 제20조제1항에 따른 상가건물임대차분쟁조정위원회(이하 "조정위원회"라 한다)를 두는 「법률구조법」 제8조에 따른 대한법률구조공단(이하 "공단"이라 한다), 「한국토지주택공사법」에 따른 한국토지주택공사(이하 "공사"라 한다) 및 「한국부동산원법」에 따른 한국부동산원(이하 "부동산원"이라 한다)의 지부, 지사 또는 사무소와 그 관할구역은 별표와 같다.

제9조(조정위원회의 심의 · 조정 사항) 법 제20조제2항제6호에서 "대통령령으로 정하는 상가건물 임대차에 관한 분쟁"이란 다음 각 호의 분쟁을 말한다.

1. 임대차계약의 이행 및 임대차계약 내용의 해석에 관한 분쟁
2. 임대차계약 갱신 및 종료에 관한 분쟁
3. 임대차계약의 불이행 등에 따른 손해배상청구에 관한 분쟁
4. 공인중개사 보수 등 비용부담에 관한 분쟁
5. 법 제19조에 따른 상가건물임대차표준계약서의 사용에 관한 분쟁
6. 그 밖에 제1호부터 제5호까지의 규정에 준하는 분쟁으로서 조정위원회의 위원장이 조정이 필요하다고 인정하는 분쟁

제10조(공단의 지부 등에 두는 조정위원회의 사무국) ① 법 제20조제3항에 따라 공단, 공사 또는 부동산원의 지부, 지사 또는 사무소에 두는 조정위원회의 사무국(이하 "사무국"이라 한다)에는 사무국장 1명을 각각 두며, 사무국장 밑에 심사관 및 조사관을 각각 둔다.

② 사무국장은 공단 이사장, 공사 사장 및 부동산원 원장이 각각 임명하며, 조정위원회의 위원을 겸직할 수 있다.

③ 심사관 및 조사관은 공단 이사장, 공사 사장 및 부동산원 원장이 각각 임

명한다.

④ 사무국장은 사무국의 업무를 총괄하고, 소속 직원을 지휘 · 감독한다.

⑤ 심사관은 다음 각 호의 업무를 담당한다.

1. 분쟁조정 신청 사건에 대한 쟁점정리 및 법률적 검토
2. 조사관이 담당하는 업무에 대한 지휘 · 감독
3. 그 밖에 조정위원회의 위원장이 조정위원회의 사무 처리를 위하여 필요하다고 인정하는 업무

⑥ 조사관은 다음 각 호의 업무를 담당한다.

1. 분쟁조정 신청의 접수
2. 분쟁조정 신청에 관한 민원의 안내
3. 조정당사자에 대한 송달 및 통지
4. 분쟁의 조정에 필요한 사실조사
5. 그 밖에 조정위원회의 위원장이 조정위원회의 사무 처리를 위하여 필요하다고 인정하는 업무

⑦ 사무국장 및 심사관은 변호사의 자격이 있는 사람으로 한다.

제11조(시 · 도의 조정위원회 사무국) 시 · 도가 법 제20조제1항 후단에 따라 조정위원회를 두는 경우 사무국의 조직 및 운영 등에 관한 사항은 그 지방자치단체의 실정을 고려하여 해당 지방자치단체의 조례로 정한다.

제12조(고유식별정보의 처리) 관할 세무서장은 법 제4조에 따른 확정일자 부여에 관한 사무를 수행하기 위하여 불가피한 경우 「개인정보 보호법 시행령」 제19조제1호 및 제4호에 따른 주민등록번호 및 외국인등록번호가 포함된 자료를 처리할 수 있다.

저자 소개

전호열

- 崇實大學校 法科大學 卒業
- 주)라온비드(RAON BID) 대표이사(현)
- 부경일삼회 회장
- 사)양정시장 번영회 회장
- 사)부산전통시장 연합회 감사
- 사)대한가맹거래사협회 이사
- 사)부울경프랜차이즈산업협회 법무이사
- 주)더원플러스 부산센터장
- 주)부동산써브 대전센터장
- 주)에프티프랜차이즈 전임강사
- 주)대전교차로 부동산학개론 전임강사
- 재)청년상인육성재단 신규단장
- 대전지방노동청 퇴직군인 부동산 강사
- 소상공인시장진흥공단 상권및입지분석,가맹사업법 강사
- 부산시 전통시장문제해결형 혁신TF 위원
- 부산시 소상공인희망센터 상가임대차 상담위원
- 부산시 경제진흥원 평가위원
- 한국생산성본부 평가위원
- 전통시장 화재공제 상담사
- 소상인시장진흥공단 울화통 불공정거래피해 전문상담사
- 서민금융진흥원 컨설턴트
- 소상공인시장진흥공단 컨설턴트
- 부산신보, 울산신보, 경남신보 컨설턴트
- 한국표준협회 컨설턴트
- SB기술경영자문협동조합 조합원
- ONE－STOP프랜차이즈가맹거래사사무소 대표
- ONE－STOP공인중개사사무소 대표
- 랜드스쿨 부동산학개론 연구저자

한 권으로 끝내는
부동산 경 · 공매

발　　행 | 2024년 4월 12일　초판1쇄

저　　자 | 전호열
발 행 인 | 최영민
발 행 처 | 헤르몬하우스
주　　소 | 경기도 파주시 신촌로 16
전　　화 | 031-8071-0088
팩　　스 | 031-942-8688
전자우편 | pnpbook@naver.com
출판등록 | 2015년 3월 27일
등록번호 | 제406 - 2015 - 31호

정가 : 26,000원

• 헤르몬하우스는 피앤피북의 임프린트출판사입니다.

ISBN 979-11-92520-89-6 (93360)